DIETER REUTER

Kindesgrundrechte und elterliche Gewalt

AF812926

Schriften zum Öffentlichen Recht

Band 72

Kindesgrundrechte und elterliche Gewalt

Von

Dr. Dieter Reuter

DUNCKER & HUMBLOT / BERLIN

Gedruckt mit Unterstützung der Stiftung Volkswagenwerk

Alle Rechte vorbehalten
© 1968 Duncker & Humblot, Berlin 41
Gedruckt 1968 bei Buchdruckerei Bruno Luck, Berlin 65
Printed in Germany
D 6

Meinen Eltern

Vorwort

Die Arbeit hat der Rechts- und Staatswissenschaftlichen Fakultät der Universität Münster im Sommersemester 1967 als Dissertation vorgelegen. Sie ist von Herrn Professor Dr. Nörr angeregt worden. Dafür sowie für vielfache weitere persönliche Förderung möchte ich mich an dieser Stelle herzlich bedanken. Mein Dank gilt ferner dem Korreferenten, Herrn Professor Dr. Kriele, der Stiftung Volkswagenwerk für finanzielle Unterstützung und dem Inhaber des Verlages Duncker & Humblot, Herrn Ministerialrat a. D. Dr. J. Broermann, für die Aufnahme der Arbeit in sein Verlagsprogramm. Die Schrift ist meinen Eltern gewidmet als geringes Zeichen der Anerkennung für die zahlreichen Mühen und Opfer, unter denen sie meinen Ausbildungsgang unterstützt haben.

Münster, im Dezember 1967

Dieter Reuter

Inhaltsverzeichnis

Abkürzungen

AcP	= Archiv für die civilistische Praxis
AöR	= Archiv des öffentlichen Rechts
AP	= Arbeitsrechtliche Praxis, zugleich Nachschlagewerk des BAG
ARBlattei	= Arbeitsrechts-Blattei, Forkel Verlag
AuR	= Arbeit und Recht
BAGE	= Entscheidungen des Bundesarbeitsgerichts
BayObLGZ	= Entscheidungen des Bayerischen Obersten Landesgerichts in Zivilsachen
BayVBl	= Bayerische Verwaltungsblätter
BB	= Betriebsberater
BGH	= Bundesgerichtshof
BGHSt	= Entscheidungen des Bundesgerichtshofs in Strafsachen
BGHZ	= Entscheidungen des Bundesgerichtshofs in Zivilsachen
BRD	= Bundesrepublik Deutschland
BSozGE	= Entscheidungen des Bundessozialgerichts
BVerfGE	= Entscheidungen des Bundesverfassungsgerichts
BVerwGE	= Entscheidungen des Bundesverwaltungsgerichts
DDR	= Deutsche Demokratische Republik
DöV	= Die öffentliche Verwaltung
DVBl	= Deutsches Verwaltungsblatt
FamRZ	= Zeitschrift für das gesamte Familienrecht
JöR	= Jahrbuch des öffentlichen Rechts NF = Neue Folge
JR	= Juristische Rundschau
JuS	= Juristische Schulung
JW	= Juristische Wochenschrift
JZ	= Juristenzeitung
KG	= Kammergericht
LG	= Landgericht
MDR	= Monatsschrift für Deutsches Recht
NJW	= Neue Juristische Wochenschrift

OLGE	=	Entscheidungen der Oberlandesgerichte
RdA	=	Recht der Arbeit
RdJ	=	Recht der Jugend
Rdnr.	=	Randnummer
RG	=	Reichsgericht
RGRK	=	Reichsgerichtsräte-Kommentar zum BGB
RGZ	=	Entscheidungen des Reichsgerichts in Zivilsachen
RKEG	=	Reichsgesetz betr. die religiöse Kindererziehung vom 15. 7. 1921 (RGBl. S. 939)
SBZ	=	Sowjetische Besatzungszone
SozGG	=	Sozialgerichtsgesetz
SchwZGB	=	Schweizerisches Zivilgesetzbuch
StPO	=	Strafprozeßordnung
Studium Generale	=	Studium Generale, Zeitschrift für die Einheit der Wissenschaft im Zusammenhang ihrer Begriffsbildungen und Forschungsmethoden
VerwArch	=	Verwaltungsarchiv
VVDStRL	=	Veröffentlichungen der Vereinigung Deutscher Staatsrechtslehrer
WRV	=	Weimarer Reichsverfassung
ZSR	=	Zeitschrift für Schweizerisches Recht
ZStrW	=	Zeitschrift für die gesamte Strafrechtswissenschaft

§ 1: Diskussionsstand und Untersuchungsmethode

Der Einfluß der Grundrechte auf das Zivilrecht gehört seit dem Inkrafttreten des Grundgesetzes zu den umstrittensten Problemen der modernen Zivil- und Staatsrechtsdogmatik. Dabei bildeten lange Zeit das Vermögens- und das Arbeitsrecht den eindeutigen Schwerpunkt der Diskussion[1]. Erst in neuerer Zeit ist auch die Auswirkung der Grundrechte auf das Familienrecht ins Blickfeld gerückt[2].

A. Der Stand der allgemeinen Diskussion

Die Stellungnahmen des Schrifttums lassen sich im wesentlichen in vier Gruppen aufgliedern:

I. Die Normenkollisionsthese

Die erste Gruppe[3] behauptet einen *Normkonflikt* zwischen den Grundrechten des Kindes und den Vorschriften über die elterliche Gewalt.

Sie argumentiert, der Grundrechtsgeber habe es versäumt, neben dem „Haben" von Grundrechten, der Grundrechts*fähigkeit*, auch die Befugnis zur Grundrechtsausübung, die Grundrechts*mündigkeit*, zu regeln[4]. Die privatrechtliche Regelung der Mündigkeit, insbesondere die der Geschäftsfähigkeit nach den §§ 104 ff. BGB sei ein gesetzlicher Kompromiß zwischen den Kindesrechten und den rechtlichen An-

---

[1] Vgl. statt vieler: BVerfGE 7/198 ff.; BGHZ 30/10 ff.; BAG 2/221; 4/22 (25); AP Nr. 28 zu Art. 3 GG; *Leisner*, Grundrechte und Privatrecht; *Nipperdey* in BNS IV, 2, S. 747 mit weit. Nachweisen.

[2] *Bosch*, Grundsatzfragen des Beweisrechts, S. 42 ff.; *Dölle*, Familienrecht II, § 91 I 2; *Donau* in: v. Staudinger-Donau, § 1626, Rdnr. 81 ff.; *Dürig* in: Maunz-Dürig, Art. 19 GG Abs. 3, Rdnr. 20 ff.; *Gernhuber*, FamRZ 1962, S. 89 ff. (92); *derselbe*, Lehrbuch des Familienrechts, § 7 I 3, 4; *Eisser*, Eranion für Maridakis II, S. 193—223 (insbes. S. 214 ff.); *Hildegard Krüger*, FamRZ 1956, S. 329 bis 335; *dieselbe* in: Gleichberechtigungsgesetz E 283 ff.; *Kuhn*, Grundrechte und Minderjährigkeit (vor allem S. 24—124); *Leuschner*, Das Recht der Schülerzeitung, S. 73—78; *Perschel*, RdJ 1963, S. 33 ff.; *derselbe* in: Meinungsfreiheit des Schülers, S. 80—88; *Peters* in BNS IV, 1, S. 393—397; *Scheffler* in BNS IV, 1, S. 287; *Stree*, Deliktsfolgen und Grundgesetz, S. 197—200; *Woltereck*, AuR 1965, S. 193 ff.

[3] *Hildegard Krüger, Perschel, Woltereck*, aaO.

[4] *Hildegard Krüger*, FamRZ 1956, S. 330.

sprüchen der elterlichen Gewalt[5]. Entsprechend soll sich die *Grundrechts*mündigkeit aus einer Abwägung der Kindesgrundrechte gegen das Elternrecht ergeben[6].

Bei dieser Abwägung geht man davon aus, daß die Grundrechte nicht nur gegenüber dem Staat, sondern auch gegenüber Privatpersonen gelten[7]. Das Kindesgrundrecht wirkt also *unmittelbar* gegenüber den Eltern, das Elternrecht ebenso unmittelbar gegenüber den Kindern. Infolgedessen vollzieht sich der Ausgleich des Widerstreits im Prinzip direkt auf der Verfassungsebene. Erst bei der Frage nach den *Ergebnissen* der Abwägung gehen die Auffassungen auseinander.

1. Die Lösung Hildegard Krügers

Hildegard Krüger schlägt eine differenzierende Lösung vor. Einmal knüpft sie an eine Reihe unterverfassungsrechtlicher Vorschriften an, die die Mündigkeit in Teilbereichen gegenüber der normalen Volljährigkeitsgrenze von 21 Jahren vorverlegen, z. B. §§ 5 RKEG, 6 Abs. 3 RuStG, 2 NÄG[8]. In ihnen erblickt sie gesetzgeberisch konkretisierte Ergebnisse der Güterabwägung zwischen Kindesgrundrechten und Elternrecht, da sie sämtlich auf die Verfassung, mindestens auf Art. 2 Abs. 1 GG, bezogen seien[9]. Ferner klammert sie die außerfamiliären Pflichtverhältnisse des Jugendlichen, wie Wehrpflicht, Schulpflicht u. ä. aus der elterlichen Gewalt aus[10]. Den Eltern soll verboten sein, die Kinder an Beschwerden über ihren militärischen Dienst zu hindern oder ihnen die Stellungnahme in einem Besinnungsaufsatz vorzuschreiben. Im übrigen soll eine auf den *Einzelfall* zugeschnittene Abwägung des Grundrechts des Jugendlichen mit dem Elternrecht stattfinden[11, 12].

2. Die Lösung Perschels

Perschel wendet sich gegen die Bezugnahme auf unterverfassungsrechtliche Normen. Die Verfassung als höherrangiges Recht liefere

---

5 *Hildegard Krüger*, FamRZ 1956, S. 330/331.

6 *Hildegard Krüger*, FamRZ 1956, S. 330; *Woltereck*, AuR 1965, S. 193 ff.

7 *Hildegard Krüger*, FamRZ 1956, S. 329—330.

8 in FamRZ 1956, S. 330/331; Gleichberechtigungsgesetz E 283.

9 Gleichberechtigungsgesetz E 284.

10 Eine Begründung für diese Ansicht gibt *Hildegard Krüger* nicht. Sie zählt nur Beispiele auf, in denen aber m. E. nicht der Selbstbestimmungsanspruch des Jugendlichen, sondern der *Zweck* des Verhältnisses die elterliche Bevormundung verbietet.

11 FamRZ 1956, S. 333—335.

12 Dagegen taucht die eingangs der Untersuchung erwähnte Rechtsfigur des besonderen Gewaltverhältnisses in den Lösungsmodalitäten nicht wieder auf. Dem liegt offenbar der — richtige — Gedanke zugrunde, daß das besondere Gewaltverhältnis seinen rechtlichen Inhalt eben aus einer sach-

den Maßstab für die Vorschriften des einfachen Gesetzes, nicht umgekehrt das einfache Gesetz denjenigen für die Verfassung[13]. Ebenso bestreitet Perschel die Möglichkeit vorzeitiger Emanzipation des Jugendlichen durch den Eintritt in einen besonderen Pflichtenkreis. In diesem sei im allgemeinen die Grundrechtsgeltung sogar abgeschwächt; es herrsche also gerade nicht größere Freiheit als sonst[14]. Als einzige Lösungsmöglichkeit erkennt er die Güterabwägung im Einzelfall an. In ihrem Rahmen empfiehlt er insbesondere, nach den Folgen der Grundrechtsausübung zu unterscheiden: Wo schwerwiegende Entschlüsse gefaßt werden müßten, seien die Eltern im besonderen Maße zur Fürsorge für das Kind berufen; demgemäß dürfe ihre grundsätzliche Zuständigkeit zur Ausübung der Rechte des unmündigen Kindes nicht beschnitten werden[15]. Dagegen sei dem Jugendlichen Selbständigkeit zuzubilligen, wenn und soweit er das Grundrecht risikolos ausüben könne, wie z. B. das Petitionsrecht nach Art. 17 GG[16]. Außerdem soll eine Rolle spielen, ob der grundrechtliche Anspruch sich gegen den Staat und Dritte oder gegen die Eltern selbst richtet. Im ersten Falle hält Perschel Selbständigkeit des Jugendlichen eher für möglich als im zweiten[17].

3. Die Lösung Woltereck**s**

Woltereck findet die Lösung in der verfassungsrechtlichen Rezeption der §§ 106 ff. BGB, die „eine ausgewogene und zudem erprobte Kompromißlösung vergleichbarer Konfliktslagen" darstellten[18]. Ausnahmsweise — wie bei Art. 17 GG — soll eine frühere Eigenzuständigkeit des Grundrechtsträgers begründet sein[19].

II. Die Wertekollisionsthese

Die überwiegende Auffassung[20] stimmt mit der ersten Gruppe zwar insofern überein, als auch sie in der Mündigkeit die gesetzliche Be-

---

gerechten Abstimmung der beteiligten Werte empfängt, also nicht formal den absoluten Vorrang des in ihm verfolgten Zwecks vor anderen Interessen beanspruchen kann.

[13] RdJ 1963, S. 33/34; Meinungsfreiheit des Schülers, S. 82/84; ebenso *Woltereck*, AuR 1965, S. 194.

[14] RdJ 1963, S. 34.

[15] RdJ 1963, S. 36; Meinungsfreiheit des Schülers, S. 87.

[16] RdJ 1963, S. 37; ebenso *Peters*, BNS IV, 1, S. 395; *Hatschek*, Deutsches u. Preuß. Staatsrecht I, S. 248; a. A. *Mattern* in BNS II, S. 630; *v. Mangoldt-Klein*, Vorbem. B XV, 2 c.

[17] RdJ 1963, S. 37.

[18] AuR 1965, S. 197.

[19] AuR 1965, S. 197.

[20] *Peters, Dürig, Kuhn, Leuschner* aaO.

wertung eines Widerstreites zwischen den Kindesrechten und der elterlichen Gewalt sieht[21]. Doch lehnt sie eine *unmittelbare* Geltung der Grundrechte im Verhältnis von Eltern und Kindern untereinander ab[22]. Grundsätzlich soll das Privatrecht Art und Umfang der elterlichen Gewalt bestimmen. Der Grundrechtseinfluß soll sich nur *mittelbar* über die Auslegung der normativen Begriffe und Generalklauseln des Familienrechts bemerkbar machen können[23].

1. Die Lösung Peters'

Peters räumt dabei dem Elternrecht den absoluten Vorrang ein. Solange sich eine Maßnahme der Eltern noch als Erziehung qualifizieren läßt, ist sie nach Peters gerechtfertigt. Erst wo „die Erziehungsgewalt infolge des Heranwachsens der Kinder genügend abgeschwächt ist"[24], begründet der Grundrechtseingriff den Mißbrauchstatbestand des § 1666 BGB. Das Kind trägt die Beweislast[25] dafür, daß ein Mißbrauch der elterlichen Gewalt tatsächlich vorliegt.

Peters sieht also das Verhältnis von Kindesgrundrechten und Elternrecht rein formal. Er stellt fest, daß die verfassungsrechtlich garantierte Erziehung notwendig Grundrechtseingriffe einschließt, und folgert daraus, nach dem Willen des Verfassunggebers sollten die Kindesgrundrechte im Bereich der Erziehung generell ohne Einfluß bleiben. Eine Rückwirkung des eingeschränkten Rechts auf die einschränkende Norm, wie sie das BVerfG im Lüth-Urteil zwischen dem Grundrecht der Meinungsäußerung und den „allgemeinen Gesetzen" im Sinne des Art. 5 Abs. 2 GG beobachtet hat[26], findet nicht statt. Entsprechend taucht die Überlegung, daß die gegenwärtige Regelung der elterlichen Gewalt vielleicht zugunsten der Kindesgrundrechte modifiziert werden muß, nicht auf. Peters bezweifelt sogar die Verfassungsmäßigkeit des § 5 RKEG, weil er im Widerspruch zu Art. 6 Abs. 2 GG den Jugendlichen bereits mit 14 Jahren aus der religiösen Bevormundung durch die Eltern entlasse[27].

---

[21] *Maunz-Dürig*, Art. 19 III Rdnr. 22.

[22] *Peters* in BNS IV/1, S. 393; *Maunz-Dürig*, Art. 19 III Rdnr. 21; *Kuhn*, Grundrechte, S. 33—37 (allerdings mit im Ergebnis drittwirkungsnahen Konsequenzen).

[23] *Maunz-Dürig*, Art. 19 III, Rdnr. 25.

[24] aaO., S. 395.

[25] aaO., S. 395, FN 88. Damit kann selbstverständlich nur die materielle, nicht die formelle Beweislast gemeint sein. Für § 1666 BGB gilt das Amtsprinzip.

[26] BVerfGE 7, 198 ff.

[27] *Peters*, aaO., S. 394, FN 85.

2. Die Lösung Dürigs

Dürig gesteht zwar eine solche dialektische Beziehung von Kindesgrundrechten und Elternrecht nach dem Vorbild des Lüth-Urteils zu. De lege lata will er daraus aber keine Konsequenzen ziehen. Er empfiehlt lediglich „behutsam extensive Analogien“ zu den Vorschriften, die die Mündigkeit des Jugendlichen vorverlegen (§§ 5 RKEG, 6 Abs. 3 RuStG u. ä)[28], und stellt die analoge Anwendung des § 107 BGB auf die Grundrechtsausübung zur Diskussion[29].

3. Die Lösung Kuhns und Leuschners

Kuhn und Leuschner bemühen sich darum, die in Art. 6 Abs. 2 GG verwandten Begriffe „Pflege“ und „Erziehung“ für die mittelbare verfassungsrechtliche Begrenzung der erlaubten Grundrechtseingriffe im Rahmen des § 1666 BGB fruchtbar zu machen[30]. Kuhn unterwirft danach einmal alle die elterlichen Grundrechtseingriffe dem Einfluß des § 1666 BGB, die „subjektiv nicht in der Absicht, Erziehung und Pflege zu dienen, getroffen werden“[31]. Zum anderen erklärt er diejenigen für unzulässig, die „generell zur Pflege und Erziehung ungeeignet sind“[32].

Eine Ausnahme von diesen Grundsätzen erkennt Kuhn für den Bereich des rechtswirksamen Verhaltens an. Dort soll ein Widerspruch zwischen den Grundrechten des Kindes und der Mündigkeit nach einfachem Gesetz ausgeschlossen sein, weil die Privatautonomie, die Vorschriften über die Prozeßfähigkeit u. ä. als einzelnen Grundrechten zugeordnete Rechtsinstitute in Art. 2 Abs. 1 GG, Art. 14 GG, Art. 12 GG u. ä. mitgarantiert seien. Die positivrechtliche Gestalt dieser Institute sei „dem Regelungsspielraum des Gesetzgebers anheimgegeben“[33].

III. Die Harmonierungsthese Gernhubers

Eine von Gernhuber begründete Meinung verläßt den — den beiden vorigen Gruppen gemeinsamen — Ausgangspunkt, daß die Mündigkeit sich aus einer Abwägung der Kindesrechte gegen den Anspruch der

---

28 *Maunz-Dürig*, Art. 19 III, Rdnr. 26.

29 *Maunz-Dürig*, aaO., Rdnr. 27.

30 Vgl. *Kuhn*, aaO., S. 66/67; *Leuschner*, aaO., S. 77.

31 *Kuhn*, aaO., S. 67.

32 *Kuhn*, aaO., S. 67.

33 *Kuhn*, a.a.O., S. 41.

elterlichen Gewalt ergebe[34]. Die elterliche Gewalt soll sogar im Gegenteil die Kindesrechte *ergänzen*. Diese These wird auf die Grundrechte entsprechend angewandt[35]. Das Elternrecht erweist sich danach als eine rechtliche Institution, die die Kindesgrundrechte verwirklichen hilft. Es sorgt durch Pflege und Erziehung dafür, daß der Jugendliche die zur *sinnvollen* Persönlichkeitsentfaltung erforderlichen Qualifikationen erwirbt, und erhält ihm die Güter, die er für jetzt und später zu sinnvollem Menschsein braucht.

Damit verschiebt sich das Argumentationsfeld. Die BGB-Regelungen der elterlichen Gewalt und Mündigkeit werden nicht — wie bisher — auf einen wertungsgerechten Kompromiß im Widerstreit zwischen den Kindesgrundrechten und dem Elternrecht untersucht. Vielmehr ist die Frage angeschnitten, ob diese Vorschriften die Kollision der Kindesgrundrechte mit anderen Interessen wie z. B. dem Interesse des Rechtsverkehrs an einheitlichen fixen Altersgrenzen richtig regeln. Die Antwort Gernhubers deckt sich im wesentlichen mit der von einer anderen Position her gewonnenen Forderung Dürigs: De lege lata soll nur im Wege der Interpretation ein angemessener Einfluß der Kindesgrundrechte auf die Mündigkeit nach einfachem Gesetz erreicht werden können[36]; im übrigen bleibt es bei einer Anregung an den Gesetzgeber[37].

IV. Der Ansatz Eissers beim allgemeinen Persönlichkeitsrecht

Eisser siedelt die „Grundrechtsmündigkeit" in der Rechtsinstitution des allgemeinen Persönlichkeitsrechts an[38]. Anders als die anderen Autoren verzichtet er darauf, sich auf einen unmittelbar oder mittelbar verbindlichen verfassungsgesetzlichen Normbefehl zu berufen. Er knüpft lediglich an die „Auswirkung der Grundrechte des Bonner Grundgesetzes"[39], an das allgemeine Bekenntnis der Verfassung zur freien sittlichen Persönlichkeit an. Die positivrechtliche Lösung findet er dadurch, daß er die im — inzwischen anerkannten — allgemeinen Persönlichkeitsrecht[40] angelegten Wertungen entsprechend auf die Mündigkeit zu beziehen versucht. Als Vorbild dient ihm insbesondere das schweizerische Recht, das — als Ausfluß des allgemeinen Persönlichkeitsrechts[41] — in Art. 19 Abs. 2 Schweiz.ZGB dem unmündigen Urteils-

---

[34] *Gernhuber*, FamRZ 1962, S. 89/90.

[35] *Gernhuber*, FamRZ 1962, S. 92; *derselbe*, Lehrbuch des Familienrechts, § 7 I 3; ebenso: *v. Staudinger-Donau*, § 1626, Rdnr. 81.

[36] Lehrbuch § 7 I 4.

[37] FamRZ 1962, S. 93.

[38] Eranion für Maridakis II, S. 220/221.

[39] aaO., S. 214.

[40] Vgl. dazu *Horst Kaufmann*, Jus 1963, S. 373—384 (378).

[41] Vgl. *Egger*, Kommentar zum Schweiz. ZGB, Art. 19, Anm. 9.

fähigen die selbständige Ausübung der Rechte zuweist, die ihm „um seiner Persönlichkeit willen zustehen“[42].

B. Der Stand der Diskussion in problemnahen Einzelfragen

Außer den allgemein gehaltenen Stellungnahmen haben ferner einzelne Probleme, die zum großen Teil durch höchstrichterliche Entscheidungen in die allgemeine Erörterung eingeführt worden sind, die Diskussion über das Verhältnis von Kindesgrundrechten und elterlicher Gewalt maßgebend befruchtet.

I. Die Einwilligung Minderjähriger in eine Operation

Das erste betrifft die Frage, ob die Wirksamkeit der Einwilligung in eine Operation von der Volljährigkeit des zustimmenden Patienten abhängt.

1. Die Rechtsprechung des Bundesgerichtshofs

In seinem Urteil vom 5. 12. 1958[1] hatte der 6. Zivilsenat des BGH über die Klage eines 20 3/4 Jahre alten Mannes zu befinden, der nach einer nicht ganz geglückten Schilddrüsenoperation dauernd unter gesundheitlichen Beschwerden litt und jetzt von dem Operationsarzt Schadensersatz wegen rechtswidriger Körperverletzung verlangte. Die in Mitteldeutschland lebenden Eltern hatten dem Eingriff nicht zugestimmt. Die Entscheidung richtete sich danach, ob die Einwilligung des Minderjährigen wirksam war und damit die Rechtswidrigkeit des ärztlichen Handelns[2] ausschloß oder nicht. Im Gegensatz zur ständigen Rechtsprechung des Reichsgerichts[3] hielt der Senat volle Geschäftsfähigkeit nicht für erforderlich. Seine Begründung bewegte sich in zivilrechtlichen Denkkategorien: Er stellte zunächst fest, die Einwilligung sei kein Rechtsgeschäft, sondern lediglich „eine Gestattung oder Ermächtigung zur Vornahme tatsächlicher Handlungen“[4]. Eine analoge Anwendung der §§ 107 ff. BGB lehnte er ab. Er räumte ein, daß die Situation der dem § 107 BGB zugrunde liegenden rechtsähnlich sei,

---

[42] *Eisser*, aaO., S. 221/222.

[1] BGHZ 29/33—37.

[2] Zur umstrittenen Frage der Tatbestandsmäßigkeit eines ärztlichen Eingriffs als Körperverletzung vgl. *Schönke-Schröder*, § 223 Rdnr. 8—20 mit umfassenden Nachweisen.

[3] RG in JW 1911, S. 748; RGZ 68/431; 168/206.

[4] BGHZ 29/34.

weil es sich um eine nicht lediglich rechtlich vorteilhafte Willensäußerung handele. Doch verlange der Schutzzweck der Vorschrift, daß der Minderjährige überhaupt schutzbedürftig sei. Diese Voraussetzung entfalle, wenn er „nach seiner geistigen und sittlichen Reife die Bedeutung und Tragweite des Eingriffs und seiner Gestattung zu ermessen" vermöge.

2. Die Reaktion des Schrifttums

Die Reaktion des Schrifttums ist zwiespältig. Die Skala der für und wider das Urteil vorgebrachten Argumente umspannt wohl sämtliche Gesichtspunkte, an die in diesem Zusammenhang auch nur entfernt gedacht werden kann.

Nipperdey[5] bestreitet, daß die Einwilligung in die Operation kein Rechtsgeschäft sei; mindestens müßten die §§ 104 ff. BGB analog angewendet werden.

Nach Geilen rechtfertigt sich das Urteil des BGH aus der Eigenart des Straf-und Deliktsrechts. Für den Adressaten der Erklärung werde eine Verbotsschranke aufgehoben, wenn man die Rechtswirksamkeit der Einwilligung des noch Minderjährigen anerkenne. Er werde also *begünstigt* im Verhältnis zu einer Rechtsanwendung, die mit fixen Altersansätzen arbeite. Folglich fordere die Rücksicht auf ihn keine klaren Grenzen[6].

Flume will je nach Zweckmäßigkeit abstufen: Bei „Eingriffen von geringer Bedeutung" soll der genügend reife Minderjährige die Einwilligung selbst erteilen können. Handelt es sich dagegen „um einen Eingriff von Bedeutung" und ist die Entscheidung des Sorgeberechtigten ohne Gefahr für den Patienten rechtzeitig einzuholen, reicht nach Flume die Zustimmung des Minderjährigen nicht aus. In einem Kompetenzkonflikt zwischen dem Unmündigen und seinem gesetzlichen Vertreter soll grundsätzlich die Ansicht des gesetzlichen Vertreters entscheiden, es sei denn, er mißbrauche sein Sorgerecht und gefährde dadurch das Kindeswohl (§ 1666 BGB)[7].

Den Einwand Nipperdeys gegen den Verzicht auf die Volljährigkeit wehrt Flume mit dem Hinweis darauf ab, daß die Rechtsordnung für höchstpersönliche Entscheidungen (z. B. die Entscheidung über die Religionszugehörigkeit) oder höchstpersönliche Rechtsgeschäfte (z. B. die Testamentserrichtung, § 2229 BGB) „nicht auf die Volljährigkeit abstellt"[8].

---

[5] *Enneccerus-Nipperdey,* § 151 II 1 e, Anm. 11.
[6] *Geilen,* Einwilligung und ärztliche Aufklärungspflicht, S. 86/87.
[7] *Flume,* Rechtsgeschäft, § 13, 11 ff. (S. 219, 220).
[8] *Flume,* aaO., S. 221.

Gernhuber[9] und Boehmer[10] gehen über die Frage, ob die Einwilligung des Minderjährigen *rechtswirksam* ist, hinaus. Sie erblicken in dem Urteil des BGH eine Rechtsfortbildung, die den Jugendlichen vor Vollendung des 21. Lebensjahres *von der elterlichen Gewalt emanzipiert.* Bei der Einwilligung in eine Operation sei der Jugendliche „der elterlichen Gewalt überhoben". Nicht der elterliche, sondern der eigene Wille des Kindes sei entscheidend[11]. Legitimität soll diese Lösung aus der Wertsteigerung empfangen, „die alle höchstpersönlichen Rechtsgüter in der jüngsten Vergangenheit erfahren haben"[12].

Lenckner[13] und Eisser[14] verstehen das Urteil im gleichen Sinne wie Gernhuber und Boehmer; jedoch werten sie das Ergebnis als Ausfluß des allgemeinen Persönlichkeitsrechtes. Sie knüpfen damit an die Rechtsprechung zum deliktischen Schutz der Persönlichkeit an, die der BGH hauptsächlich aus Art. 1, 2 GG begründet hat[15]. Auf diese Weise gewinnt die Rechtsfortbildungsthese — auch die rechtliche Ausgestaltung des allgemeinen Persönlichkeitsrechts ist ja Rechtsfortbildung — einen Anhaltspunkt im Verfassungsrecht; die Diskussion rückt in die Nähe unseres Themas „Kindesgrundrechte und elterliche Gewalt". Wir haben bereits gesehen, daß Eisser das Problem der Grundrechtsmündigkeit sogar insgesamt über den Gedanken des allgemeinen Persönlichkeitsrechts lösen will.

3. Der Standort des Problems

Der Bericht über Rechtsprechung und Schrifttum zeigt, daß das Problem, das sich mit dem Urteil des BGH verbindet, noch nicht eindeutig festgelegt ist. Nipperdey, Geilen und Flume sehen es unter dem Blickwinkel der Rechtswirksamkeit des Verhaltens. Sie fragen also allein, ob die Einwilligung des Minderjährigen die Rechtswidrigkeit des Operationseingriffes aufheben kann. Dagegen bleibt offen, wie sich die etwaige Zuständigkeit des Jugendlichen zu der konkurrierenden der Eltern verhält. Gernhuber, Boehmer, Lenckner und Eisser siedeln demgegenüber das Problem gerade in dem Bedürfnis an, den Eltern die Ausübung höchstpersönlicher Rechte des Kindes zu entziehen und

9 *Gernhuber*, Lehrbuch des Familienrechts, § 49 VI 4; vgl. auch S. 517, FN 1, 2.

10 *Boehmer*, MDR 1959, S. 705—707.

11 *Boehmer*, aaO.

12 *Gernhuber*, aaO.

13 In ZStrW Bd. 72, S. 446 ff. (457).

14 Eranion für Maridakis II, S. 214 f.

15 Vgl. u. a. BGHZ 13/338; 15/257; 24/76; 24/208; 26/349; vgl. auch den Beschluß des 42. Deutschen Juristentages (Zivilrechtliche Abteilung).

anstattdessen so früh wie möglich die Selbstbestimmung des Rechtsträgers zu begründen.

Folgt man der ersten Meinung, so fällt eine an Grundrechtswerten orientierte Erklärung des BGH-Urteils schwer. Selbst wenn man anerkennt, daß die Einwilligung kein Rechtsgeschäft ist, hat man für die Frage, ob ihre Rechtswirksamkeit Volljährigkeit voraussetzt oder nicht, noch nicht viel gewonnen. Denn nach wie vor erzeugt die Einwilligung einen Rechtsnachteil, und davor soll der Minderjährige geschützt werden. Warum soll es insoweit einen Unterschied machen, ob jemand von vornherein in eine Körperverletzung einwilligt und dadurch seinen Schadensersatzanspruch verliert oder ob er hinterher durch rechtsgeschäftlichen Erlaßvertrag auf den entstandenen Anspruch verzichtet? Außerdem: Solange der Jugendliche unter elterlicher Gewalt steht, hat die Rechtswirksamkeit seines Verhaltens im wesentlichen nur technische Bedeutung. Die Eltern können ihm das Verhalten verbieten und kraft ihrer elterlichen Gewalt den Gehorsam erzwingen. Stimmen die Eltern zu, so kann er zwar selbständig handeln, wenn die Rechtsordnung sein Verhalten als rechtswirksam anerkennt. Das ändert aber nichts daran, daß letztlich doch der Wille der Eltern den Ausschlag gegeben hat, genauso, wie wenn das Kind noch nicht rechtswirksam handeln könnte. Infolgedessen ist die Argumentation Flumes, der einerseits den höchstpersönlichen Charakter der Operationseinwilligung betont und andererseits am absoluten Primat der elterlichen Entscheidung festhält, schon in sich widersprüchlich. Wenn eine Entscheidung „höchstpersönlich" ist, so besagt das, daß es in verstärktem Maße auf den Willen des Interessenträgers ankommt und fremder Einfluß stärker als sonst zurückzutreten hat. Der Selbstbestimmungsanspruch des einzelnen wirkt intensiver als in anderen Fragen. Auch die von Flume angeführten §§ 5 RKEG, 2229 BGB begnügen sich nicht damit, Rechtswirksamkeit anzuordnen, sondern schließen die elterliche bzw. vormundschaftliche Fremdbestimmung überhaupt aus[16]. Selbst dort, wo — wie etwa bei der Eheschließung — die Höchstpersönlichkeit der Entscheidung nach dem Gesetz keine absolute Selbständigkeit des Minderjährigen bewirkt, bleibt dessen Wille auch im Innenverhältnis zu den Eltern wenigstens in der negativen Richtung beachtlich: Die Eltern können ihre Tochter niemals rechtmäßig zu einer bestimmten Heirat zwingen[17].

Wir stehen also vor folgender Alternative: Entweder wir nehmen die Einwilligung des Minderjährigen in die Operation als ein Problem

---

[16] § 5 RKEG hat sogar unmittelbar mit Rechtswirksamkeit gar nichts zu tun.

[17] Zu den Regelungen höchstpersönlicher Entscheidungen im einfachen Gesetz vgl. *Eisser*, Eranion II, S. 194 ff.

der Rechtswirksamkeit des Verhaltens hin. Dann entfällt ihre Bedeutung für unsere Untersuchung. Für Aussagen, die vornehmlich technischer Natur sind, können wir in den Grundrechten keine Anhaltspunkte erwarten. Oder wir gehen mit Gernhuber, Boehmer, Eisser und Lenckner von dem höchstpersönlichen, Selbstbestimmung fordernden Charakter der Einwilligung aus. Dann ist es denkbar, daß die Grundrechte für das Problem passende Bewertungsmaßstäbe bereithalten. Daher gilt es zunächst zu prüfen, welcher der beiden möglichen Problemstandorte der richtige ist.

Die Aufgabe wird im Ansatz wesentlich durch die Erkenntnis erleichtert, daß Rechtswirksamkeit des Verhaltens und Selbstbestimmung nicht beziehungslos nebeneinander, sondern in einem axiologischen Zusammenhang stehen. Das leuchtet, was den Selbstbestimmungsfreien angeht, unmittelbar ein: Eine Rechtsordnung, die die Selbstbestimmung anerkennt, sie aber in ihren rechtlichen Folgeanordnungen nicht berücksichtigt, widerspricht sich selbst. Der Satz, der Mensch dürfe seine Verhältnisse in bestimmten Grenzen eigenständig gestalten, schließt als Konsequenz notwendig den weiteren ein, daß das Gesetz den Willen des einzelnen nicht bei der Ausformung der Rechtsinstitutionen[18] übergehen darf. Es wäre ihm z. B. verwehrt, den Menschen mit dem 21. Lebensjahr aus der elterlichen Gewalt zu entlassen mit der Begründung, er könne nunmehr selbst für sich sorgen, aber seinen Willenserklärungen die Wirksamkeit abzusprechen, weil er noch nicht für sich sorgen könne. In solchen Aussagen würde ein Widerspruch stecken, der den Anspruch des Gesetzes, eine vernünftige Ordnung zu entwerfen, in Frage stellt. Das gleiche gilt aber auch umgekehrt. Der Gesetzgeber würde seine eigenen Anordnungen illusorisch machen, wenn er einerseits in den §§ 1626 ff. BGB den Minderjährigen vorbehaltlich ausdrücklicher Ausnahmen gegenüber der elterlichen Fremdbestimmung zum Gehorsam verpflichtete[19] und andererseits in den Vorschriften über die Rechtswirksamkeit des Verhaltens den Ungehorsam durch rechtliche Anerkennung belohnte. Damit ist eine — soweit ersichtlich — noch unbeachtete Schranke für die rechtliche Behandlung von Willensäußerungen entdeckt. Unterstellt, die Einwilligung in die Operation sei kein Rechtsgeschäft, unterstellt ferner, das durch die feste Altersgrenze geförderte Postulat der Rechtssicherheit spiele dort eine geringere Rolle als bei Willenserklärungen — die sonst unvermeidliche

[18] Der Ausdruck Institution wird hier und im folgenden für privat- und öffentlichrechtliche Normkomplexe gebraucht. Die übliche Unterscheidung von privatrechtlichen Rechtsinstituten und öffentlichrechtlichen Institutionen ist eine Frage der Zweckmäßigkeit; diese ist zu verneinen, vgl. wie hier *Dreier*, Zum Begriff der Natur der Sache, S. 93 (vgl. zum entgegengesetzten Standpunkt: *Klein*, Institutionelle Garantien, § 5 I, vor allem S. 104).

[19] Zur Gehorsamspflicht des Kindes vgl. *Gernhuber*, FamRZ 1962, S. 91.

widersinnige Konsequenz, daß das Gesetz Gehorsam fordert und den Ungehorsam durch rechtliche Anerkennung belohnt, würde auch dann noch die Maßgeblichkeit der Grenze von 21 Jahren verlangen. Dieses Ergebnis ist für eine Rechtsordnung, die auf Harmonie ihrer Wertungen bedacht ist[20], unerläßlich.

Die §§ 104 ff. BGB, die mit ihrer differenzierten Regelung der Rechtswirksamkeit von Willenserklärungen auf den ersten Blick etwas Abweichendes auszusagen scheinen, widerlegen die These bei genauem Zusehen nicht, sondern bestätigen sie:

§ 107 BGB, der die Fähigkeit des Minderjährigen zum Abschluß lediglich rechtlich vorteilhafter Rechtsgeschäfte vorsieht, berührt den Fürsorge- und Erziehungszweck der elterlichen Gewalt nicht. Das Kind erwirbt eben nur eine vorteilhafte Rechtsstellung. Sofern diese mit den Erziehungszielen in Widerspruch gerät, können die Eltern sie ohne weiteres beseitigen. Es hindert sie niemand, etwa den dem Kind geschenkten Hund zu veräußern oder gar weiterzuverschenken.

§ 110 BGB enthält nicht mehr als eine Vermutung, daß das betreffende Rechtsgeschäft mit dem Willen des gesetzlichen Vertreters übereinstimmt[21]. Der gesetzliche Vertreter hat es ja in der Hand, ob er dem Jugendlichen Geldmittel zur freien Verfügung oder zu einem bestimmten Zweck überläßt. Zu Unrecht wendet Eisser[22] gegen die h. M. ein, der Sinn des § 110 BGB, den Jugendlichen an den selbständigen und verantwortungsbewußten Gebrauch des Geldes zu gewöhnen, verbiete es, die Vorschrift als einen Spezialfall der Einwilligung des gesetzlichen Vertreters aufzufassen. Gewiß *muß* der Minderjährige an den selbständigen Umgang mit Geld gewöhnt werden, damit er als Volljähriger auch in dieser Hinsicht lebenstüchtig ist. Ob und wie das geschieht, beurteilen aber in den Grenzen des § 1666 BGB die Eltern. § 110 BGB ermöglicht lediglich die praktische Durchführung des Gedankens, indem er den Eltern die erforderliche Rechtsinstitution zur Verfügung stellt. Eine Disharmonie zu § 1626 Abs. 1 BGB entsteht also nicht; vielmehr ergänzen sich die beiden Normen.

§§ 112, 113 BGB emanzipieren den Jugendlichen für Teilbereiche unter der Voraussetzung, daß die Eltern zustimmen. Sie erklären sich aus der Erkenntnis, daß der Mensch vielfach lange vor seiner Volljährigkeit einem Erwerb nachgeht, der sich nicht in körperlicher Arbeit erschöpft, sondern wertende Gedankenleistungen erfordert.

---

[20] Vgl. *Betti*, Festschrift für Rabel II, S. 107/108.

[21] Vgl. *Palandt-Danckelmann*, § 110, 1; *Siebert-Seydel*, § 110, 1; *v. Staudinger-Coing*, § 110, 1; *BGB-RGRK — Krüger-Nieland*, § 110, 1; *Erman-Westermann*, § 110, 1.

[22] Eranion für Maridakis II, S. 207/208.

Wenn die Eltern nach pflichtgemäßer Würdigung des jeweiligen Sachverhalts entsprechende Berufe auswählen, will das Gesetz dem durch passende Regelungen des rechtswirksamen Verhaltens gerecht werden. So würde der Aufbau eines Erwerbsgeschäftes durch die eigene kaufmännische Tüchtigkeit des Minderjährigen so gut wie unmöglich gemacht, wenn jede — in der Regel rechtsgeschäftliche — Disposition vom gesetzlichen Vertreter beaufsichtigt und gutgeheißen werden müßte. Der gesetzliche Vertreter wäre dann der eigentliche Kaufmann. Demgemäß durchbrechen die §§ 112, 113 BGB nicht allein das allgemeine Postulat voller Geschäftsfähigkeit, sondern darüber hinaus den § 1626 Abs. 1 BGB. Auch im Innenverhältnis sind den Eltern Bevormundungsversuche verwehrt[23], soweit sie nicht die erteilte Ermächtigung zurückziehen oder einschränken können.

An der Art und Weise, in der die §§ 112, 113 BGB zwischen den Dispositionsbefugnissen von Eltern und Vormund unterscheiden, wird der Zusammenhang der Regelungen des Eltern-Kind-Verhältnisses auf der einen und der Regelung des rechtswirksamen Verhaltens auf der anderen Seite besonders deutlich:

So bestimmt § 113 Abs. 2 BGB, daß die Ermächtigung zum Eintritt in Dienst oder in Arbeit von den *Eltern* allgemein zurückgenommen oder eingeschränkt werden kann. Die damit konstituierte generelle Verfügungsbefugnis entspricht dem § 1666 BGB, der in persönlichen Angelegenheiten wie der Berufsausübung das Einschreiten des Vormundschaftsgerichts an eine ernstliche Gefahr für das Kindeswohl knüpft; eine solche ist durch den Eingriff der Eltern hier nicht zu befürchten. Nach § 113 Abs. 3 BGB ist das Vormundschaftsgericht gegenüber dem *Vormund* zur verbindlichen Entscheidung berechtigt und verpflichtet, wenn die von diesem verweigerte Ermächtigung im Interesse des Mündels liegt. Das stimmt mit § 1837 BGB überein, wonach das Vormundschaftsgericht „über die gesamte Tätigkeit des Vormundes ... die Aufsicht zu führen und gegen *Pflichtwidrigkeiten* durch geeignete Gebote und Verbote einzuschreiten" hat. „Pflichtwidrig" i. S. dieser Vorschrift ist nicht nur die Gefährdung des Kindeswohls, sondern alles, was gegen das Mündelinteresse verstößt.

Die Gleichbehandlung von Eltern und Vormund nach § 112 Abs. 2 BGB verträgt sich ebenfalls mit den familienrechtlichen Normen über das Innenverhältnis zwischen dem gesetzlichen Vertreter und dem Kind. Die ungerechtfertigte Einstellung eines Erwerbsbetriebes des Kindes gefährdet dessen *Vermögen*, weil sie eine erfolgreiche Nutzung verbietet. Als vermögensgefährdende Maßnahme fällt sie nicht unter

---

[23] Vgl. *Siebert-Seydel*, § 112, 1: Die Befugnisse des gesetzlichen Vertreters sind auf diesem Teilgebiet ausgeschaltet.

§ 1666 BGB, sondern unter § 1667 BGB, wonach bereits die Vermögensgefährdung, nicht erst die Gefahr für das Gesamtwohl des Kindes Sanktionen des Vormundschaftsgerichts rechtfertigt. Die *präventive* Kontrolle erklärt sich aus der Eigenart der Einstellung eines Erwerbsbetriebs. Die einmal durchgeführte Liquidation eines Unternehmens läßt sich regelmäßig nicht mehr so rückgängig machen, daß der eingetretene Schaden völlig behoben wird.

Stellt man allein auf die Rechtswirksamkeit des Verhaltens ab, so enthält demnach der Verzicht des BGH auf das Erfordernis der Volljährigkeit für die Einwilligung in eine Operation einen Wertungswiderspruch zu § 1626 Abs. 1 BGB, der in den sonstigen gesetzlichen Regelungen ohne Vorbild ist. Entsprechend wird die Zulässigkeit des Verzichtes zweifelhaft. Denn der Richter ist grundsätzlich nicht dazu berufen, das Gesetz zu korrigieren, sondern dazu, es anzuwenden und notfalls zu ergänzen[24].

Die Darstellungen Flumes und Geilens sind nicht geeignet, die Zweifel zu zerstreuen.

Der Weg Flumes ist schon deshalb nicht gangbar, weil er praktisch auf das zufällige Moment der elterlichen Kenntnis oder Unkenntnis der Operationsabsichten des Kindes abhebt. Die Ansicht läuft im Ergebnis auf den Satz hinaus: Du darfst dich auf Grund deines eigenen rechtserheblichen Entschlusses operieren lassen, wenn es dir gelingt, deinen Plan vor den Eltern zu verheimlichen und so ein Eingreifen der Eltern zu verhindern. Daß die Rechtsordnung eine solche Konsequenz nicht fördern kann, liegt auf der Hand. Die Fälle, die Flume im Auge hat, nämlich die, daß die Eltern unerreichbar sind oder ihre Befragung wegen der Geringfügigkeit der Operation die Mühe nicht lohnt, lassen sich dogmatisch ohne Schwierigkeiten über den Rechtfertigungsgrund der *mutmaßlichen Einwilligung* (der Eltern) in seinen beiden Ausprägungen Prinzip der Geschäftsführung ohne Auftrag und Prinzip des offenbar weichenden Interesses[25] befriedigend lösen.

Die Überlegung Geilens scheitert schließlich daran, daß sie jedenfalls für das Deliktsrecht des BGB den unzulässigen Widerspruch zu § 1626 Abs. 1 BGB nicht vermeiden kann. Durch die rechtswirksame Einwilligung verfügt der Minderjährige über sein Interesse an körperlicher Unversehrtheit und damit mittelbar über alle Ansprüche, die das Deliktsrecht ihm für den Fall eines unrechtmäßigen Eingriffs anderer gewährt. § 1626 Abs. 1 BGB gibt den Eltern das Recht, ihm eine solche Verfügung zu verbieten; die Vorschrift überantwortet den

---

[24] Vgl. die Rangfolge der Rechtsquellen in Art. 1 Schweiz. ZGB.

[25] Vgl. *Schönke-Schröder*, Vorbem. vor § 51 StGB, Rdnr. 48.

Eltern die Sorge für die Interessen des Kindes, verweigert dem Jugendlichen also die rechtliche Anerkennung seines Willens. Nur für das Strafrecht kann die Auffassung Geilens richtig sein. Denn dort beeinflußt die an die rechtswirksame Einwilligung anschließende Rechtsfolge nicht den Schadensausgleich, sondern den staatlichen Strafanspruch. Ob und ggf. in welcher Weise dieser durchgesetzt wird, berührt das den Eltern anvertraute Interesse des Kindes nicht. Das Sühnebedürfnis des einzelnen Verletzten wird nach unserem Rechtssystem[26] überhaupt nicht durch ihn selbst oder seinen gesetzlichen Vertreter, sondern durch den Staat befriedigt[27]. Die Einwilligung bedeutet aus strafrechtlicher Sicht gar keine *Verfügung* über ein Rechtsgut, sondern sie läßt lediglich die *Strafwürdigkeit* der Verletzung entfallen[28].

Zusammenfassend läßt sich der Standort des Problems wie folgt bestimmen:

Eine Rechtfertigung des Urteils des BGH im 29. Band, isoliert betrachtet unter dem Gesichtspunkt der Rechtswirksamkeit des Verhaltens, ist nicht möglich, da die dort entwickelte Auffassung die Wertung des § 1626 Abs. 1 BGB durchbricht. Denkbar ist nur eine vom Gesetz abweichende Fixierung des Zeitpunktes, in dem der einzelne das Selbstbestimmungsrecht erhält, d. h. eine teilweise Abänderung des Umfangs der elterlichen Gewalt. Dieses Ergebnis führt zur Suche nach einer Ermächtigungsgrundlage für eine solche Abänderung, wozu sich u. a. — nach dem Vorgang Lenckners und Eissers — der Grundrechtskatalog der Verfassung anbietet.

II. Das Zeugnis- und Untersuchungsverweigerungsrecht minderjähriger Angehöriger

Ebenfalls in das Thema „Kindesgrundrechte und elterliche Gewalt" reicht die Problematik hinein, die sich mit der Ausübung des Zeugnis-

---

[26] Nach römischem Recht wurde das Sühnebedürfnis des Verletzten dadurch befriedigt, daß der Schädiger dem Geschädigten ein Mehrfaches des Schadens zu zahlen hatte.

[27] Ausnahme nach der neuen Rspr. des BGH zu § 847 BGB (vgl. BGHZ 18, S. 149).

[28] Der Einwand *Lenckners* (ZStrW Bd. 72, S. 455), die Rechtswidrigkeit müsse im Zivil- und Strafrecht notwendig gleich beurteilt werden, überzeugt nicht. Ein Wertungswiderspruch liegt erst vor, wenn der Vergleich zweier Normen hinsichtlich ihrer Prämissen und Rechtsfolgeanordnungen axiologische Unvereinbarkeiten enthüllt. Die unterschiedlichen Folgen — Schadensausgleich und staatliche Strafe — sind durchaus geeignet, das Rechtswidrigkeitsurteil in axiologisch einwandfreier Weise zu differenzieren. Vgl. zutreffend *Larenz*, Schuldrecht II, Vorwort zur 3. Auflage: „Dabei sollte man sich nicht allzusehr durch die Behauptung beeindrucken lassen, ein

und Untersuchungsverweigerungsrechtes nach §§ 52, 81 c StPO durch minderjährige Angehörige verbindet[29].

1. Die Rechtsprechung des Bundesgerichtshofs

Auch hier haben BGH-Urteile die Erörterungen eingeleitet.

In seinem Beschluß vom 8. 12. 1958 hatte der Große Senat des BGH für Strafsachen[30] über eine Vorlage des 4. Strafsenats zu befinden, in der u. a. die Frage gestellt war, ob das Untersuchungsverweigerungsrecht nach § 81 c II S. 3 StPO von einem einsichts- und urteilsfähigen Minderjährigen ausgeübt werden könne. Der Große Senat bejaht sie ebenso wie die weitere, ob bis dahin die Entscheidung des gesetzlichen Vertreters maßgebend sei. Der zweite Strafsenat hat in seinem Urteil vom 13. 12. 1961[31] diese Grundsätze auf das Zeugnisverweigerungsrecht des Angehörigen übertragen.

Der Begründung fehlt, wie schon im Urteil des BGH zur Einwilligung in die Operation, der ausdrückliche verfassungsrechtliche Bezug: Es entspreche „der deutschen Rechtsordnung", daß für einen nicht genügend reifen Zeugen „der gesetzliche Vertreter als der Vertreter im Willen die Entscheidung zu treffen" habe. Dies geschehe im Verfahrensrecht sonst ebenfalls, „auch dort, wo es sich darum handelt, höchstpersönliche Befugnisse wahrzunehmen"[32]. Der BGH unterwirft damit die Ausübung des Zeugnis- und Untersuchungsverweigerungsrechtes grundsätzlich der elterlichen Gewalt. Die in Abweichung von der Altersgrenze der §§ 2, 1626 Abs. 1 BGB angenommene Mündigkeit des urteilsfähigen Minderjährigen rechtfertigt er nicht. Offenbar hat er sie nicht als problematisch empfunden.

2. Die Stellungnahmen im Schrifttum

Stellungnahmen in dieser Richtung finden sich erst in den anschließenden Äußerungen der Rechtslehre. Ausführlichere Auseinandersetzungen liefern vor allem zwei Beiträge.

Grundbegriff wie die Rechtswidrigkeit müsse auf allen Rechtsgebieten derselbe sein; diese Behauptung verkennt die Variabilität fast aller Begriffe, die, unbeschadet eines durchgängigen Sinneskerns, sehr wohl in verschiedenen Sinnesabwandlungen auftreten können."

[29] Die Frage ist ebenso für §§ 383, 384 ZPO bedeutsam; vgl. *Bosch*, Grundsatzfragen, S. 36.

[30] BGHSt 12/235 ff.

[31] BGHSt 14/159 ff.

[32] BGHSt 12/240.

Der erste stammt von E. Schmidt[33], der zunächst der Ansicht des BGH zur Zulässigkeit der gesetzlichen Vertretung mit allerdings etwas anderen Argumenten folgt. Es verstehe sich, „daß die von einem Zeugen oder einer Beweisperson zu erbringenden Leistungen höchstpersönlicher Natur“ seien. Die Erklärung, durch die das Zeugnis- oder das Untersuchungsverweigerungsrecht ausgeübt werde, bedeute dagegen „nichts anderes als eine reine Willensangelegenheit, die als solche dem materiellen Recht“ angehöre. Im materiellen Recht sei es aber „eine völlig normale Erscheinung, daß ein zu vernünftiger Willensbildung Unfähiger von seinem gesetzlichen Vertreter vertreten werde“[34]. Den Schritt, dem gesetzlichen Vertreter bis zur Volljährigkeit des Jugendlichen die Bestimmung zuzuweisen, vollzieht E. Schmidt allerdings nicht. „Die prozeßtheoretische Frage, wovon die Beachtlichkeit prozessualer Willenserklärungen abhängt“, werde „von der StPO nicht gelöst.“ Sicher sei für den „Bereich des Strafverfahrensrechtes, daß prozessuale Willenserklärungen Geschäftsfähigkeit i. S. des BGB grundsätzlich nicht voraussetzen“[35].

Bosch löst das Problem der „stellvertretend vorzunehmenden Gewissensentscheidung“ ebenso wie der BGH in Anlehnung an mehr oder weniger verwandte gesetzliche Regelungen. „Ebenso wie die Eltern, stellvertretend für das Kleinkind, dieses schon im Säuglingsalter oder später einer bestimmten, von ihnen ausgewählten Konfession zuführen können ..., sollte anerkannt werden, daß Eltern oder Vormund als die berufenen Sachwalter der Persönlichkeitsrechte des Kleinkindes auch die höchstpersönliche Befugnis des Zeugnisverweigerungsrechtes müssen wahrnehmen können[36].“ Die Ausübung der Weigerungsrechte qualifiziert Bosch als Prozeßhandlung, zu deren rechtlicher Wirksamkeit das Gesetz grundsätzlich die der Geschäftsfähigkeit entsprechende Prozeßfähigkeit vorschreibt[37]. In Analogie zu Ausnahmebestimmungen wie § 612 ZPO (Prozeßfähigkeit der minderjährigen Ehefrau im Scheidungsrechtsstreit) und § 71 Abs. 2 SozGG („Minderjährige, die das 16. Lebensjahr vollendet haben, sind in eigenen Sachen prozeßfähig“), ferner zu einer Reihe von ähnlichen Vorschriften (§§ 19 Abs. 6 WpflG., 65 StGB) versucht er aber trotzdem einen eigenen, von der Volljährigkeitsgrenze abweichenden Lösungsweg zu bahnen. Die Legitimation dazu leitet er aus der Diskussion um die Grundrechtsmündigkeit ab, die er zwar als eigenständige Rechtsfigur ablehnt, jedoch als rechtfertigenden Grund für eine „behutsam extensive Analogie“ zu schon

---

33 In JR 1959, S. 369—373.
34 In JR 1959, S. 371.
35 In JR 1959, S. 370.
36 Grundsatzfragen, S. 51.
37 aaO., S. 40.

vorhandenen, Teilmündigkeit anordnenden Normen anerkennt. Die Lösung des BGH, auf die Verstandesreife im Einzelfall abzustellen, verwirft er insbesondere mit Rücksicht auf die „von der deutschen Rechtsordnung auch im außerrechtsgeschäftlichen Bereich gewollte Festlegung fester Altersgrenzen“[38].

3. Die Selbstbestimmung als Standort des Problems

Geht man mit dem BGH davon aus, daß die prozessualen Weigerungsrechte durch den gesetzlichen Vertreter ausgeübt werden können, so stellt sich hier das gleiche Problem wie bei der Operationseinwilligung. Entsprechend fordert der wie selbstverständlich vorgetragene Verzicht E. Schmidts auf die Geschäftsfähigkeit Widerspruch heraus. Wer dem Minderjährigen die Ausübung eines Rechtes überläßt und die Eltern gleichzeitig davon ausschließt, verstößt gegen § 1626 I BGB. Eine Beschränkung der Selbstbestimmung auf das Außenverhältnis scheidet wie bei der Operationseinwilligung aus, weil sie in fürsorge- und erziehungsbedürftigen Angelegenheiten — d. h. in allen mit dem Risiko einer unvorteilhaften Wahl verbundenen Entscheidungssituationen, zu denen auch die Ausübung der Weigerungsrechte zählt — eine widersinnige Rechtslage, nämlich einerseits Pflicht zum Gehorsam und andererseits rechtliche Anerkennung des Ungehorsams, erzeugt. Es bleibt die Frage nach dem Geltungsgrund des von § 1626 Abs. 1 BGB abweichenden Selbstbestimmungsrechts, die in unser Thema, in das Verhältnis von Kindesgrundrechten und elterlicher Gewalt zueinander, hineinführt.

III. Der Gewerkschaftsbeitritt Minderjähriger

Schon seit der Weimarer Reichsverfassung streitet man über die Zustimmungsbedürftigkeit des Gewerkschaftsbeitritts Minderjähriger[39].

1. Die herrschende Meinung

Die h. M.[40] sieht das Problem in der Anwendbarkeit des § 113 BGB, also in der Frage, ob die Emanzipation des Jugendlichen hinsichtlich des Abschlusses von Rechtsgeschäften, die zur sinnvollen Durchführung des genehmigten Arbeitsverhältnisses unerläßlich sind, auch den Ge-

---

[38] aaO., S. 45.

[39] Vgl. die Nachweise bei *Neumann*, Koalitionsfreiheit, S. 74 ff.

[40] *Hueck-Nipperdey*, Arbeitsrecht II, § 8, FN 4; *Nikisch*, Arbeitsrecht II, § 58 II 4; *Bogs*, ARBlattei „Vereinigungsfreiheit“ I unter B II 1 b; *Dietz* in BNS III, 1, S. 445/446; *Kaskel-Dersch*, Arbeitsrecht, S. 280; *Siebert-Seydel*, § 113, 3; LG Frankfurt in NJW 1963, S. 1361.

werkschaftsbeitritt umfaßt. Art. 9 Abs. 3 GG hält sie in diesem Zusammenhang für unerheblich. Der Verfassunggeber habe das Eltern-Kind-Verhältnis durch die Bestimmung nicht umgestalten wollen[41].

2. Die verfassungsrechtlichen Argumentationen

Die Gegenansicht hat Neumann für den nach Wortlaut und Sinn mit Art. 9 Abs. 3 GG übereinstimmenden Art. 159 WRV ausführlich begründet[42]. Er knüpfte daran an, daß Art. 159 WRV — ebenso wie heute Art. 9 Abs. 3 GG — vorbehaltlos gewährleistet war. „Die Vorschriften des BGB, die die Perfektion von Willenserklärungen Minderjähriger von der Zustimmung des gesetzlichen Vertreters abhängig machen", seien „eine Beschränkung der Handlungsfreiheit des Minderjährigen." Erfolge „die Beschränkung im Hinblick auf eine Koalitionsabrede", so liege „eine Beschränkung der Koalitionsfreiheit vor, eine unzulässige Beschränkung, weil das Grundrecht unrelativiert gewährleistet" sei[43].

Den Beweis, daß die elterliche Gewalt nicht vom Verfassunggeber als selbstverständlich mitgedacht sei, findet Neumann in § 5 RKEG. Da nach Art. 135 S. 3 WRV Glaubens- und Gewissensfreiheit unter dem Vorbehalt der allgemeinen Staatsgesetze standen, habe der Gesetzgeber dort die vorzeitige Religionsmündigkeit ausdrücklich verlautbaren müssen. In Art. 159 WRV bedinge das Fehlen des Gesetzesvorbehaltes den Verzicht auf ein dem RKEG entsprechendes Ausführungsgesetz, welches das Verhältnis zwischen Art. 159 WRV und den allgemeinen Gesetzen regelt[44]. Die Koalitionsfreiheit sei eben schon von Verfassungs wegen stärker als die allgemeinen Gesetze[45].

Ebenso tritt Schnorr v. Carolsfeld[46] für einen Einfluß des Art. 9 Abs. 3 GG auf die Koalitionsmündigkeit ein. Er beruft sich jedoch nicht so sehr auf den fehlenden Gesetzesvorbehalt als vielmehr auf die angebliche Verwandtschaft von Weltanschauungswahl und Gewerkschaftsbeitritt. In breiten Kreisen der Bevölkerung würden die Ge-

---

[41] *Dietz*, aaO.

[42] Koalitionsfreiheit, S. 74—79.

[43] *Neumann*, Koalitionsfreiheit, S. 77.

[44] *Neumann*, aaO., S. 78/89.

[45] Beschränkt auf den arbeitspolitischen Aspekt der Koalitionsfreiheit ebenso AG Köln in BB 1964, S. 1171; gegen die Beschränkung *Schnorr v. Carolsfeld*, AR-Blattei „Minderjährige" v. 25. 1. 1965; vgl. auch die Anregung von *Farthmann* in NJW 1963, S. 1982, sowie die ausführliche Untersuchung zur Grundrechtsmündigkeit bei *Woltereck* in AuR 1965, S. 193—197, die eine Stellungnahme zum vorliegenden Problem einschließt, außerdem *Hoffmann* in BB 1965, S. 126—128.

[46] ARBlattei „Minderjährige" v. 25. 1. 1965.

werkschaftsangehörigen als Anhänger einer bestimmten Auffassung der Gesellschaftsordnung angesehen. Daraus müsse „der Schluß gezogen werden, daß jedenfalls nach Vollendung des 18. Lebensjahres oder nach Abschluß der Lehrzeit der junge Mensch in der Lage sein müsse, auch in dieser Beziehung selbst seine Entscheidung zu treffen, daß ihm also dann bereits das Grundrecht der Koalitionsfreiheit, d. h. die sogen. Grundrechtsmündigkeit insoweit zustehe". Die positivrechtliche Grundlage soll die Analogie zu § 5 RKEG liefern. Hier klingt der Gedanke an, daß entgegen Neumann die bloße vorbehaltlose Garantie allein nicht ausreicht, ein Abrücken von der Altersgrenze der §§ 2, 1626 Abs. 1 BGB zu erzwingen. Die eigentliche Argumentation bemüht sich um den Nachweis des mehr oder weniger höchstpersönlichen Charakters des Koalitionsbeitritts und vermeidet so die ausschließlich positivistisch orientierte Begründungsweise Neumanns.

IV. Weitere Probleme (Meinungsfreiheit des Schülers, Aufenthaltsbestimmungsrecht von in der DDR lebenden Eltern gegenüber ihren in der BRD befindlichen Kindern)

Auch die Probleme der „Meinungsfreiheit des Schülers" sowie der Herausgabe von in der Bundesrepublik befindlichen Kindern an die in der DDR lebenden Eltern sind unter verfassungsrechtlichen Aspekten beleuchtet worden. Während Löffler die Meinungsäußerung des Schülers analog §§ 112, 113 BGB behandeln will[47], stützen sich Hildegard Krüger[48] und Leuschner[49] auf die These, daß der Einritt in ein besonderes Pflichtenverhältnis mündig mache. Perschel[50] sucht die Lösung in einer Güterabwägung zwischen dem in seinen Schranken verstandenen Recht der freien Meinungsäußerung und dem Elternrecht. In einem Beitrag zum zweiten Problem sahen Säcker und der Verfasser dieser Arbeit[51] die Selbstbestimmung postulierende Grundlage in der höchstpersönlichen Natur der Wahl zwischen einem Leben in der Bundesrepublik und einem Leben in der DDR. Diese These stützt sich z. T., nämlich soweit das Kind seine Entscheidung für die Bundesrepublik aus weltanschaulichen Gründen trifft, auf die §§ 5, 6 RKEG. Zum anderen Teil knüpft sie an die unterschiedliche Gesellschaftsverfassung beider Staatswesen und den wegen des Ausreiseverbotes praktisch endgültigen Charakter eines Wechsels in die DDR an. Die Entscheidung des einzelnen für oder gegen die Begründung des Wohnsitzes in

---

[47] NJW 1964, S. 1105/1106.

[48] FamRZ 1956, S. 329 ff.

[49] Recht der Schülerzeitung, S. 78.

[50] Die Meinungsfreiheit des Schülers, S. 86—90.

[51] *Säcker-Reuter*, NJW 1965, S. 2037—2041.

der DDR soll dadurch zu einer Entscheidung werden, die dem „Kernbereich des Grundrechts auf freie Entfaltung der Persönlichkeit“ zuzurechnen ist.

V. Die richterliche Kontrolle der Anstaltsunterbringung Minderjähriger durch ihre Eltern

Schließlich hat der Beschluß des Bundesverfassungsgerichts vom 10. 2. 1960[52], in dem es die Anwendbarkeit des Art. 104 Abs. 2 GG bei der Anstaltsunterbringung des Mündels durch den Vormund bejahte, eine in unseren Zusammenhang gehörende Diskussion ausgelöst. Sie betrifft die Frage, ob die Heimunterbringung Minderjähriger durch ihre Eltern ebenfalls unter Art. 104 Abs. 2 GG fällt.

1. Die Ansicht Maurers

Die am entschiedensten negative Stellungnahme finden wir bei Maurer[53]. Er verneint schon den Tatbestand der Freiheitsentziehung. Begrifflich liege „eine Freiheitsentziehung nach Art. 2 Abs. 2, 104 Abs. 2 GG nur dann vor, wenn jemand gegen seinen Willen festgenommen oder in einer geschlossen Anstalt untergebracht“ werde. Begebe sich jemand freiwillig in eine Anstalt, könne deshalb von Freiheitsentziehung keine Rede sein. Da der gesetzliche Vertreter über den Aufenthalt des Kindes zu befinden habe, sei der entgegenstehende Wille des Kindes rechtlich unbeachtlich. „Die Eltern entscheiden für und anstelle des Kindes über dessen Aufenthalt, ihre Entscheidung wird zugleich zur Entscheidung des Kindes[54].“

2. Die Ansicht Schüler-Springorums

Schüler-Springorum will zwischen „erzieherischen Maßnahmen einerseits und fürsorgerischen Maßnahmen einschließlich der sogenannten Heilfälle andererseits“ unterscheiden. Den materiellen Ansatz dazu gewinnt er aus dem „dialektischen Verhältnis zwischen Freiheitsentzug und Erziehung“[55]. Das minderjährige Kind befinde sich in einer Doppelrolle: Als Mensch sei es Grundrechtsträger, als noch nicht voll entfalteter Mensch sei es darauf angewiesen, daß Dritte ihm bei der Entwicklung zur selbstbestimmungsfähigen Persönlichkeit helfen. Diese Hilfsfunktion, Erziehung genannt, sei in Art. 6 Abs. 2 GG verfassungs-

---

[52] BVerfGE 10/302—331.

[53] FamRZ 1960, S. 468—474.

[54] *Maurer,* aaO., S. 472.

[55] FamRZ 1961, S. 296—301.

rechtlich gesichert. Die Vorschrift gehöre zur verfassungsmäßigen Ordnung, die jedem Grundrecht als immanente Schranke innewohne. Da somit schon ein Eingriff in Art. 2 Abs. 2 S. 2 GG entfalle, sei „die Verfahrensfrage des Art. 104 GG gar nicht zu stellen“[56]. Zudem stehe die „Betonung des detailliert Förmlichen in Art. 104 GG in einem auffallenden Gegensatz zur Vielfalt und Variabilität der Gründe und Weisen, die die körperliche Bewegungsfreiheit eines Minderjährigen zu erzieherischen Zwecken einzuschränken pflegten“. Es liege auf der Hand, daß der Verfassunggeber, als er den Art. 104 GG formulierte, in erster Linie den erlebten Mißbrauch der Staatsgewalt bei der Strafverfolgung habe unterbinden wollen, daß er vielleicht auch an Freiheitsentziehungen aus fürsorgerischen Gründen, auf keinen Fall aber an den Bereich der Erziehung gedacht habe[57].

3. Die Ansicht Hampels, die h. M.

Hampel[58] schließt sich ohne nähere Begründung der Ansicht des Bundesverfassungsgerichts[59] an, daß ein Freiheitsentzug durch den gesetzlichen Vertreter trotz der diesem eingeräumten Befugnis, die Rechte des Mündels auszuüben, denkbar sei. Rechtlich relevant sei insoweit allein der Wille des Betroffenen, möge es auch in anderer Beziehung allein auf den Willen des Erziehungsberechtigten ankommen[60].

Das entscheidende Hindernis für eine Anwendung des Art. 104 GG gegenüber den Eltern erblickt er in Art. 6 I, II GG, der die Familie grundsätzlich staatsfrei gestalte. Diese Wertung werde durch das Erfordernis der richterlichen Anordnung als einer staatlichen Maßnahme verletzt[61]. Die Überlegung stimmt in der Sache mit der wohl h. M.[62] überein, die, für den Verzicht auf die richterliche Zustimmung eintretend, das „natürliche Verhältnis der Eltern zu ihrem Kind“ im

---

[56] *Schüler-Springorum*, FamRZ 1961, S. 297.

[57] Ebenso AG Hamburg in FamRZ 1961, S. 393. Mit nur geringfügig abweichender Begründung arbeiten *Rauschert* (RdJ 1960, S. 369 ff.) und *Anders* (FamRZ 1960, S. 475 ff.). *Rauschert* sieht den maßgebenden Grund — ähnlich *Schüler-Springorum* — in dem Umstand, daß die Erziehung notwendig mit Freiheitsbeschränkungen gekoppelt sei. *Anders* führt die Dialektik von Freiheitsentzug und Erziehung auf die Rechtsfigur des besonderen Gewaltverhältnisses zurück, deren Zweck, nämlich die Erziehung, die Anwendung des Art. 104 Abs. 2 GG nicht zulasse.

[58] FamRZ 1963, S. 537—551.

[59] BVerfGE 10/302—331 (309/310).

[60] *Hampel*, aaO.

[61] *Hampel*, aaO., S. 540.

[62] So *Dölle*, Familienrecht II, § 92 I 2 c; ähnlich *Erman-Ronke*, § 1631, Anm. 4 b.

Gegensatz zu der „auf staatlichem Hoheitsakt" gründenden vormundschaftlichen Gewalt herausstreicht.

4. Die Ansicht Erdsieks und Guggumos'

Für die Anwendbarkeit des Art. 104 GG im Eltern-Kind-Verhältnis plädieren Erdsiek[63] und Guggumos[64]. Erdsiek erkennt zwar die Hilfsfunktion der gesetzlichen Vertretung an, die in einer „von dem freien Willen des Menschen ausgehenden Rechtsordnung" angesichts des unvollkommenen Willens noch nicht voll entwickelter oder psychisch defekter Menschen unerläßlich sei. Die rechtliche Zurechnung des Vertreterwillens ändere aber nichts „an der tatsächlichen Lage unter dem Gesichtspunkt der Freiheit". Die Fürsorge, die der Betroffene durch die Bestellung eines gesetzlichen Vertreters erfahre, bedeute für ihn auf der anderen Seite den Eintritt in ein Gewaltverhältnis[65]. Innerhalb dieses Gewaltverhältnisses müßten die Grundrechte den Mündel vor unzulässigen Übergriffen schützen. Art. 6 Abs. 2 GG verbiete die Anwendung des Art. 104 GG nicht. Das in S. 2 institutionalisierte Wächteramt der staatlichen Gemeinschaft reiche weit genug, sie zu rechtfertigen. Wenn schon der Schutz des Kindesvermögens vor Mißbrauch der elterlichen Vermögensverwaltung präventive Kontrollen rechtfertige (vgl. §§ 1641—1645 BGB), dann erst recht der Schutz eines Persönlichkeitsgutes wie der Freiheit[66].

Guggumos beleuchtet das Problem aus der Sicht des Naturrechtlers: Der Familienraum werde „allerdings grundsätzlich nicht vom Recht, sondern von der Pietät beherrscht". Das Pietätsverhältnis verdichte sich jedoch zum Rechtsverhältnis, wenn der Personkern des Kindes angetastet werde[67].

C. Die Untersuchungsmethode

I. Der Mangel an überprüfbar rationaler Argumentation in der bisherigen Diskussion

Die Vielzahl der einander widerstreitenden Ansichten, die die Bestandsaufnahme uns gezeigt hat, eröffnet der Kritik ein reiches Feld. Das gilt zwar nicht so sehr für die grundsätzlichen Verschiedenheiten,

---

63 In NJW 1960, S. 1385—1387.

64 In FamRZ 1960, S. 478 ff.

65 In NJW 1960, S. 1385/1386.

66 NJW 1960, S. 1386.

67 *Guggumos*, aaO.

wie sie in unserer Gruppenaufteilung zum Ausdruck gekommen sind. Unterschiedliche Stellungnahmen zum Problem der Drittwirkung der Grundrechte[1] oder zum Verständnis der elterlichen Gewalt[2] überraschen nicht. Insoweit sind Fragen angesprochen, die in kürzeren Darstellungen kaum ausdiskutiert werden können. Bedenklicher stimmen schon die Unterschiede innerhalb ein und derselben Gruppe. Es werden *trotz gleichen rechtlichen Denkansatzes* zum Teil grundlegend voneinander abweichende Konsequenzen behauptet. So gehen in der ersten Gruppe Hildegard Krüger, Perschel und Woltereck von einer Normkollision zwischen Kindesgrundrechten und Elterngrundrecht aus. Die Güterabwägung führt zu drei miteinander gänzlich unvereinbaren Ergebnissen: Hildegard Krüger meint, in § 5 RKEG und ähnlichen Vorschriften sachgerechte Konkretisierungen finden zu können; Woltereck hält die §§ 107 ff. BGB für eine bewährte Regelung vergleichbarer Konfliktslagen[3]; Perschel verwirft beides und tritt für eine ausschließlich auf den Einzelfall zugeschnittene Beurteilung ein[4].

Ähnlich sieht es in der zweiten Gruppe aus. Dort besteht Einigkeit darüber, daß eine Drittwirkung der Grundrechte abzulehnen sei; als positivrechtliche Grundlage des gebotenen Persönlichkeitsschutzes gilt übereinstimmend[5] § 1666 BGB, der die durch Pflege und Erziehung gem. Art. 6 Abs. 2 GG beschriebene Eingriffsermächtigung gegen unzulässige Maßnahmen abgrenzen soll. Peters und Dürig leiten daraus die grundsätzliche Verfassungsmäßigkeit der gegenwärtigen Rechtslage ab, Kuhn und Leuschner vertreten dagegen Ergebnisse, die sich weitgehend mit der Ansicht Hildegard Krügers decken[6].

Der so zutage tretende Mangel an überprüfbar rationaler Argumentation spiegelt sich auch in der Art und Weise der Stellungnahmen wider. Wenn z. B. Gernhuber schreibt, die elterliche Gewalt verwirkliche die Grundrechte des Kindes[7], und auf diesen Satz den Verzicht auf Art. 104 Abs. 2 GG bei der Heimunterbringung Minderjähriger durch die Eltern gründet[8], regt sich ein unwillkürlicher Widerstand. Da Art. 2 Abs. 2, 104 Abs. 2 GG die Freiheit von Beschränkungen des

---

1 So zwischen der ersten und zweiten Gruppe.

2 So zwischen der zweiten und dritten Gruppe (Meinung von *Gernhuber*).

3 Wobei *Woltereck* allerdings übersieht, daß die §§ 107 ff. BGB überhaupt nur von Rechtsgeschäften handeln.

4 Vgl. zum Ganzen die Darstellung oben.

5 Bei *Leuschner* fehlt zwar der ausdrückliche Bezug auf § 1666 BGB, doch läßt seine Ablehnung der Drittwirkung (Recht der Schülerzeitung, S. 24, Fußn. 22) keine andere Möglicheit. Sachlich stimmt er mit *Kuhn* überein.

6 Im ganzen zur zweiten Gruppe s. o.

7 Lehrbuch des Familienrechts, § 7 I 3.

8 aaO., § 7 II 3.

natürlichen Bewegungsstrebens schützt[9], ist die Vorstellung, dieses Grundrecht werde durch Einsperren *verwirklicht,* unvollziehbar. Entsprechend müßte die Züchtigung das Grundrecht des Kindes auf körperliche Unversehrtheit „verwirklichen", eine Folge, die selbst dem großzügigsten dialektischen Denken zuviel zumutet.

Bei Bosch lesen wir, es bleibe seines Erachtens „jedenfalls wünschenswert, auch hinsichtlich der ... erörterten prozessualen Weigerungsrechte dahin zu kommen, klare Altersgrenzen zu fixieren"[10]. Eine solche Formulierung trennt nicht mehr zwischen normativer Aussage und rechtspolitischem Vorschlag und macht so eine wissenschaftliche Auseinandersetzung nahezu unmöglich.

II. Methodenkritik

Worin ist nun der Rationalitätsmangel der Diskussion begründet, und wie können wir ihn vermeiden? Es liegt nahe, die Antwort auf diese Frage darin zu vermuten, daß man es versäumt, Rechenschaft über die *Methode* der Untersuchung abzulegen, und infolgedessen der Gefahr erliegt, methodisch unzulässige Wege zu beschreiten. Ein nur grober Überblick über den Meinungsstand aus methodologischer Perspektive bestätigt die These:

1. Bedeutung und Gewicht der einzelnen Auslegungskriterien im Rahmen der Grundrechtsinterpretation

Perschel, Woltereck und Kuhn stützen sich nachdrücklich auf den Wortlaut des Grundrechtskataloges. So wendet sich Perschel gegen eine Beschränkung der Grundrechte auf Einsichts- und Urteilsfähige mit der Begründung, es sei „gegen alle Sätze von Einsichtsfähigkeit und Verstandesreife der Einwand zu erheben, daß sie Schranken in die Grundrechte hineininterpretierten, die sich aus der Verfassung nicht herauslesen ließen". In Art. 5 Abs. 1 GG (Entsprechendes soll für die übrigen Grundrechte gelten) heiße es schlicht: „Jeder hat das Recht ...", nicht „Wer die nötige Verstandesreife hat, hat das Recht ...[11]." Ähnlich betont Woltereck, bei Anwendung zivilrechtlicher Grundsätze sei der Gewerkschaftsbeitritt des Minderjährigen nur mit Zustimmung des gesetzlichen Vertreters wirksam, während die Verfassung die Koalitionsfreiheit „jedermann" gewähre. Es sei deshalb nicht undenk-

---

[9] Einhellige Meinung, vgl. BVerfGE 10/309/310; *v. Mangoldt-Klein,* Art. 2 Anm. VI 2 a; *Maunz-Dürig,* Art. 104 II Rdnr. 10.

[10] Grundsatzfragen, S. 45.

[11] Die Meinungsfreiheit des Schülers, S. 85; ebenso *Leuschner,* Recht der Schülerzeitung, S. 76.

bar, daß die bürgerlich-rechtlichen Vorschriften, soweit sie die Zustimmung des gesetzlichen Vertreters vorschreiben, wegen Art. 9 Abs. 3 GG nicht gälten[12]. Kuhn meint, ob Art. 2 Abs. 1 GG auch dem Minderjährigen zugeordnet sei, hänge von der „Klärung des Begriffs der freien Entfaltung der Persönlichkeit" ab[13]. Im weiteren versucht er eine Definition aus dem Wortsinn[14] und vermerkt mit Genugtuung, daß sein Verständnis mit dem in der Psychologie üblichen übereinstimme[15]. Die freie Entfaltung der Persönlichkeit sei „entweder ein Streben, eine Tätigkeit an sich, die sich aus Anlagen und Umwelt ergibt und sich auf sie bezieht, oder das jeweils auf Grund dieses Strebens punktuell feststellbare Ergebnis". Beides komme auch dem Minderjährigen zu[16].

Alle drei Autoren stellen also den *Begriff* des jedem zugeordneten Rechts auf freie Meinungsäußerung bzw. der jedermann gewährten Entfaltungs- und Koalitionsfreiheit an die Spitze und versuchen, im Anschluß daran die Probleme um die Grundrechte des Kindes zu lösen. Sie treffen insoweit auf entschiedenen methodologischen Widerspruch. Seit Heck[17] gehört es zu den gesicherten Erkenntnissen jeder juristischen Methodenlehre, daß der Begriff nicht Normquelle ist. Er kann es nicht sein, weil nicht er, sondern ein vom Gesetzgeber gesehener und als regelungsbedürftig empfundener Sachverhalt für die Anordnung der Rechtsfolge ursächlich geworden ist[18]. Da er nicht mehr hergeben kann, als in ihn hineingedacht ist, erweist er sich als absolut ungeeignet zur axiomatisch-deduktiven Lösung ungeregelter Probleme. Die Untersuchung wird zum Vabanquespiel, dessen Erfolg davon abhängt, ob der vom Begriff her subsumierte Sachverhalt zufällig die Kausalfaktoren der gesetzlichen Regelung ganz oder wenigstens zum wesentlichen Teil enthält. „Der Syllogismus funktioniert nicht schon durch die Vollständigkeit der Prämissen ... Die Rechtsgarantien der angeblich axiomatischen Arbeitsweise bestehen praktisch in der gerechten und sachgerechten Vorbewertung der anzuwendenden Begriffe und Denkkategorien[19]."

Wer diesen Tatbestand verkennt, läuft Gefahr, den Sinn der Rechtsanwendung, nämlich die Ermittlung gerechter Lösungen, zu verfehlen. Will er dies trotz begriffsjuristischen Ausgangspunktes vermeiden, ist

---

[12] AuR 1965, S. 194.
[13] Grundrechte, S. 21.
[14] *Kuhn,* aaO., S. 21 (letzter Abschnitt).
[15] aaO., S. 21 (Anm. 78).
[16] aaO., S. 21/22.
[17] Vgl. z. B. Das Problem der Rechtsgewinnung, S. 9 ff.
[18] Vgl. *Reinicke,* JuS 1964, S. 421.
[19] *Esser,* Studium Generale Band 12, S. 98.

er gezwungen, Hilfsvorstellungen (sog. ad-hoc-Hypothesen) einzuführen. Dadurch ermöglicht er zwar u. U. brauchbare Ergebnisse, geht jedoch an der eigentlichen Aufgabe der Jurisprudenz, den Weg zu diesen Ergebnissen rational überzeugend und nachvollziehbar darzustellen, eindeutig vorbei. Ohne dem endgültigen Urteil vorzugreifen, können wir den Vorgang an den Auffassungen Perschels, Woltereeks, Kuhns[20] und Krügers leicht belegen: Dort erlaubt der Hinweis auf die mit den Kindesgrundrechten angeblich kollidierende Verfassungsnorm des Art. 6 Abs. 2 GG gewiß vertretbare Lösungen, die sich zudem allein auf das geltende Recht gründen. Mit Recht rügt aber schon Gernhuber, daß ein solches Vorgehen eine umfassende Frage mit einer Teilantwort versieht: „Es wäre sehr merkwürdig, wenn der alte Streit um ein dem Elternrecht analoges Grundrecht des Vormundes[21] präjudizierend wäre für die Vormundschaft über Minderjährige überhaupt"[22]. In der Tat ist es ausgeschlossen, daß erst Art. 6 Abs. 2 GG die gesetzliche Vertretung des Kindes rechtfertigt. Ein Kind braucht Fürsorge und Bevormundung, wenn es nicht Schaden nehmen soll, gleichgültig, ob ein Recht der Eltern und des Vormundes in der Verfassung verankert ist oder nicht. Gäbe es den Art. 6 Abs. 2 GG nicht, so müßten die genannten Autoren um des Ergebnisses willen die elterliche und vormundschaftliche Gewalt auf andere Weise in den Verfassungsrang erheben, z. B. dadurch, daß sie die Existenz einer verfassungsrechtlich garantierten Institution „Erziehung" behaupten[23]. Sie wären also gezwungen, eine weitere ad-hoc-Hypothese aufzustellen. Der schon bei der Güterabwägung zwischen den Kindesgrundrechten und dem Elternrecht beobachtete Rationalitätsverlust wäre vollständig.

Maßgebender Richtpunkt der Interpretation ist nach heute einhelliger Ansicht nicht der Wortlaut, sondern der *Zweck* der gesetzlichen Anordnung[24]. Dabei mag dahingestellt bleiben, ob dieser Zweck sich nach dem „Willen des Gesetzgebers" oder nach dem „dem Gesetz innewohnenden vernünftigen Sinn" bestimmt[25]. Man kann sicher mit guten Grün-

---

[20] *Kuhn* lehnt zwar die unmittelbare Drittwirkung ab, nimmt aber eine mittelbare Drittwirkung an, die sich notfalls über die bestehenden privatrechtlichen Normen hinwegsetzt (vgl. Grundrechte, S. 36, unter verfehlter Bezugnahme auf *Dürig* in Maunz-Dürig, Art. 1 Rdnr. 133; Dürig meint dort die Drittwirkung nicht). Für ihn stellt sich deshalb das Problem in gleicher Weise wie für die Anhänger der unmittelbaren Drittwirkung.

[21] s. FamRZ 1962, 92.

[22] Vgl. dazu einerseits *v. Mangoldt-Klein,* Art. 6 Anm. IV 2 b, andererseits *Peters* in BNS IV/1, S. 375.

[23] Zur verfassungsrechtlichen Institution „Erziehung" vgl. zutreffend *Kuhn,* Grundrechte, S. 134.

[24] Statt vieler: *Larenz,* Methodenlehre, S. 129.

[25] Für die subjektive Theorie vgl. u. a. *Enneccerus-Nipperdey,* § 54 II; *Brox,* Einschränkung der Irrtumsanfechtung; für die objektive Methode:

den bestreiten, daß das Gesetz seine normative Verbindlichkeit letztlich aus dem „Willen des Gesetzgebers" empfängt. Es sind Situationen denkbar — erinnert sei an die Nürnberger Rassengesetze — in denen legitimermaßen die Frage gestellt werden kann, ob ein Gesetz allein deshalb, weil es dem Willen des Gesetzgebers entspricht, *Recht* ist. Hat man aber einmal anerkannt, daß eine Anordnung des Gesetzgebers rechtlich unverbindlich sein kann, so erscheint der weitere Schritt, die Interpretation des Gesetzes vom Willen des Gesetzgebers zu lösen und auf diese Weise objektiven Forderungen der Gerechtigkeit wie etwa der nach der inneren Folgerichtigkeit und Vernünftigkeit des Rechts verstärkt zum Durchbruch zu verhelfen, nur konsequent. Denn wenn man die Verbindlichkeit einer Norm nicht aus ihrer Übereinstimmung mit dem Willen des Gesetzgebers, sondern aus ihrer Vereinbarkeit mit der Rechtsidee und aus ihrer inneren Überzeugungskraft ableitet, so entspricht einem Gewinn an Folgerichtigkeit und Vernünftigkeit ein Mehr an Verbindlichkeit. Andererseits darf aber nicht übersehen werden, daß der Gesetzgeber prinzipiell *vor* dem Richter die Aufgabe hat, die Forderungen der Gerechtigkeit zu realisieren. Es ist dem Rechtsanwender verwehrt, seine Vorstellung von einer folgerichtigen und vernünftigen Regelung an die Stelle der ebenso vertretbaren des Gesetzgebers zu setzen. Infolgedessen schließt für den Regelfall die Suche nach dem „Willen des Gesetzgebers" die Suche nach dem „dem Gesetz innewohnenden vernünftigen Sinn" nicht aus. Das gilt insbesondere dann, wenn man mit den neueren Anhängern der subjektiven Gesetzesauslegung[26] nicht auf den empirischen, sondern auf den sog. normativen Willen des Gesetzgebers abstellt. Die Auslegung soll danach — so fordert Heck[27] — über die Vorstellungen des Gesetzgebers hinaus „auf die für das Gesetz kausalen Interessen" zurückgehen, also z. B. die tatsächlichen Verhältnisse z. Zt. des Erlasses des Gesetzes aufhellen[28], spezifisch zeitgebundene Wertungen sichtbar machen[29] u. ä. Der normative Wille des Gesetzgebers bestimmt sich dann nach der Lösung, die sich bei folgerichtigem Weiterdenken aus den Wertungen, die in der u. U. unrichtig motivierten Anordnung des Gesetzgebers

---

BVerfGE 1, 127; *Esser,* Einführung in die Grundbegriffe, S. 183 f.; *Westermann-Lepsien,* NJW 1966, S. 430 ff.; *Zweigert,* Studium Generale Bd. 7, S. 382.

26 Neben den unter Anm. 25 Genannten vor allem *Heck* in seinen verschiedenen Methodenschriften, vgl. u. a. Das Problem der Rechtsgewinnung, ferner den Aufsatz in AcP 112, 1 ff.

27 AcP 112, S. 8 und S. 64.

28 Die in § 2, B. I 3 dieser Arbeit unternommene Analyse des § 1626 Abs. 1 BGB dürfte ein typisches Beispiel für die Suche nach den kausalen Interessen i. S. Hecks sein.

29 Man denke z. B. an § 54 Abs. 1 BGB, der ursprünglich darauf abzielte, die Gewerkschaften zur Anmeldung zwecks Eintragung ins Vereinsregister zu zwingen und so eine staatliche Kontrolle zu erreichen.

zutage treten, für den zu beurteilenden Sachverhalt ergibt. Ein solches Vorgehen ermöglicht es, Irrtümer des Gesetzgebers zu korrigieren, scheinbar divergierende Regelungen auf einen harmonischen normativen Willen zurückzuführen usf. Der Subjektivist Heck verlangt damit genau das, was der Objektivist Radbruch als entscheidendes Postulat der objektiven Methode propagiert: Man dürfe sich nicht mit dem „Nachdenken des Vorgedachten" begnügen, sondern müsse „das Gedachte zu Ende denken"[30].

Entsprechend besteht heute in der Wahl der Auslegungs*mittel* zwischen Subjektivisten und Objektivisten kaum ein Unterschied: Man geht gemeinsam[31] vom Wortlaut des Gesetzes aus, orientiert sich am Bedeutungszusammenhang des Gesetzes und greift auf die Gesetzesmaterialien zurück, um den maßgeblichen Zweck des Gesetzes zu ermitteln. Das Gewicht der Kriterien variiert, doch spielt der Unterschied zwischen subjektiver und objektiver Theorie dafür nur eine untergeordnete Rolle. Es hängt vor allem davon ab, in welchem Maße Wortlaut, Systematik und Entstehungsgeschichte jeweils geeignet sind, dem Zweck eines bestimmten Gesetzes im konkreten Fall gerecht zu werden.

Ohne an dieser Stelle schon tiefer in die spezifische Problematik der Verfassungsinterpretation einzudringen, können wir die Behauptung wagen, daß Wortlaut und Materialien im Bereich der Grundrechte unzuverlässiger sind als sonst. Die Formulierungen enthalten mit Rücksicht auf den weiten Geltungsanspruch der Grundrechte ein ungewöhnliches Abstraktionsmaß, das regelmäßig Raum für eine ganze Reihe von Deutungsmöglichkeiten läßt. Zudem kam es dem Verfassunggeber vielfach gar nicht so sehr auf präzise Aussagen an. Er versuchte vielmehr nicht zuletzt, in den Grundrechten ein gewisses Pathos zum Ausdruck zu bringen. So verwarf man z. B. die ursprünglich vorgesehene Fassung des Art. 2 Abs. 1 GG („Jeder hat die Freiheit, zu tun und zu lassen, was die Rechte anderer ...")[32], weil sie „das *Würdevolle im Klang,* das man in die Grundrechte hineinlegen wolle", störe[33]. Die Fruchtbarkeit der Materialien leidet darunter, daß viele Grundrechte aus der Paulskirchenverfassung von 1848 und aus der Weimarer Reichsverfassung einfach übernommen worden sind. Man durchdachte die Probleme deswegen nicht neu, sondern stützte sich auf die Grundrechtslehre und -praxis vor allem der Weimarer Zeit, obwohl man im Prinzip gerade in der Art und Weise der Grundrechtsbegründung und -anwendung

---

[30] *Radbruch,* Einführung in die Rechtswissenschaft, S. 243 ff.

[31] Vgl. einerseits *Larenz* (objektive Theorie), S. 241 ff. der Methodenlehre, andererseits *Enneccerus-Nipperdey,* § 57.

[32] JöR n. F. 1, S. 59.

[33] JöR n. F. 1, S. 61.

andere Wege gehen wollte[34]. Zutreffend schreibt deshalb Eike von Hippel, der Richter handele „auch da im Sinne des Verfassunggebers, wo er sich von dessen *historisch gebundenen* Vorstellungen löst"[35].

Dem abgeschwächten Einfluß von Gesetzeswortlaut und -entstehungsgeschichte steht die verstärkte Bedeutung des systematischen Sinnzusammenhanges gegenüber. Die Grundrechte sind ihrer Idee nach Menschenrechte[36]. Als solche wollen sie insgesamt den Eigenwert des Menschen vor Übergriffen der Staatsgewalt sichern[37]. Infolgedessen begegnet uns im Grundrechtskatalog eine Vielzahl miteinander verwandter Wertungen, die sich gegenseitig verdeutlichen und so helfen, in den Grundrechtsaussagen den „normativen Willen" des Verfassunggebers durch die weitgehend unzureichende Sicht der Probleme hindurch zu erkennen. So wendet z. B. das Bundesverfassungsgericht[38] mit Rücksicht auf die „Tendenz des gesamten Grundrechtsabschnittes, leerlaufende Grundrechte zu vermeiden", auf den speziellen Gesetzesvorbehalt nach Art. 12 Abs. 1 S. 2 den Verhältnismäßigkeitsgrundsatz an. Es steht außer Zweifel, daß diese „Tendenz" sich u. a. aus Art. 19 Abs. 2 GG rechtfertigt und demgemäß das Bemühen des Verfassunggebers richtig wiedergegeben ist; aus dem Wortlaut und den Materialien zu Art. 12 GG läßt sich dafür nichts entnehmen.

Zusammenfassend können wir also festhalten, daß von den herkömmlichen Auslegungskriterien in der Grundrechtsinterpretation der systematische Bedeutungszusammenhang im Vordergrund steht. Diese Forderung nach einer Auslegung aus dem Sinnganzen des Grundrechtskatalogs und sogar der gesamten Verfassung entspricht überdies der fast einhelligen Meinung[39, 40].

2. Die Notwendigkeit sorgfältiger rechtstatsächlicher Darstellung des Problems

Das zweite gegen die gegenwärtige Diskussion des Verhältnisses von Kindesgrundrechten und elterlicher Gewalt sprechende methodische

---

[34] Vgl. JöR n. F. 1, S. 41; *v. Mangoldt-Klein*, Vorbem. B IV 1.

[35] *v. Hippel*, Grenzen und Wesensgehalt, S. 57/58.

[36] *Maunz-Dürig*, Art. 1 II Rdnr. 55.

[37] *Maunz-Dürig*, Art. 1 I Rdnr. 18.

[38] BVerfGE 7, S. 403.

[39] BVerfGE 4, 7 ff. (S. 15 f.); 7, 377 (402 ff.); 8, 329; *Bachof* in: BNS III/1, S. 145 ff. (155); *Weber*, NNS II, S. 331 ff. (357).

[40] Der von *Esser*, Grundsatz und Norm, wenigstens für das Zivilrecht postulierte Verzicht auf das Gesetz muß hier unerörtert bleiben. Angemerkt seien nur die verfassungsrechtlichen Bedenken, die sich aus der fehlenden Bindung des Richters u. a. aus dem Gewaltenteilungsprinzip ergeben müssen. Im übrigen entfällt im Verfassungsrecht — wie schon angedeutet — die

Bedenken betrifft die Art und Weise, wie man das Problem aufbereitet.

Leuschner rügt an der Rechtsprechung der Oberverwaltungsgerichte Hamburg[41] und Rheinland-Pfalz[42] zur Ausübung der Persönlichkeitsrechte des Kindes die „unzulässige Gleichsetzung von Grundrechtsmündigkeit und Volljährigkeit". Bei der Regelung der Volljährigkeit stehe „der Schutzcharakter im Vordergrund". Bei der Grundrechtsmündigkeit gehe „es jedoch nicht um den Schutz des Jugendlichen, sondern um bestimmte natürliche Fähigkeiten und Eigenschaften des eigenen Könnens und darum, ob diese Fähigkeiten durch kollidierende Rechte des Dürfens anderer beschränkt" seien[43]. Kuhn versucht, den Schutzbereich, den die elterliche Aufsicht beinhaltet, neben den Schutzbereich der Grundrechte zu stellen. „Die Rechtsstellung Minderjähriger" sei „überhaupt davon geprägt, daß sie selbst weitgehend Schutz erhalten sollten". Zu diesem Schutz könnten auch die Grundrechte beitragen. Sie bewirkten, daß an die von ihnen gewährleisteten Handlungen keine Nachteile und keine präventiven, repressiven und restitutiven Maßnahmen anderer geknüpft werden dürften. Es sei kein Grund ersichtlich, diese Schutzwirkungen den Minderjährigen vorzuenthalten[44]. Der Gedanke, daß der Bereich der Freiheitsgarantie mit demjenigen der Schutzbedürftigkeit übereinstimmen könnte, taucht also bei Leuschner gar nicht auf. Kuhn löst die Konkurrenz zwischen dem Bedürfnis nach Schutz durch Freiheitsgarantie und demjenigen nach Schutz durch Fürsorge mittels einer Behauptung: Etwaige Nachteile der Grundrechtsausübung bezögen sich nicht auf den grundrechtlichen Schutzbereich[45]. Dabei lehrt schon die oberflächliche Betrachtung, daß die Berufswahl falsch sein und deshalb Nachteile nach sich ziehen, daß der Vereinsbeitritt schädigende Auswirkungen für Vermögen und Person haben, daß die Meinungsäußerung den Betreffenden in Mißkredit bei seinen Mitmenschen bringen kann und so fort. Die Forderung Kuhns, es dürften an die Grundrechtsausübung „keine Nachteile"

---

vorgegebene Sachproblematik, die das Zivilrecht bestimmt; zur problemfunktionalen Methode der Grundrechtsauslegung, wie sie *Luhmann*, Grundrechte als Institution, vorschlägt, später.

41 MDR 1956, S. 317.

42 NJW 1954, S. 1462.

43 *Leuschner*, Recht der Schülerzeitung, S. 74.

44 *Kuhn*, Grundrechte, S. 40.

45 Grundrechte, S. 39/40; die Begründung verwechselt offenbar die Frage, inwieweit der Staat die Erziehung an sich ziehen darf, mit derjenigen, ob der Jugendliche überhaupt der Bevormundung enthoben ist. Gewiß ist es richtig, daß Lehrer und Jugendrichter in ihren Maßnahmen durch den Zweck der Schulerziehung bzw. der jugendgerichtlichen Erziehungsmaßregel beschränkt sind. Daraus folgt aber nur, daß im übrigen die Eltern zuständig sind, nicht eine allgemeine Regel, daß der Minderjährige natürliche Handlungen frei vornehmen kann und darf.

geknüpft werden, räumt den Einwand nicht aus. Insoweit handelt es sich nicht um rechtlich faßbare Reaktionen des Grundrechtsverpflichteten[46], sondern um außerhalb der Herrschaftsmacht des Rechts liegende soziale Sanktionen sowie Wirkungen in der Person des Handelnden selbst. Kein Richterspruch kann mir die Achtung meiner Umgebung erzwingen oder mich vor den sozialen und seelischen Folgen einer falschen Berufswahl bewahren. Freilich treffen diese Argumente in ihrer vollen Schärfe nur Leuschner, während Kuhn immerhin durch das Schutzbedürfnis gebotene „Ausnahmen" der „normalen" Freiheit des Kindes zur Vornahme natürlicher Handlungen anerkennt[47]. Den Nachweis, daß das Freiheitsbedürfnis „normal" und das Fürsorgebedürfnis die „Ausnahme" sei, bleibt Kuhn jedoch schuldig. Er argumentiert stattdessen ebenso wie Leuschner von einer *Evidenz der Sachlage* her, die — wie insbesondere die Gegenansicht Gernhubers zeigt — durchaus fehlt. Gernhuber spricht von Lebensphasen, die generell „Selbstverwirklichung in Selbstbestimmung noch nicht zulassen"[48]. Damit behauptet er das genaue Gegenteil von dem, was Kuhn und Leuschner vortragen: Für den Unmündigen soll allgemein das Fürsorgebedürfnis das Interesse an Freiheit ersetzen.

Wir haben demnach hier ein Problem zu lösen, das sich — anders als z. B. die meisten Probleme des Zivilrechts — dem Beurteiler nicht ohne weiteres erschließt, sondern erarbeitet werden muß. Zu dieser Arbeit gehört vor allem das Bemühen um eine klare Vorstellung von dem, was die *Zuordnung von Rechten* an ein Kind bedeutet. Es liegt auf der Hand, daß in dieser Beziehung ein Unterschied zwischen Mündigen und Unmündigen zumindest denkbar ist, und zwar nicht allein nach *positivem* Privatrecht, sondern bereits *wegen der verschiedenen natürlichen Voraussetzungen,* die Mündige und Unmündige für die Teilnahme am Rechtsleben mitbringen. Hat man insoweit Klarheit gewonnen, so kann man mit Aussicht auf Erfolg den nächsten Schritt tun, nämlich nach dem speziellen Sinn von Kindes*grundrechten* fragen: Es erscheint nicht ausgeschlossen, daß die Grundrechte oder doch einzelne von ihnen wegen ihres spezifischen Gegenstandes andere Antworten auf das Problem der Unmündigkeit verlangen als etwa die Zivilrechte. Erst *danach* läßt sich das Verhältnis der Kindesgrundrechte zur elterlichen Gewalt in seiner eigentümlichen Problematik erkennen und durch sachangemessene Fragestellungen der Problem*lösung* im engeren Sinne zuführen.

---

[46] Wobei wir dahingestellt sein lassen können, ob dazu nur der Staat oder auch Dritte zählen; vgl. dazu einerseits *Leisner*, Grundrechte und Privatrecht, andererseits *Dürig*, Nawiasky-Festschrift, S. 157 ff.

[47] *Kuhn*, Grundrechte, S. 39.

[48] FamRZ 1962, S. 92.

§ 2: Allgemeiner Teil der Untersuchung

A. Das Problem

I. Grundrechte und Mündigkeit

1. Die sog. „Grundrechtsmündigkeit"

Die Grundrechtsmündigkeit wird bestimmt als das Recht, „Grundrechte selbständig ausüben zu dürfen"[1]. Sie knüpft damit an den aus dem Zivilrecht geläufigen Unterschied zwischen dem „Haben" und dem „Ausüben" eines Rechtes an[2]. Die Bedenken gegen eine solche unkritische Übernahme eines zivilrechtlichen Modells in den Grundrechtsbereich liegen auf der Hand: Es ist kaum anzunehmen, daß der BGB-Gesetzgeber diese komplizierte Unterscheidung ohne Rücksicht auf ein *praktisches Bedürfnis* in das Zivilrechtssystem eingeführt hat. Wenn sie aber einem praktischen Bedürfnis entspricht, das der Zivilgesetzgeber in dem von ihm geregelten Bereich vorgefunden hat, kann sie nicht ohne weiteres auf beliebige andere Materien übertragen werden. Vielmehr ist zuvor zu klären, ob das gleiche praktische Bedürfnis in diesen anderen Materien, d. h. hier: bei den Grundrechten, wiederkehrt.

a) Die Grenzen des Dualismus von „Haben" und „Ausüben" der Grundrechte

Auf den ersten Blick erscheint allerdings die Trennung von „Haben" und „Ausüben" des Rechts schon im Privatrecht selbst nicht recht verständlich. § 903 BGB bezeichnet das Eigentum als das Recht, mit der im Eigentum stehenden Sache „nach Belieben zu verfahren und andere von jeder Einwirkung auszuschließen". Derjenige, der sein Eigentum nicht „ausüben" darf, kann überhaupt nicht mit der Sache „verfahren", geschweige denn „nach seinem Belieben verfahren". Legt man allein die Definition des § 903 BGB zugrunde, so ist die Zuordnung von Eigentum an Personen ohne Ausübungsbefugnis praktisch ohne Sinn.

---

1 *Maunz-Dürig*, Art. 19 III Rdnr. 20.

2 So ausdrücklich *Maunz-Dürig*, Art. 19 III Rdnr. 17; *Hildegard Krüger*, FamRZ 1956, S. 330.

Doch erschöpft das Recht, mit einer Sache „nach Belieben zu verfahren“, die Bedeutung des Eigentums für den Berechtigten nicht. Das Eigentum an einem Mietgrundstück bringt Geld ein, das dem Berechtigten einen höheren Lebensstandard ermöglicht. Eine geschmackvolle Wohnungseinrichtung macht das Leben angenehmer, gleichgültig, ob man sie verkaufen, verschenken oder gar ungehindert zerschlagen darf. Ein warmer Mantel schützt im Winter auch das unmündige Kind vor der Kälte. Alle diese Vorteile hängen nicht davon ab, daß der Berechtigte mit den ihm gehörenden Sachen „nach Belieben verfahren kann“. Es genügt, daß dem Begünstigten — nach einem Ausdruck Rudolf v. Iherings — der „reale Nutzen“[3] des Eigentums zukommt.

Im gemeinen Recht herrschte Streit, ob das subjektive Recht auf den Schutz des „nach-Belieben-verfahren-Dürfens“ *oder* auf den des Interesses an dem „realen Nutzen“ abziele. Bernhard Windscheid bestimmte das subjektive Recht als „rechtlich geschützte Willensmacht“[4], stellte also auf die Befugnis ab, mit dem zugeordneten Gegenstand „nach Belieben zu verfahren“. Rudolf von Ihering erblickte im „rechtlich geschützten Interesse“ den ausschlaggebenden Gesichtspunkt: „Berechtigt sei nicht, wer das Wollen, sondern wer den Genuß beanspruchen könne[3].“ Die heute h. M. berücksichtigt dagegen *sowohl* die Willensmacht *als auch* den rechtlichen Schutz des Interesses: Die „rechtlich geschützte *Willensmacht*“ beschreibt den *Inhalt*, der rechtliche Schutz des *Interesses* ist *Zweck* des subjektiven Rechts[5]. Die Willensmacht ist demnach zwar Gegenstand des rechtlichen Schutzes. Sie ist dies aber nicht um ihrer selbst, sondern um des dahinter stehenden objektiven Interesses willen[6]. Sie bildet das *Mittel* zur Befriedigung des objektiven Interesses[7].

Auf dieser Basis findet sich für den Dualismus von „Haben“ und „Ausüben“ des subjektiven Privatrechts eine sinnvolle Erklärung: Als „Mittel zur Befriedigung des objektiven Interesses“ ist der rechtliche Schutz der Willensmacht nur dort geeignet, wo der Berechtigte genügend einsichts- und urteilsfähig ist, das Interesse zu erkennen und sachgerecht zu verfolgen. Wenn diese Voraussetzung fehlt, verlangt der wirksame Schutz des Interesses ein *anderes* Mittel als den Schutz der Willensmacht. Ein solches anderes Mittel hält das Zivilrecht in der

---

[3] Geist des römischen Rechts Bd. III, §§ 60, 61; DogmJ. 10, 392 ff.

[4] *Windscheid-Kipp*, Bd. 1, § 37.

[5] *Enneccerus-Nipperdey*, Bd. 1, § 72.

[6] So ausdrücklich *Müller-Freienfels*, Vertretung, S. 157 FN 5.

[7] *Enneccerus-Nipperdey*, Bd. 1, § 72; ähnlich *Lehmann*, § 10 IV; *Hubmann*, Das Persönlichkeitsrecht, S. 118; *H. J. Wolff*, Juristische Person u. Staatsperson, S. 119.

Rechtsinstitution der gesetzlichen Vertretung[8] bereit: Ein geistig ausreichend entwickelter Mensch wird beauftragt, das Interesse des unmündigen Berechtigten zu wahren. Das Zivilrecht gewährt also den Schutz der in der rechtstechnischen Form des subjektiven Rechts garantierten Interessen für Mündige und Unmündige in verschiedener Weise. Der rechtliche Schutz überhaupt besagt dabei in der Kategorie der Zivilrechtsdogmatik, daß der Begünstigte das Recht *hat*[9]. Folglich kann auch der Unmündige subjektive Privatrechte haben. *Ausüben* kann seine subjektiven Rechte dagegen allein der Mündige, da sich nur bei ihm der rechtliche Schutz seiner Interessen durch den Schutz seiner Willensmacht vollzieht.

Damit ist eine für die weitere Untersuchung entscheidend wichtige Erkenntnis gewonnen: Die Trennung von „Haben" und „Ausüben" des subjektiven Rechts knüpft an zwei Voraussetzungen an, die das subjektive Privatrecht regelmäßig erfüllt: Sie verlangt einmal, daß das Interesse, dessen Schutz durch das jeweilige subjektive Recht bezweckt wird, *für den Unmündigen im wesentlichen ebenso wertvoll wie für den Mündigen ist*. Erst dies macht es erforderlich, daß auch für den Unmündigen ein Mittel zur Befriedigung des Interesses rechtlich gewährleistet wird, indem er ein subjektives Recht und sein gesetzlicher Vertreter die Befugnis zur Ausübung des Rechts erhält. Zum anderen muß das zu befriedigende Interesse *seiner Natur nach sowohl* durch den Schutz der Willensmacht des Berechtigten *als auch* durch die gesetzliche Vertretung befriedigt werden *können*. Es muß also für den Schutz des Interesses gleichgültig sein, ob ihn der Berechtigte selbst oder ob ihn ein gesetzlicher Vertreter besorgt.

Beide Voraussetzungen werden von einer ganzen Reihe von Grundrechten offenbar genauso erfüllt wie von den subjektiven Privatrechten. Das gilt einmal für sämtliche Grundrechte des sog. status positivus[10], wie z. B. für das Recht auf den gesetzlichen Richter (Art. 101 Abs. 1 S. 2 GG) oder den Anspruch auf rechtliches Gehör vor Gericht (Art. 103 Abs. 1 GG), aber auch etwa für Art. 2 Abs. 2 S. 1 GG (Recht auf körperliche Unversehrtheit), Art. 3 GG (Recht auf Gleichbehandlung),

---

[8] Der Begriff der gesetzlichen *Vertretung* soll hier die gesamte elterliche und vormundschaftliche Gewalt umfassen, nicht nur den Abschluß von Rechtsgeschäften im Namen des Mündels. Das BGB selbst braucht ihn häufig außerhalb der Regelung des rechtsgeschäftlichen Handelns, vgl. z. B. § 278 BGB.

[9] Ob es empfehlenswert ist, deshalb schon vom „Haben" des subjektiven Rechtes zu sprechen, mag dahingestellt bleiben. Es spricht einiges dafür, in diesem Gesichtspunkt mit *Müller-Freienfels*, Vertretung, S. 157, lediglich ein Kennzeichen für *objektives* Recht zu sehen. Im Grunde dürfte dies jedoch eine relativ belanglose terminologische Frage sein.

[10] Vgl. *Georg Jellinek*, Allgemeine Staatslehre (3. Aufl. 1914), S. 419 ff.

Art. 10 GG (Brief- und Postgeheimnis), Art. 13 GG (Unverletzlichkeit der Wohnung) und Art. 14 GG (Schutz von Eigentum und Erbrecht). Der Unmündige hat genauso wie der Erwachsene ein Interesse daran, daß er nicht körperlich verletzt, daß er im Verhältnis zu anderen gleichbehandelt wird, daß seine Briefe nicht von anderen gelesen werden, daß niemand in seine Wohnung eindringt, daß ihm der „reale Nutzen" des Eigentums zugute kommt und daß er Erbe werden kann. Auch fordert der wirksame Schutz der genannten Interessen Fürsorge von fremder Seite, solange der Berechtigte infolge geistiger Unreife unfähig ist, Verletzungen aus eigener Initiative zu verhindern.

Wie aber soll z. B. Art. 2 Abs. 1 GG, das Recht auf freie Entfaltung der Persönlichkeit, in ein „Haben" und in ein „Ausüben" aufgespalten werden? Nach h. M.[11] meint „freie Entfaltung der Persönlichkeit" die allgemeine Handlungsfreiheit. Schon die Feststellung, daß ein solcher Schutzgegenstand für Unmündige und Mündige gleichermaßen wertvoll sei, stößt hier auf Schwierigkeiten. Denn ein Recht auf Handlungsfreiheit bedeutet, daß der Berechtigte von Rechts wegen ganz allgemein nach seinen eigenen Vorstellungen verfahren darf. Ist er außerstande, die Konsequenzen seines beabsichtigten Verhaltens zu überblicken und Vor- und Nachteile mehrerer Verhaltensmöglichkeiten sachgerecht gegeneinander abzuwägen, muß sich die Handlungsfreiheit auf die Dauer zu seinem Schaden auswirken. Ihm fehlt dann — anders als dem genügend einsichts- und urteilsfähigen Menschen — die reelle Chance, die Freiheit zu seinem Vorteil zu nutzen. Vor allem aber ist der Schutz der Befugnis, „nach Belieben zu verfahren", nicht nur — wie bei den subjektiven Privatrechten — der *Inhalt*, sondern zugleich auch der *Zweck* des subjektiven Rechts auf Handlungsfreiheit. Es ist deshalb auch dann, wenn der Berechtigte zu eigenständiger Interessenverfolgung generell (noch) zu wenig einsichtsfähig ist, ausgeschlossen, das Recht auf Handlungsfreiheit anders als durch den Rechtsträger selbst ausüben zu lassen, also etwa nach dem Vorbild des Privatrechts für diese Aufgabe einen gesetzlichen Vertreter zu bestellen. Dem einzelnen *Handlungsfreiheit mittels Bevormundung* gewährleisten zu wollen, wäre in sich widersprüchlich. Bevormundung und Handlungsfreiheit sind direkte Gegensätze. Wer bevormundet, *befriedigt* das Interesse des Berechtigten an Handlungsfreiheit nicht, sondern er *verletzt* es notwendig, mag er auch im übrigen das Wohl des Mündels optimal fördern. Im Rahmen des Rechts auf Handlungsfreiheit taucht also die Frage nach der Grundrechts*mündigkeit* nicht auf. Ist das Interesse an Handlungsfreiheit überhaupt rechtlich anerkannt, so ist

---

[11] Vgl. BVerfGE 6, 32 (37 ff.); 7, 92; 8, 328; 9, 11; *Maunz-Dürig*, Art. 2 Abs. 1 Rdnr. 11; *Nipperdey* in: BN IV, 2, S. 768 ff.; *Herbert Krüger*, NJW 1955 S. 202; *Forsthoff*, BB 1953, S. 421 f.

damit automatisch die selbständige Ausübungsbefugnis verbunden. Mangelnde geistige Reife kann hier allenfalls das „Haben" des Grundrechts, die Grundrechts*fähigkeit* des einzelnen beeinflussen.

Bei den sog. speziellen Verhaltensfreiheiten (Art. 4, 5, 8, 9, 11, 12 GG) ist eine ähnliche Beurteilung wie bei Art. 2 Abs. 1 GG zwar nicht ausgeschlossen, doch andererseits auch nicht — wie man mit Rücksicht auf die voraufgegangenen Überlegungen annehmen könnte — zwingend geboten. Es ist durchaus denkbar, daß etwa Art. 9 Abs. 3 GG nicht die als Selbstzweck gedachte *Handlungsfreiheit* im Koalitionsbereich, sondern das *objektive Interesse des einzelnen an den Vorteilen der Verbandszugehörigkeit* fördern will[12]. Dann ist die Trennung von „Haben" und „Ausüben" des Rechts möglich. Der gesetzliche Vertreter kann ein solches Interesse des Mündels dadurch befriedigen, daß er in dessen Namen den Aufnahmevertrag mit der Gewerkschaft oder dem Arbeitgeberverband abschließt. Für unser aktuelles Anliegen, die Problematik des Verhältnisses von Kindesgrundrechten und elterlicher Gewalt sichtbar zu machen, brauchen wir uns an dieser Stelle jedoch noch nicht auf ein bestimmtes Verständnis der Grundrechte festzulegen. Es genügt die Beobachtung, daß einzelne Grundrechte nach h. M. den Schutz der (allgemeinen oder speziellen) Handlungsfreiheit bezwecken und daß *in diesem Falle* das Problem der Grundrechtsmündigkeit entfällt.

b) Die Regelung der Grundrechtsmündigkeit

Die Frage nach der Grundrechtsmündigkeit beschränkt sich also auf die Grundrechte, die *nicht* die (allgemeine oder spezielle) Handlungsfreiheit schützen wollen. Für die Antwort wird ein Problem wichtig, das wir nahezu als den Mittelpunkt der Diskussion über die Grundrechtsmündigkeit bezeichnen können: Ist es erlaubt, die Ausübung von Grundrechten nach den für die entsprechenden Handlungen vorgesehenen Regeln des BGB, der ZPO, StPO usw. zu beurteilen, oder muß die Lösung auf dem Boden des Verfassungsrechts neu erarbeitet werden?

Vielfach wird behauptet, eine Anwendung der §§ 104 ff. BGB oder des § 51 ZPO verstoße gegen den Grundsatz des Vorrangs der Verfassung. Die Grundrechtsmündigkeit dürfe sich nur nach verfassungsrechtlichen Kriterien richten[13]. Diese These ist zumindest mißverständlich. Es trifft sicher zu, daß die verfassungsrechtliche Regelung eines Problems der ihr widersprechenden in einem einfachen Gesetz vorgeht. Dagegen ist das Grundgesetz keine Kodifikation, die die von ihr

---

[12] Davon später genauer.

[13] Vgl. *Perschel*, RdJ 1963, S. 33/34; *ders.*, Meinungsfreiheit des Schülers, S. 87; *Woltereck*, AuR 1965, S. 194.

berührten Rechtsgebiete abschließend regeln will. Dem einfachen Gesetzgeber ist durchaus gestattet, die Grundrechte zu ergänzen und zu konkretisieren. Die landesrechtlichen Pressegesetze oder die Normen der ZPO und der StPO über das rechtliche Gehör sind nicht deswegen verfassungswidrig, weil das Grundgesetz auch etwas über Pressefreiheit und rechtliches Gehör aussagt.

Demnach ist zunächst nicht zu beanstanden, daß das einfache Gesetz überhaupt ein Stadium vorsieht, in dem Grundrechte nicht von dem Berechtigten ausgeübt werden können. Daß z. B. der 6jährige Grundstückseigentümer die ihm gegenüber verfügte Enteignung nicht selbständig vor dem Verwaltungsgericht anfechten kann[14], versteht sich von selbst. Die Willensmacht zur Befriedigung seines objektiven Interesses fehlt dem Unmündigen im Verfassungsrecht nicht weniger als im einfachen Gesetzesrecht; der tatsächliche Mangel der erforderlichen geistigen Reife ist jeder rechtlichen Regelung vorgegeben. Die Lösung, den Mangel hinzunehmen und zu warten, bis der Berechtigte vernünftig genug geworden ist, um das geschützte Interesse zu erkennen und selbst zu befriedigen, scheidet aus. Sie kann schon deshalb nicht von der Verfassung gefordert sein, weil sie Art. 3 Abs. 1 GG widerspricht: Das Interesse des Kindes an der Wahrung seines Briefgeheimnisses oder an Freiheit von Eingriffen in seine körperliche Integrität und Gesundheit verdient nicht weniger Schutz als das entsprechende Interesse des normalen Erwachsenen. Der Rückgriff auf den Normenkomplex der gesetzlichen Vertretung nach einfachem Gesetzesrecht begrenzt also grundsätzlich den durch die Grundrechte angestrebten Schutz menschlicher Interessen nicht, sondern dehnt ihn auf die (noch) Unmündigen aus[15].

Nun kann man allerdings gegen diese Argumentation einwenden, sie rechtfertige lediglich die gesetzliche Vertretung gegenüber dem *wirklich* Unmündigen, nicht — wie nach §§ 2, 104 BGB, 51 ZPO — generell gegenüber dem noch nicht 21jährigen. Es sei durchaus möglich, daß ein 19jähriger einem normalen Erwachsenen in der Fähigkeit, das eigene Interesse zu erkennen und sachgerecht zu verfolgen, nicht

---

[14] Die Zuständigkeit der Zivilgerichte nach Art. 14 Abs. 3 S. 4 GG betrifft nur die „Höhe der Enteignungsentschädigung", nicht den Streit über die Zulässigkeit der Enteignung.

[15] Das soll nicht heißen, daß der Gesetzgeber überall dort, wo Unterschiede zwischen Menschen bestehen, mit Rücksicht auf Art. 3 Abs. 1 GG bevormunden darf. Dem steht die verfassungsrechtliche Freiheitsgarantie entgegen. Sie reduziert das Gleichheitspostulat auf die Gewährleistung der *Chancengleichheit*. Doch gilt dies nicht, wo — wie hier — der Unterschied kraft zugeschriebener Altersposition besteht, der Unterschied also auch theoretisch durch eigene Anstrengung des einzelnen nicht überwunden werden kann.

nachstehe. Das Problem spitzt sich demnach auf die Frage zu, ob nicht — unbeschadet der grundsätzlichen Zulässigkeit der gesetzlichen Vertretung — ihre *konkrete Gestalt* den Grundrechten zuwiderläuft. Bisher haben wir die Willensmacht lediglich als *Voraussetzung* der Grundrechtsmündigkeit kennengelernt. An dieser Stelle ist die Schwierigkeit: Muß man auch *umgekehrt* von dem Vorhandensein der Willensmacht auf die Grundrechtsmündigkeit des Betreffenden schließen mit dem Ergebnis, daß gesetzliche Vertretung unzulässig ist?

Schon oben haben wir gesehen, daß die Rechtsordnung, indem sie subjektive Rechte verleiht, nicht den Schutz der Willensmacht *bezweckt*. Lehmann drückt den gleichen Gedanken so aus, daß die Willensmacht lediglich die *formale Seite* des Rechts betreffe[16]. Da das objektive Interesse des *einzelnen Menschen* gefördert werden soll, braucht der Staat sich nicht selbst in jedem Einzelfall einzuschalten. Es genügt, wenn er dem Begünstigten gegenüber den Angriffen anderer rechtlichen Schutz in Aussicht stellt und ihn so zu eigenständiger Verfolgung des Interesses befähigt. Die dogmatische Figur des subjektiven Rechts ist also an sich wertfrei; insbesondere drückt sie nicht den *normativen* Willen des Gesetzgebers aus, die Autonomie des einzelnen zu schützen. Auch dort, wo — wie etwa in den kommunistischen Staaten — die Willensherrschaft des Individuums aus ideologischen Gründen entschieden abgelehnt wird, gibt es subjektive Rechte. Denn es ist praktisch undenkbar, daß sämtliche berechtigten Bedürfnisse sämtlicher Mitglieder eines Staatswesens von Staats wegen befriedigt werden. Der erforderliche Verwaltungsaufwand wäre untragbar. Zutreffend lehrt Kelsen, der *Begriff* des subjektiven Rechts diene zum Ausdruck einer bestimmten *Rechtserzeugungsmethode*, sei also zunächst eine Frage der *Zweckmäßigkeit*[17]. Zielt aber das subjektive Recht als solches nicht auf den Schutz des Selbstbestimmungsinteresses des Begünstigten, so kann aus dem höheren Rang der Grundrechte gegenüber dem Normenkomplex der gesetzlichen Vertretung kein Bedenken gegen den Rückgriff auf §§ 2, 104 BGB, 51 ZPO u. ä. im Grundrechtsbereich hergeleitet werden. Für den Schutz der körperlichen Unversehrtheit nach Art. 2 Abs. 2 S. 1 GG z. B. ist allein wesentlich, daß der Leib oder Leben verletzende Eingriff abgewehrt wird. Ob der Grundrechtsträger selbst oder ob sein gesetzlicher Vertreter dafür sorgt, berührt den Normbefehl *dieses* Grundrechtsartikels nicht.

Eine andere Frage ist, ob das Verfassungsrecht nicht das Interesse an Selbstbestimmung durch ein oder mehrere *besondere Grundrechte*

---

16 Vgl. *Lehmann*, § 10 IV.

17 ZöffR 5, 87; ebenso: *Bucher*, Das subjektive Recht als Normsetzungsbefugnis.

gewährleistet. So haben wir bereits festgestellt, daß z. B. Art. 2 Abs. 1 GG nach h. M. die allgemeine Handlungsfreiheit schützt, die ja nichts anderes als ein Synonym für Selbstbestimmung ist. Ebenso hat das BVerfG[18] für Art. 12 Abs. 1 GG ausgesprochen, dort sei nicht etwa das Prinzip der Gewerbefreiheit gemeint, sondern die gerade im Hinblick auf den Beruf besonders wichtige *Selbstbestimmung* des einzelnen. Aus solchen Grundrechten kann der Gesetzgeber *verpflichtet* sein, bislang objektives Recht durch subjektive Rechte zu ersetzen. Es kann auch sein, daß sie den Zeitpunkt beeinflussen, von dem ab der Begünstigte seine Rechte selbst ausüben darf. Dieser Einfluß betrifft dann aber, sofern er sich nicht überhaupt auf spezielle Bereiche wie den des Berufslebens beschränkt, nicht nur die Grundrechte, sondern genauso die subjektiven Rechte nach dem einfachen Gesetz. Es geht nicht mehr um die Grundrechtsmündigkeit, sondern um die Mündigkeit schlechthin.

2. Verfassungsrechtliche Selbstbestimmungsgarantie und Mündigkeit nach einfachem Gesetz

Damit verschiebt sich im Verhältnis zur bisherigen Diskussion die Problematik in entscheidender Weise. Die *Grundrechtsmündigkeit* ist unproblematisch: Teils läßt der Inhalt des einzelnen Grundrechts eine Unterscheidung von „Haben" und „Ausüben" gar nicht zu, so daß schon die Frage nach der Grundrechtsmündigkeit entfällt. Teils richtet sich die Grundrechtsmündigkeit nach den Mündigkeitsnormen des einfachen Gesetzes. Schwierig wird erst die Antwort auf die Frage, *wie sich Art. 2 Abs. 1 GG und thematisch verwandte Grundrechte zu den Mündigkeitsnormen des einfachen Gesetzes verhalten.* Den Problemgehalt dieser Frage gilt es im folgenden zu präzisieren.

a) Die Selbstbestimmungsfähigkeit des einzelnen nach Verfassungsrecht

Unterstellen wir zunächst mit der h. M., daß Art. 2 Abs. 1 GG und einige weitere Grundrechte die Selbstbestimmung des einzelnen schützen wollen und daß infolgedessen eine Konkurrenz zwischen diesen Grundrechten und den Mündigkeitsnormen des einfachen Gesetzes vom Thema her denkbar ist. Wir haben dann zwischen zwei — auf den ersten Blick beide möglichen — Qualitäten verfassungsrechtlichen Selbstbestimmungsschutzes zu wählen, die beide in der Literatur zur Grundrechtsmündigkeit erörtert werden.

---

[18] BVerfGE 7, S. 377 ff. (S. 403).

Im methodenkritischen Teil der Untersuchung sahen wir, daß Kuhn, Leuschner und Perschel den Grundrechtsschutz allgemein schon dort eingreifen lassen, wo überhaupt „begrifflich" von einem Handeln (Art. 2 Abs. 1 GG), einem Bekenntnis (Art. 4 GG) oder einer Meinungsäußerung (Art. 5 GG) die Rede sein kann[19]. Zwar beanstandeten wir an der *Begründung*, daß sie die Rechtsfolge aus begriffslogischen Konsequenzen gewinnt, anstatt nach der gesetzlichen Interessenbewertung zu suchen; doch ist die Richtigkeit des *Ergebnisses* dadurch noch nicht widerlegt.

Gernhuber als prominentester Vertreter der zweiten Ansicht sieht in Art. 2 Abs. 1 GG ein „Bekenntnis zum humanitären Idealismus"[20]. Daraus leitet er ab, das Grundrecht garantiere dem einzelnen lediglich die Befugnis, die Persönlichkeit „sinnvoll zu entfalten". Art. 2 Abs. 1 GG soll die elterliche Gewalt in sich aufnehmen „als Mittel, das dem Kind und dem Jugendlichen die sinnvolle Entfaltung der Persönlichkeit in Lebensphasen sichert, die Selbstverwirklichung in der *Selbstbestimmung* noch nicht zulassen, und das seinem Zweck voll gerecht geworden ist, wenn es dem mündig Gewordenen die Fähigkeit gab, als *selbstverantwortliche* Persönlichkeit zu bestehen"[21].

Die Schwäche *dieser* Darstellung liegt zunächst darin, daß sie zu unpräzise gehalten ist und deshalb Mißverständnisse begünstigt. So leistet die Formel von der „sinnvollen Entfaltung der Persönlichkeit" der Deutung Vorschub, Gernhuber wolle den Geltungsanspruch des Art. 2 Abs. 1 GG auf objektiv vernünftige Verhaltensweisen beschränken. Kuhn kritisiert ausdrücklich, daß Gernhuber bestimmte Arten der Persönlichkeitsentfaltung nicht als richtig gelten lasse[22]. Dabei hat Gernhuber ganz offensichtlich nicht daran gedacht, etwa dem normalen Erwachsenen sinnvolles Verhalten vorzuschreiben und scheinbar oder auch wirklich sinnloses Tun aus dem Schutzbereich des Art. 2 Abs. 1 GG auszuklammern. Von *Selbstbestimmung* und *Selbstverantwortung* kann nur dort gesprochen werden, wo der einzelne sein Verhalten unabhängig davon einrichten kann, was die Mehrheit oder sogar die Allgemeinheit für „sinnvoll" hält. Wenn man Gernhubers Stellungnahme insgesamt betrachtet, heißt das Gebot „sinnvoller" Entfaltung lediglich, daß die Handlungsfreiheit an die *Fähigkeit* des normalen Menschen zu *vernünftigem Handeln* anknüpft und deshalb entfallen

---

[19] Vgl. die Nachweise in FN 12—17.

[20] *Gernhuber*, FamRZ 1962, S. 92; *ders.*, Lehrbuch des Familienrechts, § 7, I 3.

[21] FamRZ 1962, S. 92; ähnlich *Jans-Happe*, JWG S. 483; *Schuler* in RdJ 1961, S. 24.

[22] *Kuhn*, Grundrechte, S. 22.

muß, wenn diese Fähigkeit ausnahmsweise fehlt[23]. Aber auch gegenüber dieser These bleibt ein gewichtiger Einwand bestehen. Woraus folgt, daß Art. 2 Abs. 1 GG dem „Bekenntnis zum humanitären Idealismus" entstammt? Woraus läßt sich im *positiven Recht* entnehmen, daß der Verfassunggeber sich Kants Rechtfertigung der Freiheit[24] zu eigen gemacht hat?

Den Ansatz einer positivrechtlich begründeten Stellungnahme zu dem Meinungsstreit liefert die Erkenntnis, daß die Grundrechte in Art. 1 Abs. 1 GG, dem Anspruch des einzelnen auf Achtung seiner Menschenwürde, ihren Ausgangspunkt und Schlüssel finden[25]. Jedes Grundrecht ist so auszulegen, daß es sich als Ausfluß des Art. 1 Abs. 1 GG verstehen und rechtfertigen läßt. Nun kann man gewiß darüber streiten, was „Menschenwürde" konkret bedeutet. Über eines dürfte man sich jedoch allgemein einig sein: Als von der Menschenwürde *gefordert* können nur solche Rechtssätze gelten, die in Anspruch nehmen, das *Wohl* des Menschen zu *fördern*. Rechtssätze, die dem Individuum generell *schaden*, scheiden dafür aus. Dies ermöglicht für unsere Zwecke eine erste Aussage: Da das Recht auf Handlungsfreiheit dem Begünstigten die Befugnis gibt, seine Interessen selbst wahrzunehmen, *muß* es an die *Fähigkeit* des Rechtsträgers anknüpfen, seine Belange auch *wirksam* zu vertreten. Fehlt diese Fähigkeit, so ändert sich die Forderung der Menschenwürde; sie verlangt nicht mehr Autonomie, sondern Fürsorge nach heteronomen Maßstäben[26].

Zugegeben: Eine solche These klingt gefährlich. Denn sie gibt kein verbindliches Kriterium dafür an, wann *Freiheit* und wann *Fürsorge* dem Gebot des Art. 1 Abs. 1 GG entspricht. Sie scheint dem freiheitsbeschränkenden Staat ein bequemes Alibi zu eröffnen: Er braucht nur zu behaupten, für diese oder jene Angelegenheit sei die Masse der Staatsbürger nicht reif genug, durch die bevormundende staatliche Regelung werde daher einem Fürsorgebedürfnis genügt. Diese Be-

---

[23] Diese Fähigkeit des Menschen, mit den Mitteln seiner Vernunft das Richtige und Gerechte zu erkennen, sowie gemäß der richtigen Erkenntnis zu handeln, ist der Mittelpunkt des humanitären Idealismus in der Philosophie Kants.

[24] Vgl. *Eisler*, Kant-Lexikon, S. 55: „Die Autonomie ist der Grund der Würde der Vernunftwesen und das alleinige Prinzip der Moral."

[25] Vgl. *v. Mangoldt-Klein*, Art. 1 Anm. III, 9; *Wernicke* in Bonner Kommentar, Erläut. I zu Art. 1: Die zu schützende Würde des Menschen bildet den Schlüssel für den ganzen Grundrechtskatalog.

[26] Vgl. *Jäggi*, ZSR Band 79 II, S. 154 a: Freiheit fordert eigene Rechtswahrung durch den Rechtsträger; dessen Wille soll schlechthin maßgebend sein. Fürsorge fordert Fremdsorge; maßgebend ist nicht der Wille des Rechtsträgers, sondern dessen Wohl, so wie es ein wohlmeinender Vertreter verstehen muß. *Beide Gedanken lassen sich aus der Menschenwürde ableiten.* Ähnlich auch *Müller-Freienfels*, Vertretung, S. 340.

hauptung zu widerlegen, fällt gerade bei den für den einzelnen wichtigsten Fragen schwer. Eine *absolute* Einsichts- und Urteilsfähigkeit besitzt niemand; es gibt Probleme, denen selbst der geschulteste Geist nicht voll gewachsen ist. Für das *relativ* bestimmte Urteilsvermögen bietet sich eine weitgespannte Skala von möglichen Richtpunkten an: Soll der geistige Horizont eines Wissenschaftlers, der eines durchschnittlichen mittleren Angestellten oder der eines Hilfsarbeiters zugrunde gelegt werden?

Schon in der Frage wird indes ein weit verbreitetes Mißverständnis deutlich. Der Dualismus von Freiheit und Fürsorge darf nicht unter dem Blickwinkel des Ausgleichs *vorhandener* intellektueller Ungleichheit zwischen den Menschen gewürdigt werden. Es ist unzulässig, von dem Standort des einzelnen in der Bildungspyramide auf den jeweiligen Grad von Freiheits- und Fürsorgebedürfnis zurückzuschließen und zu meinen, man müsse „um der *sozialen Gerechtigkeit* willen" Freiheit durch Bevormundung ersetzen. Bedingung der Freiheit ist nicht die absolute Gleichheit aller Bürger; andernfalls wäre eine Freiheitsgarantie angesichts der unterschiedlichen Macht- und Bildungsverhältnisse in unserer Gesellschaft für die ganz überwiegende Mehrheit aller Deutschen gegenstandslos. Nur die „oberen Zehntausend", die Elite des Geistes und der Macht könnte „frei" sein. Die Freiheit fordert vielmehr als soziales Korrelat lediglich die *Chancengleichheit:* Es muß gesichert sein, daß die *objektiven Voraussetzungen* z. B. für den *Zugang* zur Höheren Schule und zur Universität oder zu den höheren Rängen der Berufshierarchie für alle im wesentlichen gleich sind. Der einzelne darf nicht daran gehindert sein, höhere Bildung und stärkeres Urteilsvermögen durch eigene Anstrengung zu *erwerben.* Art. 3 Abs. 1 GG verpflichtet den Staat deshalb grundsätzlich nicht zu bevormundender Fürsorge, sondern nur dazu, die sozialen Hindernisse der Erwerbbarkeit von Macht- und Bildungspositionen abzubauen. Etwas anderes gilt jedoch dort, wo jemand *von Natur aus* zu schwach begabt oder — was uns vor allem interessiert — noch zu jung ist, als daß er einigermaßen vernünftig urteilen könnte. Die Soziologie spricht hier von — im Gegensatz zu den vorstehend erwähnten erwerbbaren — sog. *zugeschriebenen* Positionen[27]. In dieser Beziehung nützt es nichts, wenn der Staat im Verein mit anderen gesellschaftlichen Mächten[28] die sozialen Schichten öffnet und dadurch jedermann Gelegenheit gibt, sich Macht, Bildung und Erfahrung zu verschaffen. Insoweit läßt sich das Gebot der Chancengleichheit allein durch bevormundende Fürsorge verwirklichen. Allerdings wird dieser Bevormundung nach den vor-

---

27 Vgl. *Dahrendorf,* Gesellschaft und Demokratie, S. 115.

28 z. B. Kirche, Parteien, Gewerkschaften etc.

stehenden Überlegungen eine enge Grenze gezogen. Diese Grenze liefert das von uns gesuchte Kriterium der Urteils- und Einsichtsfähigkeit: Nur solange die Fürsorge die *natürliche* Unterlegenheit des Unmündigen gegenüber dem geistig normal entwickelten Erwachsenen ausgleicht, verdient sie den Vorzug vor der Freiheit. Darüber hinaus ist es die eigene Sache des Betreffenden, sich durch Studium u. ä. einen besseren Zugang zu den ihm gestellten Problemen zu *erwerben*.

Wir können demnach sagen, daß die Selbstbestimmungsfähigkeit des Jugendlichen nach dem Grundgesetz zwar nicht wie die Mündigkeit des einfachen Gesetzes von einem fixen Lebensalter abhängt, wohl aber von seiner Fähigkeit, wie ein normaler Erwachsener das eigene Verhalten vernünftig wertend zu bestimmen.

b) Die Notwendigkeit rechtlicher Unterscheidung von personaler und funktionaler Handlungsfreiheit

Dieses Ergebnis, insbesondere die krasse Alternative von Freiheit und Fürsorge, provoziert mit Sicherheit Widerspruch. Man wird einwenden, die Grundrechte könnten unmöglich zulassen oder sogar fordern, daß der gesetzliche Vertreter dem nicht urteilsfähigen Mündel alles und jedes verbiete, dessen eigene Initiative rigoros unterdrücke und in jeder noch so belanglosen Frage seinen Standpunkt durchsetze.

Eine solche Konsequenz wäre in der Tat unhaltbar. Sie ließe sich schon mit dem Fürsorgegedanken selbst nicht vereinbaren. Ein Kind, dem bei jeder Gelegenheit gesagt wird, es handele falsch, muß auf die Dauer schweren seelischen Schaden erleiden. Darüber hinaus tritt neben die Fürsorge im engeren Sinne die Erziehungsfunktion der elterlichen Gewalt. Die Eltern haben danach das Kind auf seine spätere Rolle als selbstbestimmungsfähiger und selbstverantwortlicher Mensch vorzubereiten. Dazu gehört, daß sie dem Kind vorher Gelegenheit geben, sich in eigenverantwortlichem Verhalten zu *üben*[29]. Denn die Selbstbestimmungsfähigkeit stellt sich nicht von selbst ein. Sie entwickelt sich vielmehr allmählich und nicht zuletzt dadurch, daß der Betreffende Erfahrungen sammelt. Deshalb verzichtet ein guter gesetzlicher Vertreter in um so stärkerem Maße auf die eigentliche Bevormundung, je mehr sich das Mündel dem normalen Stand an geistiger und sittlicher Reife nähert, und begnügt sich mit einer Aufsicht, die nur dann wieder zur Bevormundung wird, falls sich eine Korrektur der Verhaltenswahl des Unmündigen zu seinem Wohle als notwendig

---

[29] *Leuschner*, Schülerzeitung, S. 77.

erweist[30]. Im rechtsgeschäftlichen Bereich lernten wir schon Vorschriften wie die §§ 107, 110 BGB kennen, die eigenes rechtsgeschäftliches Handeln beschränkt Geschäftsfähiger unter elterlicher bzw. vormundschaftlicher Aufsicht ermöglichen und damit dem geschilderten Anliegen auf dem rechtsgeschäftlichen Sektor Rechnung tragen[31].

Die Bedenken gegen den *absoluten* Ausschluß der Handlungsfreiheit für den noch nicht Willensfähigen sind also unbestreitbar berechtigt. Trotzdem besteht kein Anlaß, unser Ergebnis zu Art und Umfang der verfassungsrechtlichen Selbstbestimmungsgarantie zu ändern. Denn die Handlungsfreiheit des Unmündigen im Sinne der oben dargestellten Einwände ist von dem Schutz des Interesses an Autonomie rechtlich scharf zu trennen.

Den Schlüssel zu dieser zunächst etwas verwirrenden rechtlichen Unterscheidung zweier Arten von „Handlungsfreiheit" soll die Argumentation liefern, mit der Leuschner seinen Standpunkt zum Problem der Grundrechtsmündigkeit erarbeitet. Leuschner rechtfertigt die Freiheit der Meinungsäußerung für das Kind mit dem Hinweis, daß die Meinungsfreiheit „für die Erziehung zur Verantwortung entscheidend wichtig" sei[32]. Dann folgert er, der Jugendliche sei unabhängig von seinem Alter grundrechtsmündig, „soweit nicht die Pflege- und Erziehungsfunktion des Elternrechts zwingend eine Einschränkung erfordert"[33]. Daß hier ein Zirkelschluß vorliegt, ist offensichtlich. Leuschner spielt die „Erziehung" gegen die „Erziehung" aus: Das Kind hat Meinungsfreiheit, weil es sie zu einer erfolgreichen Erziehung braucht. *Da* das Kind Meinungsfreiheit hat, ist die bevormundende Erziehung nur beschränkt — nämlich nur, soweit zwingend erforderlich — zulässig. Die Erziehung wird also gleichzeitig als Rechtfertigung der Freiheit *und* als ein Wert herangezogen, der der erst durch sie gerechtfertigten Freiheit entgegengesetzt ist. Sie soll einerseits die Freiheit des Unmündigen legitimieren und andererseits zu ihr in einem durch Güterabwägung zu überwindenden Widerspruch stehen.

Der Grund für diesen Zirkelschluß liegt darin, daß Leuschner nicht zwischen *personaler* und *funktionaler* Handlungsfreiheit unterscheidet. Das Recht kann Handlungsfreiheit einmal deshalb gewährleisten, weil es die Autonomie *um ihrer selbst willen* für wertvoll und schutzwürdig hält. Zum anderen kann es die Handlungsfreiheit aber auch als *Mittel* garantieren, das helfen soll, einen Zweck zu erreichen, der seinerseits mit der Handlungsfreiheit unmittelbar nichts zu tun hat. Mit der

30 *Lenckner*, ZStrW Bd. 72, S, 462/463.
31 *Eisser*, Eranion II, S. 207/208.
32 *Leuschner*, Recht der Schülerzeitung, S. 77.
33 *Leuschner*, aaO., S. 78.

„Willensmacht" im Rahmen des subjektiven Rechts haben wir bereits einen solchen Fall kennengelernt. Freilich ist die „Willensmacht" dort, vom geschützten Interesse her gesehen, lediglich von technischer Bedeutung. Sie kann durch eine andere „Rechtserzeugungsmethode" (Kelsen) ersetzt werden, ohne daß das geschützte Interesse deswegen irgendwie Schaden leidet. Die Beziehung zwischen *Mittel* und *Zweck* kann aber auch schon von der Sache her so eng sein, *daß der Zweck nicht zu erreichen ist, wenn das Mittel ausfällt*. Einem solchen Fall begegnen wir hier: Ohne ein gewisses Maß an Handlungsfreiheit für den Mündel ist eine erfolgreiche Erziehung nicht möglich; die seelische Gesundheit des jungen Menschen wird beeinträchtigt, wenn ihm keinerlei Selbständigkeit zugestanden wird. Der Schutz der Handlungsfreiheit zielt in dieser Hinsicht nicht auf die Abwehr von Bevormundung schlechthin, sondern dient dem objektiven Interesse an Erziehung bzw. der seelischen Gesundheit. Daß beide Formen der Handlungsfreiheit nicht gleichzeitig in *einer* Rechtsnorm gewährleistet sein können, leuchtet leicht ein: Die personale Autonomie wird durch *jede* Art der Bevormundung verletzt; denn die Bevormundung verwehrt dem Berechtigten *immer*, nach seinen Vorstellungen zu handeln. Für die funktionale Handlungsfreiheit ist die Bevormundung als solche belanglos. Da sie ihren Geltungsanspruch nicht aus sich selbst, sondern aus ihrer Bedeutung für eine erfolgreiche Erziehung bzw. für die seelische Gesundheit des Jugendlichen ableitet, kann sie erst dort in Gegensatz zur Bevormundung geraten, wo ihre *Funktion vereitelt*, also das Interesse des Jugendlichen an erfolgreicher Erziehung bzw. an seelischer Gesundheit beeinträchtigt wird. *Die notwendige funktionale Handlungsfreiheit ist deshalb logisch zwingend in den Vorschriften zum Schutz der Interessen, auf die sie jeweils bezogen ist, mitgarantiert.* Dagegen ist der Rückgriff auf den rechtlichen Schutz der personalen Handlungsfreiheit nicht zulässig. Die Handlungsfreiheit des Jugendlichen ist nur solange nicht zu beanstanden, als sie für Erziehung und seelische Gesundheit notwendig ist[34]. Die überragende Bedeutung dieser beiden Interessen für den Betreffenden erlaubt es, die meisten konkurrierenden anderen Interessen hintanzustellen. Soweit jedoch die Handlungsfreiheit über das zum Schutz von Erziehungsinteresse und seelischer Gesundheit erforderliche Maß hinausgehen soll, steht ihr der Fürsorgeanspruch entgegen, der für den Unmündigen an die Stelle der dem Willensfähigen garantierten zweckfreien Selbstbestimmung tritt.

---

[34] Diese beiden Interessen sind repräsentativ für alle Interessen gedacht, die ein gewisses Maß an Handlungsfreiheit fordern können. Daneben sind insbesondere praktische Zwecke denkbar, die dem Wohl des Mündels dienen und Handlungsfreiheit verlangen. So bringt z. B. der Aufenthalt des minderjährigen Studenten am Universitätsort notwendig Handlungsfreiheit mit sich.

c) Verfassungsrechtliche Selbstbestimmungsgarantie und rechtswirksames Verhalten

Ein weiterer Einwand gegen unser Kriterium für die verfassungsrechtliche Selbstbestimmungsfähigkeit des Jugendlichen knüpft an den Unterschied von „natürlichem“ und „rechtswirksamem“ Verhalten an. Man kann argumentieren, soweit das Gesetz dem noch nicht Volljährigen im Bereich der rechtswirksamen Handlungen die Selbstbestimmung versage, greife es nicht in seine Handlungsfreiheit ein, sondern *unterlasse* es lediglich, die Handlungen mit rechtlichen Folgen auszustatten. Der Schutz der Handlungsfreiheit wehre aber nur drohende *Eingriffe* des Staates ab; er verpflichte den Gesetzgeber nicht zu *positivem Tun.* In diesem Sinne ist wohl auch die oben erwähnte Ansicht Kuhns zu verstehen, wonach das rechtswirksame Verhalten von Art.2 Abs. 1 GG und ähnlichen Grundrechten nicht betroffen sein soll[35].

Ist es aber wirklich so, daß der Gesetzgeber die Selbstbestimmung im Bereich des rechtswirksamen Verhaltens nicht durch Eingreifen verletzen kann? Die Bedenken gegen eine solche These werden deutlich, wenn man sich das Verhältnis der Handlungsfreiheit zur Rechtsetzung überhaupt vergegenwärtigt: Wo Handlungsfreiheit herrscht, verfolgt der einzelne seine Interessen selbst; er wählt seine Ziele und sucht sich die Mittel aus, die ihn zu diesen Zielen führen. Wenn der Gesetzgeber ein Interesse als berechtigt anerkennt und rechtlich „schützt“, schränkt er die Handlungsfreiheit ein: Wer Nahrungsmittel braucht, kann sie sich nicht nach Belieben verschaffen. Er muß kaufen und dabei die zivilrechtlichen Vorschriften über Rechtsgeschäfte im allgemeinen sowie Kaufverträge im besonderen beachten. Liefert der Vertragspartner nicht wie vereinbart, so darf er die Leistung nicht von sich aus gewaltsam erzwingen, sondern er ist auf den im einzelnen in der ZPO ausgestalteten Rechtsweg verwiesen. Schon die Tätigkeit des Gesetzgebers als solche steht also in einem begrifflichen Gegensatz zur Handlungsfreiheit. Zutreffend bemerkt Hans J. Wolff: „Um frei zu sein, bedarf er (sc. der Mensch) ... keines Gesetzes. Er bedarf seiner erst dann, wenn das Subjekt in seinem Wollen eingeschränkt

---

[35] Vgl. *Kuhn,* Grundrechte, S. 41; *Kuhn* argumentiert insbesondere mit dem „Regelungsspielraum des Gesetzgebers“. Die Grundrechte könnten keine minutiöse Regelung der zu ihnen gehörigen Rechtsinstitutionen enthalten. Dabei wird jedoch übersehen, daß der auch vom BVerfG (BVerfGE 4, 72) anerkannte weite gesetzgeberische Ermessensspielraum bei *allen* Gesetzen, nicht nur bei der Regelung des rechtswirksamen Verhaltens eingreift. Eine unterschiedliche Behandlung von „natürlichem“ und rechtswirksamem Handeln kann auf diese Weise nicht gerechtfertigt werden.

wird[36]." Selbstverständlich soll damit nicht geleugnet werden, daß das positive Recht in der sozialen Wirklichkeit z. T. eine durchaus freiheitsfördernde Aufgabe erfüllt. Die tatsächlichen Machtverhältnisse der am sozialen Leben beteiligten Menschen sind zu unterschiedlich, als daß ein rein formaler Freiheitsanspruch sinnvoll sein könnte. Dem Schwachen verschafft erst der rechtliche Schutz den Raum, in dem er seine Vorstellungen verwirklichen kann; ohne das Recht wäre es ihm gar nicht möglich, sich gegenüber dem stärkeren anderen erfolgreich durchzusetzen. Doch trifft dieser Einwand den Schutz der Selbstbestimmung im Bereich der natürlichen Handlungen genauso wie im Bereich des rechtswirksamen Verhaltens. Ebenso wie die Vorschriften über den Abschluß und die Abwicklung von Verträgen in unserer hochentwickelten Wirtschaft einen Güteraustausch erst ermöglichen, ermöglichen etwa die Straßenverkehrsgesetze, die vordergründig die natürliche Handlungsfreiheit begrenzen, die Teilnahme des einzelnen am Straßenverkehr. Ohne Ordnung gäbe es bei der heutigen Verkehrsdichte ein Chaos, das das Autofahren praktisch unmöglich machen würde. Wir können also grundsätzlich feststellen, daß die *Regelungen des rechtswirksamen Verhaltens sich zum Schutz der Handlungsfreiheit nicht anders verhalten als gesetzliche Einschränkungen der Freiheit des natürlichen Handelns.*

Dieses *allgemeine* Ergebnis bestätigt sich in dem *speziellen* Problem der *Mündigkeit* für rechtswirksames bzw. natürliches Handeln. Schon im Rahmen der Methodenkritik erkannten wir, daß entgegen Leuschner nicht nur im Bereich des rechtswirksamen Handelns, sondern auch in dem der natürlichen Handlungen Nachteile drohen, die ein Schutzbedürfnis des einzelnen nicht genügend willensfähigen Menschen begründen. Jede Entscheidung für ein bestimmtes Verhalten im sozialen Raum wurzelt in der Wahl zwischen verschiedenen Möglichkeiten und schließt deshalb das Risiko einer Fehldisposition ein. Auch wiegen die nachteiligen Folgen eines falschen natürlichen Handelns nicht notwendig leichter als diejenigen unrichtigen rechtswirksamen Verhaltens. Es gibt relativ belanglose Rechtsnachteile und Folgen natürlichen Handelns, die gar nicht schlimmer für den Betroffenen sein können. Ein unbedacht bestelltes Zeitungsabonnement kann man nach einer gewissen Zeit kündigen; das unerfahrene Hantieren an einer elektrischen Anlage kann das Leben kosten. Die Regelung des Privatrechts deckt sich mit dieser Überlegung: Die Mündigkeitsvorschriften §§ 104 ff. BGB, 51 ZPO usw. sagen etwas darüber aus, *von welchem Zeitpunkt ab* der Berechtigte selbst rechtswirksam handeln kann. Sie werden ergänzt durch § 1626 BGB, der die Ausübung der Kindesrechte einschließlich des rechtswirksamen Verhaltens *bis zu diesem Zeitpunkt* den Eltern

---

[36] *H. J. Wolff,* Juristische Person und Staatsperson, S. 104.

zuweist: Vater und Mutter haben „kraft der elterlichen Gewalt das Recht und die Pflicht, für die Person und das Vermögen des Kindes zu sorgen; die Sorge für die Person und das Vermögen umfaßt die (rechtsgeschäftliche) Vertretung des Kindes". § 1626 BGB macht also keinen Unterschied zwischen rechtswirksamen und natürlichen Handlungen; in beiden Fällen sind die Eltern zur Fürsorge, in der wir oben den Gegensatz zur Selbstbestimmung erkannten, berechtigt und verpflichtet. Die §§ 104 ff. BGB, 51 ZPO u. ä. erscheinen unter diesem Blickwinkel nur mehr als eine *Technik*, die das gleiche Anliegen verfolgt wie im Bereich der natürlichen Handlungen das Recht der Eltern, „Gehorsam im unmittelbaren Zugriff zu erzwingen"[37, 38]: Wo dem Jugendlichen aufgrund seiner unzureichenden Einsichts- und Urteilsfähigkeit *Rechtsnachteile* drohen, kann der Gesetzgeber sich damit begnügen, die für den normalen Erwachsenen geltenden Normen zu ändern. Soweit dagegen *tatsächliche Nachteile* zu befürchten sind, nützt eine solche Methode nichts. Dort muß die Freiheit des natürlichen Handelns selbst eingeschränkt werden. Materiell besagen beide Wege das gleiche: Dem Menschen ist bis zur Vollendung seines 21. Lebensjahres die Selbstbestimmung verwehrt. Infolgedessen geraten auch beide gleichermaßen in einen Gegensatz zur verfassungsrechtlichen Selbstbestimmungsgarantie.

d) Zusammenfassung

Fassen wir zusammen: Schutz der *Handlungsfreiheit um ihrer selbst willen* kann es nach dem Grundgesetz allein für denjenigen geben, der wie ein normaler Erwachsener seinen Vorteil zu erkennen und sein Verhalten gemäß dieser Erkenntnis zu bestimmen vermag. Die Handlungsfreiheit des *Willensunfähigen* ist nicht um ihrer selbst willen, sondern nur soweit geschützt, als dessen überragend wichtige Interessen wie z. B. das an Erziehung oder dasjenige an seelischer Gesundheit sie voraussetzen. Sie ist in diesem Umfange in den Vorschriften zum Schutz der Interessen an Erziehung, seelischer Gesundheit usw. *mitgarantiert*. Im übrigen braucht der Willensunfähige nicht Handlungsfreiheit, sondern bevormundende Fürsorge. Darauf hat er nach Art. 1 Abs. 1, Art. 3 Abs. 1 GG einen verfassungsrechtlich gesicherten Anspruch.

---

37 Vgl. *Gernhuber*, FamRZ 1962, S. 91.

38 Die Gehorsamspflicht des Kindes ist zwar im BGB anders als etwa in Art. 275 Schweiz. ZGB, Art. 315 ital. Codice civile und Art. 371 franz. Code civil nicht ausdrücklich erwähnt. Sie ergibt sich jedoch zwingend aus dem Zweck der elterlichen Gewalt und ist auch unbestritten, vgl. *Gernhuber*, Lehrbuch des Familienrechts, § 49 VII 2: Selbstschutz ist das primär für die Eltern vorgesehene Mittel zur Verwirklichung der *Folgepflicht* des Kindes; vgl. ferner *Weimar*, MDR 1964, S. 21.

Der verfassungsrechtliche Selbstbestimmungsschutz kann in Widerspruch zu den Mündigkeitsvorschriften des einfachen Gesetzes stehen. Dabei spielt es keine Rolle, ob die Mündigkeit natürliches oder rechtswirksames Verhalten betrifft. Da dieser Unterschied lediglich technischer Natur ist, vermag er eine verschiedene materielle Behandlung nicht zu rechtfertigen.

Die Frage nach dem Verhältnis von verfassungsrechtlicher Selbstbestimmungsgarantie und Mündigkeit nach dem einfachen Gesetz bestimmt demnach den ersten Problemkreis der Untersuchung.

II. Grundrechte und gesetzliche Vertretung

1. Die Darstellung des Problems

Die Formulierung „erster Problemkreis" deutet an, daß das Problem „Grundrechte und Mündigkeit" die Reichweite unserer Untersuchung nicht erschöpft. Daß dies zutrifft, ergibt sich bereits aus dem Bericht über den gegenwärtigen Stand der Diskussion des Themas in Rechtsprechung und Literatur. Zumindest die Frage nach der Anwendbarkeit des Art. 104 GG bei der Heimunterbringung Minderjähriger durch ihre Eltern hat mit Mündigkeit nichts zu tun. Dort geht es darum, ob die Eltern — in gleicher Weise wie staatliche Organe (Polizei usw.) bei vergleichbaren Amtshandlungen — gerichtlich kontrolliert werden müssen, wenn sie ihr Kind in einer geschlossenen Anstalt unterbringen. Art. 104 GG soll im Wege der präventiven Kontrolle verhindern, daß das Kind unberechtigterweise in seinem Grundrecht auf körperliche Bewegungsfreiheit (Art. 2 Abs. 2, S. 2 GG) beeinträchtigt wird. Der Frage nach der Anwendbarkeit der Verfahrensnorm Art. 104 GG ist also die nach der Geltung des Art. 2 Abs. 2 S. 2 GG gegenüber den Eltern vorgelagert. Für denjenigen, der schon das materielle Recht nicht hat, ist die prozessuale Garantie gegenstandslos[39]. Rückt man aber das materielle Grundrecht in den Blickpunkt, so zeigt sich, daß sich die Problematik nicht auf den Einzelfall der Art. 104, 2 Abs. 2 S. 2 GG beschränkt, sondern eine breite Skala gleichgearteter Fragen erfaßt. In ähnlicher Weise könnte man z. B. fragen, ob das Kind nicht gegen eine Züchtigung durch seine Eltern den Schutz des Grundrechts aus Art. 2 Abs. 2 S. 1 GG genießt oder ob Art. 10 GG die Eltern nicht daran hindern kann, die Briefe ihrer Kinder zu lesen. Daran wird deutlich, daß der Einfluß der Grundrechte auf die elterliche Gewalt in einer bisher noch nicht erörterten Beziehung denkbar ist. Wir haben gesehen, daß eine ganze Reihe von Grundrechten den Schutz von objektiven Inter-

---

[39] Insoweit richtig: *Schüler-Springorum*, FamRZ 1961, S. 297.

essen bezweckt, die für den Unmündigen nicht weniger wertvoll sind als für den Mündigen. Ferner stellten wir fest, daß diese Grundrechte für einen verfassungsrechtlichen Einfluß auf die *Mündigkeit* nach einfachem Gesetz nichts hergeben. Hier wird eine Richtung sichtbar, in der sie u. U. doch das Eltern-Kind-Verhältnis beeinflussen können. Freilich bezieht sich dieser mögliche Einfluß nicht auf das Problem, ob *Selbstbestimmung* oder elterliche *Fremdbestimmung* gelten soll. Er berührt vielmehr die Frage nach dem *sachlichen* Umfang der elterlichen Gewalt. Es ist zweifelhaft, ob die Fremdbestimmung — unbeschadet ihrer grundsätzlichen Berechtigung — durch die Grundrechte nicht *inhaltlich* abgeändert wird. Denn nach dem BGB brauchen sich die Eltern grundsätzlich nicht an den Rechten, insbesondere auch den Grundrechten des Kindes zu orientieren. §§ 1626 II, 1666 BGB erlauben ihnen jedes Verhalten im Rechtskreis des Kindes, sofern nicht dessen geistiges und leibliches Wohl dadurch gefährdet wird[40].

2. Grundrechtsausübung und Grundrechtsverletzung durch den gesetzlichen Vertreter

Ebenso wie im ersten Problemkreis wollen wir hier, um die Problematik genauer darstellen zu können, ein Ergebnis unterstellen, das später noch nachgeprüft werden wird: Die Grundrechte sind grundsätzlich geeignet, das Eltern-Kind-Verhältnis zu beeinflussen und infolgedessen die Verfassungsmäßigkeit der §§ 1626 II, 1666 BGB in Frage zu stellen. Es fragt sich dann, wie diese Bindung der elterlichen Gewalt an die Grundrechte aussieht.

a) Der Unterschied von Rechtsverletzungen durch den gesetzlichen Vertreter und durch Dritte

Sicher ist, daß eine Verletzung von Kindesrechten durch die Eltern nicht unter den gleichen Voraussetzungen angenommen werden kann. unter denen man die Verletzung subjektiver Rechte durch Dritte bejaht. Wenn ein Dritter jemanden am Betreten seines eigenen Gartens hindert, greift er in dessen Eigentum ein. Denn — wie dargestellt — schützt das subjektive Recht das objektive Interesse des Berechtigten an dem zugeordneten Gegenstand dadurch, daß es — im wesentlichen unbeschränkte — *Willensmacht* gewährleistet. Verbieten dagegen die Eltern ihrem vermögenden Kind, auf seinem eigenen Grundstück

[40] Für das Vermögen gilt § 1667 BGB, der aber im Rahmen unserer Untersuchung weniger wichtig erscheint und deshalb im allgemeinen vernachlässigt werden soll.

zu spielen, ist das Eigentum nicht berührt. Die Berechtigung des Unmündigen bezieht sich ausschließlich auf den „realen Nutzen", den das Eigentum gewährt. Dieser ist hier nicht angetastet. Es kann im Gegenteil sein, daß die Eltern gerade durch das Verbot dem Kind den „realen Nutzen" erhalten, so z. B. wenn das Grundstück ein bepflanzter Garten ist, der durch das Spielen verwüstet würde. Sie „verwirklichen" dann das Recht des Kindes. Von „Verletzung" kann keine Rede sein; die Eltern nehmen die Interessen des Kindes sogar eindeutig pflichtgemäß wahr.

Wie weit reicht aber die „Ausübung" des Kindesrechts durch den gesetzlichen Vertreter? Wo beginnt die „Verletzung"? Ist eine Rechtsverletzung durch den gesetzlichen Vertreter überhaupt denkbar?

b) Die Bindung des gesetzlichen Vertreters an die „Idee des Objektiv-Richtigen"

Macht man mit der gängigen Vorstellung ernst, daß der gesetzliche Vertreter „an die Stelle des Mündels tritt"[41], so erübrigt sich jede weitere Diskussion über den Einfluß der Grundrechte auf den Inhalt der elterlichen Gewalt. Als Inhaber des subjektiven Rechts dürfte das Kind — seine Willensfähigkeit unterstellt — sein Eigentum verschenken, in eine Körperverletzung einwilligen, auf das Recht auf Gleichbehandlung verzichten, sich einsperren lassen usf.; es würde nichts anderes tun als seine Rechte ausüben, mit ihnen — wie § 903 BGB formuliert — „nach Belieben verfahren". Wenn der gesetzliche Vertreter an die Stelle des Kindes tritt, darf er logischerweise ebenso mit dessen Rechten verfahren. Folgerichtig behauptet Maurer an der schon einmal zitierten Stelle seines Aufsatzes über „Das privatrechtliche Unterbringungsrecht und Art. 104 GG", die Entscheidung des gesetzlichen Vertreters werde „zugleich zur Entscheidung des Kindes"[42].

Die Einwände gegen eine solche Argumentation liegen auf der Hand: Den *Rechtsinhaber* selbst will der Gesetzgeber nicht zu seinem Glück zwingen. Er braucht dies auch nicht zu tun. Denn der Verantwortungsbereich des Staates beginnt erst dort, wo der des einzelnen aufhört. Verschafft der Gesetzgeber dem Bürger die Chance, seine Belange selbst wahrzunehmen, so hat er seine Aufgabe erfüllt. Ob der Berechtigte die Chance nutzt oder nicht, hat er selbst zu verantworten. Im Falle der gesetzlichen Vertretung sieht es insoweit

---

[41] Vgl. dazu *Müller-Freienfels*, Vertretung, S. 176.
[42] Vgl. FamRZ 1960, S. 472.

anders aus. Da der Unmündige außerstande ist, irgendwelche Chancen sachgerecht zu nutzen, kann man *ihm* die Verantwortung *nicht* aufbürden. Die Verantwortlichkeit der Gemeinschaft reicht also weiter: Der Unmündige hat ein Recht darauf, daß jemand, der einsichts- und urteilsfähig ist, seine Belange wahrt, und zwar *richtig* wahrt, nicht etwa „nach Belieben" verfährt. Zu Recht betont deshalb Müller-Freienfels[43], die gesetzliche Vertretung sei „eine Verwaltung nach Zweckmäßigkeit, die von der Idee des Objektiv-Richtigen ausgeht".

Freilich ist damit — entgegen Müller-Freienfels[44] — noch nicht endgültig entschieden, daß das *Gesetz* seine Regelung an der „Idee des Objektiv-Richtigen" auszurichten hat. Es bleibt die Lösung offen, daß der Staat die gesamte Verantwortung auf eine kleinere Einheit, nämlich die Familie abwälzt und den Eltern *doch* die *rechtliche* Befugnis einräumt, im Rechtskreis des Kindes „nach Belieben zu verfahren". Die „Idee des Objektiv-Richtigen" zu verwirklichen, ist nicht notwendig die Aufgabe des *Rechts*. Es können auch ausschließlich sittliche und soziale Normen dafür zuständig sein[45]. Dies berührt jedoch schon die Frage, ob und gegebenenfalls inwieweit die Fürsorgekompetenz zwischen dem Staat als der *Rechts*gemeinschaft und anderen Einheiten aufgeteilt ist. Durch die hypothetische Annahme, daß die Grundrechte das Eltern-Kind-Verhältnis beeinflussen können, haben wir *diese* Frage *vorläufig* dahin beantwortet, daß zumindest im Bereich der Grundrechte der Staat mit seinen die Grundrechte schützenden Einrichtungen die Verwirklichung des Objektiv-Richtigen zu überwachen und durchzusetzen hat. Wir können und müssen also hier davon ausgehen, daß die gesetzlichen Vertreter einschließlich der Eltern bei der Ausübung der Kindesgrundrechte nicht „nach Belieben verfahren" dürfen, sondern an die „Idee des Objektiv-Richtigen" gebunden sind.

c) Der Inhalt der Bindung des gesetzlichen Vertreters an die „Idee des Objektiv-Richtigen"

Diese Bindung des gesetzlichen Vertreters an die „Idee des Objektiv-Richtigen" besagt zunächst, daß er die Wertung des Grundrechtsgebers zu beachten hat. Er hat also hinzunehmen, daß der Grundrechts-

---

43 Vertretung, S. 364.

44 Vgl. Vertretung, insbesondere S. 367 ff.

45 Deshalb scheint mir der Einwand *Thieles* (Zustimmungen, S. 64—74) gegen die Ansicht von *Müller-Freienfels* für den rechtsgeschäftlichen Bereich im Ergebnis richtig zu sein. Die Bindung an die „Idee des Objektiv-Richtigen" im Verhältnis zum Mündel schließt nicht aus, daß den Eltern

geber z. B. die körperliche Unversehrtheit und das Briefgeheimnis als schutzwürdige Rechtsgüter ausgewiesen hat. Da er zum Schutz der körperlichen Unversehrtheit und des Briefgeheimnisses berufen ist, darf er sich nicht etwa auf den Standpunkt stellen, der Verfassunggeber habe Unrecht; eine sinnvolle Fürsorge verlange, diese beiden Güter generell nicht ernst zu nehmen. Er steht insoweit einem Beamten gleich, der ja auch das Gesetz *„auszuführen"* hat, es also nicht etwa korrigieren darf[46].

Nun sagt freilich das einzelne Grundrecht nichts darüber aus, wie es pflichtgemäß geschützt und befriedigt werden soll. Im Art. 2 Abs. 2 S. 1 GG steht nichts darüber, daß der gesetzliche Vertreter einen Arzt rufen soll, wenn das Kind krank ist. Überhaupt fehlt jeder Hinweis, daß die Rechtswahrung *sachgemäß* sein muß. Solche Vorschriften finden sich nicht im GG, sondern in dem Normenkomplex des BGB über die gesetzliche Vertretung. Handelt der Vertreter unsachgemäß, so richtet sich seine Verantwortlichkeit daher primär nach dem BGB[47]. Erst wenn die *Substanz* des Rechts, das Interesse, *um dessentwillen das Recht verliehen worden ist,* angegriffen wird, ist die Wertung des Grundgesetzes unmittelbar angesprochen. Der gesetzliche Vertreter *verletzt* die Grundrechte, wenn infolge seines Tuns oder Unterlassens[48] *der Mündel körperlichen Schaden nimmt,* wenn infolge seines Tuns oder Unterlassens *der Inhalt von Briefen des Mündels ihm selbst oder Dritten bekannt wird* usf.

3. Die verfassungsrechtliche Rangordnung der Mündelinteressen als Maßstab für das „Objektiv-Richtige"

Allerdings ist der gesetzliche Vertreter nicht nur zur Ausübung *eines einzigen Mündelgrundrechts* berufen. Er hat eine *Vielzahl von Interessen* des Mündels zu befriedigen. Diese stehen nicht isoliert nebeneinander, sondern sie *überschneiden sich* häufig. Deshalb läßt sich ein Interesse oft allein dadurch befriedigen und erhalten, daß ein anderes verletzt wird. So muß der gesetzliche Vertreter u. U. den die Schule schwänzenden Mündel züchtigen, um dessen objektives Interesse an

---

bzw. dem Vormund gegenüber dem *Recht* Freiheit zu beliebigem Verhalten zusteht. Ob dem in der einzelnen Rechtsordnung so ist und sein darf, dürfte eine rechtspolitische, allenfalls ein naturrechtliche Frage sein.

[46] Vgl. auch *Müller-Freienfels,* Vertretung, S. 179, wonach der Vormund in einem besonderen öffentlichrechtlichen Verhältnis steht, „Halbbeamter" ist.

[47] Vorbehaltlich dessen, daß diese Regelung nicht z. B. gegen Art. 6 Abs. 2 GG verstößt.

[48] Der gesetzliche Vertreter hat eine Garantenstellung, die ihn zu positivem Tun verpflichtet.

Schulbildung gegenüber dem widerstrebenden Willen durchzusetzen. Er muß vielleicht auch die Briefe kontrollieren, um größeres Unheil für den Mündel zu verhüten. In diesen und ähnlichen Fällen hilft der Hinweis auf die Bindung des gesetzlichen Vertreters an die Wertung des Grundrechtsgebers wenig. Denn es kann ja sein, daß Art. 2 Abs. 2 S. 1 bzw. Art. 10 GG zugunsten von Mündelinteressen zurücktreten sollen, die auch nach verfassungsrechtlichen Maßstäben den Vorzug verdienen. Der Eingriff in die körperliche Unversehrtheit bzw. in das Briefgeheimnis ist dann gerechtfertigt, weil er der *Rangordnung der Interessen nach Verfassungsrecht* entspricht. Damit ist gleichzeitig das Kriterium ermittelt, an dem der gesetzliche Vertreter sich — unterstellt, daß die Grundrechte gegen ihn wirken — bei Grundrechtseingriffen[49] zu orientieren hat: *Er darf die Grundrechte nur dann verletzen, wenn dies erforderlich ist, um ein nach verfassungsrechtlichen Maßstäben höherwertiges Interesse sachgemäß zu befriedigen.* Die zivilrechtliche Wertung der §§ 1626 II, 1666 BGB wird insoweit u. U. derogiert.

III. Zusammenfassung zu § 2, A

Das Thema „Kindesgrundrechte und elterliche Gewalt" umschreibt demnach zwei voneinander verschiedene Probleme:

Das erste betrifft die Verfassungsmäßigkeit der Mündigkeitsregelungen des einfachen Gesetzes. Sie ist deshalb zweifelhaft, weil das Grundgesetz eine — in ihrer normativen Tragweite noch näher zu untersuchende — Selbstbestimmungsgarantie enthält, die möglicherweise zu den Mündigkeitszeitpunkten des einfachen Gesetzes in Widerspruch steht.

Das zweite Problem bezieht sich auf die Frage, ob und gegebenenfalls in welcher Form der verfassungsrechtliche Schutz von Interessen außerhalb der Selbstbestimmungsgarantie gegen die Eltern wirkt. Unterstellt, daß die Grundrechte im Verhältnis der Kinder zu ihren Eltern gelten, dürfen die Eltern ein durch ein Grundrecht geschütztes Kindesinteresse nur verletzen, wenn dies erforderlich ist, um ein nach verfassungsrechtlichen Maßstäben höherrangiges Kindesinteresse zu befriedigen. Das führt zur Frage nach der Verfassungsmäßigkeit der §§ 1626 II, 1666 BGB, wonach den Eltern *erlaubt* ist, beliebige Maßnahmen im Interessenbereich des Kindes zu treffen, sofern nicht das geistige oder leibliche Wohl des Kindes gefährdet wird.

---

[49] Im weitesten Sinn.

B. Die Lösung der Probleme

I. Der Einfluß des Drittwirkungsstreites

1. Die Ansichten des Schrifttums — Darstellung des Problems

Der Versuch, die beiden Probleme des Verhältnisses von Kindesgrundrechten und elterlicher Gewalt zu lösen, trifft als erstes auf die These, es handele sich jeweils um eine Frage der Drittwirkung der Grundrechte. So schreibt Peters, die Eltern könnten ohne weiteres in das Briefgeheimnis des Kindes eindringen und sich über dessen Berufsfreiheit hinwegsetzen, weil die Grundrechte grundsätzlich nur gegenüber dem Staat gälten[1]. Nach Lange sind die Eltern zwar — anders als nach Peters — an die Grundrechte gebunden. Er gewinnt dieses Ergebnis jedoch aus „der in Literatur und Rechtsprechung vorherrschenden Meinung, daß die Grundrechte nicht nur gegenüber dem Staat, sondern auch gegenüber Dritten wirken“, betrachtet also unsere Probleme ebenso wie Peters unter dem Blickwinkel der Drittwirkung[2]. Dieser Blickwinkel leuchtet ohne weiteres ein, wenn man — wie Peters und Lange — die Befugnisse der Eltern und die Rechte des Kindes einander gegenüberstellt. Man kann die sachlich gleiche Problematik aber auch von einer anderen Seite her sehen. Daß die Eltern bis zum 21. Lebensjahr des Kindes über dessen Belange zu bestimmen haben, steht in §§ 2, 1626 Abs. 1, 2, 104 ff., 1666 f. BGB. Der Jugendliche, der sich gegen Eingriffe der Eltern in sein Briefgeheimnis und in seine Freiheit der Berufswahl wehren will, braucht deshalb gar nicht gegen die Eltern vorzugehen. Er kann genauso argumentieren, der *Gesetzgeber* verletze die Grundrechte dadurch, daß er in den §§ 2, 1626 Abs. 1, 2, 104 ff., 1666 f. BGB den Eltern *gestatte*, ihn bis zu seinem 21. Lebensjahr zu bevormunden, und lediglich durch das Verbot der Gefährdung des Kindeswohls eine Schranke errichte. Dringt er mit dieser Beschwerde durch, so hat er im Ergebnis genau das erreicht, was er mit der Klage gegen die Eltern hätte anstreben können: Da die gesetzlichen Erlaubnissätze wegen Verfassungswidrigkeit wegfallen, ist den Eltern in Zukunft der Grundrechtseingriff untersagt. In diesem Sinne wenden sich Säcker/Reuter gegen Peters und Lange mit der Begründung, „in Grundrechte des Kindes eingreifende Erziehungsmaßnahmen“ fänden „ihre Rechtfertigung in bestimmten Normen (§§ 2, 1626 ff. BGB), die ihrerseits von dem an die Grundrechtsbestimmungen gebundenen Gesetzgeber erlassen“ seien[3].

---

[1] Vgl. BNS IV 1, S. 395.

[2] Vgl. *Siebert-Lange*, § 1631, Anm. 25.

[3] NJW 1965, S. 2038 FN 3.

2. Zivilrechtsnorm und Problem der Drittwirkung der Grundrechte

a) Grundrechtsbindung des Gesetzgebers und Zivilrecht

Schon auf den ersten Blick erscheint es indes zweifelhaft, daß ein solcher Hinweis auf den Erlaß der privatrechtlichen Normen durch den staatlichen Gesetzgeber die Problematik vollständig ausschöpft. Denkt man ihn nämlich folgerichtig weiter, so bleibt überhaupt kein Raum mehr für die Frage nach der Drittwirkung der Grundrechte. Auch der Zivilrichter ist ein Repräsentant des Staates. Man könnte deshalb mit dem analogen Argument, das *Urteil* werde im Rechtsstreit von einem grundrechtsverpflichteten Staatsorgan gefällt, jeden Prozeß um die Grundrechtsbindung eines Privaten auf die Grundrechtsbindung des Staates zurückführen und demgemäß entscheiden. Dem läßt sich nicht entgegenhalten, Zivilrechtsprechung und Zivilgesetzgebung seien insoweit nicht miteinander vergleichbar. Zivil*rechtsprechung* und Zivil*gesetzgebung* befassen sich beide mit der Lösung von Interessenkonflikten zwischen Privaten. Ein Unterschied besteht lediglich insofern, als der Gesetzgeber normalerweise abstrakt-generelle und der Richter konkret-individuelle Akte erläßt[4]. Die Grundrechtsbindung aber danach zu beurteilen, ob eine Vielzahl gleichgelagerter Fälle oder ein einzelner Fall entschieden wird, scheidet offenbar aus[5]. Der Richter wendet häufig eine gesetzliche Norm auf den konkreten Fall an. Wenn die Norm dem Einfluß der Grundrechte unterliegt, gilt dies selbstverständlich für das auf sie gestützte Urteil ebenso. Aber auch soweit das Urteil aus einem privatrechtlichen Vertrag abgeleitet wird, bleibt die sachliche Identität von Norm und Urteil im Prinzip erhalten. Es gibt nicht wenige gesetzliche Vorschriften, die die Rechtsfolgen von Verträgen regeln (vgl. z. B. §§ 134, 138 BGB), und es ist nicht ausgeschlossen, daß sie erweitert werden. Sollen z. B. die Grundsätze über den Wegfall der Geschäftsgrundlage zwar, solange sie noch Richterrecht sind, unabhängig von den Grundrechten sein, aber in dem Augenblick unter den Grundrechtseinfluß fallen, in dem der Zivilgesetzgeber sie in das BGB aufnimmt? Die Frage stellen, heißt sie verneinen. Infolgedessen greift gegenüber der Argumentation aus der Grundrechtsbindung des Zivil*gesetzgebers* sinngemäß die gleiche Polemik durch, die Dürig gegen die Argumentation aus der Grundrechtsbindung des Zivil*richters* richtet: Es sei „offensichtlich verfehlt",

---

[4] Vgl. dazu *Hans J. Wolff*, § 24 III b; auch *Volkmar*, Allgemeiner Rechtssatz und Einzelakt.

[5] Gerade die Bindung des Gesetzgebers an die Grundrechte ist eine Errungenschaft des Grundgesetzes. Ursprünglich galten die Grundrechte überhaupt *nur* gegenüber dem Einzelakt (worunter allerdings wegen der Bindung des Richters an das Gesetz das Urteil nicht fiel).

aus der Tatsache, daß die Zivilrechtsprechung staatliche Tätigkeit sei, Rückschlüsse auf das *materielle Zivilrecht* zu ziehen[6, 7].

Schließlich kann man auch nicht argumentieren, der Zivilgesetzgeber sei an die Grundrechte gebunden, weil nach § 90 BVerfGG gegen ihn als einen Träger hoheitlicher Gewalt Verfassungsbeschwerde erhoben werden könne. Die Verfassungsbeschwerde ist ein prozessuales Rechtsinstitut, das sich nicht nach Verfassungsrecht, sondern nach einfachem Gesetz richtet. Infolgedessen kann sie den materiell durch die Grundrechte gewährten Schutz weder beschränken noch im Widerspruch zur Verfassung ausdehnen. Sinn und Reichweite der Grundrechtsgarantien sind vielmehr ausschließlich aus dem Grundrechtskatalog selbst zu bestimmen.

b) Materielle Zivilrechtsnorm und Drittwirkung der Grundrechte

Worin unterscheidet sich aber die *materielle* Zivilrechtsnorm von anderen Normen, die unbezweifelbar dem Grundrechtseinfluß ausgesetzt sind?

Die Antwort folgt aus dem bereits angedeuteten Zweck des Privatrechts: Sie regelt *Interessenkonflikte zwischen Privaten*, verpflichtet und berechtigt also nicht den Staat im Verhältnis zum Bürger, sondern berechtigt und verpflichtet die Bürger im Verhältnis zueinander. Wer danach fragt, ob eine Zivilrechtsnorm mit den Grundrechten des einzelnen vereinbar ist, setzt deshalb denknotwendig voraus, daß die Grundrechte im Verhältnis von Privatpersonen zueinander wirken. Denn die vom Zivilgesetzgeber vorgesehene *Lösung des Interessenkonfliktes zwischen mehreren Privaten* kann logischerweise nur dann gegen die Grundrechte verstoßen, wenn die Grundrechte für eben dieses Verhältnis von Privaten zueinander eine Lösung bereithalten, die zwar dem Zivilgesetzgeber noch einen Spielraum für eine eigenständige Regelung belassen mag, die im geltenden Zivilgesetz enthaltene jedoch auf jeden Fall ausschließt. Stellt man sich auf den Standpunkt, daß die Grundrechte die Rechtsbeziehungen Privater zueinander nicht beeinflussen, wird auch die Frage nach dem Verhältnis von Grundrechten und Privatrechtsnorm hinfällig. Ein Widerspruch zwischen

---

[6] *Dürig*, Nawiasky-Festschrift, S. 157.

[7] Daß die Frage nach der Verfassungsmäßigkeit der Zivilrechtsnorm eine solche der Drittwirkung ist, wird selten besonders ausgesprochen. Hinweise finden sich vor allem bei *Leisner*, Grundrechte und Privatrecht, z. B. S. 313 (Art. 3 Abs. 2 GG i. V. mit Art. 117 GG als Frage der Drittwirkung), S. 319 u. a.: Unterscheidung von vertraglichen und außervertraglichen Rechtsbeziehungen Privater.

einer materiellen Privatrechtsnorm und den Grundrechten kann deshalb allein dann entstehen, wenn man die Drittwirkung der Grundrechte anerkennt. Im Ausgangspunkt verdient demnach die Stellungnahme von Peters und Lange gegenüber der von Säcker/Reuter den Vorzug[8].

c) Formelles Zivilrecht und Drittwirkung der Grundrechte

Die Frage nach der Verfassungsmäßigkeit der §§ 2, 1626, 104 ff., 1666 BGB ist damit freilich noch nicht auf die Drittwirkungsproblematik festgelegt. Ob eine Privatrechtsnorm in dem beschriebenen Sinne vorliegt, läßt sich nämlich nicht etwa schon aus der Stellung einer Vorschrift im BGB oder in einer anderen zivilrechtlichen Kodifikation beurteilen. Das Privatrecht kann durchaus Normen enthalten, die sich nicht mit den Interessenkonflikten zwischen Privaten befassen, sondern das Verhältnis von Ansprüchen des einzelnen zu Belangen der Allgemeinheit oder zu staatlichen Amtswaltern regeln. So hat z. B. das BVerfG in dem erwähnten Urteil über die Anwendbarkeit des Art. 104 Abs. 2 GG gegenüber dem Vormund wesentlich auf die Verwandtschaft der vormundschaftlichen mit der staatlichen Fürsorge abgestellt und das starke, im Privatrecht verankerte Engagement des Staates (Vormundschaftsgericht) herausgestrichen[9]. Müller-Freienfels sieht den Vormund sogar ganz allgemein als Inhaber eines öffentlichrechtlichen Amtes an[10]. Außerdem: § 1253 Abs. 1 BGB verhilft dem Verpfänder-Eigentümer zu einer pfandfreien Sache, wenn der Pfandgläubiger ihm die verpfändete Sache vorübergehend — etwa zur Leihe — zurückgibt. Der Grund für diese Vorschrift ist nicht das Interesse des Verpfänders-Eigentümers an einer pfandfreien Sache. Über dieses Interesse hat der Verpfänder durch den Abschluß des Pfandvertrages bindend und wirksam verfügt. Maßgebend ist vielmehr *das Interesse des Kreditverkehrs an der Offenkundigkeit des Pfandrechts*, das gegenüber dem des Pfandgläubigers am Weiterbestehen des Pfandrechts höher bewertet wird[11]. Der privatrechtliche Charakter des § 1253 Abs. 1 BGB rührt demnach nicht daher, daß er *selbst* Interessenkonflikte zwischen Privaten regelt, sondern aus der Beziehung der Vorschrift auf das privatrechtliche Institut des Pfandrechts. Sie ist sozusagen Privatrecht kraft Sachzusammenhangs. Wenn ein Pfandgläubiger die Verfassungsmäßigkeit des § 1253 Abs. 1 BGB im Hinblick auf sein Grund-

---

[8] Verf. gibt hiermit seine in NJW 1965, S. 2038 FN 3, vertretene Ansicht auf.
[9] Vgl. BVerfGE 10, 302—331.
[10] *Müller-Freienfels*, Vertretung, 179.
[11] Vgl. statt vieler: *Baur*, Sachenrecht § 55 A I b.

recht aus Art. 14 GG bezweifelte, so würde er lediglich beanstanden, daß das BGB den Konflikt zwischen dem Interesse des Pfandgläubigers und dem allgemeinen Interesse des Kreditverkehrs an Offenkundigkeit der Rechtsverhältnisse nicht verfassungsgerecht geregelt habe. Die Frage nach der Verfassungsmäßigkeit des § 1253 Abs. 1 BGB würde also — anders als bei einer Privatrechtsnorm im materiellen Sinne — *nicht* voraussetzen, daß der Grundrechtskatalog möglicherweise für den Interessenkonflikt zwischen Privaten eine von § 1253 Abs. 1 BGB abweichende Lösung vorsieht. Vielmehr würde sich der Angriff auf die These stützen, daß Art. 14 GG eine so weitgehende Berücksichtigung des „Wohls der Allgemeinheit" auf Kosten des privaten Vermögensinteresses verbiete. Das wäre eindeutig ein Problem staatsgerichteter Grundrechtsgeltung. Die Situation wäre der im Enteignungsrecht durchaus geläufigen vergleichbar, daß eine Privatperson zugunsten einer anderen enteignet werden kann, wenn dies aus *„Gründen des allgemeinen Wohls"* erforderlich ist[12].

3. Die Mündigkeit nach einfachem Gesetz und die Drittwirkung der Grundrechte

Als erstes Problem im Rahmen des Themas „Kindesgrundrechte und elterliche Gewalt" haben wir die Frage nach der Vereinbarkeit der Mündigkeit nach dem einfachen Gesetz mit der verfassungsrechtlichen Selbstbestimmungsgarantie kennengelernt. Dabei haben wir gesehen, daß die rechtswirksames Verhalten betreffenden §§ 104 ff. BGB, 51 ZPO u. ä. nur technische Varianten der allgemein in den §§ 2, 1626 Abs. 1 BGB getroffenen Wertung sind, wonach der Jugendliche sich bis zur Vollendung seines 21. Lebensjahres der Fremdbestimmung durch seinen gesetzlichen Vertreter zu fügen hat. §§ 2, 1626 Abs. 1 BGB gehören ganz sicher zum Privatrecht im formellen Sinne. Nach den oben herausgearbeiteten Kriterien rührt die Frage nach ihrer Verfassungsmäßigkeit deshalb dann an die Drittwirkungsproblematik, wenn sie *einen Interessenkonflikt zwischen Privaten regeln,* also auch *materiell* Privatrechtsnormen sind.

a) Die Ansichten im Schrifttum

Im Schrifttum wird die Funktion der Mündigkeitsvorschriften unterschiedlich beurteilt:

Nach Gernhuber ist es „Ziel der elterlichen Gewalt, das Kind zur Selbstbestimmung zu befähigen". Daraus folgert er: „In ihrer Ideal-

---

[12] Beispiel: Ein wichtiges Industrieunternehmen will sich ausweiten und braucht zu diesem Zweck anderen gehörendes Land.

gestalt muß die elterliche Gewalt daher (partiell oder total) enden, sobald das Kind zur Selbstbestimmung fähig geworden ist. Dieser Idealgestalt der elterlichen Gewalt zu folgen, ist dem positiven Recht weithin verwehrt. Der jeweilige Reifegrad des Kindes ist kein Maßstab, dem *jene Offenkundigkeit eignet, die der Rechtsverkehr vielfach benötigt* ... Nur *typische* Sachrichtigkeit erstrebt ... das totale Erlöschen der elterlichen Gewalt mit der Volljährigkeit des Kindes[13]." Gernhuber sieht also in der Regelung der Mündigkeit nur *ein* privates Interesse beteiligt, nämlich das des Kindes. Die elterliche Fremdbestimmung deckt sich in idealer Weise mit dem Fürsorgebedürfnis des Kindes, so daß ein Konflikt zwischen einem Interesse der Eltern und dem Interesse des Kindes an Selbstbestimmung nicht entstehen kann. §§ 2, 1626 Abs. 1 BGB regeln den Konflikt zwischen dem Selbstbestimmungsanspruch des nach seiner geistigen und sittlichen Reife selbstbestimmungsfähigen Menschen und dem Interesse des Rechtsverkehrs an Offenkundigkeit der Rechtsverhältnisse. Die Folgen dieser Ansicht für unser Problem sind eindeutig: Da das Grundrecht des Kindes (nur) um eines Interesses der Allgemeinheit willen eingeschränkt wird, berührt die Frage nach der Verfassungsmäßigkeit der §§ 2, 1626 Abs. 1 BGB die unbestrittene Geltung der Grundrechte in der staatsgerichteten Dimension.

Anders urteilt die überwiegende Meinung, der insbesondere die Vertreter der ersten und zweiten Gruppe unseres Berichtes über die Diskussion zur „Grundrechtsmündigkeit" zuzurechnen sind. Begriffe wie „Kollision"[14], „Güterabwägung"[15], „kollidierende Rechte des Dürfens anderer"[16] knüpfen eindeutig an die Vorstellung an, es sei generell ein Gegensatz zwischen den Rechten der Eltern und den Rechten des Kindes zu überwinden. Folgerichtig betrachtet Dürig die Mündigkeit nach dem einfachen Gesetz als eine *Kompromißlösung* für den Konflikt zwischen den Grundrechten des Kindes und dem Grundrecht der Eltern[17]. Legt man diese Ansicht zugrunde, so kann man dem Problem der Drittwirkung der Grundrechte nur ausweichen, wenn man in den Eltern — ähnlich wie es das BVerfG[18] für den Vormund getan hat — öffentlichrechtliche Amtswalter sieht. Denn die Grundrechte werden auf einer solchen Basis danach befragt, ob sie für das Spannungsverhältnis zwischen Eltern und Kindern eine andere Regelung bereithalten als die Normen über die Mündigkeit.

---

[13] *Gernhuber*, Familienrecht § 49 VI 1, 2; ähnlich *Säcker/Reuter*, NJW 1965, S. 2038.

[14] Vgl. *Hildegard Krüger*, FamRZ 1956, S. 330/331.

[15] Vgl. *Perschel*, RdJ 1963, S. 34.

[16] *Maunz-Dürig*, Art. 19 III Rdnr. 20.

[17] *Maunz-Dürig*, aaO.

[18] Vgl. Anm. 9.

b) Elternrecht und Selbstbestimmungsrecht des Kindes

Die Frage, die sich aus diesen beiden gegensätzlichen Auffassungen ergibt, lautet: Gibt es einen Konflikt zwischen dem Elternrecht nach Art. 6 Abs. 2 GG und dem Selbstbestimmungsanspruch des Kindes (so die h. M.) oder findet das Elternrecht am Selbstbestimmungsrecht des Kindes seine — mehr oder weniger natürliche — Grenze (so Gernhuber)? Die Antwort hängt vom Sinn des Elternrechts ab: Ist es nur dazu gedacht, die fehlende Selbstbestimmungsfähigkeit des Kindes durch bevormundende Fürsorge auszugleichen, muß es enden, sobald der Jugendliche selbstbestimmungsfähig geworden ist. Wenn es dagegen ein *elterliches Eigeninteresse* oder ein *anderes Anliegen* verwirklichen will, *das im Widerspruch zur Selbstbestimmung des Kindes steht,* fordern Elternrecht und Selbstbestimmungsrecht einen Kompromiß, der sich am verfassungsrechtlichen Gewicht der beiden Rechte auszurichten hat.

aa) Das Elternrecht als ausschließlicher Schutz elterlichen Eigeninteresses — Kritik dieser Auffassung

Peters[19] und Lange[20] werten das Elternrecht als ein Grundrecht zum Schutze eines *Eigeninteresses* der Eltern. Peters argumentiert, Art. 6 Abs. 2 GG sei ein Ausfluß des Rechts der Eltern auf freie Entfaltung ihrer Persönlichkeit nach Art. 2 Abs. 1 GG[21]. Den Eltern soll die Befugnis eingeräumt sein, ihr Persönlichkeitsbild nicht nur für die eigene Person zu realisieren, sondern zusätzlich auf die Kinder auszudehnen. Infolgedessen beanstandet Peters — wie erwähnt[22] — die §§ 5, 6 RKEG, weil diese Vorschriften das Elternrecht verkürzten. Die gleiche Grundtendenz wird — wenn auch in anderem Zusammenhang — bei Lange sichtbar. Lange wendet sich gegen den teilweise vorgeschlagenen[23] Verzicht darauf, für ein Einschreiten des Vormundschaftsgerichts nach § 1666 BGB Verschulden der Eltern zu verlangen, weil ein solcher Verzicht gegen Art. 6 Abs. 2 GG verstoße.

Sowohl Peters als auch Lange betrachten damit das Kind als *Objekt* der elterlichen Persönlichkeitsentfaltung. Dies zeigt sich bei Peters

---

19 *Peters* in BNS IV/1, S. 375/379.

20 *Siebert-Lange,* § 1666 Rdnr. 14.

21 *Peters,* aaO.

22 Vgl. oben § 1 A. II 1, FN 27.

23 Vgl. *Göppinger,* FamRZ 1963, S. 453; *Gernhuber,* Lehrbuch des Familienrechts, § 49 VIII 3; *Müller-Freienfels,* Ehe und Recht, S. 293 (Anm. 3); *Scheffler* in BNS IV/1, S. 286.

daran, daß er die Frage nach dem Verhältnis der elterlichen Persönlichkeitsentfaltung im Interessenbereich des Kindes zu den eigenen Persönlichkeitsvorstellungen des Kindes gar nicht stellt, sondern lediglich — zivilrechtlich — eine immanente Grenze der elterlichen Gewalt aus dem Mißbrauchsverbot ableitet. Daß man ein subjektives Recht nicht mißbrauchen darf, gilt allgemein und unabhängig davon, ob sein Bezugspunkt eine Person oder eine Sache ist. Auch der Mißbrauch des Eigentums ist untersagt[24]. Langes Forderung, § 1666 BGB müsse Verschulden der Eltern voraussetzen, knüpft an die Vorstellung an, die Gefahr für das Interesse des Kindes allein zähle nicht, vielmehr müsse die elterliche Gewalt vorwerfbar „verwirkt“ sein. Einschränkung oder gar Entzug der elterlichen Gewalt nach § 1666 BGB fußen aus dieser Sicht ebenfalls darauf, daß das Privileg, die eigenen Kinder selbst zu erziehen, nicht *„mißbraucht“* werden darf. Nähme man das Kindesinteresse als entscheidenden Maßstab — was unerläßlich ist, wenn man das Kind nicht als *Objekt* der „Pflege und Erziehung“ durch die Eltern ansehen will —, so müßte selbstverständlich *jede* Gefahr für das Kindeswohl abgewehrt werden, gleichgültig, ob die Eltern diese schuldhaft oder nur deshalb herbeigeführt haben, weil sie zur sachgerechten Betreuung des Kindes objektiv ungeeignet sind.

Personen in dieser Weise als Rechtsobjekte zu denken, ist — wie Gernhuber in seinem eindrucksvollen Beitrag über die „Elterliche Gewalt heute“ zutreffend dargelegt hat[25] — mit modernem Rechtsdenken unverträglich. Darüber hinaus verstößt es gegen die eindeutige Wertung des Grundgesetzes. Wir haben gesehen, daß jedes Grundrecht — also auch Art. 6 Abs. 2 GG — so auszulegen ist, daß es sich als Ausfluß des Art. 1 Abs. 1 GG, des Anspruchs des Menschen auf Achtung seiner Würde, verstehen und rechtfertigen läßt. Gerade darin, daß der Mensch zum *Objekt,* zu einem *bloßen Mittel* herabgewürdigt wird[26], das *fremder Interessenverfolgung dient*[27], liegt aber nach der im Ergebnis fast einhelligen Meinung[28] das wesentliche Kennzeichen einer Verletzung der Menschenwürde. Wer Art. 6 Abs. 2 GG in der von Peters und Lange vorgeschlagenen Weise interpretiert, bringt also das Elternrecht in Gegensatz zum Anspruch des Kindes auf Achtung seiner Menschenwürde, was von der Intention des Grundgesetzes her unhaltbar ist.

---

[24] Vgl. *Planiol-Ripert,* Traité élémentaire II, S. 297 f.: „Le droit cesse où l'abus commence.“

[25] FamRZ 1962, S. 89 ff. (S. 89).

[26] Vgl. *Maunz-Dürig,* Art. 1 Abs. 1 Rdnr. 28; *Dürig* in AöR 81, S. 127.

[27] *Wintrich,* BayVBl. 1957, S. 139: *„Der Mensch muß immer Zweck an sich selbst bleiben.“*

[28] Vgl. auch *Nipperdey* in NNS II, S. 23: „... daß der einzelne niemals als *Objekt,* sondern als *Subjekt* bewertet ...“

Die elterliche Persönlichkeitsentfaltung im Interessenbereich des Kindes muß deshalb dort aufhören, wo sie die Rechts*subjekts*qualität des Kindes antasten würde. Sie muß durch ein *Fürsorgebedürfnis* des Kindes begründet sein.

bb) Selbstbestimmungsrecht und Erziehungsinteresse des Kindes

Unter diesem Blickwinkel scheidet zwar ein Konflikt zwischen dem Selbstbestimmungsrecht des Selbstbestimmungsfähigen und der elterlichen Fürsorge im engeren Sinne, die Art. 6 Abs. 2 GG mit dem Wort „Pflege" umschreibt, von vornherein aus. Denn Selbstbestimmungsfähigkeit bedeutet ja gerade, daß derjenige, der sie hat, seine Bedürfnisse in der erforderlichen vernünftigen Art und Weise selbst zu befriedigen vermag, also fremde Hilfe nicht braucht. Schwierigkeiten bereitet aber das zweite Element des Elternrechts, die „Erziehung". So schreibt z. B. Feuchte, die §§ 5, 6 RKEG stünden in einem Widerspruch zur Erziehung, weil die partielle Entlassung des Jugendlichen aus der elterlichen Gewalt der „umfassenden Natur des Erziehungsauftrages" widerstreite[29]. Darin klingt die Auffassung an, die Erziehung habe nicht oder wenigstens nicht nur die Funktion, die mangelnde Selbstbestimmungsfähigkeit des Zöglings auszugleichen. Das Erziehungsbedürfnis des Kindes könne vielmehr die Mündigkeit sehr wohl überdauern.

Die Stellungnahme zu dieser These setzt als erstes die Antwort auf die Frage voraus: Was heißt „Erziehung"? Das Schrifttum bestimmt die Erziehung — zwar unterschiedlich formulierend, doch in der Sache übereinstimmend — als „Hinführung des Kindes zur Persönlichkeit"[30]. So vage diese Formel im ganzen sein mag, macht sie doch zumindest eines deutlich: Erziehung ist im Verhältnis zur „Pflege" kein aliud. Beide Seiten des Elternrechts ergänzen sich. Während die „Pflege" die Fürsorge für die *materiellen* Interessen des Kindes meint, bezieht sich die Erziehung auf die *ideellen* Interessen. Der Erzieher nimmt das Interesse des Mündels an einer gesunden geistigen und charakterlichen Entwicklung wahr, solange diesem selbst die Fähigkeit zu *eigenständigem Erwerb* von Bildung, Charakterstärke und Erfahrung fehlt. Der Erzieher „führt" den Zögling auf dem Weg zur Persönlichkeit, solange dieser ihn nicht selbst gehen, d. h. seine Persönlichkeit nicht „frei" entfalten kann. Infolgedessen findet die Erziehung *grundsätzlich* genauso ihre Grenze an der Selbstbestimmungsfähigkeit des Kindes wie die

---

[29] Vgl. *Feuchte*, DÖV 1965, S. 664/665.

[30] Vgl. *Hehlmann*, Wörterbuch der Pädagogik, S. 112; *Westermann*, Person und Persönlichkeit, S. 25; *Ettlinger*, Wesen und Wert der Erziehungswissenschaft, S. 23; *Buber*, Reden über Erziehung, S. 41.

„Pflege"[31]. Wenn der Interessenträger ein ideelles Interesse selbst vernünftig befriedigen kann, bedarf er keiner bevormundenden Fürsorge.

Allerdings ergibt sich bei der Erziehung noch ein besonderes Problem, das im Hinblick auf die Pflege nicht auftaucht und auf das Feuchtes These von der „umfassenden Natur des Erziehungsauftrages" sehr wahrscheinlich bezogen ist: Man kann einwenden, das Kind habe nicht nur ein Interesse an Persönlichkeitsbildung überhaupt, sondern ein solches an *homogener* Persönlichkeitsbildung[32]. Wenn die Persönlichkeitsbildung erfolgreich sein solle, müßten die einzelnen Entscheidungen harmonisch aufeinander abgestimmt sein. Solange die Erziehung noch nicht ganz abgeschlossen sei, müsse deshalb die Fremdbestimmung im Prinzip „umfassend" bleiben. Es entspreche dem Kindesinteresse, wenn partielle Entlassungen aus der elterlichen Gewalt vermieden würden und auf diese Weise eine *einheitliche* Persönlichkeitsbildung gewährleistet sei.

Schon gegen das Postulat einer einheitlichen Persönlichkeitsbildung überhaupt spricht jedoch, daß die Erziehungsaufgabe bereits von Verfassungs wegen auf die Eltern (Art. 6 Abs. 2 GG) und die Schule (Art. 7 GG) aufgeteilt ist. Der Staat nimmt dabei in einer Form Anteil an der Kindererziehung, die von den Wünschen der Eltern durchaus unabhängig ist. So besteht eine Pflicht der Eltern, das Kind in die Volksschule zu schicken. Sie haben keinen Anspruch darauf, es statt dessen selbst zu unterrichten. Auch sonst ist zwar eine möglichst harmonische Zusammenarbeit zwischen Eltern und Schule erwünscht. Die Basis, auf der sich das Einvernehmen einstellen soll, bestimmt jedoch ausschließlich der Staat. Die Eltern können den Lehrern nicht den Lehrplan vorschreiben. Sie haben regelmäßig keinen Einfluß auf die Auswahl der Lehrpersonen. Wenn also bereits die Erziehung selbst keineswegs auf ein einheitliches Persönlichkeitsbild für das Kind zugeschnitten ist, sondern auf einen Kompromiß zwischen den Vorstellungen der Eltern und den — in der Schule zu verwirklichenden — Vorstellungen der Gemeinschaft[33] abzielt, darf erst recht die Rücksicht auf die *partielle* Selbstbestimmungsfähigkeit des Jugendlichen nicht

---

[31] Die Parallele zwischen Pflege und Erziehung bestätigt sich auch in folgendem: Soweit dem einzelnen Rechte zum Schutz ideeller Interessen zugeordnet sind, z. B. Recht auf Schulbesuch, Recht auf Teilnahme an anderen öffentlichen Bildungseinrichtungen usw., ist die fürsorgerische Ausübung des Rechts durch den gesetzlichen Vertreter nichts anderes als eine Erziehungsmaßnahme.

[32] Dieses Argument hört man nicht selten in der Auseinandersetzung um die Konfessionsschule.

[33] Vgl. *Dahrendorf*, Gesellschaft und Demokratie, S. 342: Schule als Unterweisung in den „öffentlichen Tugenden".

befremden. Denn diese Rücksicht bedeutet ja nicht einmal wie die zwischen Eltern und Staat aufgeteilte Erziehung, daß die geistige und sittliche Entwicklung des Kindes an zwei möglicherweise gänzlich voneinander verschiedenen Persönlichkeitsbildern orientiert wird. Insoweit mag man — de constitutione ferenda — mit Recht streiten, ob nicht dem Wohle des Kindes etwa mit einer in den entscheidenden Punkten durch staatliche Einrichtungen besorgten Erziehung besser gedient ist[34] oder — umgekehrt — ob nicht der Staat überhaupt von der Erziehung ausgeschlossen werden sollte[35]. Wer dagegen die vernünftige Selbstbestimmung des Jugendlichen anerkennt, begünstigt keine eigentliche Heterogenität der Persönlichkeitsbildung. Er kann im Prinzip durchaus zugestehen, daß eine einheitliche Persönlichkeitsbildung wünschenswert ist. Denn man kann die Homogenität der Persönlichkeitsbildung nicht dadurch retten, daß man partielle Entlassungen aus der elterlichen Gewalt ablehnt. Der partiell selbstbestimmungsfähige Jugendliche bildet sich seine Meinung, gleichgültig, ob man ihn weiter bevormundet oder nicht. Diese gewinnt er aus seinem Persönlichkeitsbild, das — wenn auch noch nicht voll entwickelt — immerhin vorhanden und bereits begrenzt leistungsfähig ist. Die Bevormundung kann unter diesen Umständen *nur* dazu dienen, das vorhandene Persönlichkeitsbild zu zerstören und durch ein anderes zu ersetzen. Gerade das ist den Eltern jedoch untersagt, da der Jugendliche in diesem Stadium seiner Entwicklung nurmehr ein Interesse daran hat, sein Persönlichkeitsbild zu *vervollkommnen*; eine elterliche Gewalt im ausschließlichen Eigeninteresse der Eltern ist — wie dargestellt[36] — verfassungsrechtlich unzulässig. Sofern man das Postulat der homogenen Persönlichkeitsbildung überhaupt anerkennt, muß man ihm also von der anderen Seite her gerecht werden. Man müßte die *elterliche Fürsorge* in dem ihr verbleibenden Bereich so binden, daß sie nicht mit den Entscheidungen des Jugendlichen kollidiert. Die Eltern hätten sich bei ihren Maßnahmen zu fragen, ob ihr Verhalten mit dem übereinstimmt, was bei folgerichtiger Weiterentwicklung von dem später voll selbstbestimmungsfähigen Jugendlichen zu erwarten ist[37].

Zusammenfassend können wir sagen, daß Pflege und Erziehung durch die Eltern nur solange durch ein *natürliches* Fürsorgebedürfnis

---

[34] So *Dahrendorf*, Gesellschaft und Demokratie, S. 357/358.

[35] Im Rahmen einer Repräsentativumfrage sprach sich ein Drittel der Befragten dafür aus, den Staat von der Kindererziehung auszuschließen (*Dahrendorf*, S. 345).

[36] Vgl. oben aa).

[37] Vorausgesetzt ist bei alledem natürlich, daß das Persönlichkeitsbild des Jugendlichen nicht mit den Rechten anderer oder gar dem Sittengesetz in Widerspruch steht. Insoweit hat er keinen Anspruch auf Respektierung, vgl. Art. 2 Abs. 1 GG.

des Kindes gedeckt sind, als dieses noch nicht selbstbestimmungsfähig ist. Von den natürlichen Eigenschaften und Anlagen des Kindes her gesehen, kann mithin ein Spannungsverhältnis zwischen dem Elternrecht und dem Selbstbestimmungsrecht des Kindes nicht bestehen.

cc) Selbstbestimmungsrecht und institutionelles Familienverständnis

Es verbleibt die Möglichkeit, ein die Selbstbestimmungsfähigkeit überdauerndes Interesse des Kindes am Bestehen der elterlichen Gewalt aus dem Verständnis der Familie als einer *sozialen Institution* abzuleiten.

(1) Der Begriff der „sozialen Institution"

Was ist zunächst mit dem Begriff der „sozialen Institution" gemeint?

Die Antwort ergibt sich aus folgender Überlegung: Der einzelne Mensch ist, mag er auch noch so einsichtig und reif sein, außerstande, seine sämtlichen Bedürfnisse eigenständig zu befriedigen. Er braucht dazu die Hilfe der Gemeinschaft, die ihm Schutz und Fürsorge gewährt. Allerdings ist dieser Gewinn regelmäßig mit einem Verlust verbunden, nämlich mit einem Verlust an Autonomie. Das Mitglied der Gemeinschaft hat — letztlich um seiner selbst willen — Regeln zu beachten, die von anderen (etwa staatlichen Organen wie Gesetzgeber, Verordnungsgeber usw.) *gesetzt* und (etwa durch Beamte) *durchgesetzt* werden. Der Gedankengang ist uns im Verhältnis vom Bürger zum Staat durchaus geläufig: So hat z. B. jeder Verkehrsteilnehmer ein Interesse daran, daß im Straßenverkehr *Ordnung* herrscht. Damit aber Ordnung herrscht, muß er den Anweisungen des Verkehrspolizisten gehorchen; er muß m. a. W. *bevormundet* werden. Die Bevormundung rechtfertigt sich hier nicht aus der natürlichen Fürsorgebedürftigkeit des einzelnen, sondern erst aus den Forderungen der Gemeinschaft. Bestimmte Bedürfnisse, die aus dem Zusammenleben mehrerer entstehen, können eben nicht anders als durch eine für alle verbindliche Ordnung, über die einzelne herausgehobene Personen wachen, befriedigt werden.

Wir sind, wie gesagt, gewohnt, solche Vorstellungen mit staatlichen oder wenigstens unterstaatlichen Gemeinschaften (Kreis, Gemeinde) zu verbinden. Sie *können* aber auch für die Familie gelten. Die Rechtsgeschichte kennt Beispiele, in denen die Familie als *die* Grundinstitution des Gemeinschaftslebens auftritt. So war die römische Familie zugleich Kult-, Produktions- und Konsumgemeinschaft[38], konnte also

---

[38] *Kaser*, Römisches Privatrecht, Bd. 1, § 11 II.

die wesentlichen Bedürfnisse des einzelnen (Kontakt mit dem Übernatürlichen, Bewährung durch — berufliche — Leistung, Nahrung) befriedigen. Folgerichtig sah das römische Privatrecht keine Notwendigkeit, sämtliche Personen als Teilnehmer am Rechtsverkehr anzuerkennen. Rechtsfähig waren vielmehr nur die sog. personae sui iuris, zu denen innerhalb der Familie lediglich das Familienoberhaupt, der pater familias, zählte[39]. Der pater familias setzte und gewährleistete die Ordnung, die die Familiengemeinschaft brauchte, um ihre vielfältigen, letztlich um der einzelnen willen auf sie übertragenen Funktionen erfüllen zu können[40]. Nicht das (staatliche) Recht, sondern Sitte und Religion hinderten den pater familias am Mißbrauch der Macht (manus und patria potestas) zu funktionswidrigen, eigennützigen Zwecken[41]. Der Macht des pater familias entsprach seine Verantwortlichkeit im Rechtsleben für die gesamte Familie. So haftete er für die rechtsgeschäftlichen Verbindlichkeiten, die die seiner Gewalt unterworfenen „personae alieni iuris“ mit seiner Ermächtigung begründet hatten; die actio noxalis ermöglichte es, ihn für die Delikte seiner Familienangehörigen rechtlich verantwortlich zu machen. Die „personae alieni iuris“ selbst konnten unmittelbar weder aus ihren Delikten noch aus ihren Rechtsgeschäften in Anspruch genommen werden[42]. Demgemäß war die Emanzipation des einzelnen von der väterlichen Gewalt keine Folge der Mündigkeit; wurde der Vater 80 Jahre alt, so konnte noch der 50jährige Sohn gewaltunterworfen sein[43]. Der Emanzipierte wurde überhaupt nicht eigentlich „frei“; er vertauschte lediglich die Bindungen der Familiengemeinschaft mit den rechtlichen des Staatswesens.

Es leuchtet leicht ein, daß von einem solchen Familienverständnis her der Selbstbestimmungsanspruch des Selbstbestimmungsfähigen nicht unmittelbar die Befreiung von elterlicher Bevormundung erzwingen kann. Freilich ist er dafür nicht völlig bedeutungslos. Der Übergang von der familiären in die staatliche Ordnung kann mit einem Freiheitsgewinn verbunden sein, dann nämlich, wenn einer autoritären Familienordnung eine freiheitliche Staats- und Rechtsordnung gegenübersteht. Unter dieser Voraussetzung schließt das Selbstbestimmungsrecht durchaus die Forderung nach Aufnahme in die Rechtsgemeinschaft ein, weil

---

[39] *Kaser*, aaO., § 14 II.

[40] *Kaser*, aaO., § 11 II: „Die strenge Organisation als Macht- und Schutzverband macht sie (die Familie) fähig, ihre vielseitigen sittlichen, religiösen, wirtschaftlichen und sozialen Aufgaben zu verwirklichen.“

[41] *Kaser*, aaO., § 13 I; *v. Ihering*, Geist des römischen Rechts, Bd. 2, S. 194 ff.

[42] *Kaser*, aaO., § 13 IV.

[43] *Kaser*, aaO., § 14 II.

diese der Selbstbestimmung mehr Raum gibt als die Familiengemeinschaft. Doch kollidiert es auf jeden Fall mit den Ansprüchen der Institution. Wenn die Familie — ähnlich wie der Staat — eine Zweckgemeinschaft ist, muß sie so gestaltet sein, daß sie die ihr zugedachten Funktionen *sachgerecht* zu bewältigen vermag. Dies schließt zunächst Teilentlassungen aus der elterlichen Gewalt weitgehend aus. Der sachlich umfassenden Zuständigkeit von Familie und Staat nach dem beschriebenen Modell entspricht es, den einzelnen entweder ganz der einen oder der anderen Institution unterzuordnen. Andernfalls sind unerwünschte Kompetenzkonflikte zwischen Familie und Staat unvermeidlich[44]. Außerdem stößt das Interesse an rechtlich garantierter Selbstbestimmung auf Widerstand in dem Anliegen, die Familie als Institution funktionsfähig zu erhalten. Es kann z. B. der Familie als Produktions- und Konsumgemeinschaft *schaden*, wenn die Kinder in dem Augenblick, in dem sie wertvolle Arbeitskräfte im Betrieb des Vaters geworden sind, ausscheiden und ihre eigenen Wege gehen. Versteht man die Familie als eine soziale Institution, so läßt sich also ein Gegensatz zwischen elterlicher Gewalt und Selbstbestimmung nicht leugnen. Die Mündigkeitsgrenze stellt sich dann als einen Kompromiß zwischen dem Selbstbestimmungsanspruch des einzelnen und den in der elterlichen Gewalt verkörperten Forderungen der Institution dar.

(2) Das institutionelle Familienverständnis nach der ursprünglichen Konzeption des BGB und nach dem schweizerischen ZGB

Auf einem derartigen institutionellen Familienverständnis fußten wohl der BGB-Gesetzgeber und — noch stärker — der Gesetzgeber des schweizerischen ZGB. Das zeigt sich einmal an der beherrschenden Stellung des Vaters, dem nicht nur die Kinder, sondern auch — wenngleich in geringerem Umfange — die Ehefrau zur Folge verpflichtet waren bzw. — in der Schweiz[45] — sind. So hatte der Vater nach der ursprünglichen Regelung des BGB am Kindesvermögen und am Vermögen der Frau ein Verwaltungs- und Nutznießungsrecht[46]. Nach Art. 293 SchweizZGB ist der Ertrag des Kindesvermögens noch heute zwar in erster Linie für den Unterhalt oder die Erziehung des Kindes zu verwenden, fällt aber „im übrigen den Ehegatten in dem Verhältnis zu, in dem sie *die Lasten der Gemeinschaft zu tragen haben*"[47]. Auch

---

[44] Die Forderungen beider sozialer Institutionen können sich überschneiden; vgl. z. B. den Kampf um das Elternrecht im Hinblick auf die Konfessionsschule.

[45] Vgl. *Gmür*, Das ZGB verglichen mit dem BGB, S. 67 ff.; S. 85.

[46] Vgl. §§ 1373—1389 a. F. BGB, §§ 1649—1663 a. F. BGB.

[47] Hervorhebung vom Verf.

die für eine institutionelle Familienauffassung besonders charakteristische Rolle der väterlichen Gewalt als eines Garanten der Gemeinschaftsordnung tritt im Schweizer Familienrecht deutlich hervor. So lesen wir bei dem wohl bedeutendsten schweizerischen Familienrechtler August Egger: „Die Gemeinschaft bedarf eines Hauptes ... die ausgezeichnete Stellung in der häuslichen Gemeinschaft verpflichtet das Familienhaupt *zur Obhut und Fürsorge* und auferlegt ihm nach außen eine Vertretung im Sinne der Verantwortlichkeit für die *gute Ordnung* im Haus[48, 49].

Schließlich findet das Verhältnis von Mündigkeit und Urteilsfähigkeit im schweizerischen Recht, das uns deshalb vor allem interessiert, weil Eisser[50] und Lenckner[51] es als Vorbild für die Ausgestaltung der deutschen „Grundrechtsmündigkeit" empfehlen, erst im institutionellen Familienverständnis eine sinnvolle Erklärung. Nach Art. 19 Abs. 2 SchweizZGB können die urteilsfähigen Minderjährigen selbständig unentgeltliche Geschäfte tätigen. Das ist nach den uns geläufigen Kriterien einer berechtigten Vormundschaft unverständlich: Weshalb soll der urteilsfähige Minderjährige auf die Vornahme unentgeltlicher Geschäfte beschränkt werden, wenn er doch die Risiken eines entgeltlichen Geschäfts als insoweit „Urteilsfähiger" genauso zu übersehen und einzuschätzen vermag? Erst wenn man sich an die Worte Eggers von der Pflicht des Familienoberhauptes „zur Obhut und Fürsorge" und seiner „Verantwortlichkeit für die gute Ordnung im Haus" erinnert, löst sich der Widerspruch auf: Das Familienhaupt wird allgemein moralisch und rechtlich für das, was in der ihm anvertrauten Institution Familie geschieht, verantwortlich gemacht. Gegenüber der Rechtsgemeinschaft zählt grundsätzlich nicht das einzelne minderjährige Familienmitglied, sondern die Familie als ganze. Nur bei unentgeltlichen Geschäften kann generell kein Schaden eintreten, der dem Familienhaupt anzulasten wäre. Ähnlich verhält es sich mit der 2. Alternative des Art. 19 Abs. 2 ZGB, wonach der urteilsfähige Minderjährige die Rechte, die ihm um seiner Persönlichkeit willen zustehen, selbst ausüben darf. Hinderling schreibt, „je nach Art des betroffenen Persönlichkeitswertes könne der richtige Ausgleich zwischen Entscheidungsfreiheit und Schutzbedürftigkeit des beschränkt Handlungsfähigen variieren"[52]. Bei Egger[53] heißt es: Art. 19 Abs. 2 SchweizZGB biete nur eine Rahmenbestimmung. Gefordert sei eine Lösung, die

---

48 Kommentar zum ZGB Art. 331 Rdnr. 16.

49 Hervorhebungen vom Verf.

50 Eranion für Maridakis II, S. 221/222.

51 ZStrW 72, S. 463.

52 *Hinderling*, Persönlichkeit und subjektives Recht, S. 71.

53 Kommentar zum ZGB Art. 407 Rdnr. 9.

„wahrhaft dem Wohle des Mündels im Sinne echter Humanität" entspreche. Darin liege „auch hier die Überwindung des Spannungsverhältnisses zwischen persönlicher Freiheit und vormundschaftlicher Fürsorge". Die Schweizer Rechtslehre und mit ihr die Rechtsprechung[54] nehmen also die Aussage des Art. 19 Abs. 2 SchweizZGB nicht wörtlich, sondern befürworten eine auf den Einzelfall zugeschnittene Abwägung zwischen dem Selbstbestimmungsanspruch des urteilsfähigen Minderjährigen und der Verantwortlichkeit des Vaters für das Wohl und Wehe der seiner „Gewalt" unterworfenen Personen[55].

(3) Die Unzulässigkeit eines institutionellen Familienverständnisses nach geltendem deutschen Recht

Die Frage ist, ob wir das Elternrecht nach geltendem deutschen Recht in einem ähnlichen institutionellen Familienverständnis ansiedeln müssen, wie es das schweizerische Recht kennzeichnet. Die Antwort lautet: Nein.

Die soziologische Basis stimmt mit dem beschriebenen Familienbild nicht mehr überein. Die normale deutsche Familie ist heute weder eine Produktions- noch eine Kultgemeinschaft; selbst Konsumgemeinschaft ist sie nurmehr in geringem Maße. Nur relativ selten begegnet man dem bäuerlichen oder handwerklichen Familienbetrieb, der von der gesamten Familie unter der Leitung der Eltern oder des Vaters allein getragen wird. Regelmäßig sind der Vater und die arbeitsfähigen Söhne und Töchter als Angestellte, Arbeiter oder Beamte in Großbetrieben beschäftigt. Die einzelnen Konsumbedürfnisse stimmt man durchweg nur noch im Hinblick auf Nahrung und Wohnung aufeinander ab. In den anderen Beziehungen richten sich die einzelnen Familienmitglieder ihr Leben mehr und mehr nach ihrem individuellen Geschmack ein und verwahren sich gegen Einmischungsversuche der übrigen. Der erwachsene Sohn erwirbt sein Auto nicht für die Familie, sondern für sich; die Tochter kauft ihre Kleider und ihren Schmuck von ihrem Einkommen, ohne sich um vielleicht vordringlichere Bedürfnisse innerhalb der Familie zu kümmern. Daß in einer modernen Normalfamilie gemeinsame religiöse Übungen stattfinden, läßt sich so gut wie überhaupt nicht mehr feststellen. Schließlich wird der soziale Status des einzelnen mit allen seinen Nebenerscheinungen (weltanschauliche Ausrichtung, Zugehörigkeit zu einer bestimmten Interessengruppe, inner-

---

[54] Vgl. BGE 78 II 101 f.; 77 II 11; 85 II 223 f.

[55] Die Begründung paßt allerdings für die Vormundschaft nicht. Die Regelung erklärt sich dort aus dem rechtspolitischen Bedürfnis, unter elterlicher und vormundschaftlicher Gewalt stehende Minderjährige gleich zu behandeln.

familiäres Solidaritätsgefühl) zunehmend vom Stand des Vaters und der Geschwister unabhängig. Der Sohn des Bauern wird nicht mehr ohne weiteres auch ein Bauer, der Sohn des Handwerkers nicht selbstverständlich ein Handwerker. Entsprechend wird der Einfluß der Familie auf den *sozialen Verhaltenshorizont* des Kindes immer geringer. Gerade in den für die Gemeinschaft besonders wichtigen Beziehungen wie Berufsverhalten, politisches Engagement u. ä. haben die öffentlichen Bildungseinrichtungen die elterliche Unterweisung weitgehend verdrängt. Sie bleibt lediglich bedeutungsvoll in den weniger durch eine *Funktion* für das Gemeinschaftsleben gekennzeichneten Belangen, d. h. dort, wo sich der Mensch — wie Gernhuber formuliert — „als *private Person* verhält“[56].

In dem Maße, wie die Familie ihre Funktionen abgegeben hat, hat sie an Bedeutung für die *persönlichen* Beziehungen ihrer Mitglieder untereinander gewonnen. Der Funktionsverlust ist ausgeglichen durch „ein Gewichtigerwerden der gefühls- und gesinnungsbetonten Beziehungen in der Familie“[57], durch eine Ausgliederung der Familie ins Private[58]; die autoritäre Organisationsform der alten Familie ist im heutigen Familienbild durch die „Intimgruppe“[59] aus grundsätzlich gleichrangigen Personen abgelöst. Der Soziologe W. F. Ogburn hat den Vorgang in der treffenden Formel vom „Niedergang der institutionellen Funktionen und der sich daraus ergebenden Vorherrschaft der Personalitätsfunktionen“ zusammengefaßt[60].

Mit der empirischen Analyse der sozialen Wirklichkeit stimmt eine generelle *Aufwertung* der Person im Verhältnis zu institutionellen Erfordernissen überein. So bezeichnet die Konstitution des zweiten vatikanischen Konzils über die Familie diese im Gegensatz zur früheren Auffassung der katholischen Kirche nicht mehr als eine Institution im Dienste der Gesellschaft oder der Kirche, sondern als einen Bereich primär personaler Beziehungen[61]. Auch der neuere deutsche Gesetzgeber hat sich den geänderten Ansichten nicht verschlossen. Nach § 1 Abs. 1 JWG sind die Eltern „verpflichtet, das ihnen zustehende Erziehungsrecht im Interesse des Kindes und zu seinem Wohle auszuüben und das Recht des Kindes auf Erziehung zur leiblichen, seelischen und gesellschaftlichen Tüchtigkeit anzuerkennen“. Von einem *Recht des*

---

[56] Lehrbuch des Familienrechts, § 1 I 2.

[57] *Schelsky*, Wandlungen der deutschen Familie in der Gegenwart, S. 17.

[58] *Schelsky*, aaO., S. 20.

[59] *Gernhuber*, aaO., § 1 I 3.

[60] The family and its functions 1934, zitiert nach *Schelsky*, aaO., S. 17.

[61] Vgl. Katholische Nachrichtenagentur, Pastoralkonstitution über „Die Kirche in der Welt von heute“, S. 27 ff. (vor allem S. 29).

Kindes auf Erziehung ist also die Rede, dem eine *Pflicht der Eltern* entspricht. Unerwähnt bleibt ein im Verständnis der Familie als einer sozialen Institution begründeter Herrschaftsanspruch der Eltern, der in einen Gegensatz zu diesem Kindesinteresse an leiblicher, seelischer und gesellschaftlicher Tüchtigkeit treten könnte. Die in § 1 Abs. 1 JWG enthaltene legislative Wertentscheidung läßt daher keinen Raum für Verantwortung, die den Eltern (oder gar dem Vater allein) als „Leitern" der Familie gegenüber den übrigen Mitgliedern, unabhängig von einem persönlichen Fürsorgebedürfnis, aufgebürdet wäre[62]. Schließlich hat das Gleichberechtigungsgesetz vom 18. 6. 1957 die väterliche Nutznießung am Kindesvermögen ersatzlos gestrichen und damit über die angestrebte Anpassung des Familienrechts an Art. 3 Abs. 2 GG (Gleichheit von Mann und Frau) hinaus eine Vorschrift beseitigt, in der wir oben den typischen Ausdruck eines institutionellen Familienverständnisses erkannten. Für Art. 3 Abs. 2 GG hätte es genügt, die Nutznießung zwischen Vater und Mutter zu teilen, wie es ja im schweizerischen Recht auch geschieht[63]. Wenn man sie ganz abschaffte, dann offenbar deshalb, weil man sie als mit einem modernen Familienverständnis unvereinbar empfand[64].

c) Ergebnis zu 3

Der Grund für den Unterschied zwischen der Mündigkeit nach dem einfachen Gesetz und der verfassungsrechtlichen Selbstbestimmungsfähigkeit liegt demnach nicht darin, daß das BGB einen Konflikt zwischen dem Selbstbestimmungsanspruch des Jugendlichen und — egoistisch oder altruistisch legitimierten — Interessen der Eltern lösen will. Vielmehr ist mit Gernhuber davon auszugehen, daß die §§ 2, 1626 Abs. 1, 104 ff. BGB, 51 ZPO u. ä. die Kollision zwischen dem Selbstbestimmungsanspruch des urteilsfähig gewordenen Menschen und dem *Interesse der Allgemeinheit an Offenkundigkeit der Rechtsverhältnisse* betreffen. Infolgedessen behandelt die Frage nach der *Verfassungsmäßigkeit der Mündigkeitsvorschriften ein Problem aus dem Bereich des Grundrechtsschutzes gegenüber dem Staat.*

4. Die Verfassungsmäßigkeit der §§ 1626 Abs. 2, 1666 BGB und die Drittwirkung der Grundrechte

Der zweite Problemkreis unseres Themas, die Verfassungsmäßigkeit der §§ 1626 Abs. 2, 1666 BGB, läßt sich — wie der erste — ebenfalls

---

62 So aber anscheinend *Bosch*, Grundsatzfragen, S. 45.

63 Vgl. Art. 293 Schweiz. ZGB.

64 Vgl. zutreffend *Eisser*, Eranion II, S. 220.

nicht ohne weiteres als ein Problem der Drittwirkung oder als ein solches der Staatsrichtung der Grundrechte einordnen. Freilich regeln diese Vorschriften im Gegensatz zu den §§ 2, 1626, 104 ff. BGB, 51 ZPO u. ä. ziemlich eindeutig einen Interessenkonflikt zwischen Eltern und Kindern. Es gilt, das Kind vor dem Fehlgebrauch der Befugnisse zu schützen, die den Eltern ihm gegenüber — wenn auch letztlich um des Kindes selbst willen — eingeräumt worden sind. Entsprechend werden die Grundrechte hier danach befragt, ob sie diesen Konflikt zwischen Eltern und Kindern anders als die §§ 1626 Abs. 2, 1666 BGB geregelt wissen wollen. Zweifelhaft ist jedoch, ob der Interessenkonflikt zwischen *Privaten* besteht. Wären die Eltern als öffentlichrechtliche Amtswalter anzusehen, so brauchten wir auch hier nicht zur Drittwirkung der Grundrechte Stellung zu nehmen.

a) Die Ansichten im Schrifttum

Die weit überwiegende Ansicht betrachtet das Eltern-Kind-Verhältnis als eine Rechtsbeziehung zwischen Privatpersonen[65]. Die Begründung schwankt[66]: In der Regel wird auf das natürliche Verhältnis zwischen Kind und Eltern hingewiesen, das seine Rechtfertigung nicht durch staatliche Anerkennung finde, sondern in sich selbst trage[67].

Demgegenüber vertritt Müller-Freienfels die Auffassung, Eltern und Vormund hätten gleichermaßen ein sozialrechtliches Amt. Beide stünden zum Staat in einem besonderen öffentlichrechtlichen Verhältnis; sie seien „Halbbeamte“[68]. „Nur weil der Vormund bzw. Vater vom Staate öffentlichrechtlich zur Erfüllung seiner Pflichten angehalten wird, kann mit der Institution der gesetzlichen Vertretung überhaupt die Funktion des Mündelschutzes erfüllt werden[69].“ Einen Wesensunterschied zwischen Vormundschaft und elterlicher Gewalt sieht Müller-Freienfels nicht. Der gesetzliche Vertreter werde generell durch konstitutiven Staatsakt bestellt, einmal unmittelbar *durch Gesetz*, zum anderen durch Einzelanordnung *auf Grund eines Gesetzes*. Es sei lediglich *zweckmäßig*, dabei auf den „Tatbestand sozialer Verbundenheit“ zwischen Eltern und Kind Rücksicht zu nehmen[70]. Unterstellt,

---

[65] Vgl. statt vieler *Gernhuber*, Lehrbuch des Familienrechtes, § 49 III 2; *Maunz-Dürig*, Art. 19 III Rdnr. 21; *Reimers*, Die Bedeutung der Grundrechte für das Privatrecht, S. 15; *Peters* in BNS IV/1, S. 393.

[66] *Gernhuber*, aaO., sieht darin ein privates Recht des Kindes, dem eine ebenso private Pflicht der Eltern entspricht.

[67] Vgl. etwa *Dölle*, Familienrecht II, § 92 I 2 c; *Erman-Ronke*, § 1631 Anm. 4 b.

[68] Vertretung, S. 179.

[69] Vertretung, S. 180.

[70] Vertretung, S. 348/349.

daß diese Gleichsetzung von Eltern und Vormund richtig ist, unterstützt auch die Rechtsprechung des BVerfG die Ansicht von Müller-Freienfels. Das BVerfG bejaht — wie wir gesehen haben[71] — gegenüber dem Vormund die Anwendbarkeit der Grundrechte in staatsgerichteter Form.

b) Das Kriterium der Abgrenzung von Amtswalter und Privatperson

Schon diese Gegenüberstellung der beiden Meinungen zur Qualifikation der elterlichen Gewalt zeigt, daß ein überzeugendes Abgrenzungskriterium für die Frage, ob jemand Privatperson oder Amtswalter ist, fehlt[72]. Das natürliche Verhältnis zwischen Eltern und Kind läßt sich zwar nicht leugnen. Doch kann man mit guten Gründen bestreiten — Müller-Freienfels hat es getan —, daß diese Beziehung Art und Inhalt der rechtlichen Normierung bestimmt. Es handelt sich um ein Problem, das zu starke ideologische Züge aufweist, als daß man — zumal in einer weltanschaulich so heterogenen Gesellschaft wie der unsrigen — darüber einen dauerhaften Konsens erwarten dürfte. Ebenso überzeugt aber auch der von Müller-Freienfels eingeführte und von Thiele[73] bestätigte Gegensatz von Freiheit des privaten Handelns einerseits und objektiver Richtigkeit als Leitprinzip des staatlichen Handelns andererseits nicht recht. Er führt uns einmal schon deshalb nicht sehr weit, weil wir ja gerade über die Stellungnahme zur Frage nach der Geltung der Grundrechte gegenüber den Eltern zu klären versuchen, ob die Eltern *von Rechts wegen* die Interessen des Kindes frei oder objektiv richtig zu wahren haben[74]. Außerdem: Der Staatsbeamte, der einen Auftrag zum Bau eines Verwaltungsgebäudes vergibt, ist sicher an die „Idee des Objektiv-Richtigen" gebunden. Er handelt pflichtwidrig, wenn er nicht das günstigste Angebot wählt. Trotzdem gelten für den Staat in dieser Hinsicht nach fast allgemeiner Auffassung keine anderen Regeln als für einen privaten Unternehmer auch[75]. Und das wohl zu Recht: Der Staat nimmt in solchen Fällen als *Nutznießer* am Markt für Bauleistungen teil, tut also nichts anderes als der private Unternehmer. Sein *spezifischer Aufgabenbereich*, der ihn von den Privatpersonen abhebt und besondere

---

[71] Vgl. oben § 2 B I 2 c, F. N. 9.

[72] Dies ist zwar normalerweise unschädlich, weil es in den meisten Fällen offenkundig ist. Es gibt aber — wie hier — Zweifelsfälle.

[73] *Thiele*, Zustimmungen, S. 67.

[74] Vgl. oben § 2 A II 2 b.

[75] Vgl. etwa *Maunz-Dürig*, Art. 1 III Rdnr. 135; *Ipsen*, DVBl. 1956, S. 466; a. A. *Löw*, DÖV 1957, S. 880.

Regeln für ihn rechtfertigt, ist gar nicht betroffen[76]. Gewiß kann man argumentieren, der Staat müsse wegen seiner überragenden Machtstellung auch in bestimmten Bereichen des sog. fiskalischen Handelns an die Grundrechte gebunden sein[77]. Damit verlieren die Grundrechte jedoch die ausschließliche Staatsrichtung. Überragende Macht- und sogar Monopolpositionen können auch Privatpersonen zukommen[78].

Die Kritik liefert zugleich den Ansatzpunkt eines eigenen, wohl sachgerechteren Kriteriums für die Unterscheidung von öffentlichrechtlichem Amtswalter und Privatperson:

Der Staat ist nicht Selbstzweck. Er hat vielmehr die *Aufgabe*, die berechtigten Bedürfnisse der Allgemeinheit und der einzelnen zu befriedigen. So sorgt er etwa für Sicherheit und Ordnung durch seine Polizeibehörden; er unterhält eine Armee, die gewaltsame Übergriffe fremder Gemeinwesen abwehren soll, und hilft durch seine Fürsorgebehörden denjenigen, denen die erforderlichen Mittel zu einem menschenwürdigen Dasein fehlen (vgl. § 1 BSHG). In diesem Bemühen um das Wohl der Allgemeinheit und der einzelnen steht er jedoch nicht allein. Es gibt eine Vielzahl von Handlungssystemen[79], die allgemeine wie individuelle Bedürfnisse befriedigen. Um die Bürger mit Brot zu versorgen, braucht der Staat keine eigenen Brotfabriken und Verteilungsläden zu betreiben. Die vorhandenen privaten Einrichtungen sind der Aufgabe durchaus gewachsen. Der Staat beschränkt sich in dieser Hinsicht regelmäßig darauf, die Funktionsfähigkeit der gesellschaftlichen Handlungssysteme zu sichern, indem er sie rechtlich stabilisiert[80] und dadurch störende Konflikte entweder von vornherein ausschaltet oder doch wenigstens löst. Er *kann* aber auch die Privatinitiative unterdrücken und die Erfüllung der sozialen Aufgabe *selbst übernehmen*. Dies *muß* er sogar tun, wenn die privaten Einrichtungen sich als zu wenig leistungsfähig erweisen oder ganz fehlen. Soweit in *diesem* Rahmen Personen zu bestimmten Tätigkeiten bestellt werden, handelt es sich um *öffentlichrechtliche Amtswalter*. Wo dagegen eine soziale Aufgabe durch ein nicht vom Staat geschaffenes und unterhaltenes *gesellschaftliches Handlungssystem* erfüllt wird, sind die Beteiligten nicht öffentlichrechtliche Amtswalter, sondern *Privatpersonen*[81, 82]. Es

---

[76] Vgl. auch die Bezugnahme auf die Aufgaben des Staates bei *Ipsen*, aaO.

[77] So *Löw*, DÖV 1957, S. 880.

[78] Man denke etwa an mächtige Wirtschaftskonzerne.

[79] Vgl. dazu *Luhmann*, Grundrechte als Institution, S. 15—21, ferner im Rahmen der einzelnen Kapitel.

[80] Vgl. *Luhmann*, Grundrechte als Institution, S. 208—210; *Häberle*, Wesensgehaltsgarantie, S. 180 ff.

[81] Und zwar auch in bezug auf ihre Aufgabe. Die sog. beliehenen Privatpersonen sind in dem hier gemeinten Sinne den Amtswaltern zuzurechnen.

[82] Diese These dürfte auch eine Präzisierung der Subjektstheorie von *Hans J. Wolff* (vgl. AöR Bd. 76, S. 205—217; Verwaltungsrecht I, § 30 II c) ermög-

ist deshalb unrichtig, mit Müller-Freienfels von der Identität der elterlichen und der vormundschaftlichen Funktion auf die Gleichheit des Status der Eltern und des Vormundes rückzuschließen. Wenn die Fürsorgebehörde Brot an Bedürftige verteilt, sind die damit beauftragten Personen ganz ohne Zweifel öffentlichrechtliche Amtswalter. Der Bäcker, der in seinem Laden Brot verkauft, ist selbstverständlich Privatperson. In beiden Fällen wird das Nahrungsbedürfnis einzelner befriedigt. Entsprechend ist die Frage zu beantworten, ob die Eltern Amtswalter oder Privatpersonen sind: Fürsorge und Erziehung der Kinder durch ihre Eltern sind sicherlich älter als jede staatlich-rechtliche Aussage zu diesem Thema. Wenn der Staat insoweit rechtlich regelt, so nimmt er sich — anders als bei der Vormundschaft — nicht einer ohne sein Eingreifen ungelösten Aufgabe an. Vielmehr unterstellt er einen vorgegebenen Fürsorge- und Erziehungsmechanismus bestimmten Rechtsgrundsätzen, um dessen Funktionsfähigkeit zu gewährleisten. Die Eltern sind daher im Verhältnis zu ihrem Kind *nicht öffentlichrechtliche Amtswalter*, sondern *Privatpersonen*.

c) Ergebnis zu 4

Demgemäß betreffen die §§ 1626 Abs. 2, 1666 BGB einen *Interessenkonflikt zwischen Privaten*. Die Frage nach der Vereinbarkeit dieser Vorschriften mit den Grundrechten setzt notwendig die Feststellung voraus, daß die Grundrechte das Verhältnis von Privatpersonen zueinander überhaupt beeinflussen können. Schweigen sie zu dem Interessenkonflikt, ist eine Kollision mit den §§ 1626 Abs. 2, 1666 BGB schon gar nicht möglich. Anders als im ersten Problemkreis bleibt uns deshalb im zweiten die *Teilnahme an der Drittwirkungsdiskussion nicht erspart*.

II. Die Verfassungsmäßigkeit der Mündigkeit nach einfachem Gesetz

Wir wollen zuerst *die Verfassungsmäßigkeit der Mündigkeit nach einfachem Gesetz* untersuchen. Das Problem haben wir in den vorangegangenen Überlegungen herausgearbeitet. Es ist danach gefragt, ob die ohne Rücksicht auf die individuellen Fähigkeiten des einzelnen und die unterschiedliche Schwierigkeit der jeweiligen Interessenwahrnehmung in den §§ 2, 1626 Abs. 1 BGB festgelegte *typisierte* Mündig-

---

lichen. Das Abstellen darauf, *daß* eine Norm ausschließlich einem Hoheitsträger zugeordnet ist, ist sicher richtig. Es läßt aber die Frage offen, *wann* dies der Fall ist. Hier kann die Abgrenzung von staatlichen und gesellschaftlichen Handlungssystemen weiterhelfen.

keit mit dem Selbstbestimmungsrecht des Kindes vereinbar ist oder nicht.

1. Das Elternrecht als „Einrichtungsgarantie"

Die Antwort scheint sich zunächst recht schnell zu ergeben: Nach h. M.[83] stellt das Elternrecht nach Art. 6 Abs. 2 GG nicht nur ein Grundrecht, sondern auch eine sog. Einrichtungsgarantie dar. Klein beschreibt die rechtlichen Konsequenzen dieser Qualifikation dahin, der Inhalt des betreffenden Grundrechts lasse „sich nur aus der mitgarantierten Rechtseinrichtung ermitteln"[84]. Es könnten deshalb von vornherein nur solche niederrangigen Rechtssätze nichtig sein, „die nach dem Inkrafttreten des Grundgesetzes ergangen sind oder noch ergehen"; denn nur sie könnten „im Widerspruch zu den Einrichtungsgarantien ... stehen, wohingegen es gerade die bis zu diesem Zeitpunkt ergangenen niederrangigen Rechtssätze seien, die den Inhalt der auf sie bezogenen Einrichtungsgarantien bestimmten"[85]. Folgt man dieser Auffassung, so ist unser Problem gelöst. Da § 1626 Abs. 1 BGB vorkonstitutionelles Recht ist, hat die dort vorgesehene Altersgrenze als Inhalt des Art. 6 Abs. 2 GG zumindest im Verhältnis zu den Eltern[86] verfassungsrechtlichen Rang. Art. 6 Abs. 2 GG schränkt möglicherweise abweichende Forderungen eines verfassungsrechtlichen Selbstbestimmungsanspruchs des einzelnen als lex specialis ein.

Daß eine solche Argumentation nicht befriedigt, ist offenkundig. Art. 6 Abs. 2 GG ist vornehmlich Ausdruck einer Haltung, die das Elternrecht in seinen christlich-naturrechtlichen Aspekten respektiert wissen will. Typisierung im Interesse des Rechtsverkehrs hat damit nichts zu tun. Freilich schwebte dem Verfassunggeber ein existentes Elternrecht vor, das auf der Ebene des einfachen Gesetzes bereits eine konkrete Gestalt aufwies. Daß er aber nicht absolut auf eine Bestandsgarantie für die bei der Redaktion des Grundgesetzes geltenden Vorschriften des bürgerlichen Rechts abzielte, zeigen schon Art. 3 Abs. 2, 117 GG, durch die weite Teile des Elternrechts, nämlich alle dem Grundsatz der Gleichheit von Mann und Frau widersprechenden Regelungen aufgehoben wurden.

Für den in der Problematik mit Art. 6 Abs. 2 GG gleichliegenden Art. 6 Abs. 1 GG ist Scheffler deshalb auch vom Kleinschen Verständnis

---

[83] Vgl. BVerfGE 4, S. 57; *v. Mangoldt-Klein*, Art. 6, Anm. IV 2 a.

[84] *v. Mangoldt-Klein*, Vorbem. B XV 2 a.

[85] *v. Mangoldt-Klein*, Vorbem. A II 4 e.

[86] Zur Frage der Geltung des Art. 6 Abs. 2 GG für den Vormund vgl. einerseits *Peters*, BNS IV/1, S. 375; andererseits *v. Mangoldt-Klein*, Art. 6 Anm. IV 2 b.

der Institutsgarantie abgerückt. Sie schreibt, für die Interpretation von Art. 6 Abs. 1 GG seien als Ausdruck der verfassungsmäßigen Wertkonstellation vor allem die Grundentscheidungen in Art. 1 Abs. 1, Abs. 2, Art. 2 Abs. 1 und Art. 3 Abs. 1 sowie das Gebot der Art. 3 Abs. 2 und Abs. 3 GG maßgebend. Das Ganze der Lebensordnung erschließe sich aus der gesellschaftlichen und geistigen Entwicklung, die zur Entstehungszeit des Grundgesetzes erreicht gewesen sei. Daneben bildeten auch die einfachen Gesetzesnormen eine Erkenntnisquelle, doch dürfe ihre Bedeutung für den maßgeblichen Entwicklungszustand angesichts der tiefgreifenden gesellschaftlichen Wandlung der Institutionen nicht überschätzt werden, zumal die praktisch wichtigsten, die familienrechtlichen Normen des BGB schon zur Zeit ihrer Entstehung teilweise veraltet gewesen seien. Daher treffe auch die aus dem Charakter des Art. 6 Abs. 1 GG als Institutsgarantie gezogene Folgerung nicht zu, daß nur nachkonstitutionell, nicht vorkonstitutionell gesetztes Recht wegen Unvereinbarkeit mit Art. 6 Abs. 1 GG nichtig sein könne[87]. Zieht man diesen Gedankengang vor, so sind die §§ 2, 1626 Abs. 1 BGB durch Art. 6 Abs. 2 GG keineswegs ohne weiteres verfassungsrechtlich legitimiert. Die Mündigkeitsgrenze gilt vielmehr nur dann, wenn sie einer Überprüfung an den „Grundentscheidungen" der Verfassung und an „der gesellschaftlichen und geistigen Entwicklung" zur Entstehungszeit des Grundgesetzes standhält. Das Ergebnis ist sicher gut. Insbesondere vermeidet es die unbefriedigende Konsequenz, daß eine so *formale* Kategorie wie die der Einrichtungsgarantie allein über den in §§ 2, 1626 Abs. 1 BGB geregelten *materialen* Interessenkonflikt verfassungsrechtlich entscheiden soll.

Wie verträgt sich aber die Argumentation Schefflers mit dem auch von ihr anerkannten Einrichtungscharakter des Art. 6 Abs. 1 bzw. Abs. 2 GG? Dreier bestimmt die rechtliche Institution als vorgegebenen „Inbegriff von *Rechtsnormen* zur Regelung sozialtypischer Interessenkonstellationen". Es kommt danach nicht darauf an, was die „gesellschaftliche und geistige Entwicklung" fordert, sondern auf das, was die einschlägigen Rechtsnormen aussagen[88]. Es fragt sich also, wie wir das wünschenswerte Ergebnis Schefflers auch *dogmatisch* vertretbar begründen können.

Den Weg dazu öffnet die Erkenntnis, daß wir den Begriff der Institutsgarantie rechtstheoretisch einwandfrei auf zweierlei Art und

---

87 *Scheffler* in BNS IV/1, S. 245—323 (257/258).

88 Für eine stärkere Verbindung von Sein und Sollen, die sich auch auf den Institutionsbegriff auswirken müßte, vgl. *Schambeck*, Der Begriff der Natur der Sache; *Nipperdey*, Recht d. Arbeit 1966, S. 35; dagegen zutreffend *Dreier*, Zum Begriff der Natur der Sache; *Säcker* in JR 1966, S. 39.

Weise bestimmen können. Entweder man begrenzt den die Institution ausfüllenden Normenkomplex auf den engeren Bereich des Kindschaftsrechts; dann spielen die übrigen Grundrechte insoweit keine Rolle. Oder man bezieht sie in den Normenkomplex hinein; dann sondern sie als höherrangige Normen die ihnen widersprechenden Vorschriften des Kindschaftsrechts erst aus; der gewährleistete Komplex beschränkt sich auf das im übrigen verfassungsmäßige bürgerliche Recht. Beide Möglichkeiten sind gleichwertig. „Hinsichtlich der Anzahl der Normen, die den (sc. die Institution darstellenden) Inbegriff bilden, sind ... verschiedene Abstufungen möglich. ... insoweit kommt dem Institutionsbegriff die logische Natur eines Typusbegriffs zu"[89], d. h. eines Begriffs „mit fließenden Grenzen"[90]. Die ausschlaggebende Wahl richtet sich nach Kriterien, die außerhalb des rechtlichen Institutionenbegriffs liegen. An dieser Stelle dürfen wir die Gedanken Schefflers wieder aufgreifen. Das Wesen der Familie als Intimgruppe, die der individuellen Persönlichkeit in besonderem Maße bei ihrer Entfaltung zu helfen bestimmt ist, ferner der naturrechtliche Gesichtspunkt, der sich in dem Wort „natürlich" ausdrückt und im Verhältnis der Eltern zu ihrem Kind eben nicht Herrschaft, sondern Pflicht und Aufgabe meint[91], kennzeichnet den Gehalt des Art. 6 Abs. 2 GG dahin, daß er primär von der Abstimmung der personalen Bedürfnisse der Familienmitglieder untereinander handelt. Daß in einem solchen Zusammenhang die Grundentscheidungen der Verfassung über den Wert der Einzelpersönlichkeit rechtlich verdrängt werden, ist ganz sicher ausgeschlossen. Natürlich verlangt die Familie um ihrer Restfunktionen willen (gemeinschaftliche Wohnung und Ernährung) wie jede am Rechtsverkehr beteiligte Gemeinschaft eine gesetzliche Regelung, die die äußere Repräsentation und in groben Zügen auch die innere Verfassung verbindlich festlegt. Der Rückgriff des Verfassunggebers auf den existenten bürgerlichrechtlichen Normenkomplex ist daher denkbar und sogar förderlich; die Familie wird als soziales Gebilde stabilisiert. Art und Umfang des maßgeblichen Normenbereichs unterliegen jedoch den Geboten teleologischer Richtigkeit. Wir können mithin feststellen: Der in Art. 6 Abs. 2 GG garantierte Normenkomplex umfaßt nicht das Kindschaftsrecht des BGB schlechthin, sondern nur insoweit, als es nicht den grundlegenden Wertentscheidungen des Grundgesetzes, vor allem den Art. 1 und 2 des Grundgesetzes widerstreitet. Die Vereinbarkeit der §§ 2, 1626 Abs. 1 BGB mit den Grundrechten ist durch den Einrichtungscharakter des Art. 6 Abs. 2 GG nicht entschieden.

---

[89] *Dreier*, aaO., S. 89.

[90] *Dreier*, aaO., S. 55.

[91] Vgl. *Joest* in Stein-Joest-Dombois, Elternrecht, S. 64.

2. Rechtsnatur und normative Aussage der verfassungsrechtlichen Selbstbestimmungsgarantie

Wir haben uns demnach nunmehr dem vermutlich schwierigsten Teil der Untersuchung zuzuwenden, nämlich dem Nachweis, daß das bisher unterstellte verfassungsrechtliche Selbstbestimmungsrecht des einzelnen wirklich existiert, und zwar in einer Form existiert, die berechtigte Zweifel an der Verfassungsmäßigkeit der §§ 2, 1626 Abs. 1 BGB begründet.

a) Die Ansichten zum Verständnis des Art. 2 Abs. 1 GG als Selbstbestimmungsgarantie

Als *allgemeine Selbstbestimmungsgarantie* kommt Art. 2 Abs. 1 GG in Frage. Wir haben bereits festgestellt, daß die h. M.[92] den Grundrechtsartikel in diesem Sinne versteht. Indes ist die h. M. keineswegs unbestritten.

Nach Klein[93] verlautbart Art. 2 Abs. 1 GG lediglich ein Prinzip, das rechtlich nicht unmittelbar angewendet werden kann. Die Vorschrift enthalte weder ein subjektives Recht noch bilde sie eine Grundsatznorm[94]. Ihre juristische Bedeutung erschöpfe sich in einer Auslegungsregel. Für einen weitergehenden normativen Einfluß fehle es ihr „an der selbständigen Bestimmtheit, die auch ein oberster Rechtssatz eines Rechtsgebietes oder sogar der gesamten Rechtsordnung haben" müsse, „um als solcher oberster Rechtssatz zur Nichtigkeit niederrangiger Rechtssätze führen zu können".

Peters erkennt zwar die Grundrechtsqualität des Art. 2 Abs. 1 GG an, versteht ihn aber nicht als Schutz der allgemeinen Handlungsfreiheit. Vielmehr verficht er eine sog. Persönlichkeitskerntheorie. Diese besagt, daß Art. 2 Abs. 1 GG nicht etwa sämtliche Verhaltensweisen, sondern nur solche betrifft, die als Kennzeichen „echten Menschentums i. S. der abendländischen Kulturauffassung"[95] gelten dürfen. Die in bewußter Abkehr von der Weimarer Wertneutralität geschaffene Wert-

---

[92] BVerfGE 6/32 (37 ff.); 7/92; 8/328; 9/11; *Maunz-Dürig*, Art. 2 I Rdnr. 11; *Nipperdey* in BN IV, 2, S. 768 ff.; *Herbert Krüger*, NJW 1955, S. 202; *Forsthoff*, BB 1953, S. 421 f.

[93] *v. Mangoldt-Klein*, Art. 2, Anm. III 5 b; im Ergebnis ebenso: *Wertenbruch*, DVBl. 1958, S. 481; *Haas*, DöV 1954, S. 71; *Wehrhahn*, AöR Band 82, S. 267 f.

[94] Anders allerdings Art. 2, Anm. III 1.

[95] Hans *Peters* in Laun-Festschrift, S. 672 ff.; *ders.*, Das Recht auf freie Entfaltung der Persönlichkeit, Arbeitsgemeinschaft für Forschung NRW; zuletzt BayVerwBl. 1965, S. 37; ähnlich *Ballerstedt*, DÖV 1951, S. 160; *Hamel*, Die Bedeutung der Grundrechte im sozialen Rechtsstaat, S. 30.

ordnung des Grundgesetzes soll für Art. 2 Abs. 1 GG in der Stufenfolge Individualismus — Personalismus — Kollektivismus den mittleren Stand auswählen[96]. Danach genießt also Grundrechtsschutz nicht schon das menschliche Verhalten schlechthin, sondern erst das „durch Gemeinschaftsideale gebundene heteronome, nämlich vor Gott verantwortliche“[97, 98] Handeln.

b) Die Meinungen zum Begriff der „verfassungsmäßigen Ordnung“

Innerhalb der h.M. besteht Streit über die Reichweite der Schrankentrias, insbesondere über den Begriff der „verfassungsmäßigen Ordnung“.

Das Bundesverfassungsgericht deutet ihn im Sinne eines jeden nach den Regeln der Verfassung zustande gekommenen und materiell mit ihr übereinstimmenden Gesetzes[99]. Als Richtlinien für die Prüfung des letzten Punktes nennt es vor allem „den Grundsatz der Rechtsstaatlichkeit und das Sozialstaatsprinzip“ sowie den Schutz des grundrechtlichen Wesensgehaltes nach Art.19 Abs. 2 GG.

Dürig verwirft die Deutung des Bundesverfassungsgerichts und bemüht sich, den Begriff der verfassungsmäßigen Ordnung so auszulegen, daß er die *Gebote* der Verfassung wiedergibt[100]. Diese Gebote faßt Dürig im Sozialstaatsprinzip und in der staatlichen Ordnungsfunktion zusammen. Die Legislative darf und muß also in Grundrechte eingreifen, soweit die gebotene Sorge um soziale Gerechtigkeit und das ebenfalls erforderliche Streben nach Sicherheit und Ordnung sie dazu zwingt. Bei der Wahl der Maßnahmen ist sie an den Grundsatz der Verhältnismäßigkeit und Notwendigkeit gebunden[101].

Nach Nipperdey ist die „verfassungsmäßige Ordnung“ mit Hilfe der sog. strengen Gemeinwohlklausel[102] zu bestimmen. Sie besagt, daß Eingriffe in die allgemeine Handlungsfreiheit nur zum Schutze *überragend wichtiger* Gemeinschaftsgüter zulässig sind. Nipperdey konkretisiert das Verhältnismäßigkeitsurteil also in spezifischer Weise, so

---

96 Laun-Festschrift, S. 673.

97 Das Recht auf freie Entfaltung der Persönlichkeit, Laun-Festschrift, S. 671.

98 Vgl. *Krämer*, Grundrechte, S. 45.

99 BVerfGE 6/32 ff. (37—41). Zur Modifizierung dieser Ansicht durch das Lüthurteil vgl. die spätere Stellungnahme zu den hier nur berichteten Ansichten.

100 Das BVerfG fragt im Gegensatz dazu danach, was das Grundgesetz verbietet, vgl. auch *Maunz-Dürig*, Art. 2 I Rdnr. 28.

101 *Maunz-Dürig*, Art. 2 I, Rdnr. 24 ff.; ebenso in AöR Bd. 79, S. 74.

102 In BN IV, 2, S. 813 ff.

daß wir seine Auffassung als Weiterbildung der Dürigschen Konzeption einordnen können[103].

c) Der unbefriedigende Ertrag der Meinungen für unser Anliegen

Sämtliche Meinungen bleiben in ihren Ergebnissen für die Selbstbestimmung unbefriedigend. Das gilt vor allem, wenn man einen Vergleich zu den Lebensbereichen zieht, für die die h. M. einen speziellen Selbstbestimmungsschutz annimmt.

In seinem Apothekenurteil hat das Bundesverfassungsgericht z. B. Art. 12 Abs. 1 GG mit Zustimmung der zitierten Autoren als Selbstbestimmungsgarantie aufgefaßt[104]. Demnach müßten die §§ 2, 1626 Abs. 1 BGB bei der Berufswahl möglicherweise durchbrochen werden, weil man dem Interesse an einer offenkundigen Mündigkeitsgrenze im Falle einer so singulären Entscheidung nur schwer den Rang eines unverzichtbaren Gemeinschaftswertes zubilligen kann, wie das Bundesverfassungsgericht für die Zulässigkeit der Einschränkung fordert. Die Typisierung wäre verfassungswidrig.

Dagegen hätte es nach Klein in ähnlich wichtigen und höchstpersönlichen Fragen, wie z. B. der Einwilligung in eine für den weiteren Verlauf des Lebens ausschlaggebende Operation bei den §§ 2, 1626 Abs. 1 BGB zu bewenden; denn insoweit gibt es keine dem Art. 12 Abs. 1 GG entsprechenden speziellen Selbstbestimmungsgarantien, und der Rückgriff auf Art. 2 Abs. 1 GG scheitert mangels Grundrechtsqualität der Vorschrift. Es entsteht also von der Ansicht Kleins her ein Wertungswiderspruch, den die Rechtsanwendung grundsätzlich und möglichst zu vermeiden hat. Die „Gleichbewertung des Gleichsinnigen“[105] ist ein Gebot der Gerechtigkeit, dem auch die Verfassungsinterpretation verpflichtet ist.

Im Ergebnis der gleiche Vorwurf belastet die Ansichten des Bundesverfassungsgerichts und Dürigs. Wer wie Dürig den Verhältnismäßigkeitsgrundsatz auf Art. 2 Abs. 1 GG anwendet, vermag zwar im Prinzip zu berücksichtigen, ob die Entscheidung, für die ein urteilsfähiger Minderjähriger das Selbstbestimmungsrecht beansprucht, wichtig und höchstpersönlich ist oder nicht. Er kann theoretisch zu dem Ergebnis kommen, daß die Typisierung der Mündigkeit für bestimmte höchstpersönliche Fragen unverhältnismäßig ist. Doch ist der Verhältnis-

---

[103] Freilich soll damit nicht gesagt sein, daß der Darstellung *Dürigs* die gleiche konkrete Konsequenz entspricht.

[104] BVerfGE 7/377 ff. (403).

[105] *Larenz*, Methodenlehre, S. 253.

mäßigkeitsgrundsatz nur in sehr beschränktem Umfange judiziabel. So schreibt Scheuner[106], das Bundesverfassungsgericht habe sich „wiederholt zu einer Gestaltungsfreiheit des Gesetzgebers bekannt". Infolgedessen stoße die richterliche Anwendung des Verhältnismäßigkeitsgrundsatzes auf „Bedenken, wo sie nicht durch die Anlehnung an *normative Festlegungen der Grundrechte* eine Stütze finde"[107]. Dem entspricht auch das Vorgehen des Bundesverfassungsgerichtes im Apothekenurteil. Der Senat stützt sich dort ausdrücklich nur deshalb auf den Verhältnismäßigkeitsgrundsatz, weil er in der Abstufung der Berufsfreiheit nach Art. 12 Abs. 1 S. 1 u. 2 eine solche „normative Festlegung" erblickt[108].

Man wird nun mit Recht bestreiten, daß die allgemeine Typisierung der Reife zur Selbstbestimmung *unbedingt* notwendig und die Wahl des 21. Lebensjahres *im strengen Sinne* verhältnismäßig ist. Daß sie *schlechthin* die Gebote von Notwendigkeit und Verhältnismäßigkeit verletzten, so daß sie selbst unter Berücksichtigung des gesetzgeberischen Beurteilungsspielraumes untragbar wären, läßt sich nicht behaupten. Grundsätzlich bleibt allein die an den Gesetzgeber gerichtete Forderung, eine idealere Regelung zu schaffen[109]. Auch das Bundesverfassungsgericht und Dürig kommen also vom hier vertretenen Verständnis der elterlichen Gewalt[110] zu der gerügten Konsequenz Kleins, dem Minderjährigen etwa bei der Berufswahl weitgehende Selbständigkeit zu gewähren und ihn in vergleichbaren Konfliktsituationen der allgemeinen Volljährigkeitsregelung zu unterwerfen, soweit die Bevormundung nicht ausnahmsweise gegen § 1666 BGB verstößt.

Die Ansichten von Peters und Nipperdey provozieren zwar nicht diesen Wertungswiderspruch, fordern aber in anderer Hinsicht Widerspruch heraus.

Die Persönlichkeitskerntheorie klammert große Teile des normalen Verhaltens aus dem Schutzbereich der Grundrechte aus, müßte mithin folgerichtig außerhalb des Persönlichkeitskerns weitgehend Bevormundung ohne die Möglichkeit verfassungsrechtlicher Abwehr zulassen. Die personalistische Deutung der Freiheit i. S. einer verantwortungsbewußten und zweckgebundenen freiwilligen Teilnahme in

---

106 Juristentagsfestschrift II, S. 260.

107 *Scheuner*, aaO.

108 BVerfGE 7, S. 377 ff. (S. 410).

109 So in der Tat: *Dürig* in Maunz-Dürig, Art. 19 III Rdnr. 17 ff.; *Gernhuber*, FamRZ 1962, S. 93: Wohltuend hebt sich jedenfalls die Rechtsprechung des BVerfG ab von der Bereitschaft, sofort von einem Verrat an der Verfassung zu sprechen, wenn das eigene Ermessen anders entschieden hätte.

110 Das *Dürig* allerdings nicht teilt.

ethischen und politischen Institutionen[111] mag nun im philosophischen Verständnis durchaus die richtige, wahre Freiheit meinen. Damit ist aber längst noch nicht gesagt, daß eine solche Freiheitskonzeption dem Grundgesetz entspricht. Mindestens auf den ersten Blick ist das nicht der Fall. Denn Grundrechte wie körperliche Unversehrtheit, Bewegungsfreiheit und ähnliche sind offenbar nicht um irgendwelcher sozialer Zwecke, sondern allein um des Menschen selbst willen gewährleistet. Weshalb sollte dies in Art. 2 Abs. 1 GG anders sein? Im übrigen mündet die Persönlichkeitskerntheorie, da sie die Zweckbindung der Freiheit betont, notwendig in ein institutionelles Verständnis des Art. 2 Abs. 1 GG und setzt sich damit allen Einwänden aus, die den institutionellen Grundrechtsentwürfen entgegentreten[112]. Zutreffend weist Forsthoff[113] darauf hin, daß eine solche Freiheit in die Abhängigkeit staatlicher Ziel- und Zwecksetzungen geraten kann, indem etwa nur bestimmten Auffassungen die vorausgesetzte Fähigkeit zur Teilnahme an der öffentlichen Meinungsbildung zuerkannt wird. Dann wäre aber Schlimmeres zu befürchten als die Weimarer Wertneutralität. Die Freiheit wäre u. U. von Verfassungs wegen zur Disposition des Staates gestellt, was dem Grundgesetz — wie wohl nicht weiter dargelegt zu werden braucht — eindeutig widerspricht[114, 115].

Nipperdey trifft der Einwand, den wir der h. M. vorhielten, in umgekehrter Form. Seine Ansicht führt nämlich dazu, daß dem Gesetzgeber der Eingriff in die allgemeine Handlungsfreiheit eher verwehrt ist als der in die mit Gesetzesvorbehalten versehenen Spezialfreiheitsrechte. Die sog. benannten Freiheiten betreffen aber ihrer Genesis nach gerade Bereiche, die der Verfassungsgeber als besonders schutzbedürftig gegenüber staatlichen Eingriffen empfand. Die Benennung schlägt also in genau das Gegenteil von dem um, was der Verfassunggeber mit ihr beabsichtigte: Dem Gesetzgeber wird eine weitere Regelungsbefugnis eröffnet als sonst. Überdies entsteht eine Disharmonie in den Wertungen. Für die allgemeine Handlungsfreiheit ergibt sich u. U. eine Modifikation der §§ 2, 1626 Abs. 1 BGB, während die Berufsausübung

---

111 *Peters*, Das Recht auf freie Entfaltung der Persönlichkeit, S. 74, unter zustimmender Bezugnahme auf *Ritter*, ebenda, S. 68/69 (Diskussionsbeitrag).

112 Vgl. auch *Häberle*, Wesensgehaltgarantie, S. 101, der umgekehrt vom institutionellen Verständnis der Grundrechte auf die personalistische Deutung der Freiheit schließt (dazu später ausführlich).

113 Der Staat 1966, S. 11.

114 Im übrigen läßt *Peters'* Entwurf sich nicht einmal mit der christlichen Freiheitslehre in Einklang bringen, auf die er sich mit der „Verantwortung vor Gott" beruft. Gott trägt „das existentielle Risiko des Menschen, dem Bösen und dem ewigen Selbstverlust zum Opfer zu fallen, ... um der Freiheit willen, ohne die des Menschen Geist nicht Geist zu sein und nicht Gott in Liebe zu besitzen vermöchte". (*Messner*, Naturrecht, S. 122.)

115 Vgl. oben FN. 113.

ohne Zweifel de lege lata den dort fixierten Altersgrenzen unterliegt. Weshalb soll ferner das Fußballspiel „freier" sein als die Meinungsäußerung, die unter dem Vorbehalt der allgemeinen Gesetze steht?

Aus der Kritik ergibt sich das Ziel der im folgenden anzustrebenden Interpretation des Art. 2 Abs. 1 GG. Es gilt, einen Weg zu finden, der eine möglichst weitgehende Wertungsharmonie der Ergebnisse der Verfassungsanwendung, insbesondere im Verhältnis der Grundrechte untereinander ermöglicht. Der Gedanke stimmt mit dem Anliegen überein, das wir oben als allgemeines Auslegungsziel der Grundrechtsaussagen kennengelernt haben, nämlich den Standort der einzelnen Norm im Sinnganzen der Grundrechte zu bestimmen und von daher ihre normative Reichweite zu erschließen.

d) Die „Sinnmitte" der Grundrechte

Welches ist aber der „Sinn" der Grundrechte?

aa) Die Bedeutung der „Sinnmitte" der Grundrechte für die Untersuchung

Die Frage scheint zunächst etwas verspätet aufgeworfen zu werden. Denn wir haben im bisherigen Verlauf der Untersuchung wiederholt in einer Weise Stellung bezogen, die sie präjudiziert. So haben wir unseren Standpunkt zur verfassungsrechtlichen Handlungsfreiheit des Unmündigen wesentlich auf der — von der h. M.[116] vertretenen — These aufgebaut, die Grundrechte fänden ihren „Ausgangspunkt und Schlüssel" im Schutz der Menschenwürde nach Art. 1 Abs. 1 GG. Ferner haben wir aus Art. 1 Abs. 1 GG abgeleitet, daß der rechtliche Schutz des elterlichen Eigeninteresses nach Art. 6 Abs. 2 GG ein korrespondierendes Bedürfnis des Kindes verlange. Solche Argumentationen sind nur verständlich, wenn man mit der herrschenden Grundrechtsinterpretation von einer Werthierarchie innerhalb des Grundrechtskataloges ausgeht, die ihrerseits am „Grundwert der Menschenwürde" im Sinne des Kantschen Kardinalsatzes ausgerichtet ist[117], daß der Mensch stets zumindest *auch* als Zweck an sich selber betrachtet werden muß[118].

Diese Vorgriffe waren jedoch aus zwei Gründen unerläßlich: Die Diskussion über das Thema „Kindesgrundrechte und elterliche Gewalt"

---

[116] Vgl. oben § 2 A I 2 a, FN. 25.

[117] *Kant*, Grundlegung zur Metaphysik der Sitten (Akademie-Ausgabe), S. 428 f.

[118] *Müller*, Grundrechte, S. 76.

hat bisher ausschließlich auf dem Boden eines solchen Grundrechtsverständnisses stattgefunden. Schon um die im ersten Teil der Arbeit geübte methodologische Kritik zu rechtfertigen, mußte diese Basis bei der Darstellung des Problems nach Möglichkeit beibehalten werden. Der zweite und entscheidende Grund liegt darin, daß das Problem eines Widerstreites zwischen den Kindesgrundrechten und der elterlichen Gewalt überhaupt nur angesichts eines solchen materialen Verfassungsverständnisses auftauchen kann. Wer mit Forsthoff in den Grundrechten „rechtstechnische Kunstgriffe zur Gewährleistung gesetzlicher Freiheit“[119] sieht, kann die Problematik mit dem insoweit zutreffenden Argument abbiegen, der Grundrechtsgeber habe die elterliche Gewalt in ihrer zivilrechtlichen Ausgestaltung nicht ändern wollen. Überlegungen wie die, daß das „Wohl der Allgemeinheit“ *gerechterweise* im Familienrecht keine stärkeren Freiheitsbeschränkungen rechtfertigen darf als im Verwaltungsrecht — an das der Grundrechtsgeber bei der Konstitution des Grundrechtskataloges gedacht hat — fechten ihn nicht an. Wer wie Luhmann die Funktion der Grundrechte im Schutz der progressiven sozialen Differenzierung vor den Expansionstendenzen des politischen Systems erblickt[120], hat ebenfalls kaum einen Zugang zu der Frage, ob die Grundrechte das rechtliche Eltern-Kind-Verhältnis verändern. Er kann zwar darlegen, daß die Familie in der differenzierten Gesellschaft im Vergleich zu früher nur noch wenige gesellschaftliche Funktionen hat und daß an ihre Stelle z. T. andere Einrichtungen wie Schule, Arbeitsplatz u. ä. getreten sind. Er kann ferner nachweisen, daß dieser Vorgang ein typisches Beispiel für die soziale Differenzierung ist und daß deshalb die alte Familienordnung des BGB, soweit sie diese Entwicklung ignoriert, wegen ihrer rechtlichen Verbindlichkeit den sozialen Differenzierungsprozeß behindert. Diese Argumentation bezieht sich jedoch zunächst nur auf die Frage, wie die den Funktionen entsprechenden Kompetenzen auf die Familie und die konkurrierenden Handlungssysteme aufzuteilen sind. Freilich ist damit in zweiter Linie auch ein Mehr an Freiheit gefordert, denn nach Luhmann wird „in differenzierten Sozialordnungen Freiheit zur Notwendigkeit“[121]. Der einzelne muß über einen Spielraum des Nichtfestgelegtseins verfügen, der es ihm erlaubt, den wechselnden Anforderungen der verschiedenen Handlungssysteme, an denen er teilnimmt, gerecht zu werden[122]. Ob diese Freiheit aber dem Mündel selbst oder seinem gesetzlichen Vertreter für ihn eingeräumt ist, bleibt von einer solchen Intention her gleichgültig. Das gilt zumindest solange, als die

[119] *Forsthoff*, Festschrift für Carl Schmitt, S. 60.
[120] *Luhmann*, Grundrechte als Institution, S. 197.
[121] *Luhmann*, Grundrechte als Institution, S. 35/36.
[122] *Luhmann*, aaO.

Mündigkeitsgrenze — wie in der Bundesrepublik — in einer Weise festgelegt ist, die einen nachweisbaren Verlust an fruchtbaren geistigen Impulsen für die Gesellschaft nicht befürchten läßt.

Mit der Antwort auf die Frage nach der „Sinnmitte" der Grundrechte fällt also für uns mehr als die Entscheidung über ein allgemeines Problem der Verfassungsinterpretation. Folgen wir der h. M. nicht, so ist zugleich das Ende der Untersuchung erreicht.

bb) Die Ansicht Forsthoffs — Kritik

Forsthoffs These, die rechtsstaatliche Verfassung einschließlich der Grundrechte habe einen formaltechnischen Charakter[123], gründet sich auf zwei Gesichtspunkte: Den ersten bildet die angebliche Leistungsunfähigkeit der h. M. Forsthoff rügt, daß ein Wertsystem i. S. der h. M. die den Grundrechten zugedachte Aufgabe, Spannungen zwischen den Ansprüchen des einzelnen und des Staates auch in Krisen zu regeln, nicht erfüllen könne. Ein Wertsystem sei vertauschbar und werde vertauscht, sobald sich eine hinreichende Zahl von Wählern — sei es überzeugt, sei es irregeführt — für ein neues Wertsystem gewinnen lasse[124]. Verfassung und Grundrechte seien gar nicht dazu da, gesellschaftliche Spannungslagen „gerecht" zu regeln, weshalb es auch unrichtig sei, etwa Forderungen der sozialen Bewegung gegen die Grundrechte rechtlich abzuwägen. Der soziale Entwicklungsprozeß lasse sich weder rechtlich reglementieren, noch brauche er das Dach der Verfassung, um im fortschrittlichen Sinne erfolgreich zu sein[125]. Andererseits verliere die Verfassungsjudikatur jede Evidenz, da durch den unkontrollierten Einfluß gängiger Werte kaum noch ein Ergebnis verfassungsrechtlicher Streitigkeiten mit rational-juristischen Mitteln vorauszuberechnen sei. Der Rechtsstaat werde zugunsten des Justizstaates aufgegeben[126].

Den zweiten Gesichtspunkt wählt Forsthoff zur positiven Begründung seiner These. Er stellt dem materialen Verfassungsverständnis die *Formtypik* der Verfassung gegenüber. Ähnlich den Vorschriften über die Verteilung der staatlichen Kompetenzen auf Bund und Länder oder auf die verschiedenen Staatsorgane sollen die Grundrechte technische und als solche von der Wertüberzeugung der Allgemeinheit oder doch der Mehrheit unabhängige Barrieren sein, die den einzelnen vor dem sozialen Trend der staatlichen Machtausübung schützen. Die Ver-

---

[123] *Forsthoff*, Zur Problematik der Verfassungsauslegung, S. 22.

[124] *Forsthoff*, aaO., S. 27.

[125] aaO., S. 30.

[126] Festschrift für Carl Schmitt, S. 40/41/53/59.

fassung enthält insgesamt — einschließlich der Grundrechte — eine Summe rechtstechnischer Regeln zum Zweck der Abgrenzung von Willenssphären[127]. Infolgedessen billigt Forsthoff ausschließlich eine Auslegung der Grundrechte, wie sie auch sonst im Recht für rein technische Vorschriften üblich ist. Die Interpretation der Grundrechte soll auf die grammatische, logische, historische und systematische[128] Methode festgelegt sein[129].

Schon der erste Einwand Forsthoffs gegen die h. M. stößt auf Widerspruch. Er stellt das Wertsystem der h. M. in einer Weise dar, die diesem keineswegs gerecht wird. Es fußt nicht etwa — wie Forsthoff unterstellt[130] — auf einer subjektivistischen Ideologie, die von außen her an die verfassungsrechtlichen Normen über die Grundrechte herangetragen wird und dann die normative Aussage der Grundrechte bestimmt. Vielmehr richtet sich der Anspruch der einzelnen Werte in erster Linie danach, wie und mit welchem Rang sie in der Verfassung positiviert sind[131]. Die Rede vom „Wertsystem" meint demnach nicht „einen abstrakten, kryptonaturrechtlichen, nach bestimmten (philosophischen) Gesetzen und Notwendigkeiten funktionierenden Schematismus von intransigenter Geschlossenheit"[132]. Sie bedeutet — wie Hollerbach zutreffend dargelegt hat — das „Intendieren und Sehen des Zusammenhangs und der Bezogenheiten, die zwischen den vielen Einzelnormen einer Verfassung und Rechtsordnung obwalten"[133]. Daß im Mittelpunkt dieses Zusammenhangs das Individuum mit seinen Freiheits- und positiven Schutzansprüchen steht, läßt sich auch positivrechtlich nicht leugnen. Grundrechte wie Art. 1, 2, 4, 10, 13 GG sind unter anderen Vorzeichen nicht verständlich. Die Auslegung aus einem so verstandenen Wertsystem beeinträchtigt entgegen Forsthoff die Rationalität der verfassungsrechtlichen Entscheidung nicht. Die gegenüber normalen Rechtssätzen abgeschwächte Subsumierbarkeit der Grundrechtsnorm erklärt sich aus der Weite und dem Abstraktionsmaß des Gegenstandes, nicht aus der Art und Weise, wie die h. M. sie behandelt. Wortlaut, Materialien und eine formal-systematische Betrachtung im Sinne des Forsthoffschen Methodenvorschlags leisten nicht soviel, daß sie die Aufgabe, die Forsthoff ihnen zuweist, befriedigend meistern

---

127 Vgl. *Hollerbach,* AöR 85, S. 249.

128 Nicht im Sinne eines Bedeutungszusammenhanges, sondern formal, auf die Überschrift des Gesetzesabschnittes bezogen.

129 *Forsthoff,* Zur Problematik der Verfassungsauslegung, S. 39.

130 Zur Problematik der Verfassungsauslegung, S. 27; Festschrift für Carl Schmitt, S. 40.

131 Vgl. *Hollerbach,* AöR 85, S. 254, mit Nachweisen aus den Schriften Rudolf *Smends.*

132 *Hollerbach,* AöR 85, S. 255.

133 *Hollerbach,* aaO.

könnten. Mit Recht beanstandet Ehmke[134], daß Forsthoff den Nachweis der praktischen Leistungsfähigkeit seiner Methode schuldig geblieben sei. Gerade unsere Problematik zeigt das deutlich: Wie soll z. B. nach der Methode Forsthoffs das elterliche Pflege- und Erziehungsrecht sinnvoll gegenüber der staatlichen Überwachung abgegrenzt werden? Der Wortlaut des Art. 6 Abs. 2 S. 2 GG erinnert an die Formulierung des § 1837 BGB, wonach das Vormundschaftsgericht über die „gesamte Tätigkeit des Vormundes die Aufsicht zu führen hat". Man könnte demnach das Elternrecht nach Art. 6 Abs. 2 S. 1 GG als ein bloßes Recht der Eltern auf Bestellung zum Vormund ansehen[135]. Erst der Schutz von Ehe und Familie in Art. 6 Abs. 1 GG, der nach den Erkenntnissen der modernen Familiensoziologie einen weitgehenden Verzicht auf die rechtliche Regelung der inneren Familienangelegenheiten fordert[136], zeigt eine andere Lösung. Die Abstimmung der Art. 6 Abs. 1 und Abs. 2 GG aufeinander führt zu dem Ergebnis, daß die Eltern dem Staat über die Erziehung ihres Kindes grundsätzlich keine Rechenschaft schulden. Andererseits drängt sich die Frage auf, wie sich eine solche Lösung mit den Kindesinteressen, insbesondere mit den Kindesgrundrechten verträgt. Die soziale Wirklichkeit liefert laufend vergleichbare Situationen, in denen sich Grundrechtspostulate überschneiden. Der von Forsthoff geforderte Verzicht auf die Suche nach einer Sinnmitte und die daraus folgende isolierte Betrachtung des einzelnen Grundrechtes wird somit schon dem Problemgehalt der zu entscheidenden Fälle nicht gerecht. Gerade die Orientierung an einer Sinnmitte sorgt insoweit für Rationalität, weil nur sie geeignet ist, die divergierenden Forderungen der Verfassung in einem dialektischen Prozeß miteinander zu versöhnen.

Schließlich widerspricht die rein formale Verfassung im Sinne Forsthoffs bereits dem Selbstverständnis des Grundgesetzes: Nach Art. 1 Abs. 1 Grundgesetz ist der Staat zum Schutz der Menschenwürde verpflichtet; nach Abs. 2 bekennt sich das deutsche Volk zu *„unverletzlichen und unveräußerlichen Menschenrechten* als *Grundlage* jeder menschlichen Gemeinschaft, des Friedens und der *Gerechtigkeit* in der Welt. Art. 18 GG spricht von der freiheitlichen demokratischen *Grundordnung.* Art. 20 Abs. 1 GG bezeichnet die Bundesrepublik als einen *sozialen* Bundesstaat. Das Grundgesetz will also selbst nicht nur eine formal-technische Kompetenzordnung sein. Es will vielmehr die der

---

134 Wirtschaft und Verfassung, S. 45 ff.

135 Das gilt auch dann, wenn man Art. 6 Abs. 2 S. 1 GG mit der h. M. als Institutsgarantie ansieht. Es bleibt ja die Möglichkeit einer Gesetzesänderung.

136 *Müller-Freienfels,* Ehe und Recht, S. 34/39 ff.

Gerechtigkeitsidee verpflichtete *Grundordnung* des gesamten Gemeinschaftslebens bilden. Wie Ehmke nachgewiesen hat[137], steht es damit in einer Verfassungstradition, die den Vorwurf ungenügender Leistungsfähigkeit eindeutig entkräftet. Die zweifellos erfolgreiche Rechtsprechung des amerikanischen Supreme Court hat in 150 Jahren keinen Zweifel am materialen Charakter der Grundrechte aufkommen lassen.

cc) Die Ansicht Luhmanns

Luhmann hält zwar mit der h. M. an dem Bemühen um eine Sinnmitte der Grundrechte fest. Er erblickt diese jedoch — wie erwähnt — nicht im Anliegen des Schutzes der Menschenwürde, sondern in dem des Schutzes der progressiven sozialen Differenzierung.

(1) Darstellung

Ebenso wie Forsthoff rügt er die mangelnde Rationalität der gegenwärtigen Grundrechtsjudikatur und findet die Ursache dafür in der Methode der Interpretation. Nur die Werte selbst, nicht aber ihre Rangbeziehungen ließen sich abstrakt formulieren, und die Abstraktion des einen ohne das andere sei ziemlich nutzlos. „Je selbstverständlicher elementare Werte ausreichend erfüllt sind, desto breiter und bunter wird die Skala der erreichbaren Werte, desto situationsnäher müssen die Rangverhältnisse der Werte institutionalisiert werden. Wir müssen in immer rascherem Wechseltempo und in immer kleinerer Dosierung den Wohlstand auf Kosten der Freiheit, die Freiheit auf Kosten des Wissens, das Wissen auf Kosten des Wohlstandes, die Familie auf Kosten des Berufs und den Beruf auf Kosten der Familie, das Individuum auf Kosten der Allgemeinheit und die Allgemeinheit auf Kosten des Individuums fördern. Die Wertverwirklichung muß somit zunehmend opportunistisch werden“[138].

Für die eigene Methode knüpft Luhmann daran an, daß der Staat soziologisch nicht mehr die res publica, d. h. das volle Gemeinwohl oder auch nur die hierarchische Spitze der Gesellschaft verkörpert. Ähnlich wie die Familie hat der Staat einen erheblichen Funktionsverlust erfahren, der das politisch Bedeutsame „auf spezifische Entscheidungszusammenhänge“ hat zusammenschrumpfen lassen. Überhaupt sind die früheren relativ geschlossenen Einrichtungen, wie insbesondere Staat und Familie, umgestaltet in dem Sinne, daß sie sich spezialisiert haben. Die dadurch entstandene Lücke ist aufgefüllt durch eine Viel-

---

[137] Wirtschaft und Verfassung, S. 45 ff. und später.

[138] *Luhmann*, aaO., S. 215.

zahl von Handlungssystemen mit einem eigenen spezifischen Entscheidungsbereich, die den überkommenen wie Familie und Staat soziologisch gleichrangig in der Förderung des Gemeinwohls zur Seite treten. Die Grundrechte sind nach Luhmann auf diesem Hintergrund dazu gedacht, den Staat in die Schranken zu verweisen, die ihm als einem bloßen sozialen Untersystem neben anderen durch seine spezifische Aufgabe gesetzt sind. Außerhalb dieses Bereichs braucht und darf er nicht tätig werden, weil die zweckfreie Machtausübung nicht legitim ist und zudem die Tendenz hat, die anderen Systeme in der zweck- und sachgerechten Erfüllung ihrer Aufgaben innerhalb der Gesellschaftsordnung zu behindern. Der verfassungsrechtliche Schutz von Grundrechten des einzelnen besteht also in der Theorie Luhmanns nicht wegen dieses einzelnen Menschen. Er ist ausschließlich deshalb gerechtfertigt, weil er die Funktionsfähigkeit der differenzierten Sozialordnung fördert. Die Brücke zwischen individuellem Verhalten und Gemeinwohl bildet dabei die soziale „Rolle" des Menschen. Der einzelne Mensch füllt innerhalb der verschiedenen Handlungssysteme, aus denen sich die differenzierte Sozialordnung zusammensetzt, „Rollen" aus: Er nimmt in seinem Beruf am Wirtschaftsleben teil und trägt damit zur Funktionsfähigkeit der Wirtschaft bei; er ist Teilnehmer am Straßenverkehr usf. Damit er diese Rollen gut, zum Nutzen des Ganzen ausfüllt, sind nach Luhmann „in mindestens vier Sphären Mechanismen der Generalisierung von Kommunikationen" erforderlich, die in den Grundrechten zu finden sind: Es muß einmal dafür gesorgt werden, daß der einzelne die Chance der *„Selbstdarstellung"* hat. Die Vielfalt seiner Rollen mit ihren vielfachen verschiedenen Verhaltenspflichten verlangt die Möglichkeit individueller Stellungnahme. Wo die einzelnen Rollen absolut verbindliche Verhaltensmuster vorschreiben, sieht sich der Betroffene dem unlösbaren Widerstreit sich überschneidender Pflichten gegenüber. Er kann dann letztlich keine seiner Rollen zufriedenstellend ausfüllen[139]. Zweitens muß ein ausreichendes Maß an *Komplementarität der Verhaltenserwartungen* gewährleistet sein. „Jeder braucht für die Durchführung seiner Rollen Partner in entsprechenden Korrespondenzrollen, die anders, aber sinnbezüglich handeln[140]." Freilich kann diese Verhaltenserwartung nicht auf die gesamte Rollenausführung bezogen sein; sonst bliebe kein Raum mehr für die Selbstdarstellung. Sie beschränkt sich vielmehr auf den Rollenkern. Man muß sich auf das „Wesentliche" verlassen können; die Einzelheiten bleiben dem „Wechselspiel der Selbstdarstellungen"[141] vorbehalten. Das dritte Element i. S. der Luhmannschen

---

[139] *Luhmann*, Grundrechte als Institution, S. 53 ff.

[140] *Luhmann*, aaO., S. 84.

[141] *Luhmann*, aaO.

Konzeption wurzelt in der Beobachtung, daß in der differenzierten Sozialordnung der *Markt* Struktur und Bedingungen der Wirtschaftsordnung im weitesten Sinne[142] bestimmt. Um seine Rolle im Wirtschaftssystem funktionsgerecht ausfüllen zu können, braucht der einzelne Geld oder in Geld umsetzbare Güter. Wer nicht über Geld oder geldwerte Güter als Tauschobjekt verfügt, ist vom Markt ausgeschlossen. Der Markt ist aber um seiner Funktionsfähigkeit willen darauf angewiesen, daß möglichst viele durch Angebot und Nachfrage an ihm teilnehmen[143]. An vierter und letzter Stelle nennt Luhmann das Anliegen der "*Demokratisierung der Herrschaft*". Es rechtfertigt sich aus dem Bedürfnis nach Legitimität der für andere verbindlichen politischen Entscheidung. Die soziale Differenzierung zerbricht die einheitliche Statushierarchie undifferenzierter Sozialordnungen. Infolgedessen müssen an die Stelle der persönlichen Autorität[144] Institutionen treten, die den Entscheidungsprozeß rationalisieren. Dazu gehört, daß dem Bürger im politischen System eine Teilnehmerrolle zugestanden wird: Seine Stimme in der Wahl sorgt dafür, daß ein Wechsel in der politischen Macht möglich ist und dadurch wiederum die Unabhängigkeit der Staatsbürokratie, d. i. der Verwaltung im engeren Sinne, von einzelnen Personen und Gruppen gewahrt bleibt[145]. Die Verwaltung kann nur unter diesen Vorzeichen rational, d. h. nach „universell gültigen, abstrakten, speziell ausgearbeiteten Programmen ohne Ansehen der Person“[146] entscheiden.

Die Grundrechte sind nun nicht jeweils einer der vier Generalisierungsrichtungen zugeordnet. Vielmehr gibt es, wie Luhmann am Beispiel der Berufsfreiheit demonstriert[147], sog. multifunktionale Grundrechte. Das Grundrecht der Berufsfreiheit soll „annähernd gleich stark“ der Selbstdarstellung, der Komplementarität der Verhaltenserwartungen und der Teilnahme am Markt zum Zwecke der Bedarfsbefriedigung verbunden sein. Eine dominierende Ausrichtung soll sich nicht oder allenfalls auf Grund einer die Dogmatik bindenden Entscheidung des Gesetzgebers rechtfertigen lassen[148]. Folgerichtig kritisiert Luhmann die einseitig individualistische Interpretation des Art. 12 Abs. 1 GG im Apothekenurteil des BVerfG[149].

---

142 *Luhmann* schließt darin auch die Befriedigung immaterieller Interessen ein, vgl. aaO., S. 108/109.

143 Vgl. *Luhmann*, aaO., S. 108 ff.

144 Erinnert sei etwa an das Prinzipat des Augustus, das auf der auctoritas aufbaute.

145 *Luhmann*, aaO., S. 155.

146 *Luhmann*, aaO.

147 *Luhmann*, aaO., S. 130/131.

148 *Luhmann*, aaO., S. 131.

149 *Luhmann*, aaO., S. 131, FN. 60.

(2) Kritik

Die kritische Auseinandersetzung mit einem solchen — in seiner Originalität ohne Zweifel sehr eindrucksvollen — Entwurf hat es schon deshalb schwer, weil die soziologischen Prämissen Luhmanns kaum bestreitbar sind. Es läßt sich nicht leugnen, daß das Denken in der Dichotomie von Staat und Individuum mit der Wirklichkeit nicht übereinstimmt, daß vor allem die Gleichsetzung von Staat und Gemeinwohl einer- und von Individuum und Einzelwohl andererseits an den sozialen Tatsachen vorbeigeht. Gemeinwohl und Einzelwohl sind ineinander verschränkt. Der einzelne tritt als „Rollenträger" in einer Fülle von spezifisch-funktionalen Handlungssystemen auf, die gleichermaßen Gemein- und Einzelwohl fördern. Gegenüber der daran anschließenden *juristischen* Argumentation regen sich aber schon bald Zweifel:

Zunächst fällt auf, daß die Grundrechte bei Luhmann stark relativiert sind. Legitimität sichert ihnen allein die differenzierte Gesellschaftsordnung als sozialer Unterbau. Wo sie fehlt, wo eine undifferenzierte Gesellschaftsordnung herrscht, müssen sie folgerichtig als unangemessen, überflüssig, ja sogar schädlich gelten. Das Luhmannsche Grundrechtsmodell läßt sich also auf jeden, auch z. B. auf den kommunistischen Staat übertragen. Sofern es dem politischen System gelingt, sämtliche Gesellschaftsfunktionen wieder in dem Maße auf sich zu vereinigen, wie es etwa in den antiken Großstaaten (Ägypten, Babylon, Rom) der Fall war, ist die Berufung auf Freiheitsrechte ausgeschlossen. Um die Paradoxie auf die Spitze zu treiben: Der einzelne kann dann ohne weiteres eingesperrt werden, weil die Gesellschaftsordnung der „Selbstdarstellung, die sich primär durch Verfügung über Aufenthalt, Haltung und Ausdruck des eigenen Körpers vollzieht"[150], nicht bedarf.

Ferner: Die soziologische Vororientierung der Grundrechtsdogmatik ist ohne Zweifel nützlich, weil sie Zusammenhänge aufzeigt, die bisher kaum gesehene Aspekte von Freiheitsschutz, Eigentumsschutz u. ä. sichtbar machen. Wer die Interdependenzen zwischen der Freiheit und den Anforderungen der vorgegebenen Sozialordnung nicht erkennt, läuft Gefahr, die Freiheitsgarantien in ihren vordergründigen formalen Ansprüchen zu übersteigern und auf diese Weise der Freiheit in der sozialen Wirklichkeit zu schaden. Wenn die differenzierte Sozialordnung für die Freiheit des einzelnen unerläßlich ist, so muß die Freiheit in der Funktionsfähigkeit dieser Ordnung ihre immanenten Schranken finden. Aber was nötigt dazu, die Grundrechte deswegen *intentional* auf die progressive soziale Differenzierung zu beziehen?

---

[150] *Luhmann*, aaO., S. 79.

Im allgemeinen wird nicht angenommen, daß die sozialen Bezugsprobleme eines zu verwirklichenden Anliegens die positivrechtliche Lösung *bestimmen*. Vielmehr begnügt man sich mit der Aussage, daß die Sachproblematik die möglichen Lösungen *begrenze*[151]. Auch Luhmann selbst gesteht zu, daß die funktionelle Analyse keine einzigrichtige Entscheidung fordere[152].

Der Grundrechtsinterpret hat danach zwar z. B. darauf zu achten, daß neben der Selbstbestimmung — in der Sprache Luhmanns: Selbstdarstellung — die Komplementarität der Verhaltenserwartungen und die Chancen vieler auf Teilnahme am Gütermarkt nicht ins Hintertreffen geraten. Infolgedessen muß etwa die Selbstbestimmung im Berufsleben dort ihre Grenze finden, wo Leistungen erwartet werden, die nicht jedermann erbringen kann. Zieht man diese Grenze nicht, so wird die soziale Differenzierung beeinträchtigt, und dies hat einen unvermeidlichen Freiheitsverlust zur Folge. Ein Beispiel macht das deutlich: Die Berufsfreiheit des Apothekers entfaltet sich im sozialen Handlungssystem Versorgung der Bevölkerung mit Arzneimitteln. Würde der Berufsstand der Apotheker schlecht arbeiten, unbrauchbare oder sogar schädliche Arzneien herstellen und verkaufen, würde die Verhaltenserwartung des Rollenpartners, nämlich des Apothekenkunden enttäuscht. Er würde nicht mehr zum Apotheker gehen, sondern vom Staat verlangen, daß dieser die Arzneimittelversorgung in die Hand nimmt. Dadurch würde die Berufsfreiheit des Apothekers aufgehoben. Mangels Kundschaft wäre es ihm *tatsächlich* unmöglich, im Apothekerberuf die „Grundlage seiner Lebensführung"[153] zu finden. Um nicht zu verhungern, müßte er sich eine andere Erwerbstätigkeit suchen. Der zur Verfügung stehende soziale Freiheitsbereich wäre verkürzt[154].

---

151 Vgl. dazu vor allem: *Mestmäcker*, Jus 1963, S. 420.

152 *Luhmann*, aaO., S. 209.

153 BVerfGE 7, S. 377 ff. (S. 397).

154 Aus dieser Überlegung heraus rechtfertigen sich m. E. die vom BVerfG anerkannten Begrenzungen der an sich unrelativiert gewährleisteten Freiheit der Berufswahl. Es versteht sich, daß der Beruf des Apothekers bestimmte Qualifikationen verlangt, also subjektive Zulassungsbeschränkungen gestattet sein müssen. Wer sich in der Chemie und Biologie sowie überhaupt im Heilmittelwesen nicht auskennt, kann die soziale Funktion des Apothekerberufs, nämlich die ordnungsmäßige Versorgung der Bevölkerung mit Medikamenten, nicht erfüllen. Um die Funktionsfähigkeit des sozialen Handlungssystems zu erhalten, darf und muß der Staat durch geeignete und erforderliche Maßnahmen auch vorbeugend einschreiten. Selbstverständlich kann man nach dem Vorbild des BVerfG das gleiche Ergebnis auch so erreichen, daß man eine Interessenabwägung durchführt und in diesem Rahmen feststellt, die Gesundheit des Apothekenkunden sei gegenüber der Freiheit des Apothekers höherwertig. Damit gibt man aber m. E. den wesentlichen Vorteil der soziologischen Vororientierung preis. Da *positivrechtliche* Anhaltspunkte für den Vorrang der Gesundheit des Apothekenkunden fehlen, er-

Diese Überlegungen stellen aber nur klar, daß es eine „soziologische Grenze“ (Fechner) verfassungsrechtlich garantierter Selbstbestimmung gibt. Sie sagen nichts darüber aus, wo der „Rollenkern“, in dem nach Luhmann die Komplementarität der Verhaltenserwartung gewährleistet sein muß, beginnt und demgemäß das „Wechselspiel der Selbstdarstellungen“ aufzuhören hat[155]. Bei dieser Frage verzweigen sich die von der Sachproblematik her möglichen Lösungswege: Man kann mit Luhmann auch *sie* noch *empirisch* zu beantworten versuchen. Dies führt angesichts der zugestandenen Tatsache, daß funktionale Analysen keine einzig-richtige Entscheidung zu tragen vermögen, folgerichtig zur „Ausführung“ der Grundrechte durch den einfachen Gesetzgeber. Die Entscheidung darüber, welche von den verschiedenen möglichen Lösungen verbindlich sein soll, ist eine politische, die als solche dem Gesetzgeber und nicht dem Richter zuzuordnen ist. Die zweite Möglichkeit ist die, daß der Verfassungsgeber das Problem selbst *normativ* gelöst hat, das Rangverhältnis von Selbstdarstellung und Komplementarität der Verhaltenserwartungen also aus einer *Bewertung* der beiden Anliegen durch den Verfassungsgeber zu gewinnen ist. Dann wird die Ausführungsgesetzgebung, soweit sie überhaupt zulässig ist, einer mehr oder weniger weitgehenden *judiziellen Richtigkeitskontrolle* unterworfen.

Wortlaut, Entstehungsgeschichte und Ausgestaltung der einzelnen Grundrechte lassen nun keinen Zweifel daran, *daß der Grundrechtsgeber sich für die normative Lösung entschieden hat.* Seine Intention zielt eindeutig auf den *Schutz der Menschenwürde*[156] ab. Der Schutz der Menschenwürde ist aber *kein* Kriterium, das offen für politische Zweckmäßigkeitserwägungen wäre. Er verlangt, dem Menschen die Fürsorge, die Freiheit und die Gleichheit zuzubilligen, die ihm nach

---

hält diese Argumentation den Charakter einer kaum kontrollierbaren Dezision. Weist man dagegen nach, daß die Berufsfreiheit um ihrer selbst willen eine Grenze an der Gefahr für die Gesundheit der Apothekenkunden findet, taucht das Rangproblem nicht auf. Die Erkenntnis der sozialen Interdependenzen erübrigt die Bewertung, die primär Sache des Grundrechtsgebers und nicht des Grundrechtsinterpreten ist. Wo die Freiheit in Widerspruch zu Rechtsgütern gerät, deren Schutz unerläßlich ist, gerät sie notwendig auch in Gegensatz zur Funktionsfähigkeit des jeweiligen Handlungssystems und muß *um ihrer selbst willen* eingeschränkt werden.

[155] *Luhmann*, aaO., S. 87.

[156] Die Kritik *Luhmanns* (aaO., S. 59/60, FN 18), an der Definition der Menschenwürde durch die h. M. (vgl. *Dürig*, AöR 81, S. 136 ff.) scheint mir nicht gerechtfertigt zu sein. Es ist eine Frage der Terminologie, wenn Luhmann dem Satz, der Mensch dürfe nicht als Objekt behandelt werden, entgegenhält, jedes Behandeln setze Vergegenständlichung voraus. Der maßgebliche Gesichtspunkt, daß jeder Eingriff in den Interessenbereich des Menschen zumindest auch in dessen Interesse liegen muß, ist durch den Einwand nicht getroffen.

dem gegenwärtigen Kulturbewußtsein *gebühren*, ist also letztlich ein Postulat der *Gerechtigkeit*. Die progressive soziale Differenzierung verdankt ihre Bedeutung ausschließlich der Erkenntnis, daß sie als *soziales Korrelat* des *rechtlichen* Schutzes von Freiheit und Gleichheit unabdingbar ist. Sie ist deshalb zwar ein wichtiger Gesichtspunkt für die Bestimmung des *normativen*, auf *gerechte* Lösungen ausgerichteten Willens des Grundrechtsgebers, schließt aber die Rücksicht auf die von ihr unabhängige rein ideelle Wertung nicht aus. Daß für diese noch genügend Raum bleibt, ohne daß der „soziale Unterbau" gefährdet wird, leugnet auch Luhmann nicht. So legt er z. B. die „dominierende Ausrichtung" der Berufsfreiheit im Verhältnis zu ihren drei gesellschaftlichen Bezugsproblemen (Selbstdarstellung, Komplementarität der Verhaltenserwartungen, Teilnahme am Güteraustausch) nicht von Verfassungs wegen fest, sondern vertraut diese Aufgabe dem einfachen Gesetzgeber an[157]. Es ist also für die soziale Differenzierung — jedenfalls in gewissen Grenzen — gleichgültig, ob es im Berufsleben ein Mehr an Chancen der Selbstdarstellung gibt oder ob das Anliegen, die Komplementarität der Verhaltenserwartungen zu stärken, den Vorrang erhält. Eine *verfassungsrechtliche* Antwort darauf läßt sich nur ermitteln, wenn man nach der Wertung des Verfassungsgebers fragt.

Gerade das Beispiel der Berufsfreiheit zeigt schließlich auch eine — jedenfalls aus juristischer Perspektive — *immanente Schwäche* der Luhmannschen Methode auf: Es ist unbestreitbar, daß die Berufsfreiheit die Selbstdarstellung, die Komplementarität der Verhaltenserwartungen und die Chancen auf Teilnahme am Gütermarkt fördert. Doch ist genauso sicher, daß das von jedem einzelnen der drei Anliegen geforderte *Maß* an Freiheit nicht gleich ist. Die Selbstdarstellung verlangt unbeschränkte Freiheit, die Komplementarität der Verhaltenserwartungen fordert Freiheit nur in einem sehr begrenzten Umfange, da das Gefühl für Selbstverantwortung erfahrungsgemäß bei vielen Menschen nicht so stark entwickelt ist, als daß es das erforderliche Vertrauen des Rollenpartners zu rechtfertigen vermöchte. Der Interpret steht damit vor einem unlösbaren Problem: Er kann den Umfang der Berufsfreiheit weder vom Schutz der Selbstdarstellung noch vom Schutz der Komplementarität der Verhaltenserwartungen her bestimmen. Die „Sinnmitte" der Grundrechte, der Schutz der progressiven sozialen Differenzierung, kann ihm nicht helfen. Denn sie gibt selbst nur eine *Richtung* an; sie liefert keinen Orientierungs*punkt*. Der Grad der Differenzierung, der in einer „differenzierten Gesellschaftsordnung" erreicht wird, schwankt erheblich. Und es ist sicher

---

157 *Luhmann*, aaO., S. 131.

nicht so, daß man lediglich die soziale Differenzierung voranzutreiben braucht, um eine freiere und gerechtere Sozialordnung zu schaffen. Gerade die funktionale Problemanalyse zeigt, daß die ausschließliche Orientierung an einem bestimmten Prinzip ungeeignet ist, Gerechtigkeit zu verwirklichen. Man kann deshalb die soziale Differenzierung auch übersteigern, so daß die betreffende Gesellschaft ihre Leistungsfähigkeit einbüßt und als sozialer Unterbau von Freiheit und Gerechtigkeit nicht mehr tauglich ist[158]. Da die Formel vom Schutz der progressiven sozialen Differenzierung nicht auch den maßgebenden *Grad* an sozialer Differenzierung nennt, leistet sie für eine Disziplin wie die Rechtswissenschaft, die *entscheiden* muß, zu wenig. Sie ist — von den Bedürfnissen des Juristen her gesehen — eine Leerformel. Die Folgen für die Grundrechte liegen auf der Hand. Sie verlieren ihre Judiziabilität, Art. 1 Abs. 3 GG wird weitgehend gegenstandslos. Was bleibt, sind Leitlinien und Programmsätze für den Gesetzgeber. Das Schicksal des Art. 6 Abs. 5 GG, der von der h. M.[159] als ein solcher Programmsatz aufgefaßt wird, dürfte Warnung genug sein, diesen Weg nicht zu gehen.

e) Der Verhältnismäßigkeitsgrundsatz als „Transformator" der Wertrangordnung des GG

Freilich haben wir mit dieser Kritik an Luhmann nur einen grundsätzlichen Standpunkt bezogen. Es bleibt offen, ob die Bewertungen des Grundrechtsgebers erkennbar genug sind, seine Intention in der wünschenswerten Form praktisch zu verwirklichen. Luhmann nennt ja gerade die mangelnde Praktikabilität der Bewertungen als einen der Hauptgründe dafür[160], daß er den geschilderten neuen Weg einschlagen will. Gesteht man das zu, so kann der Vorschlag Luhmanns trotz der Bedenken im praktischen Ergebnis fruchtbarer als die h. M. sein und deshalb den Vorzug verdienen.

aa) Die Bedenken gegen eine ausschließliche Orientierung an der abstrakten Wertrangordnung des GG

Sicher können wir die in den *Gesetzesvorbehalten* niedergelegte Bewertung der geschützten Rechtsgüter *in der dargebotenen Form* nicht zur Lösung des konkreten Falles heranziehen. Selbst wenn wir ihre

---

158 Es gibt nicht wenige Stimmen, die in der hochdifferenzierten Gesellschaft Nordamerikas bereits Symptome für eine solche Entwicklung zu erkennen glauben.

159 Vgl. *v. Mangoldt-Klein*, Art. 6 Anm. VI 1.

160 Vgl. *Luhmann*, aaO., S. 216.

Aussagekraft mit der h. M.[161] über das Einzelgrundrecht hinaus erstrekken und in der Stärke des jeweiligen Vorbehaltes ein Urteil über die Wertigkeit, den Rang der Grundrechte im Verhältnis zueinander erblicken, ist wenig geholfen. Die von Luhmann nachgewiesene Situationsrelativität der Wertrangordnung schließt es in der Tat aus, die Wertkollision im konkreten Fall nach einem *abstrakt* vorformulierten Rangverhältnis aufzulösen. Zu Recht weist Lerche darauf hin, aus der Tatsache, daß das eine Grundrecht mit einem Vorbehalt versehen ist und das andere nicht, brauche nicht notwendig zu folgen, daß die Lösung im Konfliktsfalle stets zugunsten des zweiten ausfallen müsse[162]. Der Grund liegt freilich nicht darin, daß die Verfassung „für den engen Raum des Konfliktes selbst keinerlei Maßstäbe zur Verfügung hält"[163], sondern in der bloß fiktiven Lage gleicher Interessenintensität[164], von der aus das GG die Rangverhältnisse beurteilt. Selbst wo die Verfassung unbestreitbar Maßstäbe vorsieht, ist eine *generelle Regelung* verschlossen. Genausowenig wie wir trotz der Regelung des Art. 12 Abs. 1 S. 2 GG den öffentlichen Belangen *immer* vor der Berufsausübung den Vorzug geben dürfen[165], ist es uns gestattet, etwa aus dem Fehlen des Gesetzesvorbehalts für die Koalitionsfreiheit allgemein zu folgern, diese müsse dem Eigentumsrecht im Falle eines Konfliktes vorgehen[166]. Die besonderen Verhältnisse des *einzelnen* können in der *konkreten* Fallgestaltung durchaus dafür sorgen, daß die verfassungsrechtliche Rangordnung praktisch umgekehrt wird, nämlich dann, wenn das an sich höherwertige Interesse nur geringfügig und das an sich weniger wertvolle Interesse sehr intensiv durch eine ungünstige Konfliktslösung beeinträchtigt würde.

Allerdings meint Häberle, die Güterabwägung anhand der Rangordnung des Grundgesetzes mit Rücksicht auf „jene Rechtsgebiete" retten zu können, „in denen dieses Prinzip durchaus anerkannt ist und in

---

[161] Vgl. *Häberle*, Wesensgehaltgarantie, S. 37; *Leisner*, Grundrechte und Privatrecht, S. 392; a. A. *Lerche*, Übermaß, S. 126 (Fußn. 96), der in der Kollision mehrerer Grundrechte dem Gesetzgeber „einen Spielraum zu eigenständiger Konfliktsschlichtung" eröffnen will (aaO., S. 130).

[162] *Lerche*, Übermaß, S. 126, FN. 96.

[163] aaO., S. 130; gegen diese Auffassung *Lerches* auch Eike *v. Hippel*, Grenzen u. Wesensgehalt, S. 40 FN. 75.

[164] Vgl. dazu *Hubmann*, AcP Bd. 155, S. 114/115.

[165] Vgl. BVerfGE 7/377 ff. (403), wo die Regelungsbefugnis des Gesetzgebers mit Hilfe des Verhältnismäßigkeitsgrundsatzes zusätzlich eingeschränkt wird.

[166] Diese Frage ist insbesondere in dem Problem akut geworden, ob die Plakatwerbung der Gewerkschaften im Betrieb zulässig ist, vgl. dazu *Brox*, Plakatwerbung der Gewerkschaften im Betrieb, BB 1965, S. 1321 ff.; *Hohn*, Werbung für die Gewerkschaften auf dem Betriebsgelände, BB 1965, S. 545 ff.; *Säcker*, Direktions- und Hausrecht als Abwehrrechte gegen gewerkschaftliche Betätigung im Betrieb, in: BB 1966, S. 700 ff.; *ders.*, BB 1966, S. 784 ff.; *Neumann-Duesberg*, BB 1966, S. 902 ff.; 974 ff.

denen es sich in seiner rechtsinhaltsbestimmenden und rechtsbegrenzenden Bedeutung bewährt hat“[167]. Insbesondere verweist er auf den übergesetzlichen rechtfertigenden Notstand im Strafrecht. Das Reichsgericht[168] habe sich dort „an den in den Strafrahmen des StGB getroffenen Rechtsgüterbewertungen orientiert“ und damit im Prinzip das gleiche Verfahren wie in der vorgeschlagenen Rücksicht auf die jeweiligen Gesetzesvorbehalte verfolgt.

Häberle übersieht indes den grundlegenden Unterschied zwischen den Bewertungen in den grundrechtlichen Gesetzesvorbehalten und denjenigen in den strafrechtlichen Strafrahmen. Die Bewertungen in den Strafrahmen des StGB sind erheblich konkreter als die in den Gesetzesvorbehalten des Grundrechtskataloges. So hatte das Reichsgericht in der zitierten Entscheidung über den Konflikt zwischen dem Leben der Schwangeren und dem der Leibesfrucht zu befinden, also zwischen dem gleich intensiven Erhaltungsinteresse von Mensch und Embryo, nicht abstrakt über den Wert der körperlichen Unversehrtheit im Verhältnis zum Wert der Unversehrtheit der Leibesfrucht, wie es den weitgefaßten Formulierungen der Grundrechte entsprechen würde. Es leuchtet ein, daß es z. B. für die Lösung des Konfliktes zwischen dem Recht des einzelnen auf körperliche Unversehrtheit und dem Erfordernis bestimmter Impfungen einen Unterschied bedeutet, ob die letzteren zu einer geringfügigen Verletzung von kurzer Dauer führen oder die Gefahr einer schweren Krankheit mit möglicherweise bleibenden Schäden mit sich bringen. Die Rangordnung, die in den Gesetzesvorbehalten der Grundrechte verlautbart ist, erlaubt es jedenfalls nicht ohne weiteres, solche Unterschiede zu berücksichtigen. Sie muß erst auf die konkrete Situation mit der ihr eigentümlichen Intensität der beteiligten Interessen umgedacht werden. Die von Häberle ebenfalls herangezogene Rechtsprechung zum allgemeinen Persönlichkeitsrecht[169] kennt überhaupt keine positivrechtlich vorgegebene Wertrangordnung, vielmehr entscheidet sie den Konflikt zwischen Persönlichkeitswert und entgegenstrebenden Interessen mehr oder weniger gefühlsmäßig von Fall zu Fall[170], verzeichnet mithin gerade den bedauerlichen Mangel an Rationalität, den wir jedenfalls im Grundrechtsbereich unbedingt vermeiden müssen. Denn der Geltungsanspruch der Grundrechte betrifft ja nicht allein einen Verletzungstatbestand mit Schadensfolge, eine deliktsrechtliche Lage, sondern bezieht sich auf die gesamte Rechtsordnung. Wer in der kontinentaleuropäischen Rechts-

---

[167] *Häberle*, Wesensgehaltgarantie, S. 41.

[168] RGSt 61/242.

[169] Vgl. BGHZ 13/334 ff. (338); 3/270 (280 ff.); *Hubmann*, Persönlichkeitsrecht, S. 144 f., 256; kritisch dazu *Neumann-Duesberg* in NJW 1957, S. 1276 f.

[170] Wobei sich freilich mit der Zeit feste Regeln institutionalisieren können.

tradition steht — und dieser Standpunkt erscheint für Deutschland unerläßlich[171] —, müßte unter diesen Umständen in der Tat die Auflösung des Rechtsstaats befürchten, wie sie Forsthoff warnend angezeigt hat[172].

bb) Die Bedeutung des Verhältnismäßigkeitsgrundsatzes für die Grundrechtsinterpretation

Um das normative Verständnis der Grundrechte i. S. der h. M. aufrechterhalten zu können, benötigen wir nach alledem einmal einen Transformator, der die abstrakte Wertrangordnung situationsrelativ übersetzt. Zum anderen müssen wir einen Weg finden, der die Rationalität der Grundrechtsjudikatur gewährleistet.

Wir sahen, daß das Bundesverfassungsgericht im Apothekenurteil die situationsrelative Modifikation der im Gesetzesvorbehalt des Art. 12 Abs. 1 S. 2 GG ausgedrückten Bewertung des Verhältnisses von Freiheit der Berufsausübung und öffentlichen Belangen über den Verhältnismäßigkeitsgrundsatz erreicht. Es liegt nahe, dieses Prinzip allgemein für unser Anliegen fruchtbar zu machen.

Der Versuch stößt zunächst auf den Widerspruch Häberles und Lerches. Nach Häberle entfaltet der Verhältnismäßigkeitsgrundsatz nur ergänzende, an die Güterabwägung anschließende Wirkung[173]. Aber selbst insofern soll er lediglich dort eine Rolle spielen, wo das in Frage stehende Grundrecht „in sich Bereiche stärkeren und schwächeren Freiheitsschutzes"[174] enthält. Dazu zählt Häberle im Gegensatz zum Bundesverfassungsgericht[175] nicht nur Art. 12 GG, sondern auch „Grundrechte wie Art. 2 Abs. 1 GG, die Vertragsfreiheit und das Eigentum". Im Hinblick auf das Eigentum gerät er dabei in Gegensatz zu Lerche, der im Bereich der sog. grundrechtsprägenden Normen, u. a. in Art. 14 GG, den Einfluß des Verhältnismäßigkeitsgrundsatzes verneint[176].

Häberle beruft sich für seine Darstellung ohne nähere eigene Begründung auf die Ansicht von Zippelius. In dem zitierten Aufsatz von Zippelius[177] wird aber der Gedanke der Verhältnismäßigkeit gar nicht

---

[171] Es sei hier nur darauf hingewiesen, daß die Ausbildung des deutschen Juristen für eine autoritative Rechtsprechung nach angelsächsischem Muster nur sehr bedingt geeignet ist.

[172] Festschrift Carl Schmitt, S. 60.

[173] *Häberle*, Wesensgehaltgarantie, S. 67.

[174] *Häberle*, aaO., S. 68.

[175] BVerfGE 7/377 (410).

[176] Übermaß, S. 140.

[177] DVBl. 1956, S. 353 ff.

in seiner vollen Bedeutung ausgeschöpft. Zippelius versteht ihn ausschließlich im Sinne von Erforderlichkeit[178]. Auf dieser Basis ist die These, das Verhältnismäßigkeitsprinzip könne den Grundsatz der Güterabwägung nur ergänzen, unbestreitbar richtig. Die Frage, ob der Eingriff in ein Grundrecht erforderlich ist, setzt in der Tat voraus, daß man zuvor dem Interesse, um dessentwillen in das Grundrecht eingegriffen wird, einen höheren Rang als dem Grundrecht zugebilligt hat. Ist der Rang des Interesses nicht so hoch wie der des Grundrechts, so ist die betreffende Regelung auf jeden Fall unzulässig. Ob der Eingriff zur Befriedigung des Interesses erforderlich ist oder nicht, kann dann dahingestellt bleiben. In der Probe aufs Exempel bei Art. 12 GG verläßt Häberle jedoch dieses enge Verständnis des Grundsatzes der Verhältnismäßigkeit[179, 180]. Der Satz: „Mit der steigenden Intensität der Freiheitsbegrenzung" seien „die Anforderungen an deren Zulässigkeit entsprechend zu steigern"[181], ist zwar richtig, läßt aber den Zusammenhang mit der eingangs getroffenen Inhaltsbestimmung des Verhältnismäßigkeitsgrundsatzes vermissen.

Daran zeigt sich, daß Häberle zwei verschiedene Vorgänge terminologisch miteinander vermischt. Mit Lerche[182] ist zu unterscheiden: Die Verhältnismäßigkeit im engeren Sinne bezeichnet die Notwendigkeit einer angemessenen *Mittel-Zweck-Relation*. Es ist hier also zu fragen, ob die Aufopferung des einen Wertes zugunsten des anderen in der beabsichtigten Form der situationsrelativen Wertrangordnung entspricht. Es ist dem Regelnden verboten, den konkret höherrangigen Wert zugunsten des konkret niederrangigen preiszugeben. Ist nach dieser Prüfung die Vorschrift nicht zu beanstanden, stellt sich die Frage, ob sie *erforderlich* ist. Es muß untersucht werden, ob der Schutz des höherrangigen Gutes nicht auf eine weniger stark eingreifende Weise möglich ist. Das Beispiel des Art. 12 Abs. 1 GG bestätigt die These: Im äußersten Bereich, dem der Berufsausübung, gebührt nach der verfassungsrechtlichen Bewertung jeder öffentlichen Aufgabe der Vorzug vor der Freiheit. Entsprechend deckt sich die Frage nach der Erforderlichkeit praktisch mit der nach der Eignung des Vorgehens zu dem angestrebten Zweck. Die Forderung nach einer weniger belasten-

---

178 Vgl. DVBl. 1956, S. 354: „Vielmehr setzt die Anwendung dieses Grundsatzes voraus, daß berechtigte Gründe zu einem Eingriff bestehen. Erst für diesen Fall bestimmt er, daß diese Gründe nur zu dem geringstmöglichen zwingend gebotenen Eingriff führen dürfen. Es ist also nur gesagt, daß Eingriffe in Grundrechte, wenn sie schon erfolgen, auf das geringstmögliche zwingend gebotene Maß beschränkt bleiben müssen."

179 *Häberle*, Wesensgehaltgarantie, S. 67.

180 aaO., S. 68.

181 aaO., S. 69.

182 Übermaß, S. 19 ff.

den Maßnahme entfällt, weil der Bereich der Berufsausübung[183] schon den am geringsten schutzbedürftigen innerhalb der Berufsfreiheit darstellt. Dagegen entsteht sie um so intensiver, je mehr sich der aufzuopfernde Wert der Berufswahl nähert, weil insofern ja möglicherweise ein weniger nachteiliges Verfahren, nämlich der Eingriff in die Ausübungsfreiheit, in Betracht kommt. Gleichzeitig gewinnt das Gebot der Verhältnismäßigkeit im engeren Sinne verstärkten Geltungsanspruch; denn nach Art. 12 Abs. 1 GG ist *grundsätzlich* keine öffentliche Aufgabe wichtig genug, die Preisgabe der Freiheit der Berufswahl zu rechtfertigen. Wir können demnach sagen, daß der Verhältnismäßigkeitsgrundsatz im engeren Sinne, wie er auch im Apothekenurteil vom Bundesverfassungsgericht angewendet wurde, praktisch die in richtiger Weise — nämlich situationsrelativ — verstandene Güterabwägung beinhaltet[184].

Demgemäß gerät Häberle mit sich selbst in Widerspruch, wenn er die Fruchtbarkeit des vom Bundesverfassungsgericht im Rahmen des Art. 12 Abs. 1 GG geübten Verfahrens für die allgemeine Grundrechtsinterpretation verneint. Zu Unrecht beruft er sich dafür auf die Rechtsprechung des Bundesverfassungsgerichts[185]. Dieses beschäftigt sich an der zitierten Stelle[186] mit der Frage, ob es als *Gericht* die richtige Anwendung des Verhältnismäßigkeitsgrundsatzes durch den Gesetzgeber ohne Rücksicht auf den normalerweise weiten *gesetzgeberischen Ermessensspielraum* nachprüfen darf, und bejaht sie wegen der in Art. 12 Abs. 1 GG selbst erfolgten, d. h. *formalen* Abstufung des Freiheitsbereiches. *Materiell* begegnen wir bei jedem Grundrecht einer je nach Sachlage variierenden Interessenintensität[187], nicht nur bei Art. 2 Abs. 1 GG und Art. 14 GG. Das Beispiel der Freizügigkeit, die das Bundesverfassungsgericht mit der ausdrücklichen Bezugnahme auf BVerfGE 2/266 als nicht abgestuften Normalfall eines Grundrechts versteht, zeigt das deutlich. Es spielt offenbar eine wesentliche Rolle für die Zulässigkeit einer legislativen Beschränkung der Freizügigkeit, ob sie dem

---

[183] Daß es keine Trennung zwischen Berufswahl und -ausübung gibt, die Übergänge vielmehr fließend sind, hat insbesondere *Bachof* (in BNS III, 1, S. 193 f.) betont; ebenso *Häberle*, Wesensgehaltsgarantie, S. 69.

[184] Der Rückgriff auf Güterabwägung und Wertrangordnung schließt den Verzicht auf die subtile Schrankensystematik ein, die uns etwa bei *Klein* (*v Mangoldt-Klein*, S. 123 ff.) entgegentritt. Das Verständnis des Grundrechtskataloges als Wertordnung läßt insoweit für einen materiellen Ertrag keinen Raum. Gegen die Unterscheidung mehrerer Arten von Schranken als „unhaltbar" auch *v. Hippel*, Grenzen und Wesensgehalt, S. 19.

[185] Vgl. *Häberle*, Wesensgehaltgarantie, S. 68, FN. 371.

[186] BVerfGE 7/410.

[187] Zur Interessenintensität als regelmäßigem und wesentlichem Richtpunkt der güterabwägenden Konfliktslösung vgl. zutreffend und ausführlich *Hubmann*, AcP Bd. 155, S. 114/115.

Grundrechtsträger die Einreise in einen bestimmten Ort verbietet oder ihn an seinen Wohnsitz bindet, ob sie für 2 *Tage* oder für 2 *Jahre* gilt.

Die Ausschaltung des Verhältnismäßigkeitsprinzips für die sog. grundrechtsprägenden Normen bei Lerche[188] wurzelt in einem anderen Anliegen, nämlich dem, die Regelungsfreiheit des Gesetzgebers nicht allzusehr zu beschneiden. Demgegenüber fragt es sich jedoch, ob der eingeschlagene Weg wirklich der richtige, vor allen Dingen, ob er von der Normativität der Verfassung her vertretbar ist. Die Zweifel beziehen sich vor allem auf den Bereich der sog. *mittelbar* grundrechtsprägenden Normen, dem Lerche u.a. Art. 2 Abs. 1 GG, 5 Abs. 2 GG und 9 Abs. 2 GG zurechnet[189]. Allgemeine Gesetze, Schutz der Jugend und der persönlichen Ehre, Gesetze gegen strafrechtlich, von der verfassungsmäßigen Ordnung oder vom Gedanken der Völkerverständigung her bedenkliche Vereinigungen geben ja nur die zulässigen Regelungs*motive*[190] an. Wollte man sich z. B. für den Schutz der freien Meinungsäußerung mit der gängigen Definition der allgemeinen Gesetze als solcher Gesetze begnügen, die „sich nicht gegen die Meinungsfreiheit als solche richten"[191], so wäre dieses leicht auszuhöhlen. Es fällt offensichtlich nicht schwer, nahezu jeder Regelung irgendeinen Grund zu unterschieben, der sie nicht als Unterdrückungsmaßnahme ausweist. Angesichts der Konzentration und Kollision der Werte, wie wir sie bei Luhmann[192] kennengelernt haben, ist ein Eingriff in die Meinungsfreiheit, der sich nicht an irgendeinem sozialen Wert legitimieren kann, kaum denkbar[193]. Wirkliche Hilfe bietet erst eine materiale Konzeption: Gerade für Art. 5 Abs. 2 GG hat sich das Bundesverfassungsgericht im Lüth-Urteil[194] dazu bekannt, daß es mit der Qualifikation des eingreifenden Gesetzes als eines „allgemeinen" nicht getan sei, sondern es selbst wiederum aus der „wertsetzenden Bedeutung"[195]

---

[188] Vgl. *Übermaß*, S. 140.

[189] Übermaß, S. 146 ff.

[190] *Kuhn*, Grundrechte, S. 76.

[191] Vgl. *v. Mangoldt-Klein*, Art. 5 Anm. IX 3 a, mit umfassenden Schrifttumsnachweisen.

[192] Vgl. oben § 2 B. II 2 d cc (1).

[193] Vgl. auch zu dem gleichliegenden Komplex der Überschreitung des Motivationsspielraums durch die Behörde *Hans J. Wolff*, Verwaltungsrecht I, § 31 II d 2: „Da sich ein Ermessensmißbrauch mithin nicht schon aus der Verwaltungshandlung selbst, sondern erst aus begleitenden Umständen ergibt, kann er in der Regel nur aus den Akten oder aus Äußerungen der beteiligten Organwalter erschlossen und kann er — zumal bei Schweigen der Akten — durch Nachschieben berechtigter Gründe geheilt oder doch *vertuscht* werden. Solange der oft schwierige Nachweis eines — meist auf *Dummheit* beruhenden — Ermessensmißbrauchs nicht erbracht ist, spricht ... eine Vermutung für rechten Ermessensgebrauch."

[194] BVerfGE 7/198 ff.

[195] BVerfGE, aaO.

des Grundrechts heraus ausgelegt und angewendet werden müsse. Gewiß hat das Gericht nicht eine direkte Güterabwägung befürwortet, die notfalls auch zur Verfassungswidrigkeit des allgemeinen Gesetzes führen könnte. Dazu gab der zu entscheidende Fall keinen Anlaß. Immerhin läßt die Überlegung, daß innerhalb des Interpretationsspielraumes der jeweiligen Vorschrift eine dem Rangverhältnis des einschränkenden zum einzuschränkenden Wert entsprechende Abstimmung stattzufinden habe, den Willen zur Abkehr von einer bloß förmlichen Würdigung erkennen. Konsequent weitergeführt, erlaubt sie im Falle eines *unvereinbaren* Wertungswiderspruches zwischen der im Grundgesetz entworfenen — wenngleich situationsrelativ umgedachten — Rangordnung der Werte und der Aussage der formal zu Recht einschränkenden Vorschrift gar kein anderes Ergebnis als die Verfassungswidrigkeit der letzteren. Denn es kann dem Gesetzgeber nicht freigestellt sein, durch das Bemühen um eindeutige und damit der Interpretation weitgehend unzugängliche Formulierungen die gebotene verfassungskonforme Rechtsanwendung zu verhindern[196].

Wir können also insgesamt festhalten, daß der Verhältnismäßigkeitsgrundsatz im engeren Sinne, verstanden als eine auf die konkrete Situation bezogene Güterabwägung, für alle Grundrechte eingreift. Das gleiche gilt für den zweiten Aspekt, die Erforderlichkeit der Maßnahme. In beiden zusammen spiegelt sich das aristotelische Gerechtigkeitsideal, jedem Interesse nicht mehr und nicht weniger zu geben, als ihm im Verhältnis zu anderen Interessen zusteht. Der Sinn des Grundrechtskatalogs ist es, die verbindlichen Maßstäbe für die jeweilige Wertigkeit anzugeben.

cc) Die Kontrollfunktion der Verfassungsgerichtsbarkeit und die Rationalität der Grundrechtsjudikatur

Freilich müssen wir Luhmann zugestehen, daß die Anwendung des Verhältnismäßigkeitsprinzips in der vorgeschlagenen Form keine Ergebnisse liefert, die allgemeinen Konsens erwarten dürfen. Über das, was verhältnismäßig und erforderlich ist, kann man streiten, auch dann, wenn eine Wertrangordnung besteht, die auf der fiktiven Grund-

---

[196] Im Ergebnis ebenso *Häberle*, Wesensgehaltgarantie, S. 31 ff. (insbesondere S. 34/35); Eike *v. Hippel*, Grenzen u. Wesensgehalt, S. 29; demgegenüber will *Arndt* (NJW 1966, S. 871) zunächst das Vorliegen einer Kollisionssituation, in der die Güterabwägung eingreifen soll, davon abhängig machen, ob die zu begrenzende Grundrechtsausübung auf einen Eingriff in das durch das allgemeine Gesetz bestimmte Rechtsgut *abziele*. Dabei übersieht er den hier als maßgeblich herausgearbeiteten Gesichtspunkt, daß es nämlich im Verfassungsrecht nicht um den Handlungsunwert, sondern um Güterschutz geht.

lage konzipiert ist, daß die beteiligten Interessen im Konfliktsfalle mit gleicher Intensität betroffen sind.

Zwar gestattet z. B. die unrelativiert gewährleistete Freiheit der Berufswahl den Schluß, daß die Zulassung einer Spielzeugwarenfabrikation nicht an eine Bedürfnisprüfung geknüpft werden darf, obgleich eine solche Kontrolle aus wirtschaftspolitischen Gründen manchmal durchaus sinnvoll sein kann. Der Gedanke, daß etwa die Kapazität an Kapital und Arbeitskraft besser wichtigeren Aufgaben nutzbar gemacht wird, liegt zu weit unterhalb der Ranghöhe der freien Berufswahl, als daß er ein ernsthaftes Argument abgeben könnte. Wie aber sieht es beim Apotheker[197], wie beim Notar aus[198]? Hier entsteht ein weitreichender Beurteilungsspielraum, der sowohl eine negative wie eine positive Stellungnahme vertretbar macht. An diesem Punkt entzünden sich denn auch die Einwände Lerches gegen die verfassungsgerichtliche Überprüfung. Er wehrt sich zu Recht dagegen, den Gesetzgeber „auf die starre Linie der Grundsätze des Übermaßverbotes" festzulegen[199].

Indes beginnt die Argumentation einen Schritt zu früh. Wer mit Rücksicht auf die notwendige Freiheit der Legislative materielles Verfassungsrecht zu überwinden versucht, übersieht, daß dieses, vor allem aber die Grundsätze der Verhältnismäßigkeit und Erforderlichkeit, keine mehr oder weniger lästigen Bindungen der Effektivität staatlichen Handelns begründen, sondern in ihrem Postulat nach Wertgerechtigkeit die staatliche Tätigkeit überhaupt erst legitimieren. Wenn die Grundrechte im Sinne der von der h. M. übernommenen Lehre Smends „ein bestimmtes Kultur-, ein Wertsystem" proklamieren, in dessen Namen „die positive (sc. staatliche und rechtliche) Ordnung gelten, legitim sein" soll[200] und wenn — wie aufgezeigt — der Verhältnismäßigkeitsgrundsatz das technische Mittel ist, über das sich die Realisierung der Wertrangordnung im Einzelproblem vollzieht, kann es gar keinen Bereich geben, wo der Geltungsanspruch des Prinzips versagt. Wer dies trotzdem behauptet, stellt mit zwingender Folgerichtigkeit den eigenen Ausgangspunkt in Frage.

Die Bedenken Lerches knüpfen denn auch sachlich gar nicht an die Verhältnismäßigkeit, sondern an die Gewaltenteilung an. Er möchte den Gesetzgeber nicht „in ein enges Netz eingespannt" wissen, ihm ein „grundsätzlich freies Organisieren"[201] nicht verwehren. Daß dies

---

197 BVerfGE 7/377 ff.
198 BVerfGE 17/371 ff.
199 Übermaß, S. 149.
200 *Smend,* Staatsrechtliche Abhandlungen, S. 265.
201 Übermaß, S. 142.

nicht den Anspruch auf illegitimes Handeln begründen kann, liegt auf der Hand. Wohl zieht Lerche zu Recht in Zweifel, daß die Verfassungsgerichtsbarkeit dazu berufen sei, im einzelnen die „verfassungsgerechteste" Lösung vorzuschreiben. Der Legislative ist vielmehr der durch den Verhältnismäßigkeitsgrundsatz bezeichnete Raum als Feld legitimer politischer Tätigkeit zuzuerkennen. Im Ganzen der Verfassung erfüllt *sie* die Aufgabe, die Rangentscheidungen des GG im konkreten Problem durchzusetzen, nicht die Verfassungsgerichtsbarkeit. Letztere bildet ihrer Intention nach lediglich ein Kontrollorgan, das die Beachtung der Grenzen überwacht. Das Urteil, „ob das Gesetz, von der Verfassung her gesehen, die bestmögliche oder aber auch nur eine gute Lösung darstellt", ist ihr entzogen. „Jedes Gesetz stellt im Grunde eine Interpretation der Verfassung dar, sei es, daß es sich für mit der Verfassung im Einklang hält, sei es, daß es sich als von der Verfassung gefordert versteht"[202]. Nur soweit der Grundrechtskatalog eine im wesentlichen unbestreitbare Aussage ermöglicht[203], die im Widerspruch zu der eines Gesetzes steht, darf das Urteil auf „verfassungswidrig" lauten.

Luhmanns Vorwurf, der h. M. mangele es an der erforderlichen Rationalität, läßt sich unter diesen Umständen nicht halten. Fordert man — wie hier — die Judiziabilität nur für die Aussage, das Gesetz sei mit Rücksicht auf die in den Grundrechten verlautbarte Rangordnung der Werte „unvertretbar", und überantwortet die „positive Interpretation" dem politischen Ermessen des Gesetzgebers, dann reichen die gebräuchlichen juristischen Methoden durchaus hin, nachprüfbare und einleuchtende Judikate zu stützen. Wenn Art. 12 Abs. 1 GG die Freiheit der Berufswahl unrelativiert gewährt, ist es ausgeschlossen, ihre Beschränkung über wirtschaftspolitische Zweckmäßigkeitserwägungen zu rechtfertigen; sie wäre sonst gegenstandslos. Die entfernte Möglichkeit von Störungen der öffentlichen Sicherheit und Ordnung kann nicht unter Berufung auf den Vorbehalt der allgemeinen Gesetze die Rechtmäßigkeit von Vorschriften begründen, die ganz generell die öffentliche Meinungsäußerung untersagen. Die Rechtsprechung des Bundesverfassungsgerichts bestätigt dies im großen und ganzen. Sie richtet sich normalerweise entweder gegen unzulässige Motivationen des Gesetzgebers[204] oder sie widerlegt die der Gesetzgebung zugrunde gelegten

[202] So zutreffend *Ehmke*, VVDStRL Heft 20, S. 68/69.

[203] Selbstverständlich vom rechtswissenschaftlichen Methodenstreit abgesehen.

[204] So etwa die Nichtigerklärung von Steuergesetzen, die an den Tatbestand der Eheschließung steuerliche Nachteile knüpfen, vgl. z. B. BVerfGE 13/290 ff.; 13/308 ff.; 16/203 f.

sozialen Tatsachen[205]. Daß sie im Rahmen der Wertabwägung die Legislative bevormundet, also trotz einwandfreier Sachverhaltsfeststellung und „vertretbarer“ Kollisionslösung das betreffende Gesetz für nichtig erklärt hätte, ist — soweit ersichtlich — noch nicht vorgekommen. Die eigentlichen Unsicherheiten der *judizierenden* Grundrechtsauslegung wurzeln in der Schwierigkeit adäquater soziologisch-deskriptiver Problemermittlung, nicht in der juristischen Methode. Entsprechend sind dort die eigentlichen Bedenken anzumelden und Verbesserungsversuche anzusetzen[206].

f) Die Möglichkeit positivrechtlich orientierter Konkretisierung des Verhältnismäßigkeitsurteils

Nun errichtet die Anwendung des Verhältnismäßigkeitsgrundsatzes in Verbindung mit der Wertrangordnung des Grundgesetzes in der geschilderten Form[207] freilich nur das methodische Gerüst. Offen bleibt, wie die Wertrangordnung zu ermitteln ist und vor allem, wie wir sie konkretisieren können. Wäre die Konkretisierung ausgeschlossen, könnten wir die Untersuchung an dieser Stelle abbrechen. Denn wir haben bereits oben gesehen[208], daß aus dem Verhältnismäßigkeitsgrundsatz i. V. mit Art. 2 Abs. 1 GG die Verfassungswidrigkeit der Mündigkeitsgrenze nach §§ 2, 1626 Abs. 1 BGB nicht begründet werden kann. Wir müßten die dort gerügten *Wertungswidersprüche* wohl oder übel in Kauf nehmen[209].

aa) Unterschied und Bedeutung zweckfreier und zweckgebundener Freiheit im Grundrechtsbereich

Aber sind diese Widersprüche auch tatsächlich vorhanden? Wir haben bisher die Interpretation des Art. 12 Abs. 1 GG durch das Bundesverfassungsgericht als richtig zugrunde gelegt und sind nach dem Vorbild dieses Urteils von einem möglichen Gegensatz zwischen individu-

---

[205] So ist das Apothekenurteil weitgehend auf dem Gutachten aufgebaut, daß die Niederlassungsfreiheit in der Schweiz die Arzneimittelversorgung nicht gefährdet habe. Vgl. BVerfGE 7/377 ff.

[206] Vgl. in diesem Sinne zutreffend *Mestmäcker*, JuS 1963, S. 418, 419.

[207] Mit der hier vertretenen Ansicht stimmt bis zu diesem Punkt — von der vorwiegend terminologischen Unterscheidung zwischen Güterabwägung und Verhältnismäßigkeit abgesehen — *Häberle*, Wesensgehaltgarantie, S. 31 ff., überein.

[208] Vgl. oben § 2, B. II 2 c.

[209] Dazu, daß Wertungswidersprüche unvermeidbar sein können, vgl. *Engisch*, Die Einheit der Rechtsordnung, S. 63.

eller Freiheit und Sozialanforderungen ausgegangen. Der Gedanke trägt uns infolgedessen den Widerspruch einer starken Gruppe innerhalb der Grundrechtsdiskussion ein, als deren wohl markantester Vertreter Ehmke[210] anzusprechen ist. Ehmke meint, die „Einheit der Verfassung werde von der h. M. zugunsten eines in sich geschlossenen Grundrechtssystems gesprengt". Von der Einheit der Verfassung her gesehen, gebe es kein Grundrechts-„System", sondern nur bestimmte grundrechtlich gesicherte Lebensbereiche, deren Einheit nur im Zusammenhang mit dem Grundprinzip des Rechtsstaates verstanden werden könne, das die Sicherung und Ausgestaltung der Freiheit des Bürgers unter Bindung der Verwaltung und der Gerichte in die Hände des Gesetzgebers lege. Eine Vorstellung, die das Recht als Widerspruch zur sog. „natürlichen" Freiheit auffaßt, sei unrichtig, da es doch Freiheit nur im Recht geben könne[211].

Wir stoßen hier erneut auf die Erscheinung, die uns bereits im Anschluß an den Bericht über die Persönlichkeitskerntheorie beschäftigte, nämlich auf das Verständnis der Freiheit i. S. einer *zweckgebundenen* Freiheit. Der Hinweis Ehmkes auf Häberle[212] zeigt das deutlich. Denn Häberle beklagt gerade an der zitierten Stelle das Fehlen einer „Funktion der Freiheit", die die „Ursache für die Verkennung der institutionellen Seite der Grundrechte" sei[213]. Von dieser Auffassung her ist das Nein zu einem Freiheits*system* folgerichtig: Wesentlich ist die „Freiheitsvermutung des Rechtsstaates", die prinzipiell durch das Gesetz ihre Gestalt in den einzelnen Lebensbereichen erhält. Die Spezialfreiheitsrechte verstehen sich als „geschichtliche Verwundungen spezifischer Formen des Personseins"[214], die bedingen, daß die betreffenden Bereiche ausnahmsweise von Verfassungs wegen in ihrer gebotenen rechtlichen Ausgestaltung vorentworfen sind[215]. Anders sieht es dagegen aus, wenn man die Freiheit i. S. von Selbstbestimmung um ihrer selbst willen, den einzelnen also grundsätzlich auch und gerade in seiner *autonomen* Zweckwahl schützt. Dann ist es durchaus sinnvoll, Art. 2 Abs. 1 GG in einer Abwehrrichtung gegenüber der staatlich gesetzten Rechtsordnung zu sehen und die Spezialfreiheitsrechte als Schutzbereiche gegenüber der Legislative zu begreifen. Ent-

---

210 VVDStRL H. 20, S. 82 ff.

211 aaO., S. 85.

212 aaO., S. 85, FN. 131

213 Wesensgehaltgarantie, S. 151.

214 *Müller*, Grundrechte, S. 139.

215 Allerdings verträgt sich die zustimmende Erwähnung des Apothekenurteils bei *Häberle* (Wesensgehaltgarantie, S. 61) damit nicht. Der dort behandelte Gegensatz von Freiheit und Gemeinschaftsgütern ist allein von der zwecklosen Freiheit her verständlich.

sprechend gewinnt die Vorstellung eines umfassenden Freiheitssystems nach dem Vorbild Dürigs[216] und Giacomettis[217] einen beachtenswerten Sinn. Wenn der einzelne in seiner sittlichen Autonomie[218] vor heteronomer Bindung der Zwecke seines Verhaltens bewahrt werden soll, kann es nicht auf historische Mißbrauchserfahrungen ankommen. Jede, auch die an sich durch eine wichtige Aufgabe motivierte gesetzgeberische Regelung erweist sich dann als Angriff, der die Autonomie des einzelnen verletzt.

In der Ermittlung des Sinns der *grundrechtlichen* Freiheit steckt somit der Schlüssel zu einem der wesentlichsten Grundprobleme der Grundrechtsdogmatik; für uns hängt von ihm die Stellungnahme zur Persönlichkeitskerntheorie, zur institutionellen Grundrechtssicht[219] und zur Möglichkeit eines Freiheitssystems in gleicher Weise ab[220].

bb) Das Freiheitsverständnis des Grundgesetzes

In der Philosophie finden wir sowohl die Vorstellung, Freiheit sei Autonomie, als auch die einer zweckgebundenen Freiheit. Kant hat die Freiheit als eine solche durch Willkürhandlungen bestimmt, also auch die Zweckwahl in die autonome Persönlichkeit verlegt. Nach ihm ist die Autonomie des Willens das „alleinige Prinzip aller moralischen Gesetze und der ihnen gemäßen Pflichten". Alle Heteronomie der Willkür gründe dagegen nicht allein gar keine Verbindlichkeit, sondern sei vielmehr dem Prinzip derselben und der Sittlichkeit des Willens entgegen[221]. Demgegenüber hat Hegel freies Handeln darin verstanden, „daß je mein Wille und mein Handeln in allgemeinen Institutionen, in Beruf und Familie und so in allgemeinen Verpflichtungen und Ordnungen konkret werden. Die hierin liegende Begrenzung sei so nicht

---

216 *Maunz-Dürig,* Art. 1 I, Rdnr. 11.

217 ZSR 1955, S. 149 ff.

218 Vgl. *Kant,* Einleitung zur Metaphysik der Sitten, S. 329/330.

219 Die Bedeutung des Freiheitsbegriffs für das institutionelle Grundrechtsverständnis wird auch von *Abel* (Die Bedeutung der Lehre von den Einrichtungsgarantien für die Auslegung des Bonner Grundgesetzes, S. 50 ff.) übersehen. Entsprechend wird die maßgebliche Frage nach dem dem Grundgesetz zugrunde liegenden Freiheitsbegriff nicht gestellt.

220 M. E. leidet die gegenwärtige Diskussion der Probleme entscheidend darunter, daß dieser Sachverhalt nicht klar gesehen und deshalb auch der Versuch einer Klärung nicht unternommen wird. Auch für die Vertragsfreiheit spielt die Frage eine maßgebliche Rolle. Die *Flume*'sche Konzeption der Privatautonomie (vgl. Juristentags-Festschrift I, S. 135 ff.) läßt sich m. E. nur halten, wenn man die Freiheit frei von heteronomen Zwecken denkt; vgl. auch *Mestmäcker,* JZ 1964, S. 441 ff., der ganz deutlich von einer heteronom zweckgebundenen Freiheit ausgeht.

221 *Eisler,* Kant-Lexikon, S. 54—55.

Einschränkung, sondern positive Verwirklichung von Freiheit. Nicht da, wo einer alles tun kann, was er will, sondern in der Entscheidung für ein bestimmtes, in sich allgemeines Tun und für ein Leben, das den freien Einzelnen aus der Sphäre der Willkür herauslöst, habe Freiheit Wirklichkeit... Wenn man daher Freiheit auf die abstrakte Willkürfreiheit reduziere, dann werde sie zu einem leeren Begriff: sie bleibe ohne Ausführung und Inhalt. Recht hat demgemäß für Hegel Freiheit zu seiner Substanz, wenn der Staat, die Gesellschaft und ihre Institutionen selbst das Reich verwirklichter Freiheit sind“[222].

Hegel und Kant gehen beide von der Natur des Menschen aus. Für Kant ist der einzelne Mensch ein Wesen, das auf Grund der ihm eigenen Vernunft so handeln kann und bei rechtem Gebrauch der Vernunft auch so handeln wird, daß er sein Verhalten als Maßstab für ein allgemein verbindliches Gesetz betrachten darf. Im Menschen selbst ist also die Fähigkeit angelegt, das Gerechte, das Vernünftige zu erkennen. Dies begründet seine Verantwortlichkeit für das eigene Tun und die Möglichkeit, ihm das Handeln nach bzw. das Abweichen von der als richtig ermittelten Verhaltensmaxime zum Verdienst oder Vorwurf zuzurechnen. „Die Autonomie ist der Grund der Würde der Vernunftwesen und das echte Prinzip der Moral[223].“

Hegel denkt im Ansatz nicht anders. Auch für ihn ist eine der Natur des Menschen entsprechende Freiheit pflichtgebunden. Im Gegensatz zu der Konzeption Kants läßt *sein* „kategorischer Imperativ“ jedoch *keinen* Spielraum für autonome Urteile über die Eignung eines Tuns als allgemeine Verhaltensmaxime. Vielmehr ist der einzelne in der sozialen Wirklichkeit der *Eigengesetzlichkeit* des jeweiligen Lebensbereichs unterworfen. Nicht sein Einsichtsvermögen und sein entsprechender *autonomer* Entschluß bestimmen das richtige Tun, sondern die Forderungen, die sich aus der Natur des Lebensbereichs, mithin *heteronom* ergeben. Während Kant also einen Bereich eigenverantwortlicher Gestaltung durch das Individuum einräumt, verlangt Hegel die strenge Rücksicht auf die der „Natur der Sache“ angeblich innewohnenden Gesetze.

Häberle versucht, die Gedanken Hegels im Anschluß vor allem an Hauriou[224] für das Grundrechtsverständnis fruchtbar zu machen[225]. Die

---

[222] Vgl. *Ritter*, Diskussionsbeitrag in *Peters:* Das Recht auf freie Entfaltung der Persönlichkeit, S. 68/69.

[223] *Eisler*, Kant-Lexikon, S. 55.

[224] Précis de droit Constitutionel.

[225] Vgl. Wesensgehaltgarantie, S. 101: Bei dieser individuellen Freiheit handelt es sich um personale Freiheit, nicht um Freiheit zur Beliebigkeit; nur als personale, als Freiheit, die sich in der Bindung und der Verant-

Erkenntnis, daß sich in den Institutionen wie Beruf, Ehe, Familie usw. die „individuellen Bedürfnisse mit den allgemeinen sachlichen Notwendigkeiten verschränken“[226], veranlaßt ihn, „individuelle und institutionelle Seite“ der Grundrechte miteinander zu verschmelzen. „Mit dem Eintritt in die objektiven Lebensverhältnisse, d. h. in die Grundrechte als Institute, wird der individuellen Freiheit eine Grenze gezogen. Sie ist in diese eingebunden. Der Grundrechtsberechtigte ist der Eigengesetzlichkeit des Lebensbereichs unterworfen, er ist in die institutionellen Ordnungen eingefügt ... die individuelle Freiheit zeigt sich hier als eine von vornherein auf diese Lebensverhältnisse bezogene Freiheit. Von diesen empfängt sie Gestalt und Auftrag. Ihren Sinn vermag sie erst in diesen Lebensbereichen zu entfalten“. Umgekehrt sind „diese Lebensverhältnisse von vornherein auf die individuelle Freiheit zu beziehen“[227]. Je nach der Eigenart des jeweiligen Lebensbereichs soll „die individuelle Freiheit stärkeren oder schwächeren Bindungen ausgesetzt, das Pflichtelement stärker oder schwächer, die Verstrickung eine verschiedene, der institutionelle Gehalt intensiver“ sein[228]. Das Recht erfüllt in dieser Konzeption eine freiheits*fördernde* Aufgabe. Die Freiheit erfordert nicht „die Abwesenheit von Rechtssätzen, sondern die Anwesenheit zahlloser freiheitlicher Rechtssätze“[229]. „Die bloß verfassungsrechtliche Verbürgung von Grundrechten ist als solche noch nicht Gewähr dafür, daß die Gerechtigkeit in der sozialen Seinssphäre unmittelbar Wirklichkeit wird. In die soziale Seinssphäre vermögen die Grundrechte erst vermittels zahlloser Rechtssätze, Normenkomplexe und Institute zu dringen[230].“

An diesem Entwurf Häberles ist sicher eines richtig: Gleich wie man den Sinn der Freiheit versteht, läßt sich das Recht nicht schlechthin als Gegensatz zur Freiheit deuten. Auch der kantische Freiheitsbegriff, der die Wahl der Verhaltenszwecke der autonomen sittlichen Persönlichkeit zuordnet, setzt materielle Vorbedingungen voraus, die nicht zuletzt durch das Recht gewährleistet werden. Wo mir die Machtmittel fehlen, meine Belange in Selbstbestimmung wirksam zu vertreten, hilft mir meine Freiheit nichts. Wenn der Gesetzgeber mir unter diesen Umständen einen „gerechten“ Vertrag vorschreibt, greift er deshalb im eigentlichen Sinne nicht in meine Freiheit ein, sondern er übernimmt fürsorgend die Vertretung meiner Interessen, die mir selbst

---

wortung bewährt und *der eine Aufgabe gestellt* ist, vermag sie eine institutionelle Seite zu besitzen (Hervorhebung vom Verfasser).

[226] *Gehlen*, Der Mensch, S. 177.

[227] *Häberle*, Wesensgehaltgarantie, S. 100.

[228] *Häberle*, aaO., S. 101.

[229] aaO., S. 225.

[230] aaO., S. 185.

nicht möglich ist[231]. Ferner leuchtet ein, daß es Freiheit ohne Sicherheit nicht geben kann. Die Freiheit der Vielen in einer Gemeinschaft läßt sich nur verwirklichen, wenn die Freiheitssphären gegeneinander abgegrenzt werden. Es besteht sonst die Gefahr, daß der Stärkere in die Sphäre des Schwächeren eindringt und diesem die Freiheit nimmt. Häberles Ansicht deckt sich *in dieser Beziehung* mit dem, was wir bereits in der Auseinandersetzung mit Luhmann als richtig anerkannten: Die Freiheit hat gesellschaftliche Bezugsprobleme, die der Grundrechtsinterpret nicht außer acht lassen darf. Wo das erforderliche Mindestmaß an verbindlicher Ordnung fehlt, nimmt die Freiheit in der sozialen Wirklichkeit Schaden. Gesetzliche Maßnahmen, die dieses Mindestmaß an Ordnung gewährleisten, beschränken daher die Freiheit nicht, sondern fördern sie. In diesem Sinne beanstandet Herbert Krüger mit Recht an der herrschenden Annahme eines absoluten Gegensatzes von Staat und Freiheit, „daß der Staat als die erste Voraussetzung aller *wirklichen* Freiheit in Vergessenheit geraten ist“[232].

Das *besondere Freiheitsverständnis* Häberles wird erst wichtig für seinen Versuch, den Gegensatz von Freiheit und Recht über die Rücksicht auf die soziologische Grenze hinaus *ganz generell* aufzuheben.

Häberle selbst sieht freilich seinen Freiheitsbegriff — wenigstens in erster Linie — nicht philosophisch beeinflußt, sondern meint, ihn im Anschluß an die Institutionenlehre Haurious[233] soziologisch begründen zu können. So betont er zwar, die individuelle Freiheit sei „personale Freiheit“, nicht „Freiheit zur Beliebigkeit“, und bestimmt die personale Freiheit als eine solche, die sich in der Bindung und der Verantwortung bewährt und der eine Aufgabe gestellt ist[234]. Doch behauptet er, mit dieser Sicht der Grundrechte „zu der hinter den Rechtsbegriffen stehenden *Wirklichkeit*“ durchzustoßen, das „Juristische in das *Soziologische*“ zu transzendieren[235]. Die Grundrechtsidee, d. h. die Idee mit ihrer verpflichtenden Kraft, die den einzelnen Grundrechten zugrunde liege, das Leitbild Ehe und Familie (Art. 6 GG), die Idee der freien Persönlichkeit (Art. 2 GG), die Idee einer freiheitlichen Eigentumsordnung (Art. 14 GG), bzw. die Eigengesetzlichkeit, die den Grundrechten als Instituten immanent sei, sei dem jeweiligen Lebensbereich eingepflanzt; sie habe in diesem ihre soziale Wirklichkeit, sie präge diese. Sie nehme in der Wirklichkeit Gestalt an und bleibe nicht

---

231 Vgl. etwa die Vorschriften des Wohnraumbewirtschaftungsgesetzes.

232 Allgemeine Staatslehre, S. 537/538.

233 Vgl. *Hauriou*, Theorie der Institution, vor allem S. 36—45.

234 *Häberle*, aaO., S. 101.

235 *Häberle*, aaO., S. 110.

eine über dieser schwebende Idee, sondern sie durchdringe das milieu social, gestalte es und werde selbst zu einem Faktum[236].

Indes erweist sich eine solche Argumentation bei näherem Zusehen als durchaus unsoziologisch. Ein Leitbild der Ehe und Familie z. B., das in der Gesellschaft allgemein anerkannt wird, gibt es ganz sicher nicht. Ein Katholik hat wesentlich andere Vorstellungen von der Ehe als ein Liberaler. Es ist bezeichnend, daß das geltende Ehegesetz ein Kontrollratsgesetz der alliierten Militärregierung ist. Der Grund, weshalb es in seiner jetzigen Form noch gilt, liegt offenbar nicht darin, daß es das Leitbild der Ehe in unserer Gesellschaft wiedergibt. Man hat vielmehr das „heiße Eisen" einer neuen Ehegesetzgebung bisher nicht angefaßt, weil man zu Recht befürchtet, man werde sich auf ein „Leitbild der Ehe" gerade nicht einigen können. Nicht viel anders sieht es bei den übrigen „Leitbildern" der Grundrechte aus.

Der Soziologe Ralf Dahrendorf hat in seiner eindrucksvollen Studie über die „Gesellschaft und Demokratie in Deutschland" die „deutsche Idee der Freiheit" mit ihrer „verdächtigen Verbindung von Freiheit und Notwendigkeit"[237] zum wesentlichen Teil dafür mitverantwortlich gemacht, daß die freiheitliche Demokratie in Deutschland nur so schwer Fuß gefaßt hat. Soziale Konflikte, „Divergenzen der Meinungen und Interessen"[238], nicht „Leitideen, die sich dem einzelnen verpflichtend auferlegen", kennzeichnen die soziale Wirklichkeit der Lebensbereiche. Dahrendorf nennt die Unvermeidlichkeit von Konflikten sogar ein „soziologisches Gesetz"[239]. Wer die „Leitideen" der gesellschaftlichen Lebensverhältnisse aufspürt und aus ihnen die „eigengesetzliche", richtige Gestalt der jeweiligen Institution ableitet, kann infolgedessen die Gesellschaft nicht „demokratisieren"[240]. Denn die Behauptung, irgendetwas sei richtig, schließt notwendig die weitere ein, daß das Abweichende unrichtig ist. Die *rechtliche Fixierung* der Eigengesetzlichkeit der Lebensbereiche führt folgerichtig zur *Unterdrückung*[241].

---

236 *Häberle*, aaO., S. 105/106.

237 *Dahrendorf*, aaO., S. 174.

238 *Dahrendorf*, aaO., S. 170/171.

239 *Dahrendorf*, aaO., S. 173.

240 *Dahrendorf*, aaO., S. 170.

241 *Dahrendorf*, aaO., S. 172: „Die andere, sehr viel anspruchsvollere Haltung sucht nach *Lösungen für Konflikte*. Dabei meine ich jedoch nicht die Lösung, die der einzelne soziale Konfliktsfall .. durch geschickte Vermittlung oder Schlichtung finden kann, sondern Lösungen in einem prinzipiellen Sinn, der an die Wurzeln des Konfliktes greift. Es ist eine der Grundfiguren jeder upotischen Konstruktion, daß sich Bedingungen schaffen lassen, unter denen *Konflikte gewissermaßen überflüssig werden*. ... In Wirklichkeit geschieht es mit der schrecklichen Dialektik des Nicht-Rationalen, daß die Utopie die Unterdrückung zuerst fordert und alsdann verherrlicht. Denn wenn in der angeblich verwirklichten Utopie das Verbotene dennoch ge-

Eine Verfassung, die die Eigengesetzlichkeit der Institutionen als „konstitutives Element" in sich aufnimmt[242], kann deshalb autoritär und totalitär, nicht aber demokratisch sein. Demokratisch kann sie nur sein, wenn sie die sozialen Konflikte als gegeben hinnimmt und einen Weg sucht, der dem einzelnen möglichst viel Raum für seine Selbstdarstellung läßt. Mit Recht behauptet deshalb Dahrendorf, daß der Demokratie kantisches und nicht hegelianisches Denken angemessen ist[243]. An die Stelle der *Eigengesetzlichkeit,* der Synthese des hegelianischen Denkprozesses, tritt die *Güterabwägung* zwischen der Selbstbestimmung des einzelnen und den Stabilitätsanforderungen der Handlungssysteme[244].

Das Grundgesetz hat eindeutig diesen demokratischen Weg gewählt. Dabei brauchen wir nicht einmal im Anschluß an Dahrendorf auf das Bekenntnis zur Demokratie zurückgreifen. Es gibt eine Reihe von Grundrechten, die unbezweifelbar unabhängig von denkbaren institutionellen Aspekten im Sinne Häberles sind. Der Mensch wird in seiner körperlichen Integrität geschützt, weil er als mit Geist und Seele begabtes Wesen schutzwürdig ist. Das Postgeheimnis besteht ausschließlich um des Individuums selbst willen; die Freiheit der Wohnung sichert ihm einen Bereich, in dem es ohne die Gefahr einer Intervention von Gemeinschafts wegen sich selbst genügen kann. Die kantische Freiheit schließt sich dem nahtlos an; sie gesteht die Befugnis zu, nach eigenem Gutdünken zu handeln, ohne grundsätzlich einer irdischen Instanz darüber Rechenschaft zu schulden. Die Materialien zum Grundgesetz knüpfen gleichfalls an den kantischen Freiheitsbegriff an. Zu Art. 2 Abs. 1 GG schlug der Allgemeine Redaktionsausschuß die Fassung vor, jedermann habe „die Freiheit zu tun und zu lassen, was die Rechte anderer nicht verletzt und nicht gegen die verfassungsmäßige Ordnung oder das Sittengesetz verstößt"[245]. Im weiteren Verlauf der Beratungen rückte man zwar von dieser Formel ab, doch geschah das nicht aus sachlichen, sondern aus sprachlichen Gründen. Die vom Abg. v. Mangoldt vorgetragene Auffassung des Grundsatzausschusses wandte sich gegen die vulgäre Form, die „das Würdevolle im Klang, das man in die Grundrechte hineinlegen wolle"[246],

---

schieht, ... dann fordert die Rettung der utopischen Theorie die *Praxis der Unterdrückung* des Widerstandes als eines Relikts überwundener Vergangenheit oder eines Unterwanderungsversuches fremder Mächte. So wird die schöne, aber falsche Theorie zum Sonntagskleid der Willkür."

242 *Häberle,* aaO., S. 106.

243 *Dahrendorf,* aaO., S. 174.

244 *Häberle* tritt zwar auch für eine Güterabwägung ein, erkennt der Freiheit als solcher dabei aber keinen Eigenwert zu.

245 JöR n. F. 1, S. 59.

246 JöR n. F. 1, S. 61.

durchbreche. Deutlicher als mit einer Freiheit „zu tun oder zu lassen“ läßt sich die Absage an das Hegelsche Freiheitsverständnis sicher nicht ausdrücken. Hier wird ganz klar auf die „Freiheit von“, die Autonomie, nicht auf die „Freiheit zu“ etwas, abgehoben. Letztere schließt die angedeutete Gleichwertigkeit von Tun und Lassen notwendig aus. Zweckgebundene Freiheit kann in der konkreten Situation nur in eine Richtung, nämlich auf Erfüllung des Zwecks, gehen. Versperrt der einzelne sich dem, „läßt“ er anstatt zu „tun“, übt er zweckwidriges Verhalten, das i. S. Hegels gar keinen „wahren“ Freiheitsgebrauch darstellt. Schließlich ist das Grundgesetz entgegen Peters[247] wenigstens in erster Linie nicht als Reaktion auf die schlechten Erfahrungen der Weimarer Zeit, sondern als eine Wendung gegen die wesentlich schlimmeren der Hitlerzeit gedacht. Gerade dort hat sich aber gezeigt, wie leicht und im wesentlichen widerstandslos die Bindung des Gesetzgebers an die „Eigengesetzlichkeit der Lebensverhältnisse“, an noch so fest gefügte außerpositive Wertordnungen überspielt werden kann. Aus Gleichheit wird Artgleichheit[248], christliches Ethos wird durch völkisches Bewußtsein verdrängt. Das jüngste Beispiel für die ideologische Anfälligkeit einer heteronomen, zweckgebundenen Freiheit begegnet uns in der Interpretation der Freiheitsrechte der DDR-Verfassung. Nach Grotewohl ist „Freiheit ... nicht Zügellosigkeit, wie es die bürgerliche Ideologie darstellt ... sie hat ihre Quelle in der Erkenntnis des Neuen, das sich gegenüber dem Alten durchsetzt, in dem Vermögen, die objektiven Gesetze der gesellschaftlichen Entwicklung zu kennen, und in der Aneignung des Vermögens, gemäß diesen Gesetzen zu handeln. Das ist der wahre Begriff der Freiheit, der auch in die staatsbürgerlichen Freiheiten eingeht“[249]. Es läßt sich nicht leugnen, daß diese Auffassung das Bemühen um die „Eigengesetzlichkeit der Lebensverhältnisse“ durchaus verrät. Der Unterschied zu Häberle wurzelt ausschließlich in dem weltanschaulichen Ansatz, von dem aus die Eigengesetzlichkeit bestimmt wird. Der neuthomistische Ansatz Haurious[250] wird durch einen marxistischen abgelöst.

Unter diesen Umständen kann nur eine Lösung dem Willen des Verfassunggebers gerecht werden, die sich gegenüber weltanschaulichen Manipulationen als immun erweist. Gleich wie man im übrigen zum Liberalismus steht, ist zuzugeben, daß der liberalistische Ansatz diese Voraussetzung noch am ehesten erfüllt. Denn er vermeidet im Gegen-

---

[247] Das Recht auf freie Entfaltung der Persönlichkeit, S. 47; ebenso *Krämer*, Grundrechte, S. 44.

[248] Vgl. dazu *Hill*, Gleichheit und Artgleichheit, S. 205 ff.

[249] *Grotewohl*, Die Rolle der Arbeiter- und Bauernmacht in der Deutschen Demokratischen Republik, S. 29.

[250] Vgl. dazu *Luhmann*, Grundrechte, S. 12 FN. 14.

satz zum personalistischen den Bezug auf außerverfassungsrechtliche Werte und begreift die Freiheit als einen mindestens in etwa fixen Richtpunkt. Die Möglichkeit der Begrenzung sorgt dafür, daß die übrigen Werte gegenüber der Freiheit nicht ins Hintertreffen geraten. Es entsteht eine Balance, die philosophisch vielleicht nicht folgerichtig ist, wohl aber das verfassungsgesetzliche Anliegen verwirklicht: Die Freiheit begrenzt die Befugnisse des Gesetzgebers, das Recht beschneidet in dem vom Grundgesetz vorgezeichneten Rahmen die Willkür des Individuums[251].

Ist somit die grundrechtliche Freiheit im Prinzip eine nicht zweckgebundene Freiheit, die aus der sittlichen Autonomie des einzelnen fließt[252], so haben wir grundsätzlich einen Gegensatz von Recht und Freiheit zugrunde zu legen. Außerhalb des beschriebenen Bereichs, in dem das Recht die unerläßlichen materialen Vorbedingungen der Freiheit sichert, stoßen wir daher auf ein Spannungsverhältnis zwischen den Postulaten der Freiheit und ihr entgegengesetzten Tendenzen zur rechtlichen Verfestigung der einzelnen Bereiche, die die Wirksamkeit der sozialen Handlungssysteme zu erhöhen bzw. diese um einer effektiven Gesamtordnung willen umzugestalten versuchen. Die aus den Gesetzesvorbehalten abzulesende Wertrangordnung gibt, mit Hilfe des Verhältnismäßigkeitsgrundsatzes auf das Einzelproblem hin konkretisiert, die Orientierungspunkte zur rechtlichen Lösung an. Auch insoweit liefert das bereits zur Darstellung der „soziologischen Grenze“[253] der Grundrechte herangezogene Apothekenurteil des Bundesverfassungsgerichts gutes Anschauungsmaterial. Das Gericht hat dort, wie wir schon sahen[254], die Anforderungen an die Einschränkung der lediglich unter einem Gesetzesvorbehalt gewährleisteten Freiheit der Berufsausübung um so mehr gesteigert, je mehr sie über eine bloße Regelung der Modalität hinausgeht und auf die Substanz zurückwirkt. Genau das besagt der vorstehend ausgesprochene Vorschlag: Der Geltungsanspruch der Selbstbestimmung ist um so stärker, je mehr sie sich als unmittelbarer Ausfluß der menschlichen Personwürde ver-

---

251 *Müller* (Grundrechte), der an den kantischen Freiheitsbegriff anknüpft (S. 138), verkennt mangels ausreichend scharfer Analyse des Begriffs diesen Zusammenhang. Die Ansicht, kantische Freiheit sei einerseits zwecklose Freiheit (S. 189 mit Bezug auf die Pressefreiheit) und andererseits nur im Recht denkbar (S. 138), ist ein Widerspruch in sich, der die Aufgabe des Rechts, die Vorbedingungen wirklicher Freiheit zu schaffen, mit dem Wesen der Freiheit verwechselt und deshalb auch das Verhältnis von Freiheit und Recht bei funktionalen Freiheitsaspekten nicht richtig in den Griff bekommt (vgl. S. 188 ff.; dazu später ausführlich).

252 *Kant*, Einleitung zur Metaphysik der Sitten, S. 329/330.

253 Vgl. zu diesem Begriff: *Fechner*, Die soziologische Grenze der Grundrechte.

254 Vgl. oben § 2 B. II 2 d cc (2).

steht, um so schwächer, je mehr sie sich auf außerpersönliche Angelegenheiten bezieht. Entsprechend wachsen die Anforderungen an die soziale Wichtigkeit des einschränkenden Wertes bzw. schwächen sie sich ab.

Schließlich begründet die kantische Freiheit um ihrer selbst willen die Legitimität des Bemühens um ein *Freiheitssystem*, in dem die *Wertungen harmonisch aufeinander abgestimmt* sind. Die Einwände Ehmkes greifen gegenüber einem solchen Freiheitsverständnis nicht durch. Wenn der Verfassunggeber unter Freiheit die Autonomie des Menschen versteht, dann kann sie nicht auf bestimmte Bereiche und Tätigkeiten beschränkt sein. Vielmehr stellen sich die Einzelfreiheitsrechte in diesem Fall als historisch zufällige Konkretisierungen des nach umfassendem Schutz strebenden Freiheitsbedürfnisses dar; Art. 2 Abs. 1 GG erkennt dieses Bedürfnis positivrechtlich an[255].

cc) Die Notwendigkeit der Unterscheidung von personalen und funktionalen Freiheitsrechten

Bei dem Bemühen, die Wertungen des Grundrechtskataloges miteinander zu harmonisieren, hat der Grundrechtsinterpret allerdings noch folgendes zu beachten:

Wir haben im Rahmen der Problemdarstellung bereits gesehen, daß das Recht Freiheit sowohl als *personale* als auch als *funktionale* Freiheit anerkennen kann. Im ersten Fall wird die Freiheit um ihrer selbst willen, als *Selbstzweck*, geschützt, im zweiten ist sie als *Mittel* zur Befriedigung eines anderen Interesses gedacht. Die Frage, welche der beiden Möglichkeiten für das einzelne Grundrecht zutrifft, läßt sich leicht beantworten, wo — wie in Art. 2 Abs. 1 GG — gar kein besonderes Interesse neben der Freiheit genannt ist. Dagegen bereitet sie bei den sog. Spezialfreiheitsrechten Schwierigkeiten: Schützt Art. 9 Abs. 1 GG das Interesse des einzelnen an der Zugehörigkeit zu Vereinen oder bezweckt er den Schutz der Selbstbestimmung bei der Entscheidung für oder gegen den Beitritt zu einem Verein? Gewährt Art. 5 Abs. 1 GG rechtlich geschützte Willensmacht um des Interesses an Meinungsäußerung willen oder betrifft er die Selbstbestimmung im Hinblick auf das Äußern oder Verschweigen einer Meinung? Es liegt auf der Hand, daß der Unterschied das Urteil über die Harmonie der Bewertungen des Grundrechtsgebers maßgeblich beeinflußt: Harmonisieren lassen sich nur miteinander *vergleichbare* Bewertungen. Wenn der Grundrechtsgeber der Freiheit als solcher einen im Grundsätzlichen unterschiedlich hohen Rang zubilligt, so entsteht ein Wertungswider-

---

[255] So *Maunz-Dürig*, Art. 2 I, Rdnr. 3.

spruch. Bezweckt er in den verschiedenen Bereichen nicht den Schutz der Freiheit, sondern benutzt er sie lediglich als Mittel zum Schutz voneinander verschiedener Interessen, so entsteht der Wertungswiderspruch nicht. Denn die Bewertung bezieht sich dann nicht auf die sämtlichen Bereichen gemeinsame Garantie der Freiheit, sondern auf die voneinander unabhängigen Interessen, die hinter dem jeweiligen Schutz der Willensmacht stehen. Daß Verschiedenes verschieden behandelt wird, ist nicht zu beanstanden.

In der bisherigen Grundrechtsdiskussion ist der Gedanke, die Freiheitsgarantie könne möglicherweise nur Mittel zum Schutz eines von ihr verschiedenen Interesses sein, noch nicht als besondere Konzeption aufgetaucht. Wohl knüpft man in der Rechtsprechung und im Schrifttum die Bedeutung *einzelner* Spezialfreiheitsrechte nicht selten an soziale Zwecke an, hinter denen der Eigenwert der Selbstbestimmung mehr oder weniger stark zurücktritt. So heißt es z. B. im Lüth-Urteil des Bundesverfassungsgerichts: „Das Grundrecht auf freie Meinungsäußerung ist als unmittelbarer Ausdruck der menschlichen Persönlichkeit in der Gesellschaft eines der vornehmsten Menschenrechte überhaupt. Für eine freiheitlich-demokratische Staatsordnung ist es schlechthin konstituierend, denn es ermöglicht erst die ständige geistige Auseinandersetzung, den Kampf der Meinungen, der ihr Lebenselement ist.“ Das Gericht schließt daran die Forderung an, die allgemeinen Gesetze, die die Meinungsfreiheit beschränkten, müßten ihrerseits „aus der Erkenntnis der wertsetzenden Bedeutung dieses Grundrechts im freiheitlichen demokratischen Staat“ ausgelegt werden[256]. Einen in dieser Hinsicht besonders bemerkenswerten Beitrag liefert Ridder[257]. Er siedelt die Meinungsfreiheit zunächst im Bereich der individuellen Freiheitsrechte an, die „als persönliche Freiheiten niemals Institutionen oder Anstalten, Einrichtungen oder Rechtsinstitute sein oder werden können“[258]. Doch spaltet er von ihr die sog. öffentliche Meinungsfreiheit ab, die *funktionalisiert*, mit *institutionellen* Merkmalen versehen sei und deshalb „außerhalb des Bereichs der individuellen Freiheitsrechte“ liege[259]. Die für diese maßgebende Verfassungsnorm findet er in Art. 21 GG, der „für die Verfassung der Bundesrepublik die Haupt- und Grundnorm der institutionellen öffentlichen Meinungsfreiheit“ sei und „bedenkenlos in den entsprechenden Versionen auf die politische Presse angewendet werden“ könne[260].

---

256 BVerfGE 7, S. 198 ff. (S. 208/209).

257 Meinungsfreiheit in NNS II, S. 243—290.

258 aaO., S. 244/45.

259 aaO., S. 250; vgl. auch S. 251/255.

260 *Ridder*, aaO., S. 257; vgl. dazu auch die scharfe Methodenkritik *Forsthoffs* in: Festschrift für Carl Schmitt, S. 49/50.

Schon an diesen beiden Stellungnahmen, die repräsentativ für eine Fülle von ähnlichen Äußerungen stehen, fällt eine wesentliche Divergenz auf: Das BVerfG scheint[261] die Meinungsfreiheit *sowohl* um der Selbstbestimmung *als auch* um ihrer Bedeutung im freiheitlich- demokratischen Staat willen durch Art. 5 Abs. 1, S. 1 GG schützen zu wollen. Ridder dagegen differenziert: Art. 5 Abs. 1 S. 1 GG soll die Selbstbestimmung im Hinblick auf Meinungsäußerungen gewährleisten. Die verfassungsrechtliche Bewertung der funktionellen Meinungsfreiheit soll sich aus der Analogie zu Art. 21 GG ergeben. Ridder begründet diese Trennung damit, daß der Schutz der persönlichen Freiheit eine Institutionalisierung verbiete, während die soziale Funktion der Meinungsfreiheit die institutionelle Stabilisierung fordere. Es leuchtet ein, daß die Stellungnahme zu diesem Meinungsstreit für unser Bemühen um die Bewertungsharmonie innerhalb der Normen des Grundrechtskataloges entscheidend wichtig ist. Folgen wir dem BVerfG, so werden die Einzelbewertungen isoliert: Denn es bleibt offen, ob ihr Rang, der an der Intensität des Gesetzesvorbehalts abgelesen werden kann, auf den Eigenwert der Freiheit oder auf ihre jeweilige soziale Funktion zurückzuführen ist. Der Rang der Selbstbestimmung als solcher läßt sich dann genausowenig ermitteln wie etwa derjenige der „ständigen geistigen Auseinandersetzung", die „für eine freiheitlich-demokratische Staatsordnung schlechthin konstituierend" ist. Schließen wir uns der Auffassung Ridders an, so kann das einzelne Grundrecht entweder nur die verfassungsrechtliche Bewertung der Selbstbestimmung oder nur die verfassungsrechtliche Bewertung des sozialen Anliegens, auf das die Freiheit aus soziologischer Sicht bezogen ist, wiedergeben. Infolgedessen wird es möglich, die jeweils gleichsinnigen Bewertungen herauszuarbeiten, aufeinander zu beziehen und dadurch zu einer weitgehenden Wertungsharmonie zu gelangen. Die analoge Anwendung des Art. 21 GG auf den gleichsinnigen Tatbestand der politischen Presse bei Ridder ist ein gutes Beispiel für diesen Vorgang.

Eine ausführliche Auseinandersetzung mit diesem Problem des Verhältnisses von personalem und funktionalem Gehalt der Freiheitsrechte finden wir bei Müller[262]. Müller wendet sich scharf gegen die Ansicht Ridders. Er rügt, Ridders Freiheitsrecht der öffentlichen Meinungsfreiheit sei „von der Persönlichkeitsidee vollständig losgelöst". Sein Sinngehalt erschöpfe sich in der Gewährleistung eines bestimmten gesellschaftlichen Prozesses, der seinerseits als rein technische, funktionale Voraussetzung eines bestimmten politischen Systems verstanden

[261] So jedenfalls die Deutung von *Müller*, Grundrechte, S. 188, FN. 3, der dem BVerfG zustimmt.

[262] *Müller*, Grundrechte, S. 184—192.

werde. Diesem Freiheitsrecht gehe das Ethos der Grundrechte ab. Es weise nicht den für die Grundrechte charakteristischen naturrechtlichen Bezug auf. Niemals könne die gesellschaftliche Nützlichkeit den Inhalt einer grundrechtlichen Freiheit abschließend bestimmen. Die Sicherung der Funktion der Presse im demokratischen Staat sei demnach nicht Gegenstand eines besonderen Grundrechts, sondern ein Bestandteil der *einen* grundrechtlichen Pressefreiheit, deren Kern nach wie vor im Schutz der freien Entfaltung des denkenden Menschen liege[263]. Das Verhältnis von personaler und funktionaler Seite der Pressefreiheit beschreibt Müller dahin, daß die Freiheit „zunächst zwecklose Freiheit" sei, „die dem Menschen um seiner selbst willen zu eigener Verantwortung überlassen und gewährleistet" werde. Im Falle der Kollision mit anderen Werten fordere „das Recht ganz bestimmte, rational vertretbare Ziele des Handelns". Als sinnvoller und verantwortlicher Freiheitsgebrauch sei nun insbesondere ein funktional wertvoller, nämlich „die Erfüllung einer Aufgabe im demokratischen Staatswesen" anzusehen[264].

Betrachtet man zunächst die *Lösung* Müllers für unser Problem etwas genauer, so werden erhebliche Schwächen sichtbar. Müller erkauft nämlich den Einklang von personaler und funktionaler Seite des Grundrechts in Wirklichkeit mit dem Verzicht darauf, die personale Seite zu berücksichtigen. Die kantische Freiheit ist dadurch gekennzeichnet, daß sie gerade nicht an „rational vertretbare Ziele des Handelns" anknüpft, sondern an den Willen des einzelnen, gleichgültig, ob dieser nach objektiven Maßstäben vernünftig ist oder nicht. Wer verlangt, das Handeln müsse sich in der Kollision mit anderen Werten als sinnvoll und verantwortlich erweisen, um gerechtfertigt zu sein, *spricht der Freiheit deshalb ihren Eigenwert notwendig ab.* Sie ist dann nicht um ihrer selbst willen, mit Rücksicht auf den menschlichen Autonomieanspruch, wertvoll, sondern lediglich deshalb, weil sie wichtige Aufgaben in bestimmten sozialen Handlungssystemen erfüllt. Für ein Spannungsverhältnis zwischen individueller Freiheit und sozialer Wirksamkeit des Handelns, das wir als charakteristisch für ein demokratisches Freiheitsverständnis kennengelernt haben, bleibt bei Müller also kein Raum. Da er angebbare rationale Zwecke fordert, ist mit der Feststellung, das Verhalten nütze dem Handlungssystem nicht, automatisch ein negatives Urteil über den Freiheitsgebrauch verbunden. Gewiß — es soll an dieser Stelle erneut betont werden — darf auch ein rein individuelles Freiheitsrecht nicht so ausgestaltet sein, daß es die Funktionsfähigkeit des Handlungssystems aufhebt, dem

---

263 *Müller*, Grundrechte, S. 188.

264 *Müller*, aaO., S. 189/190.

es zugeordnet ist. Die bestehende differenzierte Sozialordnung mit der ihr korrespondierenden demokratischen Staatsform ist ein Garant der Grundrechte; ihre Gefährdung würde zerstörend auf die Grundrechte zurückwirken. Vom Schädigungsverbot bis zur Anerkennung als entscheidender Maßstab ist jedoch ein weiter Weg. Die Differenz hat das Bundesverfassungsgericht im Apothekenurteil aufgezeigt. Der dort für verfassungswidrig erklärte Art. 3 Abs. 1 des Bayerischen Gesetzes über das Apothekenwesen sah als Voraussetzung für die Erteilung einer Betriebserlaubnis vor, daß die geplante Apotheke im öffentlichen Interesse liege, wirtschaftlich gesichert sei und die wirtschaftliche Grundlage der übrigen Apotheken nicht gefährde. Es liegt auf der Hand, daß solche Erfordernisse geeignet sind, die Funktionsfähigkeit des spezifischen Handlungssystems „Versorgung der Bevölkerung mit Heilmitteln" zu fördern. Das Bundesverfassungsgericht hat dies auch gar nicht angezweifelt. Es hat sich darauf beschränkt zu untersuchen, ob die Vorschrift notwendig sei, um ein *überragend wichtiges Gemeinschaftsgut* zu schützen. So hat die Schilderung gewisser Mängel im zulassungsfreien Schweizer Apothekenwesen den Senat nicht zu beeindrucken vermocht. Er würdigt sie mit dem Satz, es könne „keine Rede davon sein, daß die Niederlassungsfreiheit in der Schweiz eine Lage herbeigeführt hätte, durch die *gefährliche Schäden* für die Volksgesundheit entstanden oder für die Zukunft zu befürchten wären"[265]. Lediglich im Bereich der reinen Berufsausübung erlaubt er dem Gesetzgeber die Förderung der Funktionsfähigkeit des Handlungssystems, indem er ihn nur an „vernünftige Erwägungen des Gemeinwohls" und an die Zweckmäßigkeit der in Aussicht genommenen Regelung bindet[266]. Die Möglichkeit eines Gegensatzes zwischen der personalen Berufsfreiheit und der sozialen Funktion, die die Berufsfreiheit aus soziologischer Sicht bis zu einem gewissen Grade erfüllt, wird also ausdrücklich anerkannt und im Wege einer Wertabwägung beider Gesichtspunkte gegeneinander berücksichtigt.

Damit ist bereits ein erster Gesichtspunkt berührt, der die These Ridders unterstützt, daß Selbstbestimmung und funktionale Freiheit nicht in einem und demselben Grundrecht geschützt sein können:

Der Gesetzgeber verfolgt mit dem Erlaß einer Rechtsnorm zumindest *einen* bestimmten *Zweck*. Er kann darüber hinaus grundsätzlich auch mehrere Zwecke auf einmal verfolgen, jedoch nur unter einer Bedingung: Die Zwecke dürfen sich nicht überschneiden. Der Gesetzgeber kann nicht sagen, es komme ihm darauf an, *sowohl* das Interesse a *als auch* das Interesse b zu schützen, wenn der Schutz des Inter-

---

[265] BVerfGE 7/377 ff. (416).

[266] BVerfGE, aaO.

esses a nicht ohne Eingriff in den Schutzbereich des Interesses b verwirklicht werden kann. Die betreffende Rechtsnorm ist sonst in sich widersprüchlich. Sie eignet sich weder zum Schutz des Interesses a noch zu dem des Interesses b; die beiden Wertungen heben sich gegenseitig auf.

Eine solche Situation liegt im Verhältnis von Selbstbestimmung und funktionaler Freiheit vor: Die *Selbstbestimmung* fordert den Schutz der Freiheit *jedes Verhaltens*. Die *funktionale Freiheit ist nicht Selbstzweck*, sondern lediglich ein *Mittel* zur Verwirklichung eines anderen Anliegens; *Zweck* der Freiheitsgarantie ist also dieses soziale Anliegen. Letzteres fordert, den Schutz der Freiheit auf das *funktionsgerechte Verhalten* zu begrenzen; denn durch *funktionswidriges* Verhalten wird es beeinträchtigt. Den Gegensatz macht gerade das spezielle Beispiel der Meinungs- und Pressefreiheit, an dem wir den Unterschied zwischen der Ansicht des Bundesverfassungsgerichts und der Ansicht Ridders kennengelernt haben, deutlich: Nur wer den Sinn des Art. 5 Abs. 1 GG im Schutz der Selbstbestimmung sieht, kann *jeder Zeitung* den Schutz des Art. 5 Abs. 1 GG zugestehen. Sobald man die Legitimation des Grundrechts in dem Beitrag der Presse zur öffentlichen, insbesondere zur politischen Meinungsbildung erblickt, verengt sich der Kreis der geschützten Erzeugnisse. Nicht jedes Sensationsblatt kann das Freiheitsrecht für sich beanspruchen, sondern nur die *seriöse, um richtige, wahrhaftige Information bemühte Presse*[267]. Unwahrhaftige Information *gefährdet* die „ständige geistige Auseinandersetzung, die das Lebenselement der Demokratie ist". Wer ein Problem gar nicht richtig kennt, kann nicht durch seine Stellungnahme zu dessen Lösung beitragen. Das Recht auf Selbstbestimmung dagegen schließt auch die Befugnis ein, etwas Unwahres zu propagieren; der einzelne ist insofern nicht dem Gesetz, sondern nur sich selbst, seinem eigenen Empfinden für rechtes und unrechtes Verhalten verantwortlich. Die allgemeinen Gesetze, die Gesetze zum Schutze der Jugend und das Recht der persönlichen Ehre (Art. 5 Abs. 2) verlangen nicht Wahrhaftigkeit der Presse schlechthin, sondern nur, soweit sie um der durch diese geschützten Rechtsgüter willen erforderlich ist.

Die neueren Landespressegesetze, die eine *generelle* Wahrheitspflicht der Presse vorsehen[268], lassen sich also nur von einem funktionalen Verständnis der Pressefreiheit her mit Art. 5 Abs. 1 GG vereinbaren. Ja, Art. 5 Abs. 1 GG würde auf dem Boden eines funktionalen Verständnisses sogar — und das ist m. E. der entscheidende Gesichts-

---

[267] Vgl. zutreffend: *Forsthoff*, Der Staat 1966, S. 11; vgl. auch *v. Mangoldt-Klein*, Art. 5 Anm. VI 3.

[268] Vgl. z. B. § 6 des Pressegesetzes von Nordrhein-Westfalen.

punkt — *verlangen,* die Presse zu wahrhaftiger Darstellung zu *zwingen,* wenn die Unwahrheiten so überhand nähmen, daß dem Bürger der Einblick in das tatsächliche Geschehen und damit die Möglichkeit eines fruchtbaren Diskussionsbeitrages zu den anstehenden Problemen versperrt würde. Das Interesse an demokratischer Willensbildung würde dann den Eingriff in das Interesse des Journalisten fordern, frei und nur sich selbst verantwortlich handeln zu dürfen. Die Anforderungen von Selbstbestimmung auf der einen und sozialer Funktion der Meinungsfreiheit auf der anderen Seite geraten also in diesem Fall zueinander in Widerspruch.

Ein weiterer Gesichtspunkt, der gegen die Ansicht des BVerfG im Lüth-Urteil spricht, wird an dem Anliegen sichtbar, das auch allgemein im Mittelpunkt dieses Teils der Untersuchung steht, nämlich am Anliegen der Wertungsharmonie. Dies zeigt sich insbesondere bei dem Problem der sog. *negativen Freiheiten.* Wenn Art. 9 Abs. 3 GG die Koalitionsfreiheit wegen ihrer sozialen Funktion im Arbeitsleben verbürgt, so kann er nicht auch die negative Koalitionsfreiheit schützen[269]. Denn wer nicht der Gewerkschaft oder dem Arbeitgeberverband beitritt, verschließt sich ja gerade dem sozialen Anliegen, das die Koalitionen verfolgen. Er leistet gerade keinen Beitrag zur gerechten Gestaltung des Arbeitslebens. Infolgedessen läßt sich der *Rang* der Koalitionsfreiheit, der sich im Fehlen eines Gesetzesvorbehalts ausdrückt, ausschließlich der positiven Koalitionsfreiheit zubilligen. Für die negative Koalitionsfreiheit fehlt ein Grund, der es rechtfertigt, sie höher als die allgemeine Handlungsfreiheit zu bewerten. Ähnliches gilt für andere negative Freiheiten: Wer z. B. seine Meinung verschweigt, beteiligt sich *nicht* an der ständigen geistigen Auseinandersetzung, die das Lebenselement der Demokratie ist, und kann deshalb *nicht* beanspruchen, nach Maßgabe der „wertsetzenden Bedeutung des Grundrechts der Meinungsfreiheit im freiheitlichen demokratischen Staat" geschützt zu werden. Zutreffend nennt Herbert Krüger die Vorstellung von negativen Freiheiten den „äußersten verfassungsrechtlichen Ausdruck einer ... staatlichen und gesellschaftlichen *Funktionslosigkeit* der Grundrechte"[270]. Wenn Art. 9 Abs. 3 GG bzw. Art. 5 Abs. 1 GG dagegen den Schutz der Selbstbestimmung des einzelnen bezwecken, sind Tun und Unterlassen gleichwertig. Sie müssen dann auch die negative Koalitionsfreiheit und die negative Meinungsfreiheit in ihren Normbereich miteinbeziehen[271].

---

269 So konsequent: *Hueck-Nipperdey,* Lehrbuch des Arbeitsrechts II, S. 116; a. A. die h. M., vgl. *Dietz* in: BNS III, S. 453—458.

270 Allgemeine Staatslehre, S. 538.

271 Für die Unvereinbarkeit von Sebstbestimmungsschutz und Funktionsschutz neuestens ganz dezidiert auch *Forsthoff,* Der Staat 1966, S. 7 u. S. 14.

Gegen solche Überlegungen wird z. T. eingewandt, Freiheit fordere „begrifflich" die Befugnis, etwas zu tun oder zu unterlassen; wer nur etwas tun dürfe, sei nicht mehr frei[272]. Das ist richtig, wird aber durch die vorstehende Argumentation auch nicht in Frage gestellt. Zwar könnte man von der öffentlichen Aufgabe her für den Koalitionsbeitritt oder die Vereinigung notfalls einen Zwang rechtfertigen. Die Mittel, mit denen die öffentliche Aufgabe erfüllt wird, sind insoweit begrenzt austauschbar; auch Zwangsmitgliedschaft wäre möglich. Doch darf der Verfassunggeber aufgrund *anderer verfassungsrechtlicher Bewertungen* nicht auf die Gewährleistung der Freiheit verzichten. Der etwa in Art. 2 Abs. 1 GG anerkannte Freiheitsanspruch wirkt auch in den rechtlichen Institutionen und tritt erst dann zurück, wenn die soziale Aufgabe nicht in Freiheit erfüllt werden kann. Da die bestehende Sozialordnung ausreichend leistungsfähige Vereinigungen und Koalitionen aufweist, verbietet der Selbstbestimmungsanspruch des einzelnen die gesetzliche Anordnung einer Zwangsmitgliedschaft. Entgegen Klein[273] läuft es auch praktisch nicht auf das gleiche hinaus, ob man etwa die negative Koalitionsfreiheit durch Art. 9 Abs. 3 GG oder durch Art. 2 Abs. 1 GG schützt. Es macht durchaus einen Unterschied, ob die negative Koalitionsfreiheit nach Art. 9 Abs. 3 GG vorbehaltlos oder — entsprechend der hier einmal als richtig unterstellten Rechtsprechung des Bundesverfassungsgerichts[274] — nach Art. 2 Abs. 1 GG unter dem Vorbehalt der allgemeinen Rechtsordnung gewährleistet ist.

Es bleibt der Einwand Müllers, ein ausschließlich funktionales Grundrecht sei von der Persönlichkeitsidee vollständig losgelöst. Das Bedenken läßt sich sogar noch verstärken: Man kann fragen, wieso ein soziales Anliegen dadurch geschützt wird, daß der einzelne ein Grundrecht erhält. Subjektive Rechte schutzen im allgemeinen nicht Gemeinschaftsanliegen, sondern individuelle Interessen des Berechtigten. Zur Wahrung von Gemeinschaftbelangen ist normalerweise nicht der einzelne, sondern der Staat berufen.

Indes entspricht dem jeweiligen sozialen Anliegen auch ein Interesse des einzelnen, und zwar ein Interesse, das sich ohne weiteres auf das Postulat der Achtung der Menschenwürde zurückführen läßt. Wir haben gesehen, daß Art. 1 Abs. 1 GG eine Auffassung vom Menschen verbietet, die ihn als möglichen *Gegenstand* fremder Verfügungsgewalt und Herrschaftsmacht versteht. Dies schließt mehrere Forderungen ein: Es verlangt einmal, daß der einzelne in seiner elementaren körperlichen und geistigen Individualität geachtet wird, d. h.

---

272 *v. Mangoldt-Klein,* Art. 9, Anm. III 8.

273 *v. Mangoldt-Klein,* Art. 9, Anm. V 11.

274 BVerfGE 6, S. 32 ff.

daß ihm eine „ureigenste Intimsphäre" verbleibt, die dem Staat und anderen grundsätzlich verschlossen ist. Darüber hinaus muß er prinzipiell über *seine eigenen Belange selbst befinden* können; sonst wird ihm die Freiheit zu sittlicher Entscheidung bestritten, die ihm seine „Fühlung mit dem Wertbereich, seine Aktivität, Providenz, Entschlußfähigkeit und Zweckmäßigkeit"[275] vermitteln. Schließlich fordert die Menschenwürde, dem einzelnen *Mitbestimmung* in der Gemeinschaft zu gewähren, also die demokratische Staats- und Gesellschaftsform[276]. Eine Diktatur oder eine absolute Monarchie verletzen die Personwürde, weil sie Menschen die Rolle von Untertanen zuweisen und demgemäß zum Gegenstand fremder Herrschaftsmacht erniedrigen.

Ebenso haben wir aber bereits erkannt, daß Selbstbestimmung und Mitbestimmung nicht rein formal verstanden werden dürfen. Beide Anliegen setzen vielmehr materiale Vorbedingungen voraus, die sie davor bewahren, in der sozialen Wirklichkeit ausgehöhlt zu werden. Die gesellschaftlichen Prozesse, die in den funktionalen Grundrechten gewährleistet sind, stellen solche Vorbedingungen dar[277]. Ihre ausdrückliche Aufnahme in den Grundrechtskatalog erklärt sich aus historischen Erlebnissen und soziologischen Einsichten. Wenn ich nicht im gegenseitig befruchtenden Meinungs- und Informationsaustausch mit anderen ein richtiges Bild von der Konfliktsituation erhalte, der ich mich gegenübersehe, so hilft mir das Selbstbestimmungsrecht nichts. Letztlich entscheidet dann derjenige, der mir die maßgebende Vorstellung suggeriert. Wo mir eine Presse, die zensiert und gesteuert ist, die schlechte Regierung als eine gute vorstellt und die Opposition verleumdet, kann ich gar nicht im materialen Sinne „frei" wählen[278]. Meine Vertragsfreiheit nützt mir nichts, wenn mir ein wirtschaftlich überlegener Partner gegenübersteht und ich auf seine Leistung angewiesen bin. Erst wenn ich durch den Zusammenschluß mit anderen eine annähernd gleichstarke Verhandlungsposition gewonnen habe, ist wirkliche Selbstbestimmung möglich.

Der einzelne hat also um seines Interesses an Selbstbestimmung und Mitbestimmung willen auch ein individuelles Interesse an den sozialen Anliegen, die die funktionalen Grundrechte gewährleisten wollen. Im Schutz der Menschenwürde, in der wir die Sinnmitte der Grundrechte erkannt haben, wurzeln die funktionalen Grundrechte

---

[275] *Nicolai Hartmann*, Ethik, S. 623—626.

[276] So *Wintrich*, Zur Problematik der Grundrechte; *Kägi*, ZSR 75, S. 841 a.

[277] Ebenso: *Zippelius*, Jus 1965, S. 380.

[278] Wo die Presse frei ist, sind natürlich *auch* unrichtige Darstellungen nicht ausgeschlossen. Immerhin aber sorgt die Freiheit insofern für das nötige Gleichgewicht, als sie sämtlichen Strömungen den Einfluß auf die politische Willensbildung eröffnet, die Opposition also auch zu Wort kommt.

deshalb, weil sie in der gegenwärtigen historisch-soziologischen Situation die Ansprüche des einzelnen auf Selbstbestimmung und Mitbestimmung in den gemeinschaftlichen Belangen in der sozialen Wirklichkeit vor Korrumpierung durch feindliche staatliche oder gesellschaftliche Einflüsse sichern.

Wir haben demnach bei der Frage nach der Bewertung der Selbstbestimmung, die dem Grundrechtskatalog zugrunde liegt, zu unterscheiden: Nur soweit die Grundrechte die Freiheit um ihrer selbst willen schützen, spielen sie für uns eine Rolle. Die funktionalen Freiheitsrechte betreffen einen anderen Gegenstand; infolgedessen erzeugen *sie* keine Wertungswidersprüche, falls ihre Bewertungen von denen der Selbstbestimmungsgarantien abweichen.

g) Die Grundsätze der Grundrechtsinterpretation (Zusammenfassung)

Fassen wir die vorstehend herausgearbeiteten Grundsätze der Grundrechtsinterpretation zusammen:

Das Ziel der Auslegung ist, den normativen Willen des Verfassunggebers zu ermitteln, dessen Anordnung freilich erst wegen ihrer Orientierung am Prinzip der Gerechtigkeit rechtlich verbindlich ist. Da die Grundrechte sehr weit und unbestimmt formuliert sind und die Materialien nur relativ dürftige Hinweise geben, rückt die Auslegung auf Grund des *Sinnzusammenhanges* der einzelnen Normen erheblich stärker in den Vordergrund als bei normalen Gesetzen. Dabei verdient die h. M., die sich am Anliegen des Schutzes der *Menschenwürde* orientiert, den Vorzug vor einer Orientierung am Anliegen der progressiven sozialen Differenzierung i. S. Luhmanns. Die je nach Situation verschiedene Rangordnung der Werte vermittelt der *Verhältnismäßigkeitsgrundsatz,* der auf die — insbesondere an der Intensität der Gesetzesvorbehalte ablesbare — Wertrangordnung des Grundgesetzes als Orientierungspunkt ausgerichtet ist. Für seine Judiziabilität ist das Gewaltenteilungsprinzip zu beachten, das vertretbare legislative Verhältnismäßigkeitsurteile der verfassungsgerichtlichen Korrektur entzieht. Die soziologische Analyse leistet insofern für die Grundrechtsanwendung gute Dienste, als sie Aufschluß über die „soziologische Grenze" der Grundrechte gibt. Die Integration des einzelnen als Rollenträger in ein soziales Handlungssystem bedingt, daß um des Grundrechts selbst willen dieses System erhalten bleiben muß. Die Funktionsfähigkeit des Systems darf daher niemals durch die normative Gestalt des Grundrechts in Frage gestellt werden.

Die Erkenntnis, daß dem Grundgesetz der kantische Freiheitsbegriff zugrunde liegt, verbietet ein allgemeines institutionelles Grundrechtsverständnis. Andererseits findet jedoch der den einzelnen Grundrechten von Verfassungs wegen zugedachte *Rang* seine Rechtfertigung zum Teil allein in ihrer *sozialen Funktion.* Da die Wertung insoweit nicht in der Freiheit als solcher, sondern in der durch ihren Gebrauch erfüllten Gemeinschaftsaufgabe wurzelt, haben die betreffenden Grundrechte bei dem Versuch der Harmonisierung und wechselseitigen Erhellung der grundrechtlichen Freiheitsbewertungen auszuscheiden. Das zu entwickelnde Freiheitssystem[279] beschränkt sich auf die sog. individuellen Freiheiten.

h) Die Interpretation des Art. 2 Abs. 1 GG

Mit dem so erarbeiteten Instrumentarium wollen wir uns unserem Ausgangspunkt, der Interpretation des Art. 2 Abs. 1 GG, erneut zuwenden.

aa) Die allgemeine Handlungsfreiheit als Schutzgut des Art. 2 Abs. 1 GG

Dabei können wir einen Streit, nämlich den über das Schutzgut des Art. 2 Abs. 1 GG, vorab entscheiden. Da Art. 2 Abs. 1 GG an den kantischen Freiheitsbegriff anknüpft, kann er nicht auf die zweckgebundene, sozial wertvolle Freiheitsausübung i. S. der Persönlichkeitskerntheorie von Peters beschränkt werden. Mit der Entscheidung gegen das generelle institutionelle Grundrechtsverständis haben wir uns gleichzeitig gegen die Ansicht von Peters gestellt. Nicht direkt getroffen ist allerdings die Variante der Persönlichkeitskerntheorie, wie sie uns bei Müller entgegentritt. Danach wird der „Persönlichkeitskern" nicht durch die heteronome Zweckbindung der Freiheit gebildet, vielmehr bezeichnet er den Bereich der freien Entfaltung der Persönlichkeit, „der als eigentliche Voraussetzung eines wesensgemäßen

---

[279] Auf die grundsätzlichen Einwände, die *Viehweg* (Topik und Jurisprudenz) und *Esser* (Grundsatz und Norm) gegen jedes Systemdenken erheben, kann hier nicht grundsätzlich eingegangen werden. M. E. wenden sich beide gegen Auffassungen, die es heute gar nicht mehr gibt. Niemand behauptet, alle Rechtsfragen aus einem geschlossenen System heraus klären zu können. Das heutige Systemdenken ist nichts anderes als die schon aus verfassungsrechtlichen Gründen unerläßliche Bindung des Richters an das Gesetz und als solche unverzichtbar. Mit Recht weist *Diederichsen* (NJW 1966, S. 705) darauf hin, daß die Topik keine Methode gewährleistet, die eine einwandfreie Rechtsanwendung gestattet. Vgl. zum Ganzen *Diederichsen,* NJW 1966, S. 697—705, dem der Verfasser im wesentlichen zustimmt.

Personseins erscheint"[280]. Insoweit klingt der Gedanke an, daß Art. 2 Abs. 1 GG Freiheit lediglich in sog. höchstpersönlichen Angelegenheiten gewährleiste. Dem ist zwar zuzugeben, daß der Anspruch einer auf die sittliche Autonomie der Persönlichkeit gegründeten Freiheit in der Tat um so stärker wirken muß, je mehr es sich um eine individuelle Entscheidung handelt, die als solche außerhalb institutionell bedingter Zweckmäßigkeitsanforderungen steht. Doch besagt das keineswegs, daß für „normales" freies Verhalten ein Schutzbedürfnis entfällt. Dagegen spricht vor allem die bereits erwähnte Entstehungsgeschichte des Art. 2 Abs. 1 GG, die eindeutig auf den Schutz jeden Verhaltens hinweist. Wie wir anhand des Apothekenurteils gesehen haben, bietet der Verhältnismäßigkeitsgrundsatz ein geeignetes Mittel, die Wertunterschiede zwischen den vielfachen Äußerungen der Freiheit angemessen zu berücksichtigen. Eine formallogische Nivellierung der Freiheit, die Müller als Folge des von ihm abgelehnten generellen Freiheitsschutzes nennt[281], ist nicht zu befürchten.

bb) Der Zusammenhang von Interpretation und Grundrechtsqualität des Art. 2 Abs. 1 GG

Dagegen bereitet die Kontroverse um die Grundrechtsqualität des Art. 2 Abs. 1 GG nach wie vor Schwierigkeiten. Gewiß haben wir uns schon mehrfach auf die Materialien[282] bezogen, die ebenso wie der Wortlaut[283] den Willen des Verfassunggebers, ein echtes Grundrecht zu schaffen, eindeutig erkennen lassen. Anders als die Freiheitsbegriffe Häberles und Peters' werden die Argumente Kleins und Wehrhahns dadurch aber noch nicht widerlegt. Beide bestreiten ja durchaus nicht diese Intention und wehren sich auch nicht gegen die oben vorgetragene These, daß die kantische Freiheit vor der hegelianischen Freiheit in der Konzeption von Peters, Häberle und Ehmke den Vorzug verdient. Klein behauptet, Art. 2 Abs. 1 GG sei zu unbestimmt, um als Grundrecht gelten zu können[284]; Wehrhahn glaubt, wegen sonst unumgänglicher und unerträglicher Widersprüchlichkeit des Freiheitsrechtssystems[285] auf den Grundrechtscharakter des Art. 2 Abs. 1 GG verzichten zu müssen[286]. Es wird also jeweils auf bestimmte materiell

---

280 *Müller*, Grundrechte, S. 144/145.

281 *Müller*, aaO., S. 144.

282 Das Grundgesetz spricht ausdrücklich von einem *Recht* auf freie Entfaltung der Persönlichkeit.

283 JöR Bd. 1 N. F., S. 54—62.

284 Vgl. oben § 2 B II 2 a.

285 AöR 82, S. 250—274 (S. 262).

286 Zwar meint *Esser*, der sich gerade mit den Voraussetzungen der Judiziabilität von Rechtsnormen unter methodischen Gesichtspunkten be-

verfassungsrechtliche Aussagen Bezug genommen und gefragt, ob — ihre Richtigkeit unterstellt — den Bestimmtheits- bzw. Harmonieerfordernissen genügt ist. Um eine bestimmte und mit den übrigen Freiheitsrechten harmonierende Interpretation des Art. 2 Abs. 1 GG wollen wir uns aber gerade auf der Grundlage der herausgearbeiteten methodischen Grundsätze bemühen.

cc) Der Inhalt der Schrankentrias des Art. 2 Abs. 1 GG

Damit erweist sich der Inhalt der Schrankentrias des Art. 2 Abs. 1 GG als das eigentliche und die Antwort auf die restlichen Streitfragen präjudizierende Problem.

(1) „Rechte anderer" und „Sittengesetz" als allgemeine Freiheitsschranken

Relativ wenig ist zu den „Rechten anderer" und zum „Sittengesetz" zu sagen. Sicher ist, daß den „Rechten anderer" in der Staatsrichtung keine eigenständige Bedeutung zukommt. Sie errichten lediglich die selbstverständliche Schranke, die sich aus der Grundrechtsträgerschaft aller Menschen, mindestens aller Deutschen ergibt. Diese gilt für sämtliche übrigen Grundrechte im gleichen Maße. Wir stoßen in dieser Hinsicht auf die Situation, die wir oben als typisches Drittwirkungsproblem erkannten und einordneten: Der Gesetzgeber sieht sich einer regelungsbedürftigen Kollision von Interessen mehrerer Grundrechtsträger gegenüber. Er muß eine Kompromißlösung suchen. Dieses Erfordernis verbietet es, ihn an das Grundrecht des einen oder anderen Beteiligten zu binden. Legitim ist allein die Suche nach dem gerechten Mittelweg. Ebensowenig enthält das „Sittengesetz" ein Spezifikum des Art. 2 Abs. 1 GG. Versteht man darunter die „Grundgebote elementarer Sittlichkeit", die „von der Allgemeinheit des deutschen Volkes als verbindlich angesehen werden"[287], dann ist eine gegen das Sittengesetz gerichtete Grundrechtsausübung schlechthin undenkbar[288]. Die Tole-

---

schäftigt, Art. 2 Abs. 1 GG mache „das Grundrecht der freien Entfaltung der Persönlichkeit damit judiziabel..., daß er hinzufügt: im Rahmen der verfassungsmäßigen Ordnung" (Grundsatz und Norm, S. 72). Doch knüpft er an einen Inhalt des Begriffs der verfassungsmäßigen Ordnung an, der keineswegs als unbezweifelbar gelten kann (vgl. aaO.). Überdies darf nicht unberücksichtigt bleiben, daß *Esser* in der ganzen Anlage seiner Theorie einen durchaus umstrittenen hohen Grad an Freiheit für den Richter beansprucht, also die Judiziabilität einer Norm in einer recht großzügigen Weise anerkennt.

287 Vgl. *Nipperdey* in BNS IV, 2, S. 821.

288 *Nipperdey*, aaO., S. 825.

ranzgrenze, die der sittlichen Persönlichkeit wegen der Unmöglichkeit eines allgemeinen weltanschaulich-ethischen Konsenses zugestanden ist, wird dann überschritten.

(2) Die „verfassungsmäßige Ordnung"

Es bleibt als Schlüssel zu einer sachgerechten Interpretation des Art. 2 Abs. 1 GG die „verfassungsmäßige Ordnung".

Wir begegneten oben im wesentlichen zwei konträren Ansichten, der des Bundesverfassungsgerichts, das für einen allgemeinen Gesetzesvorbehalt eintritt, und der h. M., die die *Gebote* des Grundgesetzes ermitteln und von daher den Sinn der „verfassungsmäßigen Ordnung" erschließen will.

Das Bundesverfassungsgericht beginnt seine Argumentation mit der These, die Entscheidung für die allgemeine Handlungsfreiheit als Schutzgut des Art. 2 Abs. 1 GG schließe das Verständnis der „verfassungsmäßigen Ordnung" i. S. von „allgemeiner Rechtsordnung "ein[289] Die Kritik hat demgegenüber eingewandt, auf diese Weise werde der Vorschrift praktisch ihre Wirksamkeit genommen. Es gelte, dem Begriff der verfassungsmäßigen Ordnung eine Auslegung zu geben, „die sowohl die Freiheit des einzelnen und seine Individualinteressen als auch die berechtigten Belange der Allgemeinheit berücksichtigt und in ein angemessenes und ausgewogenes Verhältnis bringt"[290]. Das Zitat spiegelt den Grund des Unbehagens wider: Wenn der Gesetzgeber die Freiheit durch im übrigen ordnungsgemäße Gesetze einschränken kann, wirkt Art. 2 Abs. 1 GG nurmehr formell. Die allgemeine Freiheit verliert ihren Platz in der Wertrangordnung des Grundgesetzes, weil die Legislative sich an ihr als einem eigenständigen Wert nicht zu stören braucht. Erst wo sie nicht ohne weiteres, sondern nur durch den Nachweis eines höherrangigen, ihre Aufopferung fordernden Wertes verdrängt werden kann, erlangt sie materiale Bedeutung.

Die Vertreter der h. M. gehen mit Recht davon aus, daß nach den (schon von Savigny entwickelten) formalen juristischen Auslegungskriterien Wortlaut, Entstehungsgeschichte und systematische Stellung der betreffenden Norm sowohl die Auslegung des BVerfG als auch die der Gegenansicht möglich ist. Daß der Begriff der verfassungsmäßigen Ordnung sowohl die Deutung des BVerfG als auch die der h. M. deckt,

---

[289] BVerfGE 6/32 ff. (37/38); ebenso *v. Mangoldt-Klein,* Art. 2, Anm. IV 2 a; *Hamel,* Die Bedeutung der Grundrechte im sozialen Rechtsstaat, S. 33; *Wintrich,* Zur Problematik der Grundrechte, S. 26; *Coing* in BB 1954, S. 141.

[290] *Nipperdey,* aaO., S. 792.

braucht wohl nicht weiter dargelegt zu werden. Ebensowenig hilft eine Orientierung an anderen Grundrechten, in denen die verfassungsmäßige Ordnung erwähnt ist und in ihrem Sinn relativ einfach erfaßt werden kann, wie in Art. 9 Abs. 2, 20 Abs. 3, 28 Abs. 1 und Abs. 3, 98 Abs. 3 GG. Zutreffend hat Klein nachgewiesen, daß die jedesmal verschiedenen Normsituationen und Funktionen des Ausdrucks eine einheitliche Interpretation unmöglich machen[291]. Es leuchtet ein, daß z. B. mit „gegen die verfassungsmäßige Ordnung gerichteten Vereinigungen" nur solche gemeint sein können, die die verfassungsmäßige Staatsform, also die freiheitliche Demokratie westlicher Prägung, bedrohen. Art. 9 Abs. 2 GG zielt auf den an sich selbstverständlichen Satz, daß die durch eine bestimmte Ordnung garantierte Freiheit ihre Grenze an eben dieser Ordnung findet[292]. Für Art. 2 Abs. 1 GG ist die Definition unbrauchbar; daß hier auch andere legislative Maßnahmen gestattet sein müssen, als der Schutz der Demokratie erfordert, leugnet niemand. Die Entstehungsgeschichte ist gleichfalls nicht eindeutig. Einerseits führt sie auf den ursprünglich für alle Grundrechte gedachten Art. 21 Abs. 3 Herrenchiemseer Entwurf zurück, wonach die Grundrechte unter dem Vorbehalt der allgemeinen Rechtsordnung stehen sollten. Der Verzicht auf die Norm entsprang, wie die Materialien zeigen, nicht dem Willen zu einer sachlichen Modifikation. Vielmehr hielt man sie lediglich für mißverständlich und bemühte sich deshalb um ihre judiziable Konkretisierung in den Einzelgrundrechten[293]. Dies spricht dafür, verfassungsmäßige Ordnung mit allgemeiner Rechtsordnung gleichzusetzen, also den Gesetzgeber allein an das bis zu einem gewissen Umfang politisch manipulierbare *Prinzip* der Freiheit des einzelnen zu binden. Andererseits entstand die geltende Fassung des Art. 2 Abs. 1 GG gerade aus der Kritik an der Formulierung, die Freiheit sei im „Rahmen der Rechtsordnung" gewährleistet. Man rügte, der Satz sage nur: „Der Mensch ist von Rechts wegen frei, soweit er nicht von Rechts wegen unfrei ist", und sei deshalb eine Banalität[294]. Die Lösung wird daher an sich richtig auf dem Wege der systematisch-teleologischen Interpretation gesucht.

Nipperdey nennt vier Gruppen von Schranken, die das Grundgesetz gegenüber der allgemeinen Handlungsfreiheit errichte[295]. Als erste bezeichnet er „die Handlungspflichten, die von der Verfassung selbst normiert sind", so die elterliche Erziehungspflicht (Art. 6 Abs. 2 GG),

---

[291] *v. Mangoldt-Klein,* Art. 2 Anm. IV 2 b.

[292] Im wesentlichen übereinstimmend (vgl. den Hinweis auf § 88 StGB): *Füßlein* in NNS II, S. 437.

[293] JöR N. F. Bd. 1, S. 177.

[294] JöR N. F. Bd. 1, S. 56.

[295] *Nipperdey,* BN IV, 2, S. 813.

die Schulpflicht (Art. 7 GG), die Wehr- und Ersatzdienstpflicht (Art. 4 Abs. 3, 12 Abs. 2, 17 a GG), die herkömmlichen, allgemeinen, für alle gleichen öffentlichen Dienstleistungspflichten (Art. 12 Abs. 2 S. 1 GG) sowie die aus Art. 14 Abs. 2 GG abzuleitende allgemeine Steuerpflicht. Zur zweiten Gruppe zählen die ebenfalls vom Grundgesetz bestimmten Nichtstörungs- und Unterlassungspflichten (Art. 5 Abs. 3 S. 2, 18, 21 Abs. 2 GG). Die dritte wird durch das Sozialstaatsprinzip im engeren Sinne ausgefüllt, das „Maßnahmen zur Verwirklichung des Sozialstaates unter dem Vorbehalt der Subsidiarität und Proportionalität" rechtfertigt[296]. Die Reihe beschließt das Sozialstaatsprinzip im weiteren Sinne, das die Förderung des Gemeinwohls zum Gegenstand hat[297]. Die wesentlichen Konkretisierungsversuche haben wir bereits kennengelernt: Dürig versteht darunter die „Pflichten zur Achtung der traditionellen Polizeigüter"[298] sowie „die Pflicht zur Nichtstörung des spezifischen politischen Grundstils unserer Verfassungsordnung"[299]. Nipperdey befürwortet die sog. strenge Gemeinwohlklausel. Der Gesetzgeber darf danach dort Grenzen der Grundrechte festlegen, wo „überragende Forderungen des Gemeinwohls es unabdingbar gebieten"[300].

Lassen wir die unstreitigen ausdrücklichen verfassungsrechtlichen Handlungs- und Unterlassungspflichten beiseite, dann konzentriert sich der Streit zwischen dem Bundesverfassungsgericht und der h. M. also auf die Wahl zwischen dem Vorbehalt der allgemeinen Rechtsordnung und dem Vorbehalt der Forderungen, die das Sozialstaatsprinzip im engeren und im weiteren Sinne stellt.

Wenn man das Sozialstaatsprinzip in dieser Form *abstrakt* betrachtet, erweist sich das Problem in Wirklichkeit als ein Scheinproblem. Die Förderung des Gemeinwohls und der Ausgleich allzu krasser sozialer Unterschiede beschreiben die Aufgaben des sozialen Rechtsstaates bereits erschöpfend, sind also nicht eine Besonderheit, die aus einer speziellen Interpretation des Art. 2 Abs. 1 GG herzuleiten wäre. Nach Hans J. Wolff hat der Staat als *Rechtsstaat* „die Verfolgung typischerweise objektiv minderwertiger Interessen im einzelnen, aktuellen Kollisionsfalle hinter die objektiv wertvollen Interessen zurückzudrängen und dabei die persönliche und sachliche Gleichheit sowie die Lebens- und Rechtssicherheit zu wahren"[301]. Damit ist die Funktion des Staates

---

296 *Nipperdey,* aaO., S. 808.

297 *Nipperdey,* aaO., S. 809.

298 *Maunz-Dürig,* Art. 2 I, Rdnr. 22; AöR 79, S. 74.

299 *Maunz-Dürig,* Art. 2 I, Rdnr. 23.

300 *Nipperdey,* aaO., S. 813.

301 *H. J. Wolff,* Verwaltungsrecht I, § 11 II b 3.

berührt, Konflikte auf gerechte und dem Sicherheitsbedürfnis des einzelnen angemessene Weise zu schlichten. Durch diese Sorge für Ordnung fördert der Staat das Gemeinwohl; er ermöglicht das mehr oder weniger reibungslose Funktionieren der gesellschaftlichen Handlungsprozesse. Als *sozialer* Rechtsstaat hat der Staat soziale Chancengleichheit unter den Bürgern anzustreben; er sichert „jedermann die Möglichkeit, von seinen Grundrechten Gebrauch zu machen"[302]. Eine andere legitime Aufgabe des sozialen Rechtsstaates BRD als die der Sorge für Ordnung und die der Sozialgestaltung ist also gar nicht denkbar. Eine Anordnung, die weder für sich in Anspruch nimmt, Interessenkonflikte — sei es zwischen mehreren einzelnen, sei es zwischen der Gemeinschaft und einzelnen — gerecht zu regeln, noch die Sozialordnung in der von Art. 20 Abs. 1 GG angedeuteten Weise gestalten will, ist willkürlich und deshalb schon durch Art. 3 Abs. 1 GG verboten. „Allgemeine Rechtsordnung" i. S. des BVerfG und „Sozialstaatsrecht" i. S. der h. M. sind damit grundsätzlich identisch[303].

Freilich beschränkt Dürig die im Rahmen des Art. 2 Abs. 1 GG zulässige Rücksichtnahme auf Forderungen des Gemeinwohls auf das traditionelle Polizeirecht und den Schutz des freiheitlich-demokratischen Grundstils der Verfassungsordnung. Er begrenzt damit die *Motive*, auf Grund deren der Gesetzgeber das Gemeinwohl zu Lasten der Freiheit des einzelnen fördern darf. Indes scheitert eine solche Begrenzung notwendig an der allumfassenden Natur der allgemeinen Handlungsfreiheit. Daß im vorhinein die zulässigen Beschränkungsmotive für jedes nur denkbare Verhalten positiv festgelegt werden, ist praktisch gar nicht möglich. Die fortschreitende gesellschaftliche Entwicklung schafft immer neue Ausdrucksformen individuellen Verhaltens, die in Widerspruch zu Anforderungen des Gemeinwohls geraten können; auch die Anforderungen des Gemeinwohls bleiben nicht konstant, sondern erwachsen stetig neu aus den jeweiligen sozialen Sachverhalten. Der Rückgriff auf traditionelle Normenkomplexe und Motive, die sich aus den historisch gebundenen Vorstellungen des Verfassunggebers ergeben, ist deshalb ungeeignet, das richtige Gleichgewicht zwischen Einzelinteresse und Gemeinschaftsinteresse zu gewährleisten. Gerade hier kann allein die Güterabwägung helfen. Nun verliert Dürig allerdings durch die Anwendung des Verhältnismäßigkeitsgrundsatzes[304] das materiale Wertbekenntnis in diesem Sinne nicht aus den Augen. Aber eine derartige Gefahr birgt die Ansicht des Bundesverfassungsgerichts zumindest seit dem Lüth-Urteil genauso-

---

[302] *H. J. Wolff*, aaO., § 11 II b 4.

[303] Im Ergebnis ebenso *Müller*, Grundrechte, S. 137/138, ferner S. 144 (oben).

[304] *Maunz-Dürig*, Art. 2 I, Rdnr. 32.

wenig. Denn dort hat sich das Gericht eindeutig zu der Auffassung bekannt, daß die rein formale Feststellung, ein freiheitsbeschränkendes Gesetz sei in zulässiger Weise motiviert, dem Anspruch des Grundrechts nicht genügt, sondern daß das Gesetz wiederum an der „wertsetzenden Bedeutung" der Freiheit zu messen sei. In seinem Urteil zum Sammlungsgesetz hat es neuerdings sogar ausdrücklich den Verhältnismäßigkeitsgrundsatz auf Art. 2 Abs. 1 GG angewandt[305].

Die „strenge Gemeinwohlklausel" Nipperdeys können wir allerdings nicht auf den allgemeinen Gesetzesvorbehalt zurückführen. Schon bei der Schilderung der verschiedenen Meinungen zu Art. 2 Abs. 1 GG beanstandeten wir an ihr jedoch, daß sie die Spezialfreiheiten nicht — wie es der Absicht des Verfassunggebers entspricht — als besonders abgesicherte, sondern sogar als Bereiche besonders starker Eingriffsbefugnisse des Gesetzgebers auffaßt. Die durchgeführte methodische Untersuchung befähigt uns, den Einwand nunmehr zu vertiefen. Wir sahen, daß die Grundrechte um ihrer selbst willen ein unerläßliches Minimum an — formal freiheitsbeschränkenden — sozialen Vorbedingungen brauchen. Die vom Bundesverfassungsgericht anerkannte Zulässigkeit einer Beschränkung der Berufswahl um überragend wichtiger Gemeinschaftsgüter willen ordneten wir in diese Überlegung ein. Einen so hohen Rang hat die Freiheit indes nur — wie das Beispiel der Berufswahl zeigt —, wo formell ein Gesetzesvorbehalt ganz entfällt und sich die ungehinderte Selbstbestimmung materiell als herausragendes Postulat der Personwürde darstellt[306]. Normalerweise besteht ein Spannungsverhältnis zwischen Selbstbestimmung und sozialen Anforderungen. Wenn Nipperdey nun auf das unabdingbare Erfordernis zugunsten eines überragenden Gemeinschaftsgutes abstellt, so geht er ganz allgemein auf das für den Bestand der Gesellschaftsordnung eben noch Tragbare zurück. Er verwehrt der Legislative schlechthin, eine sozial möglichst wirksame Gestalt der einzelnen, die Gesamtgesellschaftsordnung ausfüllenden Handlungssysteme anzustreben. Auf diese Weise verfehlt er die Rangproportionen des Bekenntnisses zur Menschenwürde. Die Verfassung will in erster Linie die möglichst wirksame Sozialordnung mit der Personwürde des einzelnen verschmelzen. Sie zielt infolgedessen auf eine Gesellschaftsstruktur, in der das Höchstmaß an sozialer Effektivität von einem Höchstmaß an indi-

---

305 BVerfG NJW 1966, S. 1651 ff.; vgl. dazu auch *Rupp*, NJW 1966, S. 2037 bis 2040.

306 Vgl. BVerfGE 7/377 ff. (403): „Die Berufswahl soll ein Akt der Selbstbestimmung, des freien Willensentschlusses des einzelnen sein; sie muß von Eingriffen der öffentlichen Gewalt möglichst unberührt bleiben. Durch die Berufsausübung greift der einzelne unmittelbar in das soziale Leben ein; hier können ihm im Interesse der anderen und der Gesamtheit Beschränkungen auferlegt werden."

vidueller Freiheit abhängt[307]. Erst sekundär erkennt sie den Personwert als Gegengewicht zur sozialen Funktion der Freiheit an, und zwar als ein umso stärkeres Gegengewicht, je unverzichtbarer die Autonomie als Attribut der sittlichen Persönlichkeit wird, m. a. W. je mehr die Bevormundung dem allgemeinen Empfinden als eine Vergewaltigung der Persönlichkeit erscheinen muß.

Als Grundbefund dürfen wir mithin feststellen: Die allgemeine Selbstbestimmungsgarantie nach Art. 2 Abs. 1 GG steht unter einem generellen Gesetzesvorbehalt. Eine Begrenzung der Regelungs*motive* ist unmöglich. Wohl verlangt die Bindung des Gesetzgebers an die „verfassungsmäßige Ordnung", daß dieser die „Wert- und Rangordnungen der Verfassung"[308] beachtet. Er darf also nicht schlechthin zu Lasten der individuellen Freiheit rechtlich regeln, sondern muß sich jeweils fragen, ob die gesetzliche Bevormundung mit Rücksicht auf das Bekenntnis des Grundgesetzes zur sittlichen Persönlichkeit verhältnismäßig ist.

dd) Die Präzisierung des Verhältnismäßigkeitsurteils im Rahmen des Art. 2 Abs. 1 GG

(1) Der methodische Ansatz

Es liegt auf der Hand, daß ein solches Verhältnismäßigkeitsurteil — insbesondere angesichts des weiten gesetzgeberischen Beurteilungsspielraums — normalerweise sehr großzügig ausfallen muß. Demzufolge haben wir oben bereits festgestellt, daß §§ 2, 1626 Abs. 1 BGB, am Selbstbestimmungsanspruch des einzelnen gemessen, nicht schlechthin unvertretbare Anordnungen enthalten. Es fragt sich jedoch, ob wir aus dem Grundgesetz nicht konkretere Bewertungen des Verhältnisses von individueller Freiheit und ihr widerstreitenden sozialen Anforderungen gewinnen können, als der abstrakte Maßstab „Schutz der Menschenwürde" zu liefern imstande ist. Diese geben dann *genaueren* Aufschluß über den Inhalt der „Wert- und Rangordnungen der Verfassung", an die der Gesetzgeber gebunden ist. Art. 2 Abs. 1 GG wird auf diese Weise u. U. in stärkerem Maße judiziabel.

---

307 D. h. auf eine ideal differenzierte Sozialordnung i. S. *Luhmanns*, in der die Machtverhältnisse der einzelnen gleich sind und die Balance zu einer gerechten, leistungsfähigen Gesellschaft führt.

308 So auch die Interpretation der „verfassungsmäßigen Ordnung" bei *Scheuner*, der sich aber trotz des zutreffenden Ausgangspunktes um eine Beschränkung der gesetzgeberischen Motive bemüht, anstatt wie hier die Güterabwägung als maßgeblich anzuerkennen (vgl. VVDStRL 11, S. 61 f.). Im Ergebnis ähnlich wie hier: *Eike v. Hippel*, Grenzen und Wesensgehalt, S. 61; *Bachof* in: BNS III/1, S. 215, S. 217 f.

Ein Beispiel macht deutlich, was damit gemeint ist. Wir haben gesehen, daß das BVerfG im Apothekenurteil den Sinn des Art. 12 Abs. 1 GG im Schutz der Selbstbestimmung erblickt hat. Das Fehlen des Gesetzesvorbehalts für die Berufswahl rechtfertigt das Gericht mit dem Hinweis darauf, daß die Selbstbestimmung gerade im Hinblick auf die Berufswahl von grundlegender Bedeutung für den einzelnen sei[309]. Unterstellt, daß diese Interpretation richtig ist, enthält Art. 12 Abs. 1 S. 1 GG also die *Wertung*, die Selbstbestimmung in Entscheidungen von grundlegender persönlicher Bedeutung dürfe grundsätzlich durch den Gesetzgeber nicht beschränkt werden, sie sei unrelativiert gewährleistet. Die „verfassungsmäßige Ordnung" fordert demnach in Fragen, die ähnlich höchstpersönlich sind wie die Berufswahl, ebenfalls den in Art. 12 Abs. 1 S. 1 GG ausgesprochenen Verzicht auf den Gesetzesvorbehalt. Dagegen hat für Tätigkeiten, die wertungsmäßig der Berufsausübung vergleichbar sind, die in Art. 12 Abs. 1 S. 2 GG vorgesehene Regelungsbefugnis des Gesetzgebers zu gelten.

Die Methode, die eines der wichtigsten Mittel der Rechtsanwendung des Ziviljuristen wiedergibt[310], klingt für das Verfassungsrecht neuartig, ist aber auch dort nicht ohne Vorbild. Wenn Ridder — wie erwähnt — Art. 21 GG auf die öffentliche Meinungsfreiheit bezieht, so liegt dem kein anderes als das hier verfolgte Anliegen zugrunde, die *Wertungen* des Grundgesetzes über den ausdrücklich geregelten Bereich hinaus für die vielfachen ähnlich gelagerten Problemsituationen fruchtbar zu machen. Ridder bemüht sich, die gesellschaftlichen Funktionsträger der mittelbar-plebiszitären Demokratie dem für die Parteien um dieser Eigenschaft willen geschaffenen Art. 21 GG zuzuordnen. Er genügt so dem Postulat der „Gleichbewertung des Gleichsinnigen"[311]. Hier soll auf anderer Ebene das gleiche geschehen, nämlich die unter dem Gesichtspunkt des Widerstreites von Freiheit und sozialen Anforderungen im Grundgesetz enthaltene harmonische Bewertung aufgesucht werden[312]. Selbstverständlich kann sich bei der Untersuchung

---

[309] BVerfGE 7, S. 377 ff. (S. 400, 402, 403).

[310] Vgl. *Canaris*, Die Feststellung von Lücken im Gesetz, S. 71—78.

[311] Vgl. *Larenz*, Methodenlehre, S. 253.

[312] *Ossenbühl* (DÖV 1965, S. 650) weist auf den Grundsatz der Rigidität der Verfassung hin, der eine Analogie verbiete. Dem könnte ein Verbot der hier befürworteten Methode entnommen werden. Zwar läßt sie sich in unserem Fall noch als Auslegung verstehen, da es um die Interpretation der „verfassungsmäßigen Ordnung" i. S. des Art. 2 Abs. 1 GG geht. Doch stellt das als Vorbild gewählte Vorgehen *Ridders* nichts anderes als eine Analogie dar. Indes läßt die auch im Verfassungsrecht fast allgemein anerkannte Hermeneutik, die gerade Erkenntnis und Fruchtbarmachung größerer Zusammenhänge bedeutet, für eine so verstandene Rigidität keinen Raum. Erst recht versagt sie vor der Errichtung eines Wertschutzsystems, wie es die h. M. anstrebt (vgl. etwa *Wintrich*, Zur Problematik der Grundrechte,

herausstellen, daß eine Wertungsharmonie in diesem Sinne nicht zu erreichen ist. Immerhin ist sie jedoch ein *Ziel*, das der Verfassungsinterpret mit den Auslegungsmitteln, die ihm zur Verfügung stehen, anzustreben hat[313].

(2) Die speziellen Selbstbestimmungsgarantien innerhalb der Verhaltensfreiheiten des Grundrechtskatalogs

Diese Aufgabe verlangt zunächst, die Freiheitsrechte zu ermitteln, die in unserem Sinne als Selbstbestimmungsgarantien anzusehen sind. Dabei dürfen wir den Kreis der in Betracht kommenden Grundrechte von vornherein auf diejenigen einengen, die freies Verhalten betreffen, so die Art. 4 Abs. 1 und 2; 5 Abs. 1 S. 1, S. 2 und S. 3, Abs. 3; 8; 9 Abs. 1 und Abs. 3; 11; 12; 17 GG. Andere Grundrechte scheiden offenbar als mögliche Selbstbestimmungsgarantien aus. Nun haben wir schon erkannt, daß die Freiheit im Verfassungsrecht sowohl um ihrer selbst als auch um anderer Interessen willen gewährleistet sein kann. Für die Frage nach der Verfassungsmäßigkeit der Mündigkeitsgrenze gemäß §§ 2, 1626 Abs. 1, 104 ff. BGB, 51 ZPO u. ä. sind ausschließlich die Freiheitsrechte von Bedeutung, die die Freiheit um ihrer selbst willen schützen. Denn nur sie geben Aufschluß über den Rang der Selbstbestimmung und folglich auch darüber, ob die § 2, 1626 Abs. 1, 104 ff. BGB, 51 ZPO u. ä. den Konflikt zwischen dem Selbstbestimmungsanspruch des einsichts- und urteilsfähigen Jugendlichen und dem Interesse des Rechtsverkehrs an Offenkundigkeit der Mündigkeit verfassungsgerecht entscheiden.

(a) Art. 12 Abs. 1 GG

Wir haben schon mehrfach erwähnt, daß das Bundesverfassungsgericht in der Berufsfreiheit nach Art. 12 Abs. 1 GG eine Selbstbestimmungsgarantie sieht. Der Senat lehnt die Möglichkeit, daß „nur das Prinzip der Gewerbefreiheit“ verfassungsmäßig festgelegt sei, ausdrücklich ab[314]. Die Kritik hat dem ganz überwiegend zugestimmt[315]. Gleichwohl bleibt uns die Suche nach einem eigenen Standpunkt nicht erspart. Denn gegen diese Deutung sprechen zwei Gesichtspunkte, die weder das Bundesverfassungsgericht noch die anschließende Diskussion in Betracht gezogen haben.

S. 13/14). Dieses führt ganz selbstverständlich zu einer Harmonisierung und dementsprechend zu Ausdehnungen der Bewertungen.

[313] So zutreffend: *Scheuner*, VVDStRL 22, S. 53.

[314] BVerfGE 7, S. 377 ff. (S. 399/400).

[315] Vgl. *Hamel*, DVBl. 1958, S. 37—44; *Bachof* in BNS III/1, S. 155—265 (S. 168).

Einmal ist Art. 12 Abs. 1 GG nicht als Menschen-, sondern als Deutschenrecht ausgestaltet. Ergibt sich aber das Selbstbestimmungsrecht des einzelnen aus der sittlichen Natur des *Menschen*, so erscheint die Beschränkung des Grundrechts auf Deutsche zumindest auf den ersten Blick unverständlich: Die Menschenwürde hängt nicht von der Nationalität ab. Der zweite Einwand betrifft das Fehlen der sog. negativen Berufsfreiheit, d. h. des Rechts, ohne eine als „Lebensaufgabe und Lebensgrundlage" empfundene Tätigkeit und ohne „einen Beitrag zur gesellschaftlichen Gesamtleistung"[316] zu leben. Daß sie in Art. 12 Abs. 1 GG nicht gewährleistet ist, findet sich zwar — soweit ersichtlich — nirgends direkt ausgesprochen, ergibt sich aber wohl aus Art. 7 GG, der die Schulpflicht als Zwang zur Vorbereitung auf einen Beruf umfaßt.

Bachof versucht, den scheinbaren Widerspruch zur Deutung des Art.12 Abs. 1 GG als eines vorstaatlichen Menschenrechts, der aus der Beschränkung des Grundrechts auf Deutsche resultiert, aufzulösen, indem er es in zwei qualitativ verschiedene Bereiche zerlegt. „Bei weitem nicht der gesamte Bereich menschlicher Handlungsfreiheit und insbesondere auch nicht der gesamte Bereich der Berufsfreiheit" habe „an der Menschenrechtsqualität teil, sondern nur insoweit, als diese Freiheiten der Wahrung der als oberster Wert anerkannten Menschenwürde" dienten[317]. Die Überlegung ist zweifellos richtig. Ein Naturrechtssatz — das Postulat der Achtung der Menschenwürde ist ein solcher — liefert selbst nach Ansicht der modernen Vertreter eines absoluten Naturrechts keine Handhabe, konkrete verbindliche Folgerungen zu ziehen[318]. Er begrenzt lediglich negativ die Befugnisse des Gesetzgebers. Infolgedessen läßt sich nicht leugnen, daß nicht jedes Grundrecht in seiner positivrechtlichen Gestalt überpositiven Rang beanspruchen kann. Darum geht es hier jedoch gar nicht. Die Widersprüchlichkeit einer aus der Natur des Menschen gewonnenen Regelung, die auf Deutsche beschränkt ist, wird nicht durch den Hinweis auf die Gestaltungsfreiheit der Konstituante ausgeräumt. Diese muß sich dann immer noch den Vorwurf gefallen lassen, sie habe von ihren Befugnissen willkürlichen Gebrauch gemacht. Wer wegen der sittlichen Personwürde des Menschen ein weites Maß an Selbstbestimmung anerkennt und es auf bestimmte Menschen begrenzt, drückt damit grundsätzlich nicht weniger aus, als daß er den Personwert der Ausgenommenen geringer einschätzt als den der anderen. Die Konsequenz

---

316 BVerfGE 7, S. 397.

317 *Bachof* in BNS III, 1 S. 177.

318 Vgl. etwa *Messner*, Naturrecht, S. 316 ff.; *Marti*, Naturrecht und Verfassungsrecht, in: Berner Festgabe für den Schweizer Juristenverein, S. 85.

entfällt erst, wenn es gelingt, das für die Beschränkung ausschlaggebende Wertungsmoment außerhalb der Selbstbestimmung anzusiedeln.

Den Weg dazu bahnt die soziologische Erkenntnis der sozialen Funktion der Berufsfreiheit. *Soziologisch* entfalten Berufswahl und -ausübung in besonderem Maße nicht nur die eigene Persönlichkeit, sondern leisten gleichzeitig Beiträge in einem sozialen Handlungssystem[319]. Nun haben wir bereits erkannt, daß die Berufsfreiheit in der Funktionsfähigkeit des Handlungssystems ihre soziologische Grenze findet, die notfalls — etwa im Fall der akuten Gefahr eines ruinösen Wettbewerbs — sogar eine Bedürfnisprüfung rechtfertigt. In diesem Tatbestand findet die Beschränkung des Art. 12 Abs. 1 GG auf Deutsche eine sinnvolle Erklärung. Es kann dem Gemeinwesen nicht verwehrt werden, den sozialen Raum, in dem sich die Selbstbestimmung abspielt, seinen Bürgern vorzubehalten. So kann den Beruf des Apothekers nur eine bestimmte Anzahl von Menschen ausüben, weil andernfalls die Existenzgrundlage der Unternehmen gefährdet wird, sie nach und nach bankerott gehen, und schließlich die Heilmittelversorgung überhaupt zusammenbricht. Dadurch, daß die Konkurrenz der Ausländer durch Gesetz ausgeschaltet werden kann, bleibt für die deutschen Kandidaten ein weiterer Bereich[320]. Ähnlich läßt sich der Ausschluß der negativen Berufsfreiheit erklären. Ohne ein Minimum an gesellschaftlicher Nützlichkeit des einzelnen ist eine Gemeinschaft nicht lebensfähig. Dieses Minimum umfaßt insbesondere auch die Berufsausübung. Gerade in seinem Beruf bietet sich der einzelne anderen als Interaktionspartner an und leistet damit den Beitrag, der die Existenz des Gemeinwesens erst sinnvoll macht. Infolgedessen gäbe sich die Gemeinschaft selbst auf, wenn sie „jedermann" negative Berufsfreiheit zugestände. Das „Selbsterhaltungsgesetz von Individuum und Gemeinschaft"[321] verbietet einen solchen Schritt. Entsprechend ist die Entscheidung gegen Beruf und Arbeit nach dem herrschenden Kulturbewußtsein, nach den „Grundgeboten elementarer Sittlichkeit",

---

[319] Für die *rechtliche Wertung*, die das Grundrecht enthält, ist nicht diese doppelte Bezugsproblematik, sondern die Frage maßgebend, ob sich überschneidende und verschiedenwertige Interessen durch ein und dieselbe Rechtsnorm geschützt werden können. Diese ist — wie dargelegt — zu verneinen.

[320] Vgl. *Bachof*, aaO., S. 178; *v. Mangoldt-Klein*, Vorbem. B V; der Gedanke bindet freilich auch die berufsfreiheitsbeschränkende Gesetzgebung gegenüber Ausländern. Sie darf ihnen Berufe allein mit dem Ziel verschließen, die gesellschaftlich tragbaren Stellen den Inländern zu erhalten, wofür selbstverständlich ein vernünftiger Anlaß bestehen muß. Anders motivierte Schranken, insbesondere solche durch allgemeine Gesetze, sind nur im gleichen Umfang zulässig wie bei Deutschen (a. A. *Bachof*, aaO., S. 178).

[321] *Uber*, Freiheit des Berufs, S. 100.

die „von der Allgemeinheit des deutschen Volkes als verbindlich angesehen werden“[322], nicht eine solche, die noch als Ausfluß der sittlichen Natur des Menschen verstanden werden kann; sie verstößt gegen das Sittengesetz, in dem wir oben eine allgemeingültige Schranke der Grundrechtsausübung kennenlernten.

Positiv für den Schutz der Selbstbestimmung in Art. 12 Abs. 1 GG sprechen insbesondere der Wortlaut und die Struktur der Vorschrift. Wäre der Schutz der sozialen Funktion der Berufsfreiheit bezweckt, so wäre unverständlich, weshalb wohl die Berufsausübung, nicht aber die Berufswahl „geregelt“ werden darf. Wer einen Gegenstand „regelt“, schafft nach dem üblichen Sprachgebrauch eine Ordnung, die helfen soll, ein den geregelten Vorgängen unterstelltes Ziel in Zukunft reibungsloser und rationeller zu erreichen. Sieht man also den Zweck des Art. 12 GG darin, eine blühende Wirtschaftsordnung zu gewährleisten, und faßt man die Freiheit lediglich als ein vom Verfassunggeber für geeignet gehaltenes Mittel zur Verwirklichung dieses Zwecks auf, so scheint eine „Regelung“ der gesamten Berufsfreiheit einschließlich der Berufswahl durch den Gesetzgeber nicht nur erlaubt, sondern sogar geboten, sofern sie nur der Wirtschaftsordnung nützt[323]. Erst wenn man die Berufsfreiheit als Selbstbestimmungsgarantie begreift und demgemäß jede Tätigkeit des Gesetzgebers im Bereich des Berufslebens als Eingriff versteht, wird die unterschiedliche Behandlung von Berufswahl und -ausübung plausibel: Die Berufswahl wirkt *lebensgestaltend*. Wer sich einer u. U. kostspieligen und langwierigen Ausbildung unterworfen hat, wird nur selten einen neuen Beruf wählen. In der Regel hindern ihn finanzielle Schwierigkeiten sowie die mittlerweile gegründete Familie selbst dann daran, wenn er von sich aus die erforderliche Energie aufbringt. Die Erfahrung zeigt denn auch, daß lediglich ein relativ geringer Prozentsatz den einmal eingeschlagenen Berufsweg wieder verläßt. Es entspricht nun ohne Zweifel dem sittlichen Empfinden, eine so grundlegende Entscheidung der Selbstbestimmung des einzelnen zuzuordnen. Er würde sonst in einer Frage bevormundet, die sein folgendes Leben entscheidend beeinflußt; die Autonomie wäre in weitem Umfang dauernd durch eine heteronom gefällte Entschließung ausgeschaltet. Damit stimmt überein, daß die Berufswahl allgemein als höchstpersönlich gilt[324], also als eine Entscheidung, die in besonders intensivem Maße vor dem Einfluß anderer abgeschirmt werden muß. Die

---

[322] *Nipperdey* in BNS IV/2, S. 821.

[323] *Häberle*, Wesensgehaltgarantie, S. 132/133.

[324] Vgl. etwa *Westermann*, Person und Persönlichkeit, S. 25/26; *Lenckner*, ZStrW Bd. 72, S. 463 passim.

Modalität der Berufsfreiheit, die Berufsausübung, erscheint dagegen dem Wertempfinden als allgemeines Handeln, das gegenüber widerstreitenden Sozialpostulaten zurückzutreten hat.

Da Art. 12 Abs. 1 GG somit wie Art. 2 Abs. 1 GG den Konflikt zwischen dem Interesse des einzelnen an Selbstbestimmung und dem Gemeinwohl regelt, ist es erlaubt, Art. 12 Abs. 1 GG zur Konkretisierung des Verhältnismäßigkeitsurteils im Rahmen des Art. 2 Abs. 1 GG heranzuziehen. Wenn Art. 12 Abs. 1 S. 1 GG — wie dargestellt — deswegen unrelativiert gewährleistet ist, weil die Berufswahl eine höchstpersönliche, *lebensgestaltende Entscheidung* bildet, darf um der Wertungsharmonie willen die in Art. 2 Abs. 1 GG geschützte Freiheit in *anderen* lebensgestaltenden Entscheidungen nicht stärker eingeschränkt sein, als Art. 12 Abs. 1 S. 1 GG es für die Berufswahl vorsieht. Die bloße Verwirklichungsmodalität, die Außenzone der enntsprechenden Freiheiten, unterliegt gemäß der in Art. 12 Abs. 1 S. 2 GG enthaltenen konkreteren Wertung einer ausschließlich an der sozialen Zweckmäßigkeit orientierten Regelungsbefugnis des Gesetzgebers. Ein solches Ergebnis entspricht der „Wert- und Rangordnung" des Grundgesetzes und damit der „verfassungsmäßigen Ordnung" i. S. des Art. 2 Abs. 1 GG.

(b) Art. 4 Abs. 1, Abs. 2 GG.

Für Art. 4 Abs. 1, Abs. 2 GG leuchtet der rein individuelle Charakter des Freiheitsschutzes unschwer ein. Als soziale Vorbedingung der Selbstbestimmung läßt sich allenfalls die Freiheit des religiösen Meinungsaustauschs und der religiösen Information auffassen. Die Vorschrift betrifft jedoch ihrem eindeutigen Wortlaut und ihrem Sinn nach, den das in Abs. 3 enthaltene Recht der Kriegsdienstverweigerung noch unterstreicht, mehr als das, nämlich das Recht, sich ungehindert zu einer bestimmten Weltanschauung[325] zu bekennen, mithin den Selbstbestimmungsakt selbst[326].

Schwierigkeiten entstehen aber im Hinblick auf zwei weitere für unser Anliegen wichtige Fragen.

Die erste beschäftigt sich mit der normativen Gestalt der Religions- und Weltanschauungsfreiheit. Das Grundrecht unterscheidet zunächst zwischen der Freiheit des Glaubens, des Gewissens sowie des religiösen und weltanschaulichen *Bekenntnisses* einer- (Abs. 1) und der Religions-

---

[325] Selbst wenn diese sich in der Gegnerschaft und Ablehnung einer anderen erschöpft, vgl. *v. Mangoldt-Klein,* Art. 4, Anm. III 3 (letzter Abschnitt).

[326] Unbestrittene Ansicht: vgl. *v. Mangoldt-Klein,* Art. 4 Anm. II 4.

ausübung (Abs. 2) andererseits. Nach Hamel soll es sich insoweit um den historisch erklärbaren doppelten Ausdruck ein und desselben Gedankens handeln: „Die Bekenntnisfreiheit umfaßt insbesondere die Religionsausübung jeder Art. Die besondere Gewährleistung der ungestörten Religionsausübung durch Art. 4 Abs. 2 GG hat ihren Ursprung in der belgischen Verfassung von 1831, die die Bekenntnisfreiheit als Verfassungsbegriff noch nicht kannte, aber neben der eng umgrenzten Glaubens- und Gewissensfreiheit die Freiheit der Religionsausübung — einzeln und in Gemeinschaft — im privaten wie im öffentlichen Leben sicherte[327].“ Eine andere Auskunft geben die Materialien des Grundgesetzes. So faßte der Abg. Süsterhenn das Verständnis der Vorschrift durch den Grundsatzausschuß dahin zusammen, die Religionsausübung sei „*mehr* als bloßes Bekenntnis“; sie drücke „sich in Kulthandlungen, Liturgie usw. aus“ und wirke „auf diese Weise in den öffentlichen Raum hinein“[328]. Hier klingt der Gedanke an, mit dem Zugeständnis der inneren Glaubensfreiheit und der korrespondierenden Freiheit, sich gemäß der inneren Entscheidung nach außen hin zu verhalten, sei über die Art und Weise dieses Verhaltens noch gar nichts ausgesagt, vielmehr werde dafür eine besondere Norm gebraucht. Damit stimmt überein, daß der Grundsatzausschuß die Möglichkeit eines Konflikts mit sozialen Belangen allein hinsichtlich der in Abs. 2 garantierten freien Religionsausübung, nicht auch für die Bekenntnisfreiheit, sah. Gegen den Widerspruch des Abg. v. Mangoldt, der ebenso wie die heute herrschende Meinung[329] und auch die hier vertretene Ansicht Art. 4 GG gegenüber Art. 2 Abs. 1 GG als lex specialis wertete, wurde der ursprünglich für Abs. 2 vorgesehene Vorbehalt der allgemeinen Gesetze gestrichen mit der Begründung, die Einschränkung der allgemeinen Handlungsfreiheit durch die „verfassungsmäßige Ordnung“ beziehe sich auch auf Art. 4 Abs. 2 GG und erlaube zweifellos z. B. seuchen- und baupolizeilich motivierte Einschränkungen[330].

Es fällt auf, daß die vom Verfassunggeber beabsichtigte Struktur der Art. 4 Abs. 1, Abs. 2 GG sich genau mit der des Art. 12 Abs. 1 GG deckt: Der *Substanz* nach ist die Freiheit jeweils unrelativiert anerkannt. Für die *Modalität* gilt beide Male ein Gesetzesvorbehalt. Freilich reicht dieser praktisch unterschiedlich weit. Bei der Berufsausübung haben wir es mit einem Beitrag zu einem sozialen Handlungssystem zu tun, dessen Funktionsfähigkeit erhalten werden muß.

---

[327] *Hamel*, BNS IV 1, S. 62.

[328] JöR N. F. 1, S. 74.

[329] Vgl. *Nipperdey* in BN IV 2, S. 761, mit Nachweisen.

[330] JöR N. F. Bd. 1, S. 74/75.

Wenn die Einzelinitiative den Bestand und die Leistungsfähigkeit eines Handlungssystems nicht gewährleistet, ist der Staat, insbesondere der Gesetzgeber, verpflichtet einzugreifen. Die Weltanschauungsfreiheit hat keine soziale Funktion; die Gemeinschaft ist als eine pluralistische, weltanschaulich neutrale grundsätzlich nicht an der religiösen Einstellung des einzelnen interessiert[331]. Demgemäß beschränkt sich der Vorbehalt auf die Lösung von Konflikten zwischen der Freiheit und Werten, die außerhalb des Religionsbereichs liegen, vor allem dem Interesse an öffentlicher Sicherheit und Ordnung. An die Stelle der *Regelungsbefugnis* des Gesetzgebers tritt die Schranke der *allgemeinen Gesetze.* Solche Verschiedenheiten wurzeln jedoch nicht in der *Bewertung* der individuellen Freiheit, wie sie im Gesetzesvorbehalt ausgeformt worden ist. Sie ergeben sich vielmehr daraus, daß die *Problemlösung* in den beiden Bereichen jeweils unterschiedliche *Mittel* verlangt. Eine abstrakte Wertrangordnung bietet keine Problemlösungen, sondern nur einen Fundus allgemeiner Maximen, mit dessen Hilfe die im sozialen Leben auftretenden Probleme zu beurteilen sind. Nehmen wir hinzu, daß die Ausübung als Außenzone der Religionsfreiheit ähnlich der Berufsausübung rein technische Aspekte erfaßt[332], können wir zumindest mit Fug und Recht feststellen, daß der aus den Materialien ersichtliche Wille des Verfassunggebers das Ergebnis unseres Bemühens um Wertungsharmonie innerhalb des Grundrechtskataloges unterstützt: Die Wahl der Weltanschauung, das „Ob" der Bekenntnisfreiheit, ist wie die Berufswahl unrelativiert gewährleistet. In materieller Hinsicht entspricht dem, daß die Wahl des Bekenntnisses wie die Berufswahl höchstpersönlichen Charakter hat[333]. Die *Art und Weise* des Bekenntnisses ist wie die Berufsausübung wenigstens hinsichtlich der technischen Einzelheiten normalem Verhalten ohne besondere Nähe zum Achtungsanspruch der sittlichen Persönlichkeit gleichzustellen.

Da das Festhalten am Wortlaut des Art. 4 Abs. 2 GG wegen der untragbaren Ergebnisse eines Verzichtes auf jeden Gesetzesvorbehalt ohnehin ausscheidet, scheint die skizzierte Auffassung als verbindliches Auslegungsergebnis haltbar. Der Rechtsirrtum des Verfassunggebers, der den Verzicht auf den Gesetzesvorbehalt für Art. 4 Abs. 2 GG ver-

---

331 a. A. *Häberle,* Wesensgehaltgarantie, S. 10, jedoch ohne Begründung. Die Existenz von Bekenntnisschulen steht dem nicht entgegen, da es sich insoweit um einen Ausfluß des Elternrechts handelt. Die Erziehung in der Gemeinschaftsschule nach dem Leitbild der abendländischen Kulturentwicklung hat m. E. keinen weltanschaulichen, sondern einen allgemeinkulturellen Hintergrund, dessen Verbindlichkeit auch in der pluralistischen Gesellschaft kaum angezweifelt wird.

332 Etwa den Weg, den eine geplante Prozession nehmen soll.

333 Vgl. statt vieler: *Bosch,* Grundsatzfragen, S. 51.

ursacht hat, darf uns genausowenig binden wie die terminologisch ungeschickte Gegenüberstellung von Bekenntnisfreiheit und Freiheit der Religionsausübung. Zwar hat das BVerfG ausgesprochen, daß eine Auslegung der Verfassung gegen ihren eindeutigen Wortlaut auch mit Rücksicht auf die Entstehungsgeschichte unzulässig sei[334]. Doch ging es in dem Fall, der dem Diktum zugrunde liegt, um eine Vorschrift, die aus sich selbst heraus verständlich und praktikabel war. Es standen also zwei rechtspolitisch gleichwertige Möglichkeiten zur Wahl. Wo sich — wie hier — ein Abrücken vom Wortlaut nicht vermeiden läßt, begründen die übrigen Auslegungsmittel, u. a. eben die Entstehungsgeschichte, noch am ehesten die wünschenswerte Entscheidungsrationalität.

Wir dürfen demnach die zweite Frage in der gleichen Weise stellen wie schon bei der Berufsfreiheit: Was macht die Wahl des Bekenntnisses höchstpersönlich und rechtfertigt es infolgedessen, ihr den im Verzicht auf den Gesetzesvorbehalt ausgedrückten hohen Rang einzuräumen? Ist diese Wertung nach dem Vorbild der Berufswahl verallgemeinerungsfähig?

Die Antwort liegt auf der Hand: Die Wahl der Weltanschauung ist eine *Gewissensentscheidung*[335]. Dabei meint Gewissensfreiheit in diesem Sinne nicht „frei sein, nach dem Gewissen zu handeln"[336]. Die in Art. 4 Abs. 1 GG geschützte freie Wahl des *Bekenntnisses* zeigt deutlich, daß der Maßstab für die Frage, ob ein Entschluß Gewissensentscheidung ist oder nicht, nicht in der Person des jeweiligen Freiheitsberechtigten liegt. Auch wer seine Religionszugehörigkeit aus wirtschaftlichen Gründen wechselt, genießt den Schutz des Art. 4 Abs. 1 GG. Und umgekehrt kann sich ein besonders skrupulöser Mensch, der sich in alltäglichen Entscheidungen an seinem weltanschaulichen Bekenntnis orientiert, nicht für jede seiner weltanschaulich motivierten Entscheidungen auf Art. 4 Abs. 1 GG berufen. Die Wertung des Art. 4 Abs. 1 GG betrifft nicht die generelle Befugnis des einzelnen, zwischen Gut und Böse zu wählen, sondern bezieht sich auf bestimmte Situationen, in denen die *Kulturgemeinschaft* erwartet, daß der einzelne, anstatt sich wie üblich nach dem Kriterium der Zweckmäßigkeit, nach dem eigenen Vorteil zu entscheiden, sein sittliches Empfinden für Wert und Unwert, Gerecht und Ungerecht befragt. Insoweit kann Freiheit in der Tat eine Gewissensentscheidung voraussetzen[337]. Da eine solche Erwartung der Kulturgemeinschaft nicht nur im religiös-

---

[334] BVerfGE 13, S. 268.

[335] Nach h. M. meint „Gewissen" i. S. des Art. 4 Abs. 1 GG nur das weltanschauliche Gewissen, vgl. *v. Mangoldt-Klein,* Art. 4, Anm. II 3.

[336] So *Brinkmann,* Grundrecht und Gewissen im Grundgesetz, S. 101.

[337] a. A. *Brinkmann,* aaO., S. 114; vgl. auch die Beispiele bei *Hamel,* aaO., S. 75/76, die sämtlich Gewissensentscheidungen „der Natur nach" betreffen.

weltanschaulichen Bereich denkbar ist, können wir auch den weiteren Schritt vollziehen und die Wertung in Art. 2 Abs. 1 GG hineinverlegen, so daß für Gewissensentscheidungen generell die Regelung des Art. 4 Abs. 1 GG gilt[338].

Zusammengefaßt können wir also festhalten, daß für die Freiheit von Gewissensentscheidungen — ebenso wie schon für die Freiheit von lebensgestaltenden Entscheidungen — eine das allgemeine Verhältnismäßigkeitsurteil im Rahmen des Art. 2 Abs. 1 GG präzisierende Wertung gefunden ist[339].

(c) Art. 5 Abs. 1, Abs. 2 GG

Meinungsfreiheit i. S. des Art. 5 Abs. 1 S. 1 GG bedeutet Meinungsäußerungsfreiheit[340]. Das Grundrecht schützt infolgedessen, soziologisch betrachtet, eine bestimmte Art und Weise der Verwirklichung eigener Willensentschlüsse. Bezeichnet das allgemeine Selbstbestimmungsrecht die Freiheit, die im wertenden Bewußtsein getroffene Verhaltenswahl generell in die Tat umzusetzen, so bezieht sich Art. 5 Abs. 1 S. 1 GG auf die Möglichkeit, den gleichfalls im wertenden Bewußtsein gefaßten Entschluß, in einer bestimmten Weise zu irgendwelchen Vorgängen Stellung zu nehmen, zu verwirklichen. Die darin liegende Spezifikation der *Art*, nicht der unter dem Gesichtspunkt der Personwürde wichtigen *Qualität* der Verhaltensweisen läßt von vornherein mindestens keinen *positiven* Ertrag für unseren Versuch einer Konkretisierung des bei Art. 2 Abs. 1 GG zu treffenden Verhältnismäßigkeitsurteils erwarten. Wir wären deshalb zur Antwort auf die Frage nach der individuellen oder institutionell-funktionalen Natur des Grundrechts nur gezwungen, wenn der Gesetzesvorbehalt nicht mit dem des Art. 2 Abs. 1 GG übereinstimmte; ergäbe dann die weitere Untersuchung, daß Art. 5 Abs. 1 S. 1 GG eine spezielle Selbstbestimmungsgarantie ist, so wäre unser Versuch einer Harmonisierung der Bewertungen des Verfassunggebers gescheitert.

Der Wortlaut der Vorbehalte scheint zunächst gegen die Konformität zu sprechen. Während Art. 2 Abs. 1 GG die „verfassungsmäßige Ord-

---

338 Zur Einwirkung des Art. 4 Abs. 1 GG auf das Vertragsrecht vgl. *Bosch-Habscheid*, JZ 1954, S. 213 ff.; JZ 1956, S. 29 ff.; A. *Blomeyer*, JZ 1954, S. 309 ff.; *Wieacker*, JZ 1954, S. 466 ff. Auch dort wird die Wertung nicht auf den religiös-weltanschaulichen Bereich beschränkt (Beispiel des vertragsuntreuen Atomforschers).

339 Für denjenigen, der Art. 4 GG bereits über den weltanschaulichreligiösen Bereich hinaus auf sämtliche Gewissensentscheidungen bezieht, erübrigt sich die hier vorgenommene Übertragung der Wertung auf Art. 2 Abs. 1 GG selbstverständlich. Dort erlaubt Art. 4 GG allein schon die entsprechenden Folgerungen.

340 Vgl. *Ridder* in NNS II, S. 243.

nung" nennt, führt Art. 5 Abs. 2 GG die „allgemeinen Gesetze", die „gesetzlichen Bestimmungen zum Schutze der Jugend" und „das Recht der persönlichen Ehre" an. Die vordergründigen Unterschiede sind jedoch verhältnismäßig schnell und einfach überwunden. Einmal zeigt uns schon eine kurze Überlegung, daß die beiden letzten in Art. 5 Abs. 2 GG genannten Schranken nur Beispielsfälle der „allgemeinen Gesetze" sind. Die h. M.[341] versteht unter den „allgemeinen Gesetzen" solche, die „ohne Rücksicht gerade auf eine bestimmte Meinung ein Rechtsgut schützen, das an sich Schutz verdient", die sich nicht gerade gegen das durch „die Meinungsfreiheit geschützte Rechtsgut als solches richten", die nicht die „rein geistige Wirkung der reinen Meinungsäußerung inhibieren". Daß der Jugendschutz und die persönliche Ehre „an sich Schutz verdienen" und Vorschriften zu ihren Gunsten sich nicht gegen die Meinungsfreiheit als solche richten, braucht wohl nicht weiter dargelegt zu werden[342]. Ebenso löst sich die Differenz von „verfassungsmäßiger Ordnung" und den „allgemeinen Gesetzen" auf. Bei Häberle lesen wir für die allgemeinen Gesetze die gleiche Definition, wie wir sie für die verfassungsmäßige Ordung gefunden haben, nämlich Bindung an die „Werte und Rangordnungen" des Grundgesetzes[343]. Wir erinnern uns ferner, daß Lerche Art. 5 Abs. 1, Abs. 2 GG mit Art. 2 Abs. 1 GG zusammen in die besondere Kategorie der sog. mittelbar grundrechtsprägenden Normen einreiht[344], und daß gerade das zu Art. 5 GG ergangene Lüth-Urteil des Bundesverfassungsgerichts[345] uns den Weg zu unserer Interpretation der „verfassungsmäßigen Ordnung" geebnet hat. „Allgemeine Gesetze" und „verfassungsmäßige Ordnung" bedeuten jedenfalls unter dem Vorzeichen der der Selbstbestimmung zugebilligten Ranghöhe das gleiche: Beide Male ist eine von der Motivation her umfassende Regelungsbefugnis des Gesetzgebers anerkannt, die ihre Grenze am Verhältnismäßigkeitsprinzip findet.

Sind die Wertungen der Art. 2 Abs. 1 und 5 Abs. 1 S. 1 GG somit kongruent, so bleibt Art. 5 Abs. 1 S. 1 GG für die angestrebte Wertungsharmonie in jeder Hinsicht bedeutungslos. Weder liefert er — positiv — eine Handhabe zur Konkretisierung des Art. 2 Abs. 1 GG noch stellt er — negativ — die allgemeine Aussage des Art. 2 Abs. 1 GG in Frage. Wir brauchen deshalb weder hier noch bei dem in der Problematik

---

341 Vgl. *v. Mangoldt-Klein*, Art. 5 Anm. IX 3 a mit weiteren Nachweisen.

342 a. A. *Leuschner*, Recht der Schülerzeitung, S. 30, mit der allerdings wenig überzeugenden Begründung, sonst hätte der Verfassunggeber sie nicht ausdrücklich erwähnt; wie hier: *Häberle*, Wesensgehaltgarantie, S. 37.

343 *Häberle*, aaO., S. 32.

344 *Lerche*, Übermaß, S. 146 ff.

345 BVerfGE 7/198 ff; vgl. oben § 2 B. II 2 h cc.

gleichliegenden Art. 5 Abs. 1 S. 2 und S. 3 GG uns für die individuelle oder funktionale Auffassung des Grundrechts zu entscheiden.

(d) Art. 5 Abs. 3 GG

Gegenüber der Freiheit von Kunst und Wissenschaft, Forschung und Lehre nach Art. 5 Abs. 3 GG fehlt allgemein ein Gesetzesvorbehalt; lediglich bei der Freiheit der Lehre wird die Pflicht zur Verfassungstreue betont. Hätten wir es hier mit Selbstbestimmungsgarantien zu tun, so würde die Bewertung des Konfliktes zwischen dem Selbstbestimmungsanspruch des einzelnen und Forderungen des Gemeinwohls, die wir bisher kennengelernt haben, in nicht harmonisierbarer Weise durchbrochen. Die Ausübung von Kunst, Wissenschaft, Forschung und Lehre ist nicht generell in einem Maße höchstpersönlich, das die gesetzgeberische Regelung in diesen Bereichen zu einem untragbaren Eingriff in die Persönlichkeit des Künstlers und Wissenschaftlers stempelt. Es ist nicht einzusehen, weshalb der Gesetzgeber gehindert sein sollte, z. B. die noch auf Humboldt zurückgehende Universitätsstruktur den modernen Anforderungen anzupassen, selbst wenn dadurch die individuelle Freiheit des einzelnen Professors eingeschränkt wird. Die Frage, ob Art. 5 Abs. 3 GG die Selbstbestimmung oder ein bestimmtes soziales Anliegen schützt, läßt sich demnach auf keinen Fall ausklammern.

Das institutionell-funktionale Verständnis des Art. 5 Abs. 3 GG wird an sich bereits durch den Wortlaut der Vorschrift angeregt, der die sonst übliche Bezugnahme auf das „Recht" oder die „Freiheit" der Person unterläßt. Die einzelnen Äußerungen im Schrifttum unterstreichen das. So heißt es bei Köttgen, hinsichtlich der Lehrfreiheit verzichte der Staat „mitnichten zugunsten gesellschaftlicher Mächte oder der bereits anderweit hinreichend gesicherten Individualität des Wissenschaftlers", sondern er respektiere „ausschließlich die von ihm unterstellte *Eigengesetzlichkeit eines Sachgebietes*"[346]. Im Hinblick auf die Kunst schreibt Ridder von der „Freiheitsgarantie mit ihrem dem Weimarer Modell entnommenen Text, der, weil er keinen persönlichen Träger nennt, die *institutionelle* Auffassung der Garantie gestattet"[347]. Freilich entsteht hier eine Schwierigkeit, die nicht ganz in unser Konzept hineinpaßt. Die mittelbare Verknüpfung von Menschenwürde und sozialer Institution über die Notwendigkeit gesellschaftlicher Vorbedingungen von Selbstbestimmung und Mitbestimmung versagt. Es läßt sich nicht sagen, daß die Möglichkeit freier Kunst- und Wissenschaftsausübung für den Menschen in der modernen Staats- und Gesellschaftsverfassung unerläßlich sei, um seine Selbst- oder Mitbe-

346 *Köttgen* in NNS II, S. 304.

347 *Ridder*, Freiheit der Kunst nach dem Grundgesetz, S. 18.

stimmung zu sichern. Diese Bereiche sind überhaupt nur für wenige offen. Um Künstler zu sein, brauche ich eine künstlerische Begabung; als Wissenschaftler benötige ich besondere intellektuelle Qualifikationen. Wären also Kunst- und Wissenschaftsfreiheit unverzichtbare Vorbedingungen der Selbstbestimmung und Mitbestimmung des einzelnen, so wären die meisten Menschen schon von Natur aus von der Selbstbestimmung und Mitbestimmung ausgeschlossen. Deswegen Kunst- und Wissenschaftsfreiheit als Selbstbestimmungsgarantien aufzufassen, ist erst recht nicht möglich. Denn weshalb soll der Künstler oder Wissenschaftler als Persönlichkeit in der Gestaltung seines Berufslebens eine größere Autonomie genießen als der normale Mensch? Ein solches Ergebnis würde praktisch darauf hinauslaufen, daß man den Personwert von Künstlern und Wissenschaftlern höher veranschlüge als den der anderen, was angesichts unseres ordre public — der Gleichheit aller Menschen — völlig unhaltbar ist. Selbstbestimmungs- und Mitbestimmungsrecht werden ja gerade aus der Natur *des* Menschen, die als einheitliche und gleichwertige aufzufassen ist, abgeleitet. Auch ein besonderes individuelles Werterlebnis des Künstlers und Wissenschaftlers[348] läßt sich nicht generell annehmen. Ein solches kann allenfalls in Ausnahmesituationen vorliegen.

Eine ausreichende Legitimation des Art. 5 Abs. 3 GG enthält nach alledem erst eine Sicht, die die Vorschrift aus dem Menschenwürdezentrum herauslöst und damit allerdings auch praktisch ihrer Grundrechtsqualität im Sinne der h. M. entkleidet. Wenn hier „nicht, wie im Fall der Freiheitsrechte, eine Sphäre legitimer Willkür des Individuums, sondern die Autonomie eines Sachgebietes" garantiert ist[349], verfehlt jede andere Deutung den Sinn der Norm. Sie rückt auf eine Ebene etwa mit der gemeindlichen Selbstverwaltungsgarantie des Art. 28 Abs. 2 GG. Gesichert ist der organische kulturelle und zivilisatorische Fortschritt, der sich nicht plan- und reglementmäßig erzwingen läßt, sondern um der Aufgabe willen Freiheit der Funktionäre voraussetzt[350]. Der Weg Kleins, sowohl die Autonomie des Sachgebiets als auch die legitime Willkür der Individuen in den Schutzbereich der Vorschrift einzubeziehen[351], ist uns versperrt. Wie wir gesehen haben, schließt jedes institutionell-funktionale Verständnis die Absage an eine *gleich hochwertige* individuelle Freiheit, die in der gleichen Norm geschützt sein soll, ein.

---

348 In diesem Sinne für die Kunst etwa *Arndt*, NJW 1966, S. 67: Kunst als „Wahrheitssuche".

349 So *Köttgen*, aaO., S. 310.

350 In diesem Sinne zutreffend *Köttgen*, aaO.

351 *v. Mangoldt-Klein*, Art. 5 Anm. X 2 b.

(e) Art. 8, 9 Abs. 1 GG

Für Versammlungs- und Vereinigungsfreiheit nach Art. 8, 9 Abs. 1 GG[352] stoßen wir gleichfalls in erster Linie auf Stellungnahmen, die eine funktionale Deutung nahelegen. So schreibt Klein, historisch sei es „im Kampfe um die Versammlungsfreiheit“ um Veranstaltungen gegangen, die „der öffentlichen Meinungsbildung dienten“, also um eine Funktionsbedingung der Demokratie. Entsprechend wird die Versammlungsfreiheit bestimmt als die „Zusammenkunft einer Anzahl von Menschen zu dem Zweck, *öffentliche* Angelegenheiten gemeinsam zu erörtern oder eine gemeinsame Kundgebung zu veranstalten“[353]. Zur Vereinigungsfreiheit lesen wir, sie sei „ebenso wie die Versammlungsfreiheit des Art. 8 ... ein aktiv-demokratisches Mittel zur Sicherstellung des Grundrechts der freien Meinungsäußerung im Bereich der Sozietät“[354]. Nach Füßlein spiegelt sich in der Geschichte der Vereins- und der Versammlungsfreiheit „das jeweilige Verfassungsbild. Autoritäre Staaten suchen Vereine und Versammlungen, *ohne die eine politische Opposition kaum denkbar ist,* zu unterbinden oder einzuschränken, während die freiheitlichen Verfassungen der Neuzeit Vereins- und Versammlungsfreiheit gegenüber der Staatsgewalt ausdrücklich postulieren“[355]. Schließlich meint Nawiasky, die beiden Grundrechte seien „streng genommen nicht mehr Individualrechte, sondern ... *Einwirkungsmöglichkeiten in die soziale und politische Sphäre*“[356].

Der Gedanke wird bestätigt durch die Wertungen der Art. 8, 9 Abs. 1 GG. Art. 8 GG sieht für Versammlungen, die nicht unter freiem Himmel stattfinden, gar keinen Vorbehalt vor; Art. 9 Abs. 2 GG errichtet lediglich Schranken durch die Strafgesetze sowie das Verbot des Angriffs auf die verfassungsmäßige Ordnung und die Völkerverständigung. Wäre in Art. 8, 9 GG die Selbstbestimmung geschützt, so würde dies bedeuten, daß der einzelne um seiner sittlichen Autonomie willen bei der Entscheidung über eine Versammlungsteilnahme im Prinzip genauso starken Freiheitsschutz erfährt, wie wenn er seinen Glauben oder seinen Beruf wählt. Das Mißverhältnis ist offenkundig. Die Teilnahme an bestimmten Versammlungen bzw. die Zugehörigkeit zu einem Verein mag sicher für den Menschen eine wichtige Angelegenheit darstellen. Davon, daß — wie bei der Glaubens- und Berufswahl — die Bevormundung insoweit von einem sittlichen Empfinden, das am

---

352 Beide Grundrechte werden üblicherweise in der Literatur zusammen behandelt; vgl. etwa *Füßlein* in NNS II, S. 426, 427.

353 *v. Mangoldt-Klein,* Art. 8, Anm. III 2.

354 *v. Mangoldt-Klein,* Art. 9, Anm. II 4.

355 *Füßlein* in NNS II, S. 427.

356 *Nawiasky,* Grundgedanken, S. 28.

absoluten Rang der Personwürde orientiert ist, als Vergewaltigung der Persönlichkeit aufgefaßt wird, kann keine Rede sein. Andererseits sind die Grundrechte als Vorbedingungen einer materialen Selbst- und Mitbestimmung angesichts der vorgegebenen gesellschaftlichen Verhältnisse leicht verständlich. Beide sorgen dafür, daß der einzelne die Ansichten seiner Mitbürger auch im größeren Rahmen erfährt als im Zweiergespräch. Sie geben demjenigen, der auf Gefahren für die Demokratie und auf gesellschaftliche Mißstände hinweisen möchte, die Gelegenheit, Gleichgesinnte auf den Plan zu rufen und mit ihnen gemeinsam die anstehenden Fragen zu erörtern sowie die gebotenen Maßnahmen zu ergreifen. Die Vereinigungsfreiheit erlaubt eine rationale und wirksame Beschäftigung mit den Problemen. Wo solche Möglichkeiten fehlen, bleibt etwa das Informationsrecht, in dem wir die unerläßliche Voraussetzung wirklicher Selbst- und Mitbestimmung erkannten, weitgehend ohne Ertrag. Daß der einzelne Mensch sich durch private Erkundungen den notwendigen Überblick über die zu beurteilenden Sachverhalte und die in dem Zusammenhang berücksichtigenswerten Argumente verschaffen könnte, scheitert an unüberwindlichen praktischen Schwierigkeiten. Gewiß erschöpften sich die Grundrechte in der Aufklärungszeit, insbesondere bei ihrer erstmaligen Verlautbarung in der Verfassung von 1848, in der Stärkung des bürgerlichen Widerstandspotentials, so daß man sie damals zu Recht dem „status negativus" als reine Abwehrrechte gegenüber dem Staat zurechnen konnte. In der modernen parlamentarischen Demokratie und in der mehr und mehr differenzierten Gesellschaftsordnung gewinnt das gleiche Anliegen erheblich andere Konturen. Es geht nicht mehr um die Behauptung des Individuums *gegenüber* dem, sondern *im* Staat.

Der Eigenwert der Person ist nunmehr am ehesten dadurch gesichert, daß die Selbstbestimmung in vielfachen Beziehungen gleichzeitig einen Beitrag in einem sozialen Handlungssystem leistet, und ferner dadurch, daß die Mitbestimmung im staatlichen Willensbildungsprozeß institutionalisiert ist. Der Wandel verlangt, präziser zwischen individueller Freiheit und funktional motivierter technischer Freiheit zu unterscheiden. Früher war das Hauptanliegen, den Staat daran zu hindern, daß er die Mittel (Meinungsäußerung, Versammlung, Vereinigung) verbot, mit denen der Bürger Einfluß auf den monarchischen Staat nehmen konnte. Im demokratischen Staat fehlt insgesamt der Gegensatz, der ein Abwehrrecht sinnvoll macht. Nunmehr gilt es, den einzelnen positiv an den gesellschaftlichen und politischen Belangen zu beteiligen. Versammlungs- und Vereinigungsfreiheit haben so die rein negative Richtung aufgegeben. Sie sind jetzt ihrem Zweck nach sinnvoll als Institutionen, die die Vorbedingungen materialer Selbst- und Mitbestimmung, Kenntnis der Sachlage und intellektuelle wie praktische

Macht, gemäß der Kenntnis zu handeln, gegen sachfremden Einfluß abschirmen[357].

(f) Art. 9 Abs. 3 GG

Ähnlich wie in Art. 8, 9 Abs. 1 GG befremdet das individuell-personale Verständnis der vorbehaltlos gewährleisteten Koalitionsfreiheit nach Art. 9 Abs. 3 GG, wie es uns etwa bei Klein entgegentritt, der in der Vorschrift „das individuelle Freiheitsrecht der Arbeitgeber und der Arbeitnehmer" sieht, „sich nach ihrem Belieben zu Koalitionen zusammenzuschließen oder nicht zusammenzuschließen"[358], und wie es sich vor allem im fast einhelligen Bekenntnis zur sogenannten negativen Koalitionsfreiheit ausdrückt[359]. Es erscheint unerfindlich, weshalb der Beitritt zu einer Gewerkschaft oder zu einem Arbeitgeberverband um der Personwürde des Menschen willen in einer gegenüber normalen Handlungen hervorgehobenen Weise der individuellen Selbstbestimmung zugeordnet sein soll. Ein höchstpersönlicher Zug wie bei der Weltanschauungs- und Berufswahl läßt sich nicht entdecken. Zwar geht Schnorr v. Carolsfeld einen Schritt in dieser Richtung. Er rückt den Koalitionsbeitritt in die Nähe des weltanschaulichen Bekenntnisses, versucht also eine Parallele zu den Art. 4 Abs. 1, Abs. 2 GG zu ziehen[360]. Schon der Ansatz seiner Argumentation weckt jedoch Bedenken: Es soll „auf die Stellung der Gewerkschaften ..., dann aber auch auf die Auffassung" ankommen, „die gleichzeitig, *mit Recht oder mit Unrecht,* die Allgemeinheit von den Gewerkschaften und ihrer Tätigkeit besitzt". Wenn die Kulturgemeinschaft vom einzelnen den Verzicht auf

---

357 Das scheint mir der unabhängig vom jeweiligen Freiheitsverständnis richtige Kern der Bemühungen *Häberles* zu sein. Indes schießt *Häberle* mit seiner Konzeption der allgemein zweckgebundenen Freiheit über das Ziel hinaus. Es läßt sich m. E. einfach nicht vertreten, etwa der Glaubens- und Gewissensfreiheit eine soziale Funktion zuzuerkennen. Hier geht es einzig und allein um den einzelnen, nicht um die Gemeinschaft. Letztere gewinnt durch die Glaubensfreiheit allenfalls die Sicherung vor Religionsfehden, die ihrerseits auf das Naturwidrige der religiösen Bevormundung zurückführen. Von einer positiven Aufgabe der Gewissensfreiheit innerhalb der Gesellschaft kann keine Rede sein. A. A. aber *Häberle,* aaO., S. 10; vgl. auch *Herbert Krüger,* Allg. Staatslehre, § 14 III, der das Prinzip der Nichtidentifikation aus der staatlichen Sphäre des Allgemeinen heraus in die gesellschaftliche Sphäre der Besonderheiten verweist, also — wie hier — eine Funktion der Glaubensfreiheit für die Gemeinschaft als ganze bestreitet.

358 *v. Mangoldt-Klein,* Art. 9 Anm. V 3.

359 So die ganz h. M., vgl. *Dietz* in BNS III 1, S. 457; *v. Mangoldt-Klein,* Art. 9 Anm. V 11; *Maunz,* Deutsches Staatsrecht, S. 122; *Müller* in BB 1952, S. 550; OLG Koblenz in NJW 1951, S. 366; LAG Hamm, AP 1952, Nr. 224; a. A. vor allem *Hueck-Nipperdey,* Arbeitsrecht II, § 10 II 2 a delta.

360 *Schnorr v. Carolsfeld,* AR-Blattei v. 25. 1. 1965, Stichwort „Minderjährige".

Nützlichkeitserwägungen erwarten darf, dann setzt das doch notwendig die *richtige* Vorstellung von der Konfliktslage voraus. Sonst stößt der Wille, dem Achtungsanspruch der Persönlichkeit gerecht zu werden, ins Leere. Auf der Grundlage richtiger Vorstellung von Stellung und Funktion der Gewerkschaften läßt sich zwar nicht leugnen, daß die Gewerkschaftsidee einen weltanschaulichen Hintergrund in der marxistischen Philosophie hat. Doch ist es nicht unbedingt so. Es gibt ja auch z. B. christliche Gewerkschaften. Dabei bedeuten die Attribute „christlich" oder „sozialistisch" nicht etwa den Hinweis darauf, daß in den Gewerkschaften eine weltanschaulich determinierte Aufgabe in Angriff genommen würde. Sie implizieren lediglich, daß die an sich weltanschaulich neutrale Tätigkeit auf einen Grundbestand an sozialistischen bzw. christlichen Leitideen nicht verzichten will, nicht anders als ein wahrer Christ sich in seiner ganzen Lebensweise als Christ zu bewähren hat. Die sittliche Persönlichkeit, auf der der Grundrechtsgedanke insgesamt aufbaut, empfängt durch das Christliche bzw. Sozialistische die ihr eigentümliche Färbung. Mit einer weltanschaulich orientierten Gewissensentscheidung hat das noch nichts zu tun. Auch ein überzeugt christlicher Kaufmann, der seine Geschäfte im Einklang mit der Morallehre seines Glaubens führen will, fällt mit dem Beginn seines Unternehmens keine Gewissensentscheidung. Sollte Schnorr v. Carolsfeld unter der „bestimmten Auffassung der Gesellschaftsordnung" durch die Gewerkschaften nur soviel verstehen, daß sie um eine Milderung der Unterschiede zwischen „arm" und „reich" bemüht seien, wäre ihm zwar beizupflichten. Dann entfiele aber die behauptete spezifische Nähe zur Bekenntnisfreiheit. Die grundsätzliche Gleichheit aller Menschen ist heute Bestandteil unseres ordre public, also gerade nicht Gegenstand einer in ihrer Freiheit positiv und negativ zu schützenden Weltanschauung. Eine Freiheit, die Ungleichheit einzelner Gruppen von Menschen zu propagieren, scheidet aus. Es geht gar nicht mehr um die Frage, ob soziale Gerechtigkeit herrschen soll oder nicht, sondern um die, *was* Verwirklichung sozialer Gerechtigkeit *heißt*. Man streitet über die ausgewogenste Lösung des Interessenkonfliktes zwischen Arbeitgeber und Arbeitnehmer. Eine wesenhaft im Religiösen oder Sittlichen verwurzelte Entscheidung kann mithin mit dem Gewerkschaftsbeitritt gar nicht verbunden sein[361].

Erst die Funktion der Koalitionsfreiheit erklärt ihren — im Verzicht auf den Gesetzesvorbehalt niedergelegten — hohen Rang. Das Grundrecht ist historisch aus der Ohnmacht des Arbeitnehmers gegenüber dem Diktat der Arbeitsbedingungen durch den Betriebsherrn, der

---

361 Das mag zur Zeit der Entstehung der Gewerkschaften anders gewesen sein.

darauf folgenden Bildung der Gewerkschaften und der ihnen feindlichen Einstellung von Gesetzgebung und Verwaltung entstanden[362]. Schon diese Genesis zeigt seinen Standort zwar historisch in einer Abwehrposition zum Staat, doch teleologisch in der Funktion auf, die sozialen Bedingungen auszugleichen, die eine materiale Selbstbestimmung des Arbeitnehmers hinderten. Auf die geänderte verfassungspolitische und gesellschaftliche Situation bezogen, hat sich auch hier der „status negativus" in eine Aufgabe des Staates verwandelt. So hat das Bundesverfassungsgericht ausgesprochen, „das Grundrecht der Koalitionsfreiheit" betreffe „nicht nur den Zusammenschluß als solchen, sondern den Zusammenschluß zu einem bestimmten Gesamtzweck, nämlich zu einer aktiven Wahrnehmung der Arbeitgeber-(Arbeitnehmer-)Interessen". Demgemäß sei „ein Tarifvertragssystem i. S. des modernen Arbeitsrechts staatlicherseits überhaupt erst bereitzustellen"[363]. Obgleich damit in erster Linie die Koalitionsfreiheit der Koalitionen gemeint ist, enthält das Urteil doch auch ein eindeutiges Bekenntnis zum funktionalen Charakter des Grundrechts des einzelnen. Eine zweckfreie Freiheit des Koalitionsbeitritts auf der einen und das Abstellen auf den *Zweck* der Vereinigung als einem in der gleichen Norm verfassungsrechtlich geschützten Gut[364] auf der anderen Seite begründen die unüberbrückbaren Widersprüche, die uns veranlaßten, das gleichzeitige individuelle und funktionale Verständnis der Grundrechte als unmöglich abzulehnen. Ähnlich rechtfertigt sich Nipperdeys Widerstand gegen die Ansicht, Art. 9 Abs. 3 GG schütze neben der positiven auch die negative Koalitionsfreiheit[365], ausschließlich aus einer institutionell-funktionalen Sicht. Im Sinne eines reinen „status negativus" können individuelle Koalitionsfreiheit und die Koalitionsfreiheit des Verbandes durchaus nebeneinander bestehen, so daß die Argumentation Nipperdeys, die an den Schutz der Koalitionen durch Art. 9 Abs. 3 GG anknüpft, damit allein noch nicht überzeugt. Denn daß ich dem Verband Freiheit von jeder staatlichen Einmischung zusichere, hindert mich noch nicht, dies in gleichem Maße gegenüber dem einzelnen zu tun. Wenn beide Freiheiten zweckfrei gedacht und als solche gegen staatliche Intervention abgeschirmt sind, ist ein Gegensatz nicht zu befürchten. Anders sieht es erst aus, sobald die Freiheit der Koalition und des einzelnen aus ihrer sozialen Funktion gerechtfertigt wird. Dann bleibt in der Tat allein die funktionelle Interpretation

---

362 Vgl. dazu *Dietz* in BNS III 1, S. 424.

363 BVerfGE 4/96 ff. (106); BVerfG DB 1966, S. 229.

364 BVerfGE aaO.: ... so muß im Grundrecht des Art. 9 Abs. 3 GG ein verfassungsrechtlich geschützter Kernbereich auch in der Richtung liegen, daß ein Tarifvertragssystem ... bereitzustellen ist.

365 Vgl. FN 359.

und infolgedessen die Beschränkung des Schutzes auf die positive Freiheit übrig.

Schließlich liefert Art. 9 Abs. 3 S. 2 GG ein maßgebliches Argument für die funktionale Auffassung. Ginge es um die Selbstbestimmung des einzelnen, so dürfte ihm nicht verwehrt werden, sich — etwa gegen Zahlung einer Geldsumme — zum Nichtbeitritt zu einer Koalition zu verpflichten. Art. 9 Abs. 3 S. 2 verbietet ihm aber gerade ganz gleich, ob er unter Druck steht oder nicht, die Verfügung, die kommerzialisierende Ausnutzung seiner Freiheit zu tun oder zu lassen, was er will[366]. Gewiß begegnen wir solchen Lagen auch an anderer Stelle, so z. B., wenn der Mensch über seinen Körper disponiert, sich menschenunwürdig behandeln und verstümmeln läßt. Dort ist jedoch die verfassungsrechtliche Schranke durch das Sittengesetz errichtet. Im Falle des Art. 9 Abs. 3 S. 2 GG handelt es sich mindestens nicht notwendig um sittenwidrige Vereinbarungen. Die Vorschrift bedeutet deshalb nichts anderes, als daß das Anliegen, die Koalitionen um ihres Zwecks willen zu stärken, das Selbstbestimmungsrecht verdrängt. Die soziale Aufgabe und gerade nicht die individuelle Freiheit steht im Vordergrund.

(g) Art. 11 GG

Relativ dürftige Stellungnahmen für unser Problem bieten die Kommentierungen der Freizügigkeit, Art. 11 GG. Lediglich bei Dürig lesen wir, „das Recht auf freie Wahl von Beruf, Arbeitsplatz und Ausbildungsstätte" sei „ohne das Recht der freien Ortswahl ein Nichts"[367]. Darin klingt die Ansicht an, die Freizügigkeit sei eine soziale Vorbedingung der freien Berufswahl. Den engen Zusammenhang mit der Berufsfreiheit bringt auch die Entstehungsgeschichte des Art. 11 GG zum Ausdruck. Er geht auf Art. 111 WRV zurück, der „das Recht, sich an beliebigem Orte des Reiches aufzuhalten und niederzulassen, Grundstücke zu erwerben und jeden Nahrungszweig zu betreiben" gewährleistete, also die Freizügigkeit weniger als ein elementares menschliches Bedürfnis denn als ein Prinzip der Wirt-

---

[366] Vgl. zutreffend *Dürig* in Festschrift für Nawiasky, S. 158/159: Die primäre Entscheidung des Grundgesetzes für ein gegen den Staat gerichtetes generelles Freiheitsrecht (Art. 2 Abs. 1), das auch Vorrang gegenüber Art. 3 hat, umschließt begrifflich auch die Freiheit dem Staat gegenüber, von ihm ungehindert in der unter gleichgeordneten Privaten bestehenden Verkehrs- und Tauschgerechtigkeit des Zivilrechts von Grundrechtssätzen, die für staatliches Handeln unabdingbar sind, abweichen zu können. Daraus folgt ... die Pflicht der öffentlichen Gewalt, Verträge ... anzuerkennen, auch wenn sie Grundrechtssätzen der Verfassung widerstreiten, die für den Staat, wenn er als Handelnder aufträte, bindend wären.

[367] *Dürig* in NNS II, S. 515.

schaftsordnung verstand. Damit stimmt wiederum zum Teil die Interpretation des Art. 11 GG durch Dürig überein, wonach die Norm die „verfassungsrechtliche Absage an eine Zentralverwaltungswirtschaft" einschließt und „die aus ökonomischen und sozialpolitischen Gründen immer wieder erwogenen Massenverschiebungen" verhindert[368].

In der Tat lassen sich weder dem Grundrecht selbst noch den Materialien zum Grundgesetz Hinweise dafür entnehmen, daß man mit Art. 11 GG andere Vorstellungen als mit Art. 111 WRV verbinden wollte. Art. 12 Abs. 1 GG, der ja ebenfalls auf Art. 111 WRV zurückgeht, wurde unter dem Eindruck gestaltet, daß eine Barriere gegen die „Arbeitsversklavung" des einzelnen errichtet werden müsse[369]; insoweit löste man sich also von dem funktionalen Verständnis des Art. 111 WRV und verankerte das neue Grundrecht in einer betont personalen Sicht. Die Freizügigkeit, die der Konvent von Herrenchiemsee aus dem Grundrechtskatalog gestrichen hatte, nahm man dagegen überhaupt nur mit Rücksicht auf das Vorbild der Weimarer Reichsverfassung wieder in diesen auf[370]. Die Diskussion im Parlamentarischen Rat beschäftigte sich vornehmlich mit der Frage, ob sich die Freizügigkeit angesichts der damaligen wirtschaftlichen Schwierigkeiten *verwirklichen* lasse. Auch eine solche Überlegung paßt jedenfalls mehr zu einer funktional als zu einer personal orientierten Betrachtungsweise. Wir haben gesehen, daß die funktionalen Grundrechte sich als Mittel verstehen, Selbstbestimmung und Mitbestimmung *in der sozialen Wirklichkeit* vor Korrumpierung zu schützen. Dies setzt voraus, daß sie in der jeweiligen historisch-sozialen Situation zu diesem Zweck tauglich sind; danach richtet sich ihr verfassungsrechtlicher Rang. Der Rang der Selbstbestimmung ist als solcher von gesellschaftlichen Vorgegebenheiten unabhängig; die gesellschaftlichen Bezugsprobleme zeigen lediglich, auf welche Art und Weise man den Rang in der sozialen Wirklichkeit zu realisieren vermag. Schließlich ist darauf hinzuweisen, daß ursprünglich Freizügigkeit und Berufsfreiheit zusammen in einem Grundrecht gewährleistet werden sollten und erst später auf Art. 11 und Art. 12 GG aufgeteilt worden sind[371]. Der Grund für diese Trennung ist in den Materialien nicht mitgeteilt. Es liegt jedoch nahe, daß man — sei es bewußt oder unbewußt — den Schutz von Freizügigkeit und Berufsfreiheit entgegen dem Weimarer Vorbild als zwei voneinander völlig verschiedene Gegenstände empfand und sie deshalb nicht in eine Wertung aufnehmen wollte.

---

368 *Dürig*, aaO., S. 515.
369 JöR n. F. 1, S. 133.
370 JöR n. F. 1, S. 128.
371 JöR n. F. 1, S. 128.

Weitere Schwierigkeiten, die gegen die Deutung des Art. 11 GG als Selbstbestimmungsgarantie sprechen, werden sichtbar, wenn man das Verhältnis von Selbstbestimmung und Anspruch der Menschenwürde in Betracht zieht.

Dürig hat versucht, die Freizügigkeit auf Art. 1 Abs. 1, Art. 2 Abs. 1 GG zurückzuführen und so die Vorschrift auf „aus elementarer religiöser und wirtschaftlicher Not fliehende“ Nichtdeutsche auszudehnen[372]. Die Fälle zeigen jedoch deutlich, daß wir uns hier in Wirklichkeit gar nicht im Bereich des Art. 11 GG, sondern in dem des Art. 1 GG befinden. Art. 11 GG mit seinen Gesetzesvorbehalten, vor allem der Forderung nach dem Vorhandensein einer ausreichenden Lebensgrundlage, paßt für die genannten Extremsituationen nicht. Der Rückgriff auf Art. 19 Abs. 2 GG vermeidet zwar das praktische Bedenken, befriedigt aber von der Begründung her nicht. Der Wesensgehalt und der übrige Grundrechtsraum sind nicht eindeutig voneinander abgrenzbare Bereiche. Vielmehr besteht schon der Idee nach nur ein Unterschied in der Intensität des Schutzbedürfnisses. Trotzdem soll eine so verschiedenartige rechtliche Behandlung stattfinden, wie wir sie krasser kaum ausdenken können: Der Berechtigtenkreis wird erheblich erweitert, die sonst von Dürig angenommene Bedingtheit durch Wohnungs- und Berufsrecht[373] entfällt, wo im übrigen der einzelne das Risiko einer von ihm ausgehenden Gefährdung anderer zu tragen hat und ihm wegen Fehlens der ausreichenden Lebensgrundlage die Freizügigkeit versagt werden kann, sind hier die Behörden zu positiver Hilfe verpflichtet. Insbesondere gerät aber die Freizügigkeit als eigenständiger Wert völlig in den Hintergrund. Was Dürig schützen will, sind die religiöse Selbstbestimmung und die physische Existenz. Die Freizügigkeit bildet allein das Medium, durch das sich die Garantie dieser Güter vollzieht. Überdies scheitert auch unser Maßstab für den individuell-personalen Charakter eines Grundrechts, die Frage nach der Höchstpersönlichkeit der Entscheidung. Wir können die Freiheit noch so stark eingeschränkt denken, bis zur lebenslangen Bindung an einen Wohnort: Solange der Mensch die Möglichkeit behält, sein Leben im wesentlichen nach seinem Belieben zu gestalten, liegt darin zwar eine lästige Beschränkung; von einer sittlich untragbaren Bevormundung kann jedoch keine Rede sein. Erst der Umschlag der Freizügigkeitsbegrenzung in ein Hindernis für die in Aussicht genommene Lebensführung, vor allem die Berufswahl, berührt die personelle Seite. Zusammengefaßt dürfen wir demnach auch für Art. 11 GG ein institutionelles Verständnis zugrunde legen.

---

[372] *Dürig,* aaO., S. 522/523.
[373] Vgl. *Dürig,* aaO., S. 512—515.

(h) Art. 17 GG

Art. 17 GG bestimmt das Petitionsrecht als „das Recht, sich einzeln oder in Gemeinschaft mit anderen schriftlich mit Bitten oder Beschwerden an die zuständigen Stellen und an die Volksvertretung zu wenden". Die Definition legt schon nahe, die Norm überhaupt aus dem Problemkreis individuelles-institutionelles Grundrecht auszuklammern und sie einfach als eine verfassungsrechtlich verankerte Möglichkeit des Rechtsschutzes und der Einflußnahme des Bürgers auf Parlament, Regierung und Verwaltung zu deuten. Daran scheint aber die h. M. zu hindern. So unterscheidet Mattern zwei verschiedene Seiten des Art. 17 GG: Er gehöre einmal zum negativen Status des Bürgers; er sei Freiheit zur Petition. Daneben enthalte er „auch einen Anspruch auf positives Verhalten der Staatsorgane analog dem Anspruch auf Rechtsschutz"; insofern sei „das Recht aus Art. 17 GG dem status positivus, und zwar dessen formellrechtlichem Teil zuzuweisen[374]. Indes zeigt schon kurze Überlegung, daß dem negativen Status des Petitionsrechtes heute keine eigenständige Bedeutung mehr zukommt. Die Vorstellung eines abzusichernden Freiheitsbereichs hat nur dort Sinn, wo dem einzelnen mit der Freiheit gedient ist. Dies traf etwa in der Verfassung von 1871 zu, wo das Parlament das bürgerliche Gegengewicht zum Kaiser, der von ihm berufenen Regierung und dem von den Fürsten besetzten Bundesrat bildete; denn damals hätte ein Petitionsverbot die Kontrollmöglichkeit der Volksvertretung weitgehend ausschalten können. Heute schützen bereits das Gebot der Gleichbehandlung und der Grundsatz der Gesetzmäßigkeit der Verwaltung vor behördlicher Willkür. Auch ohne Petitionsrecht kann mich rechtmäßig niemand hindern, einem Abgeordneten zu schreiben, eine Fraktion des Bundestages auf mein Anliegen hinzuweisen oder mich persönlich an einen hohen Regierungsbeamten zu wenden. Erst die Pflicht des Adressaten, sich mit meiner Eingabe sachlich zu beschäftigen, erfüllt das Petitionsrecht mit einem materialen Sinn. Demgemäß fordert das Bundesverfassungsgericht zutreffend, „jede ordnungsgemäße Petition" müsse „beantwortet werden", und die Antwort dürfe sich „nicht auf eine bloße Empfangsbestätigung beschränken", sondern müsse „zumindest die Kenntnisnahme von dem Inhalt der Petition und die Art ihrer Erledigung ergeben ... Wollte man der gegenteiligen Auffassung folgen, so würde man dem Petitionsrecht seinen praktischen Wert nehmen. Die Aufnahme eines solchen Scheinrechts in den Grundrechtskatalog wäre dann kaum verständlich"[375]. Ist somit die Bedeutung des Art. 17 GG nicht in der Freiheit des

---

[374] *Mattern* in NNS II, S. 629.

[375] BVerfGE 2/230.

Bürgers, sondern in der Beantwortungspflicht des staatlichen Adressaten begründet, so entbehrt die Einordnung des Grundrechts als negatives Statusrecht[376] eines vernünftigen Sinnes. Als rein positives Statusrecht scheidet Art. 17 GG aus der hier interessierenden Art von Grundrechten aus.

(3) Ergebnis zu dd)

Neben Art. 2 Abs. 1 GG enthalten also nur die Artikel 4 Abs. 1, Abs. 2; 12 Abs. 1 GG Selbstbestimmungsgarantien. Die durch das Gebot der Wertungsharmonie erzwungene analoge Übernahme der speziellen Wertungen in den allgemeinen Tatbestand des Art. 2 Abs. 1 GG erlaubt es, das dort normalerweise allein geltende Verhältnismäßigkeitsurteil über den Freiheitseingriff zu präzisieren. *In bezug auf Gewissens- und lebensgestaltende Entscheidungen sind nur solche gesetzlichen Regelungen verfassungsmäßig, die als unerläßliche soziale Funktionsbedingungen der betreffenden Freiheit anzusprechen sind.* Dies schließt die Rücksicht auf „überragend wichtige Gemeinschaftsgüter" im Sinne der Rechtsprechung des BVerfG zur Berufsfreiheit ein. Wo die Freiheit „überragend wichtige Gemeinschaftsgüter" gefährdet, stellt sie gleichzeitig auch die Funktionsfähigkeit sozialer Handlungssysteme in Frage und bedroht infolgedessen ihren eigenen sozialen Unterbau.

ee) Stellungnahme zu dem Einwand Kleins gegen die Grundrechtsqualität des Art. 2 Abs. 1 GG

Der Befund befähigt uns, nunmehr zu dem Einwand Kleins Stellung zu nehmen, Art. 2 Abs. 1 GG sei zu unbestimmt, dehnbar und vage, um als Grundrecht oder als oberster Rechtssatz mit der Kraft, die Nichtigkeit unterrangiger Normen zu bewirken, gelten zu können. Das Ergebnis lautet: Nach der hier vorgelegten Interpretation kann das Argument keinesfalls durchgreifen. Es würde sonst entgegen Art. 1 Abs. 3 GG nahezu allen Freiheitsrechten die Judiziabilität bestreiten. Daß wir die von Situation zu Situation wechselnde Interessenintensität berücksichtigen müssen, ist — wie wir gesehen haben — bei jedem Freiheitsrecht der Fall. Soweit die speziellen Selbstbestimmungsgarantien Abstufungen und damit Konkretisierungen enthalten, haben wir sie für das allgemeine Selbstbestimmungsrecht voll auszuschöpfen vermocht. Wir haben festgestellt, daß die im eigentlichen Sinne grundrechtsbeschränkende Tätigkeit des Gesetzgebers dort ihre Grenze

---

376 Ebenso *v. Mangoldt-Klein,* Art. 17 Anm. II 4.

findet, wo das in Aussicht genommene Verhalten entweder von seinem *Ursprung* oder von seiner *Wirkung* her in hervorragendem Maße auf die individuelle Persönlichkeit bezogen ist. Denkbar wäre allenfalls noch der Hinweis auf die größere Unbestimmtheit der Ausdrücke „Gewissens-" bzw. „lebensgestaltende Entscheidungen" im Verhältnis zur Weltanschauungs- und Berufswahl. Doch sind derartige normative Begriffe in der Rechtsordnung gang und gäbe. Ein Ausdruck wie „grober Unfug" i. S. des § 360 Ziff. 11 StGB ist in den Konturen nicht weniger schwer faßbar als der der „Gewissens-" oder der „lebensgestaltenden Entscheidungen". Was aber in dem in besonderer Weise auf Bestimmtheit angewiesenen Strafrecht wenigstens nach h. M. unbeanstandet bleibt[377], darf erst recht im Verfassungsrecht nicht befremden[378].

3. Die Verfassungsmäßigkeit der §§ 2, 1626 Abs. 1 BGB

Welche Konsequenzen ergeben sich daraus für die in den §§ 2, 1626 Abs. 1 BGB auf das 21. Lebensjahr festgelegte typisierte Volljährigkeit? Sind bereits de lege lata positive Aussagen erlaubt? Es liegt auf der Hand, daß positive Folgerungen mit dem Anspruch, geltendes Recht zu sein, den Verzicht auf jede Art von Typisierung fordern müssen. Ist nur die *geltende* Typisierung unzulässig, könnte höchstens — nach dem Vorbild der Urteile des Bundesverfassungsgerichts zur Höfeordnung[379] und zur Wahlkreiseinteilung[380] — eine befristete Reformierungspflicht des Gesetzgebers begründet sein[381]. Die

---

377 Vgl. allerdings neuestens *Schönke-Schröder*, Kommentar zum StGB, § 360, Rdnr. 47, wonach die Vorschrift wegen Verstoßes gegen Art. 103 Abs. 2 GG verfassungswidrig sein soll.

378 Die Bedenken *Wehrhahns* (AöR Bd. 82, S. 250 ff., insbesondere S. 258, 262) aus der Unterteilung des Grundrechtskatalogs in Menschen- und Deutschenrechte hat unsere obige Systematisierung mit der Unterscheidung von individuellen und institutionellen Grundrechten sowie mit der Interpretation des als Deutschenrecht ausgestalteten Art. 12 Abs. 1 GG widerlegt.

379 BVerfGE in NJW 1963, S. 947 ff.

380 BVerfGE in NJW 1963, S. 1600 ff.

381 Vgl. dazu *Rupp*, Jus 1963, S. 469 ff.; allerdings überschätzt *Rupp* m. E. die Stärke der in den Urteilen zum Ausdruck kommenden Tendenz. In bezug auf die Höfeordnung hat das Bundesverfassungsgericht den Nichtigkeitsausspruch nur mit der Begründung abgelehnt, die Aufhebung von Besatzungsrecht unterfalle nicht seiner Kompetenz (vgl. NJW 1963, S. 948). Im Wahlkreisurteil verzichtete das Gericht auf die Nichtigkeit, weil zum Zeitpunkt der letzten Wahl die Einteilung immerhin noch nicht ganz so bedenklich gewesen sei, wie sie es bei der folgenden Wahl von 1965 sein würde. Die Formulierungen lassen durchaus den Schluß zu, daß das Gesetz als ursprünglich verfassungsmäßig angesehen wurde. Das Urteil NJW 1963, S. 1243 ff. schließlich enthält die ausdrückliche Feststellung, die betreffende Regelung sei an der Grenze des verfassungsrechtlich Zumutbaren, also noch verfassungsmäßig. Immerhin ist *Rupp* darin zuzustimmen, daß die wirk-

eigenmächtige Festsetzung fixer Altersgrenzen durch den Rechtsanwender würde selbst für die großzügigste Auffassung vom Richteramt die Grenzen der Judikative überschreiten[382].

a) im Hinblick auf Gewissens- und lebensgestaltende Entscheidungen

Es fragt sich also, ob die Typisierung der Selbstbestimmungsfähigkeit im Hinblick auf Gewissens- und lebensgestaltende Entscheidungen als unverzichtbare soziale Funktionsbedingung anzusehen ist oder nicht.

aa) Die Reichweite einer etwaigen besonderen Mündigkeit

Um Mißverständnissen vorzubeugen, gilt es nachdrücklich zu betonen: Die Diskussion beschränkt sich auf die Selbstbestimmung bezüglich des „Ob", der *Substanz* der Entscheidung; die Realisierung im einzelnen bleibt, wie schon die zugrunde liegenden Wertungen der Art. 12 Abs. 1 S. 2; 4 Abs. 2 GG ausweisen, bereits von Verfassungs wegen außerhalb der bevorzugten Zone. Eine eventuelle negative Antwort auf die aufgeworfene Frage besagt daher allein, daß der Jugendliche darüber befindet, *ob* er Mediziner oder Jurist wird. Wo er studiert, ob er sich am Studienort ein Zimmer nimmt oder ob er Fahrschüler wird, ist damit keineswegs seiner Selbstbestimmung zugeordnet. Wohl muß die auf das „Ob" bezogene Entscheidung insoweit Tatbestandswirkung entfalten; die Modalität darf nicht in einer Weise gestaltet werden, die die Selbstbestimmung dem Grunde nach wieder aushöhlt[383].

bb) Die Zulässigkeit des Verzichtes auf die feste Altersgrenze der §§ 2, 1626 Abs. 1 BGB

Ob die feste Altersgrenze für die Selbstbestimmungsfähigkeit in Gewissens- und lebensgestaltenden Entscheidungen als soziale Vor-

---

lichen Gründe auf einer anderen Ebene, nämlich in den untragbaren sozialen Folgen der Nichtigkeit liegen (Jus 1963, S. 472). Dies macht die Entscheidungen möglicherweise in dem angedeuteten Sinne fruchtbar. Das Problem soll hier nur aufgezeigt werden. Eine befriedigende Stellungnahme verlangt eine tiefere Grundlegung und würde infolgedessen den Rahmen der vorliegenden Arbeit sprengen. Vgl. dazu auch neuerdings: *Böckenförde*, Die sogenannte Nichtigkeit verfassungswidriger Gesetze.

382 Dem entspricht auch, daß die Rechtsprechung des BGH zur Operationseinwilligung und zum Zeugnis- bzw. Untersuchungsverweigerungsrecht nach der StPO keine eigenen Altersgrenzen eingeführt, sondern sich auf eine individuell-konkrete Betrachtung verlegt hat.

383 Vgl. den gleichen Standpunkt in der amerikanischen Rechtsprechung, z. B. Prince v. Massachusetts, Vol. 64 Supreme Court Reporter p. 445: „All

bedingung unerläßlich ist oder nicht, ist keine juristische, sondern eine soziologische Frage. Für ihre Lösung bietet sich insbesondere folgender Ausgangspunkt an: Man wird sagen können, daß die Erfahrungen, die der Verzicht auf fixe Mündigkeitsgrenzen in der deutschen oder auch in anderen Rechtsordnungen vermittelt hat, brauchbare Hinweise liefern werden. Die Furcht vor einer chaotischen Rechtsunsicherheit, die im sozialen Bereich zerstörend auf die Grundrechte zurückwirkt, ist sicher gegenstandslos, wenn sich der angestrebte Rechtszustand unter vergleichbaren Verhältnissen bewährt hat[384].

Im deutschen Recht ist vor allem die erwähnte Rechtsprechung des BGH zur Einwilligung in die Operation und zur Zeugnis- bzw. Untersuchungsverweigerung des Angehörigen nach der StPO zu nennen. Von allen Stellungnahmen — auch den kritischen — wendet sich allein Bosch gegen den Typisierungsverzicht. Aber selbst er behauptet nicht etwa, die feste Altersgrenze sei unerläßlich, sondern verweist lediglich auf die „Grundentscheidung des deutschen Gesetzgebers", nach der — anders als etwa in der Schweiz — „um der Rechtsklarheit willen eindeutige Grenzziehungen" erforderlich seien[385]. Das juristische Argument greift offenbar nicht durch; die herausgearbeitete Entscheidung des Verfassunggebers, deren Einfluß auf die Typisierung des § 1626 Abs. 1 BGB wir hier untersuchen, würde ja als ranghöhere Norm einem solchen Willen des einfachen Gesetzgebers vorgehen. Daß eine feste Altersgrenze die Rechtsklarheit fördert, bleibt unbestritten. Ob sie jedoch um eines geregelten Rechtsverkehrs willen unerläßlich ist, so daß das Grundrecht durch den Verzicht auf sie in der sozialen Wirklichkeit sogar Schaden leiden würde, zieht Bosch mit dem Hinweis auf das schweizerische Recht selbst in Zweifel.

Dort bestimmt — wie in anderem Zusammenhang bereits erwähnt — Art. 19 Abs. 2 ZGB, daß der unmündige Urteilsfähige, womit individuell-konkrete Urteilsfähigkeit gemeint ist[386], unentgeltliche Geschäfte selbst vornehmen und die ihm um seiner Persönlichkeit willen zustehenden Rechte eigenständig ausüben kann. Zwar führt die h. M.

---

such money raising activities on a public scale are, I think, Caesar's affairs and may be regulated by the state so long as it does not discriminate against one because he is doing them for a religious purpose."

384 Vgl. das methodisch gleiche Vorgehen des BVerfG im Apothekenurteil, wo sich das Gericht wesentlich von den Erfahrungen der Schweiz mit der Niederlassungsfreiheit der Apotheken leiten läßt, vgl. BVerfGE 7/377 ff. (415/416).

385 *Bosch*, Grundsatzfragen, S. 43.

386 Vgl. BGE 44 II 447; *Tuor*, ZGB S. 59—61; *Gmür*, Das ZGB, verglichen mit dem BGB, S. 54.

die zweite Alternative nicht so strikt durch, wie der Wortlaut es nahelegt. Doch löst sich niemand von dem uns interessierenden rechtspolitischen Grundbefund, daß in den genannten Beziehungen eine Typisierung aus Rechtssicherheitsgründen völlig entfällt. Nach Gmür[387] hat sich die Regelung in vollem Umfang als praktikabel erwiesen. In den veröffentlichten Entscheidungen des Schweizerischen Bundesgerichts finde sich kein einziger Fall, in dem das Vorhandensein oder Fehlen der Urteilsfähigkeit eines Unmündigen zweifelhaft gewesen sei[387].

Das Fazit sowohl der neueren Rechtsentwicklung in der Bundesrepublik als auch der seit über 50 Jahren geübten Schweizer Rechtspraxis lautet also dahin, daß wir mindestens in geringfügigem Maße auf die typisierende Fixierung von Mündigkeitsgrenzen verzichten dürfen, ohne daß dies die gesellschaftliche Ordnung in untragbarer Weise belastet. Insbesondere Art. 19 Abs. 2 SchweizZGB stärkt den hier interessierenden Schluß, daß die feste Altersgrenze bei lebensgestaltenden und Gewissensentscheidungen nicht als unverzichtbare soziale Geltungsbedingung der Selbstbestimmung gewertet werden kann. Gewissens- und lebensgestaltende Entscheidungen decken nicht einmal den ganzen Bereich der von Art. 19 Abs. 2 ZGB erfaßten „höchstpersönlichen Rechte“[388]; erst recht fällt das unentgeltliche Geschäft aus ihrem Rahmen. Die Unterschiede in der Sozial- und Wirtschaftsstruktur der Schweiz und der Bundesrepublik können das Ergebnis nicht in Frage stellen. Gewissensentscheidungen sind ebenso wie die lebensgestaltenden Entscheidungen weitgehend unabhängig von solchen Differenzen. Beide beziehen sich auf Ausnahmesituationen im menschlichen Leben, betreffen also den alltäglichen Geschäftsverkehr, für den unterschiedliche Sozial- und Wirtschaftsstrukturen unterschiedliche Grade an Offenkundigkeit der Rechtsverhältnisse fordern können, so gut wie gar nicht.

cc) *Die axiologische Legitimität besonders intensiver Selbstbestimmung in Gewissens- und lebensgestaltenden Entscheidungen*

Der besondere Selbstbestimmungsschutz für Gewissens- und lebensgestaltende Entscheidungen ist auch aus axiologischer Sicht legitim. Die Kombination spart keine gleichwertige Entscheidungssituation aus. Die Gewissensentscheidung ist wegen der *Art und Weise der Willens-*

---

[387] *Gmür*, aaO., S. 54 (insbesondere Anm. 5).

[388] So gehört z. B. nicht die in der Schweiz dazu gezählte Geltendmachung des Genugtuungsanspruchs wegen Verlöbnisbruchs hierzu (vgl. Art. 93 ZGB; *Gontersweiler-Lüchinger*, S. 15).

bildung in besonders starkem Maße der Selbstbestimmung des einzelnen zugeordnet; die lebensgestaltende Entscheidung ist wegen ihrer *Wirkung* höchstpersönlich. Andere Gesichtspunkte, die eine spezifische Persönlichkeitsnähe fordern, als die Art und Weise der Willensbildung und die Wirkung der Entscheidung sind nicht denkbar. Gewiß stellten wir bereits fest, daß der Begriff des höchstpersönlichen Rechts in der Schweiz mehr umfaßt als Gewissens- und lebensgestaltende Entscheidungen, und zwar nicht nur infolge einer etwas abweichenden Sicht der Konturen, die bei einem so auf die Wertung des Rechtsanwenders zugeschnittenen Begriff nicht weiter zu beunruhigen brauchte, sondern in essentieller Weise. So lassen sich weder das Recht auf Genugtuung wegen Verlöbnisbruchs und wegen Verletzung sonstiger persönlicher Verhältnisse, das Recht der Eltern auf persönlichen Verkehr mit ihren Kindern, im Vormundschaftsrecht das Recht des Mündels auf Mitwirkung bei wichtigen Angelegenheiten[389] noch das Recht auf Klage aus der Verletzung von Persönlichkeitsrechten[390] in eine unserer Kategorien einordnen. Dabei handelt es sich jedoch nicht um Fälle, die der Fremdbestimmung mit Rücksicht auf den Eigenwert der Persönlichkeit entzogen sind. Sie ergeben sich z. T., nämlich bei der Klage wegen Persönlichkeitsverletzung, lediglich daraus, daß der Anspruch dem rechtlichen Schutz der Persönlichkeit dient. Wenn man, wie neuerdings für § 847 BGB auch der Bundesgerichtshof[391], den Genugtuungsanspruch als Ausfluß des Gedankens versteht, „daß der Schädiger dem Geschädigten Genugtuung schulde für das, was er ihm angetan hat“, so schwingt darin deutlich die Rücksichtnahme auf die *persönlich* erlittene Unbill mit. Es erscheint *sachgerecht*, die Geltendmachung des Anspruchs in die Entscheidungszuständigkeit des Betroffenen zu verlegen, weil von ihm am ehesten eine zweckgerechte Ausübung erwartet werden darf; der gesetzliche Vertreter kann sich gar nicht so in die Person seines Mündels hineindenken, daß sich sein Entschluß zu klagen als Reaktion auf die anspruchskausale Kränkung verstände. Solche Überlegungen spiegeln aber nicht so sehr die Sorge um den Verletzten als vielmehr die um die Sache, allenfalls die Rücksichtnahme auf den Schädiger wider: Dieser soll nach Möglichkeit vor einer Inanspruchnahme geschützt werden, die durch den Zweck der anspruchsbegründenden Norm nicht gerechtfertigt ist. Andere Rechte, wie z. B. das Recht der Eltern auf persönlichen Verkehr mit ihren Kindern oder das Recht des Mündels gegenüber dem Vormund auf Mitwirkung bei wichtigen Angelegenheiten, sind ebenfalls wegen des Zwecks, der ihnen innewohnt, höchst-

---

389 *Gontersweiler-Lüchinger*, S. 15/16.
390 *Gontersweiler-Lüchinger*, S. 18.
391 BGHZ 18/149.

persönlich. Dem Gesetzgeber kommt es hier gerade darauf an, daß die Eltern bzw. der Mündel handeln. Eine Fremdausübung ist ohne Veränderung des Sinnes der Vorschrift gar nicht möglich. Derartige höchstpersönliche Rechte kannte auch schon der patriarchalisch eingestellte alte BGB-Gesetzgeber, vgl. z. B. § 1748 Abs. 2 S. 2 BGB.

Im Ergebnis steht somit fest, daß die Beschränkung des intensiven Schutzes der Selbstbestimmung auf Gewissens- und lebensgestaltende Entscheidungen den uns z. B. im Schweizer Recht begegnenden Begriff des höchstpersönlichen Rechts nicht axiologisch unzulässig verengt.

b) im Hinblick auf normale Verhaltensweisen

aa) Eine differenzierte Mündigkeit als verfassungsrechtliches Postulat de lege ferenda

Für andere als Gewissens- und lebensgestaltende Entscheidungen dürfen wir freilich nicht von der Typisierung der Selbstbestimmungsfähigkeit absehen. In dieser Hinsicht sind wir mangels eindeutiger verfassungsrechtlicher Wertung an das Verhältnismäßigkeitsurteil des Gesetzgebers gebunden. Daß das 21. Lebensjahr als Mündigkeitsgrenze untragbar sei, läßt sich nicht behaupten. Das gilt um so mehr, als diese Grenze mit den Regelungen der meisten anderen Rechtsordnungen übereinstimmt[392]. Andererseits ist klar, daß die undifferenzierte Geltung des 21. Lebensjahres sich nicht eben ideal ausnimmt. Die Regelung geht auf eine Zeit zurück, die weder die vom Grundgesetz betonte Bedeutung der Persönlichkeit kannte noch eine auch nur annähernd vergleichbare soziale Struktur aufwies[393]. Die heute durchaus übliche Erscheinung, daß ein Minderjähriger relativ verantwortliche Stellungen im Beruf bekleidet, ein Geschäft eigenständig führt u. ä., war damals kaum vorstellbar. Da der Jugendliche länger und umfassender unter elterlicher Bevormundung stand, dauerte auch der Prozeß der Reife zur lebenstüchtigen Persönlichkeit länger. Hinzu kam das Verständnis der Familie als einer sozialen Institution, das — wie wir am Beispiel der Schweiz sahen — wenigstens zum Teil ein Zurücktreten des individuellen Persönlichkeitsstrebens gegenüber den gesellschaftlichen Aufgaben der Familie erzwang. U. a. war die Vorstellung

---

[392] So mit Österreich, Italien, Portugal, Dänemark, Schweden u. a. Vgl. dazu *Luther*, Ehemündigkeit, Volljährigkeit, Strafmündigkeit, S. 50. Freilich hinkt der Vergleich etwas, da diese Länder durchaus nicht immer eine der unseren vergleichbare Persönlichkeitsvorstellung oder eine ähnliche Sozialstruktur aufweisen.

[393] Nach *Luther*, aaO., ging sie auf Art. 338 Code civile zurück.

eines partiellen Ausscheidens aus der väterlichen Hausgewalt weitgehend ausgeschlossen. Von der Konzeption einer universalen Zuständigkeit der Familie und einer entsprechend breit gestreuten Reihe sozialer Funktionen her konnte die Forderung nach individueller Selbstbestimmung allenfalls in den höchstpersönlichen und deshalb für die Gemeinschaft in der Regel unwichtigen Fragen Gehör finden. Heute entfallen diese Gesichtspunkte genauso wie der Hinweis darauf, der Jugendliche erreiche vor dem 21. Lebensjahr im allgemeinen noch nicht die zu sozialer Selbstbehauptung erforderliche Reife und Erfahrung. Es erscheint daher angemessen, de lege ferenda sowohl eine Herabsetzung des allgemeinen Mündigkeitsalters als auch eine stärkere, an den jeweiligen Anforderungen ausgerichtete Differenzierung zwischen den einzelnen Rechtsinstitutionen zu verlangen[394].

bb) Stellungnahme zur Ansicht Luthers

Die Anregung setzt sich allerdings in Widerspruch zu dem Vorschlag Luthers, die wenigen bereits vorhandenen Ansätze einer differenzierenden Mündigkeitsregelung wieder zu beseitigen und ganz allgemein mit einer einzigen Mündigkeitsgrenze auszukommen[395]. Indes knüpft Luther an einen Gedanken an, der in verfassungsrechtlicher Sicht keine Überzeugungskraft besitzt: „Setzt man rechtlich die Altersgrenze auf einen Zeitpunkt fest, an dem der normal entwickelte junge Mensch aller Voraussicht nach reif geworden ist, in die Erwachsenenwelt vollwertig einzutreten, dann ist den *Belangen der Gesellschaft* genügt[396]." Die Ansicht verkennt, daß die Grundrechte als die legitimierende Grundlage des Staatswesens gerade nicht die „Belange der Gesellschaft", sondern die sittlich autonome Persönlichkeit in den Vordergrund stellen. Von daher spielt die Entwicklung des *einzelnen* eben doch eine Rolle. Das Gesetz hat sich an einer verfassungsrechtlichen Wertrangordnung zu rechtfertigen, die ihm vorschreibt, wie weit die „Belange der Gesellschaft" die Ansprüche des einzelnen Menschen verdrängen dürfen. Es liegt auf der Hand, daß das Selbstbestimmungsrecht des Jugendlichen besser beachtet ist, wenn man in den einzelnen Rechtsinstitutionen spezielle Mündigkeitszeitpunkte festsetzt, als wenn man die Mündigkeit erst mit dem Zeitpunkt eintreten läßt, zu dem der normale Mensch *generell* selbstbestimmungsfähig ist. Die von Luther angeregte einheitliche Mündigkeit ist m. E. ein mit den Forderungen der Verfassung unvereinbarer Rückschritt.

---

394 Im Ergebnis ebenso *Gernhuber*, FamRZ 1962, S. 93.

395 Vgl. *Luther*, aaO., S. 78 ff.

396 *Luther*, aaO., S. 83.

4. Ergebnis zu II.

Damit sind wir in der Lage, das erste Endergebnis der Untersuchung vorzustellen: De lege lata werden sämtliche Rechte, auch die Grundrechte des noch nicht 21jährigen grundsätzlich von den Eltern ausgeübt. Es bleibt der Appell an den Gesetzgeber, eine verfassungsgemäßere Regelung zu schaffen, die insbesondere eine stärkere Differenzierung enthält. Eine Ausnahme greift für Gewissens- und lebensgestaltende Entscheidungen ein: Dort kommt es auf die individuell-konkrete Einsichts- und Urteilsfähigkeit des noch nicht volljährigen Rechtsträgers an; eine konkurrierende oder gar verdrängende Zuständigkeit der Eltern scheidet aus.

III. Die Verfassungsmäßigkeit der §§ 1626 Abs. 2, 1666 BGB

Mit dem Problemkreis „Grundrechte und Mündigkeit" haben wir allerdings nur den Einfluß *eines* verfassungsrechtlich geschützten Interesses, nämlich den Einfluß des *Selbstbestimmungsinteresses* auf die Rechtsinstitution der elterlichen Gewalt untersucht. Wir haben bei der Darstellung des Problems bereits gesehen, daß auch *andere Interessen, die in den Grundrechten geschützt sind,* möglicherweise eine Modifikation der elterlichen Gewalt in ihrer bürgerlichrechtlichen Gestalt verlangen. Die Art und Weise dieses möglichen Einflusses haben wir ebenfalls schon kennengelernt: Wenn die Grundrechte des Kindes gegen die Eltern wirken, so dürfen die Eltern nicht mehr — wie §§ 1626 Abs. 2, 1666 BGB es ihnen erlauben — jede Maßnahme treffen, die nicht das Kindeswohl insgesamt gefährdet. Sie sind dann vielmehr an die Rangordnung gebunden, die sich aus dem Grundrechtskatalog für die Interessen des Kindes ergibt. Der Unterschied zum ersten Problemkreis ist offenkundig: Dort war zweifelhaft, von welchem Zeitpunkt an die Selbstbestimmung des einzelnen an die Stelle der gesetzlichen Vertretung durch die Eltern treten muß; wir suchten nach der verfassungsgerechten *zeitlichen* Grenze der elterlichen Gewalt. Hier geht es um etwas grundlegend anderes: Die elterliche Gewalt soll *inhaltlich* dem (Grund-)Rechtswert unterworfen werden. Damit entsteht aber ein Gegensatz zu Art. 6 Abs. 1 GG, der die Staatsfreiheit familiärer Beziehungen postuliert[397].

1. Die Lösungen des Problems in der Literatur-Kritik

In der Literatur finden wir im wesentlichen zwei Wege, auf denen eine Lösung des Problems versucht wird.

---

[397] Vgl. BVerfGE 7, S. 323; 10, S. 83.

a) Die h. M.

Die wohl herrschende Meinung[398] knüpft daran an, daß die Bindung der Eltern an die Grundrechte eine Frage der Drittwirkung der Grundrechte ist, und begnügt sich mit der Behauptung, die Grundrechte wirkten nur gegenüber dem Staat. Damit ist zwar ein vertretbares Ergebnis erreicht. Doch befriedigt die Art und Weise der Lösung ganz offenbar nicht. Wenn man in den Grundrechten eine verbindliche Wertrangordnung erblickt, bleiben *formale* Argumente wie der Hinweis darauf, der Verfassunggeber habe das Verhältnis zwischen Privaten nicht regeln wollen oder die Tradition der Grundrechte lasse eine Drittwirkung nicht zu, ohne Überzeugungskraft. Eine Wertrangordnung, die einerseits in Anspruch nimmt, das allgemeine Wertbewußtsein der Rechtsgemeinschaft zu verlautbaren[399], und andererseits nur relativ gilt, gerät mit sich selbst in Widerspruch[400]. Dieser Widerspruch ist erst überwunden, wenn eine *materiale* Wertung der Verfassung ermittelt wird, die die Geltung der Grundrechte in der Drittrichtung ausschließt[401].

Materiale Überlegungen, die gegen die Drittwirkung sprechen, sind in der Literatur bisher vor allem in zwei Beziehungen angestellt worden: Man verweist einmal darauf, daß sich in der Drittrichtung immer zwei Grundrechtsträger gegenüberstünden und deshalb niemals das Grundrecht des einen oder anderen allein verwirklicht werden könne, sondern lediglich ein Kompromiß zwischen den Grundrechten des einen und denen des anderen möglich sei[402]. Dürig argumentiert, das Grundgesetz räume dem einzelnen ein Selbstbestimmungsrecht ein; damit sei eine Grundrechtsbindung überhaupt unverträglich[403]. Beide Gesichtspunkte helfen aber in unserem Problem nicht weiter:

Dürig meint, „die primäre Entscheidung des Grundgesetzes für ein gegen den Staat gerichtetes generelles Freiheitsrecht (Art. 2 Abs. 1 GG), das auch Vorrang gegenüber Art. 3 hat“, umschließe „begrifflich auch die Freiheit dem Staat gegenüber, von ihm ungehindert in der unter gleichgeordneten Privaten bestehenden Verkehrs- und Tauschgerechtigkeit des Zivilrechts von Grundrechtssätzen, die für staatliches Han-

---

398 Vgl. *Peters*, BNS IV/1, S. 393; *Maunz-Dürig*, Art. 19 III, Rdnr. 17 ff.

399 Vgl. *Müller*, Grundrechte, S. 106.

400 Mit Recht bezeichnet *Forsthoff* (Festschrift für Carl Schmitt, S. 45) die Drittwirkung als logische Konsequenz des Wertdenkens. Wer etwa die körperliche Unversehrtheit als Wert anerkennt, kann nicht die Straflosigkeit der Körperverletzung oder ihre zivilrechtliche Regreßlosigkeit fordern, ohne sein Bekenntnis in Frage zu stellen. Vgl. auch *Kuhn*, Grundrechte, S. 33.

401 So zutreffend *Maunz-Dürig*, Art. 1 III, Rdnr. 10.

402 *Maunz-Dürig*, Art. 1 III, Rdnr. 130.

403 Festschrift für Nawiasky, S. 157 ff.

deln unabdingbar sind, abweichen zu können"[404]. Er folgert daraus, eine unmittelbare Geltung der Grundrechte im Vertragsrecht scheide aus; wohl aber bestimmten sie die „selbstverständlich nötige Einheit des Gesamtrechts in der Rechtsmoral"[405]. Die Gegenansicht wendet ein, Dürig schieße in seinen Konsequenzen über das Ziel hinaus. Privatautonomie und Vertragsfreiheit seien material, nicht formal zu verstehen[406]. Genauso wie gegenüber dem übermächtigen Staat brauche der einzelne auch gegenüber dem Staat vergleichbar starken Verbänden und Personen den Schutz der Grundrechtsgarantie. „Die Anerkennung der Drittwirkung" bedeute „nicht Einschränkung einer an sich bestehenden Freiheit privatautonomer Gestaltung der Rechtsbeziehungen, sondern Privatautonomie" könne „sich immer nur verwirklichen in der Rechtsordnung, deren Grundlagen auch durch die grundrechtlichen Ordnungsprinzipien der Verfassung bestimmt" seien[407]. Es liegt auf der Hand, daß solche Überlegungen im Eltern-Kind-Verhältnis überhaupt keine Basis finden. Das Kind übt ja nicht einmal formal Selbstbestimmung seinen Eltern gegenüber.

Desgleichen versagt der Hinweis auf den Kompromißcharakter der privatrechtlichen Regelung. Wie wir gesehen haben, muß das elterliche Eigeninteresse zurücktreten, sobald es mit den Interessen des Kindes kollidiert. Es entfällt mithin der Grund für einen Kompromiß; lediglich die Interessen des Kindes zählen überhaupt. Folgerichtig befürwortet Kuhn eine mittelbare Geltung der Kindesgrundrechte gegenüber den Eltern, die sich praktisch mit der unmittelbaren gegenüber dem Staat deckt. Staat und Eltern übten „eine gleichartige Gewalt" aus, „nämlich eine einseitige und ohne Mitwirkung des Unterworfenen generell begründete und im Einzelfall ausgestaltete Rechtsmacht, versehen mit einer weit überlegenen tatsächlichen Durchsetzbarkeit ... Gerade die Übermacht der hoheitlichen Gewalt aber" sei „neben der Verschiedenheit heteronomen und autonomen[408] Handelns der Hauptgrund für die Geltung der Freiheitsrechte". Dieser Tatsache „könne und müsse" auch die Theorie der mittelbaren Drittwirkung im Privatrecht Rechnung tragen, indem sie die Wertentscheidungen der Freiheitsrechte „so weit wie irgendmöglich" übernehme[409]. Als Einbruchsstelle für diese Wertentscheidungen benutzt Kuhn § 1666 BGB, der die

---

404 *Dürig*, aaO., S. 158/159.

405 *Dürig*, aaO., S. 176/177.

406 *Nipperdey*, BN IV 2, S. 753.

407 *Müller*, Grundrechte, S. 177.

408 *Kuhn* übersieht sogar noch, daß auch insoweit eine Übereinstimmung zwischen Staat und Eltern besteht. Denn wie dargestellt, nehmen die Eltern ja auch nicht die Interessen des Kindes „autonom", d. h. in Selbstbestimmung, wahr, sondern pflichtgebunden, mithin „heteronom".

409 *Kuhn*, aaO., S. 65.

Abwehr aller über „Pflege und Erziehung“ der Kinder hinausgehenden Eingriffe in deren Grundrechte ermöglichen soll[410].

Abgesehen von Bedenken gegen die sachliche Richtigkeit des Vorgehens[411], leistet der Vorschlag gerade im Hinblick auf den Haupteinwand gegen die Geltung der Grundrechte im Eltern-Kind-Verhältnis, der Innenraum der Familie dürfe nicht verrechtlicht[412] und damit der richterlichen Kontrolle geöffnet werden, so gut wie gar nichts. Wenn jeder Eingriff der Eltern in ein Grundrecht ihres Kindes in einem strengen Sinne auf seine Vereinbarkeit mit dem Pflege- und Erziehungszweck des Elternrechts überprüft werden soll, wird die in der Rechtsprechung des BVerfG[413] anerkannte Freiheit der Familie von staatlicher Intervention weitgehend aufgehoben. Praktisch bleibt nichts anderes übrig, als daß das Vormundschaftsgericht das gesamte Geschehen in jeder Familie genau überwacht.

b) Die Anhänger der Lehre von der Drittwirkung der Grundrechte

Der gleiche Vorwurf trifft die Vertreter der Drittwirkung der Grundrechte im Familienbereich[414]. Die Konstruktion eines besonderen Gewaltverhältnisses, über die diese Ansicht die Schwierigkeiten bewältigen will[415], vermag zwar materiell-rechtlich vielfach die Zulässigkeit der elterlichen Maßnahmen zu begründen[416]. Dagegen ist die prozessuale Behandlung von Maßnahmen im besonderen Gewaltverhältnis mit Rücksicht auf Art. 19 Abs. 4 GG stark umstritten[417]. Mit Recht: Es ist nicht zu leugnen, daß der Angehörige des besonderen Gewaltverhältnisses häufig auch im sogenannten Betriebsverhältnis, das die h. M. von rechtlichem Einfluß ausnimmt[418], Rechtsschutz verdient, ganz

---

410 aaO., S. 65 ff.

411 *Kuhn* bestimmt Pflege und Erziehung eigenständig, ohne sich um die Natur des Elternrechts als einer Institutsgarantie zu kümmern. Zum anderen verläßt seine Deutung den Wortlaut des § 1666 BGB völlig. Soll wirklich jeder sachlich ungerechtfertigte Grundrechtseingriff, z. B. eine in Verärgerung verabfolgte Tracht Prügel, eine ernstliche *Gefahr für das Kindeswohl* darstellen? M. E. ist eine solche Betrachtung theoretisch und praktisch unfruchtbar.

412 Vgl. *Müller-Freienfels*, Ehe und Recht, S. 39 f.

413 Vgl. z. B. BVerfGE 10, S. 83.

414 Vgl. *Hildegard Krüger*, FamRZ 1956, S. 329 ff.; *Perschel*, RdJ 1963, S. 33 ff.; *Anders*, FamRZ 1960, S. 476 ff.

415 So *Krüger*, *Anders*, aaO.

416 Zur Grundrechtseinschränkung im besonderen Gewaltverhältnis vgl. *Leuschner*, Recht der Schülerzeitung, S. 35 ff., mit umfassenden Nachweisen; im übrigen *Maunz-Dürig*, Art. 19 IV, Rdnr. 26.

417 Dazu ausführlich *Maunz-Dürig*, Art. 19 IV, Rdnr. 25.

418 Vgl. *Ule*, VVDStRL 15, S. 151.

abgesehen davon, daß das Grundgesetz für eine Unterscheidung von Grund- und Betriebsverhältnis, wie die h. M. sie trifft[419], kaum etwas hergibt. Das spezifische Anliegen, die Familie staatsfrei zu erhalten, wird von solchen Überlegungen jedoch nicht einmal berührt, geschweige denn angemessen berücksichtigt.

2. Die spezifisch familienrechtliche Argumentation Reimers' — Kritik

Die somit erforderliche besondere Auseinandersetzung mit dem Problem der Drittwirkung der Grundrechte im *Familienrecht* finden wir —soweit ersichtlich — allein bei Reimers. Reimers vertritt die These, „für eine Grundrechtsbindung sei in sozialen Gruppen, deren Glieder durch ein wesenhaft sittliches, die menschliche Persönlichkeit als ganze forderndes und formendes Verhältnis untereinander verbunden sind, kein Raum". Die Wertungsbasis dieses Gedankens sieht Reimers im Subsidiaritätsprinzip[420]. Dem begegnet schon im Ansatz das Bedenken, daß das Subsidiaritätsprinzip gar nicht allgemein als verbindlicher Verfassungsinhalt anerkannt[421] und darüber hinaus mit dem Odium einer konfessionellen Genese behaftet ist[422]. Selbst wenn wir aber die verfassungsrechtliche Geltung unterstellen, sind die Schwierigkeiten noch nicht überwunden. Es erscheint zweifelhaft, ob das Subsidiaritätsprinzip die Aufgabe überhaupt bewältigt, die Reimers ihm zuweist. Gewiß postuliert es die Abstinenz der größeren Gemeinschaft, solange die kleinere ihre Angelegenheiten eigenständig regeln kann. Insoweit besagt es jedoch lediglich, daß die Familie im Hinblick auf die Pflege und Erziehung der Kinder den Vorzug vor dem Staat und unterstaatlichen Organisationen beanspruchen kann, außerdem allenfalls — gleichsam als Reflex —, daß die Grundrechte des Kindes durch den Pflege- und Erziehungszweck eingeschränkt sind. Über das „Ob" der Grundrechtsgeltung im Eltern-Kind-Verhältnis läßt sich dem Subsidiaritätsprinzip nichts entnehmen. Die Grundrechtsidee betrifft ihrem Sinn nach ja gerade den einzelnen in der Gemeinschaft. Sie will dem individuellen Eigenwert gegenüber den Gemeinschaftsanforderungen eine unantastbare Position sichern; ob die Gemeinschaft groß oder klein ist, hat keine Bedeutung. Der mögliche Hinweis darauf, daß *staatliche* Gerichte die Beachtung der Grundrechte in der *Familie* überwachen würden, indiziert keinen Verstoß gegen die Subsidiarität. Der Rechtsschutz überschreitet eben die faktischen Möglichkeiten der Fami-

---

419 Vgl. F. N. 418.

420 *Reimers*, Die Bedeutung der Grundrechte im Privatrecht, S. 15.

421 Vgl. dazu *Maunz*, Deutsches Staatsrecht, § 10 II 7.

422 Es wurde zuerst in der Päpstlichen Enzyklika „Quadragesimo Anno" formuliert.

lie, so daß zu Recht das Solidaritätsprinzip eingreift. Die von Reimers hervorgehobene Verschiedenheit von gewachsener und geschaffener Gemeinschaft und die Betonung der sittlichen Natur familiärer Beziehungen bleiben ohne rechtliche Begründung. Das Subsidiaritätsprinzip bietet ihnen keinen Raum und ist deshalb auch ungeeignet, ihre Transformation in Rechtsfolgenerkenntnis zu stützen.

3. Das Interesse des Kindes an einer staats- und rechtsfreien Familie als Grund für den Ausschluß der Grundrechtsgeltung im Kindschaftsrecht

Eine passende Grundlage für die Thesen Reimers' enthält aber Art. 6 Abs. 1, Abs. 2 GG. Dies ist — zugegeben — kein grundsätzlich neuer Gedanke. So schreibt schon Hampel, durch Art. 6 Abs. 2 GG gebe „das Grundgesetz zu erkennen, daß das Verhältnis zwischen Eltern und Kindern von staatlicher Einflußnahme möglichst freigehalten werden" solle. Zwar habe „die staatliche Gemeinschaft über die Betätigung der Eltern zu wachen. Aber Eingriffe des Staates auf Grund dieses Wächteramtes" seien „nur als Ausnahme gedacht. Nach der Rechtsprechung des Bundesverfassungsgerichts" sei „dem Staat ... allgemeine Zurückhaltung geboten"[423]. Indes gibt diese Argumentation den Grund der Aussage genausowenig an wie die einschlägigen Urteile des Bundesverfassungsgerichts[424], wo lediglich auf den Charakter des Elternrechts als eines gegen den Staat gerichteten Freiheitsrechtes hingewiesen wird. Das vorliegende Problem verlangt einen klareren Zugang. Da das Freiheitsrecht der Eltern gegenüber dem Staat keinesfalls auf Kosten des Kindes gehen darf, bedarf es eines besonderen Schrittes, nämlich des Nachweises eines überragenden *Kindesinteresses* an der „Zurückhaltung des Staates". Ein solches Interesse ist nun in der Tat vorhanden: Die Verfassung würde durch den vordergründigen Schutz der Grundrechte mittels einer rechtlichen Kontrolle der elterlichen Befugnisse in Wirklichkeit den Grundrechtskern, das Bekenntnis zur Personwürde, verletzen. Sie würde dann nämlich in den Bereich eindringen, der „für viele Menschen jetzt die Zufluchtsstätte vor dem Äußeren (d. h. der Gesellschaft), das Asyl der Privatheit, die soziale Igelstellung ist, in die sie sich zurückziehen"[425]. „Das Intime zwischen Menschen, das aus Nachsicht, Selbstbeherrschung, Duldung, Zuflucht für Eigenheiten, Verständnis und Liebe besteht, ist ... nicht rechtlich regelbar. Sucht der Gesetzgeber solche irrationalen Beziehungen rational zu determinieren, so zerstört er das Wesen der Lebensgemein-

---

[423] FamRZ 1963, S. 537—551 (540).

[424] Insbesondere BVerfGE 7/323; 10/83.

[425] *Müller-Freienfels*, Ehe und Recht, S. 41.

schaft[426]." Wenn der Vormundschaftsrichter, angeleitet durch eine rational zu ermittelnde Wertrangordnung des Grundgesetzes, etwa die Eltern zur Gleichbehandlung ihrer Kinder zwingen wollte, würde diesen weit mehr genommen als gegeben, weil sie das Erlebnis der rein sittlichen zwischen-menschlichen Beziehung in dem dafür grundlegenden Bereich verlören[427]. Es schadet daher auch nichts, wenn wir zugeben müssen, daß ein Widerstreit zwischen den Grundrechten des Kindes und seinem Interesse daran, daß die Familie, in der es lebt, frei von rechtlichen Bindungen bleibt, rein tatsächlich nicht ausgeschlossen ist. Dogmatisch hilft uns dabei ein Gedankengang, der parallel zur Diskussion um den Einfluß des Selbstbestimmungsgrundsatzes auf die Grundrechtsbindung Privater im Vertrags- und Testierrecht verläuft. Genauso wie die Bindung der Vertragsparteien an Art. 3 GG oder an Art. 5 GG sich letztlich gegen die Selbstbestimmung des einzelnen wendet, weil sie ihm z. B. den Lohn seiner kaufmännischen Tüchtigkeit entzieht und die wirtschaftliche Auswertung seiner Arbeitskraft in einem Tendenzbetrieb versagt[428], und infolgedessen — zumindest im Verhältnis Gleichgeordneter zueinander — entfallen muß[429], fordert die familiäre Intimsphäre den Verzicht auf die Anwendung der Grundrechte zwischen Eltern und Kind. Wie dort findet sich auch hier die positivrechtliche Rechtfertigung in Art. 1; 2 Abs. 1 GG: Da das Recht auf freie Entfaltung der Persönlichkeit im Bekenntnis zur *sittlichen* Qualität des Menschen wurzelt, postuliert es den Vorrang der sittlichen vor den rechtlichen Normen, solange und soweit sie zwischenmenschliche Beziehungen beherrschen. Daß diese Voraussetzung nach unserem geltenden Kulturbewußtsein für die Familie grundsätzlich zutrifft, steht außer Zweifel.

4. Die Grenze des Geltungsverzichts

Ähnlich wie die Selbstbestimmung im Vertragsrecht die bevormundende Hilfe des Rechts benötigt, wo wegen wirtschaftlicher Ungleichheit der Partner ihre materiellen Vorbedingungen fehlen[430], tritt jedoch

---

[426] *Müller-Freienfels*, aaO., S. 42; *Hamel* in AcP Bd. 153, S. 483.

[427] *Müller-Freienfels*, aaO., S. 42: „In diesem Sinne wird heute die in der Überorganisation der Familie liegende ... besondere *Gefahr* für die seelische Gesundheit des einzelnen wie auch für die Familie selber herausgestellt, *weil die personale Eigensubstanz der Beteiligten bedroht wird.*" (Zitat aus *Pfaff*, Ehe und Familie heute, S. 109.)

[428] Niemand wird einen geistig eigenständigen Mann verpflichten, wenn er damit rechnen muß, daß eine Sinnesänderung diesen von seinen Vertragsbindungen befreit; vgl. *Dürig*, Festschrift für Nawiasky, S. 157 ff.

[429] So selbst *Nipperdey* in BN IV 2, S. 754; sowie *Leisner*, Grundrechte und Privatrecht, S. 320.

[430] Vgl. z. B. das Mieterschutzgesetz.

das Recht wieder ein, wenn die *um der Persönlichkeit willen* geschützte Freiheit der Familie von rechtlicher Bindung in eine *Gefahr für die Persönlichkeit umschlägt*. Ist die Staatsfreiheit der Familie um der Gesamtpersönlichkeit, der Menschenwürde des einzelnen willen gewährt, so verliert sie ihren Sinn, sobald sie der sittlichen Persönlichkeit als ganzer nicht nützt, sondern schadet. Für den Schutz der Menschenwürde im jetzigen Zeitpunkt und im Hinblick auf später lebt daher der Einfluß der Grundrechte (genauer: des Art. 1 GG) auf das Eltern-Kind-Verhältnis wieder auf.

Dem wird die in Rechtsprechung und Lehre zum Teil vertretene Auslegung des § 1666 BGB, der die *zivilrechtliche Grenze* der elterlichen Gewalt bezeichnet, nicht ganz gerecht:

Nach h. M.[431] setzt die Anwendbarkeit des § 1666 BGB ein *Verschulden* der Eltern an der Gefährdung des Kindeswohls voraus. Gernhuber sieht darin mit Recht das Relikt eines inzwischen überholten Verständnisses der elterlichen Gewalt. Schutz brauche das Kind vor *allen* pflichtwidrigen Maßnahmen der Eltern, die sein Wohl gefährden, nicht nur vor den schuldhaften[432]. Schon oben haben wir gesehen, daß Art. 6 Abs. 2 GG entgegen Lange[433] *nicht verlangt*, das Einschreiten staatlicher Stellen von einem Verschulden der Eltern abhängig zu machen. Wir stellten fest, daß sich die gegenteilige Auslegung des Art. 6 Abs. 2 GG nicht mit dem Bekenntnis des Grundrechtsgebers zur Achtung der Menschenwürde nach Art. 1 Abs. 1 GG verträgt. Die Erkenntnis, daß Art. 1 Abs. 1 GG das Familienrecht beeinflußt, erlaubt es, noch einen Schritt weiter zu gehen: Gesetzgeber und Richter *dürfen* nicht nur von dem Verschuldenserfordernis für die Zulässigkeit vormundschaftsgerichtlichen Eingreifens absehen, sondern sie *müssen* es sogar von Verfassungs wegen. Schon wenn das Kindeswohl *objektiv* gefährdet wird, verfehlt die Staatsfreiheit der Familie ihre Funktion, allen Familienmitgliedern — auch den Kindern — Raum für die Entfaltung ihrer sittlichen Persönlichkeit zu geben[434]. Diese verfassungsgerechte Interpretation des § 1666 gelingt um so leichter, als der Gesetzestext durchaus den Verzicht auf das Verschuldenserfordernis gestattet[435].

---

[431] Vgl. BGH in: FamRZ 1960, S. 350; KG in OLGE 31, S. 407 f.; 33, S. 366; 34, S. 264; BayObLG in: NJW 1963, S. 590; *Siebert-Lange*, § 1666, Rdnr. 14 *Erman-Ronke*, § 1666, Anm. 2 d; *Dölle*, Familienrecht II, § 96 II 2 b.

[432] Lehrbuch des Familienrechts, § 49 VIII 3.

[433] *Siebert-Lange*, § 1666, Rdnr. 14.

[434] Vgl. *Gernhuber*, aaO.; im Ergebnis ebenso: *Müller-Freienfels*, Ehe und Recht, S. 293 (Anm. 3); *Scheffler* in: BNS IV/1, S. 286; *Göppinger*, FamRZ 1963, S. 453; *Kuhn*, Grundrechte, S. 68—70.

[435] Vgl. auch die abweichende Auslegung des § 1837 BGB, wo — jedenfalls nach h. M. — das Postulat der Staatsfreiheit nicht eingreift und folgerichtig

5. Ergebnis zu III.

Unser zweites materiellrechtliches Endergebnis zum Einfluß der Grundrechte auf das Kindschaftsrecht lautet somit: Einen grundrechtlichen Schutz von Einzelinteressen des Kindes gegen Eingriffe der Eltern gibt es nicht, weil das Postulat einer staatsfreien Familie, das seinerseits aus der gebotenen Achtung vor der individuellen Personwürde fließt, einen mehr oder weniger umfassenden Einfluß des Rechts auf die Beziehungen zwischen Eltern und Kindern nicht zuläßt. Diese Rechtfertigung des Verzichts auf den Einfluß der Grundrechte zeigt gleichzeitig die Grenze des Verzichts auf. Sobald er der Gesamtpersönlichkeit nicht nützt, sondern schadet, verfehlt er seine Funktion und wird illegitim. Der Staat ist mithin auch im Kindschaftsrecht zum Schutz der Menschenwürde[436] berufen. Dies bedingt eine Abkehr von der herrschenden Auslegung des § 1666 BGB. Das Vormundschaftsgericht hat schon dann einzuschreiten, wenn das Kind objektiv in seinem Wohl gefährdet wird. Es kommt nicht darauf an, ob die Eltern diese Gefährdung verschuldet haben oder nicht.

IV. Die prozessualen Behelfe des Kindes

Wie kann nun das Kind die Rechtspositionen, die ihm nach den vorstehenden Ausführungen materiellrechtlich zustehen, *prozessual durchsetzen?*

1. § 1666 BGB als materiell- und prozeßrechtliche Norm

Für unser zweites materiellrechtliches Ergebnis — Schutz des Kindes gemäß § 1666 BGB — läßt sich die Frage leicht beantworten. § 1666 BGB regelt die Art und Weise der prozessualen Behandlung selbst, indem er das Vormundschaftsgericht anweist, die „erforderlichen Maßnahmen zu treffen". Dies schließt die Pflicht des Richters ein, allen Informationen, die bei vernünftiger Würdigung eine ernstliche Bedrohung des Kindeswohls nahelegen, sorgfältig nachzugehen[437].

2. Der prozessuale Schutz des Selbstbestimmungsrechts des Minderjährigen

Wie sieht es aber für die Selbstbestimmung in Gewissens- und lebensgestaltenden Entscheidungen aus? Wie kann sich der Jugend-

---

bereits pflichtwidriges Verhalten des Vormundes ohne Rücksicht auf die Schwere der Folgen für das Kind zu einem Einschreiten des Vormundschaftsgerichts führen kann.

436 Der Schutz der Menschenwürde verlangt, daß die Staatsfreiheit der Familie am Interesse des einzelnen zu rechtfertigen ist. Wo das nicht gelingt, muß der Staat regelnd eingreifen.

437 *Dölle*, Familienrecht II, § 96 II 2 f.

liche wehren, wenn die Eltern ihm die erforderliche geistige Reife bestreiten oder wenn sie die Entscheidung zwar formal anerkennen, aber durch die Art und Weise, in der sie die ihnen überantwortete Bestimmung der — der Durchsetzung dienenden — Einzelheiten treffen, im Ergebnis aufheben?

a) Die Untauglichkeit des § 1666 BGB

Westermann scheint der Ansicht zu sein, man könne die Selbstbestimmung für die Wahl des Berufes über § 1666 BGB sichern[438]. Wie unsere Darstellung gezeigt hat, eignet sich die Norm jedoch nicht für diesen Zweck. Die Bevormundung verstößt nicht notwendig gegen das Wohl des Kindes, bedeutet auch im Hinblick auf ein so wichtiges Persönlichkeitsgut wie die Freiheit der Berufswahl nicht immer einen Angriff auf die Personwürde. Es kann durchaus so sein, daß der von den Eltern ausgesuchte Beruf objektiv (etwa weil ein gutgehendes Geschäft zu übernehmen ist) den Belangen des Kindes sehr wohl gerecht wird, daß die Persönlichkeit sich schon bald mit der Wahl identifiziert und in dem zunächst aufoktroyierten Lebensbereich ihre Erfüllung findet. Eine praktische Natur wird sich relativ schnell dem Unvermeidlichen fügen und danach streben, das Beste aus der Situation herauszuholen. Die Anwendung des § 1666 BGB müßte also zwischen sensiblen und robusten Charakteren unterscheiden, weil nur bei den ersten die Funktion des Elternrechts, der Persönlichkeitsentfaltung des Kindes zu dienen, verfehlt wird. Daß eine solche an den Folgen orientierte Lösung nicht in der Erkenntnis der personalen Bedeutung von Selbstbestimmung und Elternrecht wurzelt, liegt auf der Hand. Wo das Elternrecht seinem Sinn und Zweck nach keine Rolle spielen darf, muß das Selbstbestimmungsrecht sich ungehindert durchsetzen können. Es erscheint sachwidrig, die Unterdrückung zu dulden, solange sie keine bleibenden Schäden anrichtet oder anzurichten droht[439].

Nun kann man gegen diese Argumentation allerdings einwenden, für die Übernahme des in § 1666 BGB vorgesehenen *Verfahrens* sei

---

[438] Person und Persönlichkeit, S. 26.

[439] Das Postulat der Staatsfreiheit der Familie hindert die Berücksichtigung des Selbstbestimmungsrechts nicht. Der selbstbestimmungsfähige Mensch kann ja auf das Interesse an der staatsfreien Intimsphäre, die die Familie für ihn darstellen kann, verzichten. Entsprechend darf er auch die sittlichen Bindungen gegenüber widerstreitenden Gesichtspunkten zurücktreten lassen. Da die Rechtsfreiheit um des einzelnen willen besteht, kann er sie auch verwerfen. Beim Kind sieht es anders aus. Bei ihm bedeutet die rechtliche Zuordnung eines Gegenstandes als eines objektiv wahren Interesses gleichzeitig die Aufforderung an den gesetzlichen Vertreter, es wahrzunehmen. Es fehlt der subjektive Wertungsfilter.

nicht erforderlich, daß die materiellrechtlichen Voraussetzungen der Vorschrift erfüllt seien. Doch läßt sich das Verfahren von dem materiellen Zweck des § 1666 BGB, die inhaltliche Kontrolle der elterlichen Gewalt zu regeln, nicht trennen. Das Vormundschaftsgericht überwacht die Eltern *von Amts wegen*. Es schreitet ein ohne Rücksicht darauf, ob das Kind sein Eingreifen wünscht. Infolgedessen stellt das Verfahren nach § 1666 BGB selbst einen Akt bevormundender Fürsorge dar. Das Selbstbestimmungsrecht des Kindes schließt aber auch die Befugnis ein, selbst darüber zu entscheiden, ob der eigene Wille durchgesetzt oder — z. B. um des lieben Friedens in der Familie willen — zurückgestellt wird[440].

b) Die Untauglichkeit der Analogie zu §§ 3 Abs. 3 EheG, 1612 Abs. 2 S. 2 BGB

Hildegard Krüger will dem Jugendlichen analog §§ 1612 Abs. 2 S. 2 BGB, 3 Abs. 3 EheG das Recht zugestehen, beim Vormundschaftsgericht eine Entscheidung über seine „Grundrechtsmündigkeit“ zu beantragen[441]. Nach § 1612 Abs. 2 S. 2 BGB kann das Kind das Vormundschaftsgericht anrufen, um eine seinen Bedürfnissen angepaßte Unterhaltsregelung zu erreichen; § 3 Abs. 3 EheG sieht ein Antragsrecht des minderjährigen Verlobten mit dem Ziel vor, die von den Eltern verweigerte Einwilligung zum Eheschluß ersetzen zu lassen. Beide Vorschriften besagen mithin nichts über ein eventuelles Selbstbestimmungsrecht. Sie bezeichnen jeweils allein die Befugnis, eine gegenüber der Bevormundung durch die Eltern sachgerechtere des Vormundschaftsgerichts herbeizuführen. Die Besonderheiten im Verhältnis zu § 1666 BGB zeigen sich einmal darin, daß § 3 Abs. 3 EheG über die normale Frage, ob das Verhalten der Eltern das Wohl des Kindes insgesamt gefährdet, hinausgeht; er ist auf die richtige Beurteilung von *Einzelkonflikten* ausgerichtet. Das ist jedoch unbedenklich: Die Staats- und Rechtsfreiheit der familiären Intimsphäre wird durch einen so seltenen Fall nicht in Frage gestellt. § 1612 Abs. 2 S. 2 BGB knüpft an das in § 1612 Abs. 2 S. 1 BGB vorgesehene Bestimmungsrecht der Eltern über die Art und Weise der Unterhaltsleistung an, das nicht allein gegenüber Minderjährigen, sondern auch gegenüber Volljährigen gilt[442]. Es liegt nahe, in der Rücksicht auf den Volljährigen den eigentlichen Grund der Vorschrift zu suchen. Ent-

---

440 Das Kind entscheidet damit durchaus noch darüber, *ob* es einen Beruf beginnt. Die Durchsetzung der eigenen Wahl ist keine Frage der Berufsausübung.

441 FamRZ 1956, S. 334/35.

442 KG in JW 1934, S. 2999; FamRZ 1961, S. 126; *Dölle*, Familienrecht II, § 86 X 2.

sprechend versteht die h. M. unter „besonderen Gründen“ für Minderjährige lediglich solche, die an sich schon den Tatbestand des § 1666 BGB erfüllen[443]. Wie dem auch sei: Der Vormundschaftsrichter befindet nach § 1612 Abs. 2 S. 2 BGB jedenfalls nicht über die Entscheidungszuständigkeit von Eltern oder Kind, sondern darüber, ob die Wahl der Eltern sachlich in Ordnung ist, ob sie das Kindeswohl fördert. Er leistet insoweit also etwas völlig anderes, als ihm hier zugemutet wird. Nicht einmal die Verfahrensarten decken sich. Während §§ 1612 Abs. 2 S. 2 BGB, 3 Abs. 3 EheG im echten Sinne pflegende richterliche Tätigkeit verlangen, wie sie mit dem Grundmodell der freiwilligen Gerichtsbarkeit übereinstimmt, haben wir es hier mit einem Streit zwischen Eltern und Kind zu tun, in dem entweder zugunsten der einen oder der anderen Partei zu entscheiden ist. Dies bildet aber gerade die typische Situation der streitigen Gerichtsbarkeit, die einem Organ der freiwilligen Gerichtsbarkeit wie dem Vormundschaftsrichter grundsätzlich verschlossen ist. Gewiß gibt es Ausnahmen von diesem Grundsatz. Doch sind insoweit diese Ausnahmevorschriften auf ihre analoge Anwendbarkeit im vorliegenden Problem zu prüfen, nicht die auch sachlich der freiwilligen Gerichtsbarkeit zugehörigen §§ 1612 Abs. 2 S. 2 BGB, 3 Abs. 3 EheG.

c) Die Analogie zu § 7 Abs. 1 RKEG als sachgerechte Lösung

Die Bedenken vermeidet die Analogie zu § 7 Abs. 1 RKEG. Danach entscheidet bei *Streitigkeiten* aus dem RKEG das Vormundschaftsgericht auf Antrag. Auch das Kind kann am Streit beteiligte Partei sein, sofern es um das ihm nach §§ 5 und 6 RKEG zugestandene Selbstbestimmungsrecht in bezug auf die Wahl der Religion oder der Weltanschauung geht[444]. Als erstes einer Analogie günstige Kennzeichen dürfen wir also den Umstand verbuchen, daß § 7 Abs. 1 RKEG sich auf der freiwilligen Gerichtsbarkeit ausdrücklich zugewiesene Streitentscheidungen bezieht. Wie sieht es aber im übrigen aus? Können wir insbesondere in der Tätigkeit des Vormundschaftsrichters selbst Parallelen entdecken, die es erlauben, § 7 Abs. 1 RKEG hier entsprechend anzuwenden?

aa) Die Prüfung der individuellen Reife als von § 7 Abs. 1 RKEG erfaßte vormundschaftsrichterliche Aufgabe

Sicher braucht der Vormundschaftsrichter nach der Vorstellung des RKEG-Gesetzgebers die Reife des Kindes nicht zu prüfen, wenn dieses

---

[443] Vgl. *Siebert-Lange*, § 1612, Rdnr. 8; *Gernhuber*, Lehrbuch des Familienrechts, § 42 III 4.

[444] Vgl. *Dölle*, Familienrecht II, § 93 X, *Kipp*, Festschrift für Kahl, S. 49.

seine Religionszugehörigkeit aufgeben oder wechseln will. § 5 RKEG gibt in dieser Hinsicht die feste Altersgrenze von 14 Jahren an. Bei näherem Zusehen zeigt sich indes, daß selbst solche Aufgaben nicht aus dem Rahmen des § 7 RKEG herausfallen. Vom 10. Lebensjahr an ist das Kind bei einem Streit der Eltern über seine Religionszugehörigkeit zu „hören". Der Zweck der Anordnung ist deutlich: Das Gericht soll nicht entscheiden, ohne sich vorher durch eine persönliche Aussprache ein Urteil über die Folgen für die Entwicklung der jugendlichen Persönlichkeit gebildet zu haben. Insofern ist aber notwendig die Frage nach der augenblicklichen geistigen und sittlichen Reife gestellt. Fehlt die Einsicht in die Bedeutung des einen oder anderen Bekenntnisses und entfällt infolgedessen ein im Entstehen begriffenes oder sogar schon annähernd voll ausgeprägtes Persönlichkeitsbild, so braucht auf die Meinung des Kindes keinerlei Rücksicht genommen zu werden; ein störender Eingriff in die Entwicklung zur Persönlichkeit ist nicht zu befürchten. Anders sieht es aus, wenn das Auftreten des Kindes bereits persönliches Engagement erkennen läßt. Der Richter wird dann seinen Beschluß an der Stärke des Eindrucks ausrichten und in einer einwandfreien Ermessensausübung sogar ausrichten müssen. Qualitativ mehr wird ihm auch bei der Feststellung der Einsichts- und Urteilsfähigkeit des Minderjährigen in Gewissens- und lebensgestaltenden Entscheidungen nicht abverlangt. Im Gegenteil bleibt ihm ein schwieriger Vorgang, nämlich die Folgenprognose erspart. Zusammengefaßt: Der Auftrag zur Ermittlung der individuellen und konkreten Reife des Jugendlichen im Hinblick auf Gewissens- und lebensgestaltende Entscheidungen wird durchaus von der Zuständigkeitsregelung des § 7 Abs. 1 RKEG erfaßt.

bb) *Die Abwehr selbstbestimmungsaushöhlender elterlicher Maßnahmen als Aufgabe des Vormundschaftsrichters nach § 7 Abs. 1 RKEG*

Ferner gewährt das Selbstbestimmungsrecht Schutz gegen Maßnahmen *der* Eltern, die die Entscheidung des Kindes zwar formal anerkennen, aber praktisch doch wieder rückgängig zu machen versuchen, indem sie sich weigern, an der Realisierung der Selbstbestimmung im einzelnen mitzuwirken. Dem Jugendlichen hilft die Möglichkeit der freien Berufswahl nichts, wenn die Eltern den erforderlichen Lehrvertrag nicht abschließen. Bietet § 7 Abs. 1 RKEG auch insoweit eine Grundlage, aus der sich die Zuständigkeit des Vormundschaftsrichters herleiten läßt?

Bei Dölle lesen wir, „die Geschäftsfähigkeit des Kindes" werde „durch das Selbstbestimmungsrecht des RKEG nicht erweitert". Daher könne „das Kind nicht etwa ohne Zustimmung seines gesetzlichen Vertreters einer vereinsmäßigen Religionsgemeinschaft beitreten, und das Recht des Austritts aus einer Kirche und der Eintritt in eine Kirche" richteten sich „nach den dafür aufgestellten Vorschriften"[445]. Ferner heißt es im Hinblick auf die Teilnahme des religionsmündigen Kindes am Religionsunterricht, es könne „zwar über sein Bekenntnis entscheiden", es sei aber, wenn es bei seinem bisherigen Bekenntnis bleibe, „nicht befugt, sich über Erziehungsmaßnahmen seiner Eltern im Rahmen dieses Bekenntnisses hinwegzusetzen"[446]. Freilich bewegt sich die Argumentation in Vorstellungen, die wir nach unseren Untersuchungsergebnissen nicht zu teilen vermögen. Wo Selbstbestimmungsfähigkeit vorliegt, hat Erziehung, wenigstens in ihrem bevormundenden Aspekt, nichts mehr zu suchen. Da in diesem Fall ein genügend leistungsfähiges eigenes Persönlichkeitsbild entwickelt ist, braucht das Kind nicht mehr *erzogen* zu werden[447]. Trotzdem ist Dölle beizupflichten: Die Art und Weise, in der die getroffene Bekenntniswahl verwirklicht wird, läßt sich nicht einfach ebenfalls dem Religionsmündigen zuordnen. Vielmehr sind dabei regelmäßig eine ganze Reihe weiterer Gesichtspunkte zu berücksichtigen, die für die Grundentscheidung keine Rolle spielen. Infolgedessen kann man auch nicht sagen, der Religionsmündige sei in den Fragen, die seine Bekenntniswahl nach sich zieht, genauso selbstbestimmungsfähig wie für die Bekenntniswahl. So mag der 14jährige geistig rege Jugendliche sich sehr wohl sachgerecht dafür entscheiden, Mohammedaner zu werden. Ob er aber deshalb auch die Strapazen und Gefahren einer Pilgerfahrt nach Mekka vernünftig beurteilen kann, steht auf einem ganz anderen Blatt. Auf keinen Fall läßt sich sagen, beide Entscheidungssituationen seien identisch, so daß wir von der Selbstbestimmungsfähigkeit in der einen auf die in der anderen schließen dürften. Wir müßten also die Selbstbestimmungsfähigkeit neu ermitteln, und das verbietet der insoweit weder durch § 5 RKEG noch durch Art. 4 GG durchbrochene § 1626 Abs. 1 BGB[448]. Für § 7 Abs. 1 RKEG bedingt dieses materiellrechtliche Verhältnis die Notwendigkeit, ihn zusätzlich als Zuständigkeitsnorm in einem Streit zwischen Eltern und Kindern um die Zulässigkeit von Anordnungen anzusehen, die die Selbstbestimmung trotz formaler Anerkennung tatsächlich in Frage stellen bzw. dies wenigstens nach der Behauptung des Kindes tun. Der von Dölle erwähnte Fall, daß die Eltern dem religionsmündigen Kind die Zustimmung zum Eintritt in eine vereins-

[445] *Dölle*, Familienrecht II, § 93 VIII 3; ebenso *Kipp*, Festschrift für Kahl, S. 48.

[446] *Dölle*, Familienrecht II, § 93 VIII 4.

[447] a. A. *Feuchte*, DöV 1965, S. 664.

[448] Im Ergebnis ebenso *Feuchte*, DöV 1965, S. 661 ff.; *Hofmann*, FamRZ 1965, S. 61 ff. mit weiteren Nachweisen.

mäßige Religionsgemeinschaft verweigern[449], wäre sicher eine Streitigkeit i. S. des § 7 Abs. 1 RKEG.

In Anlehnung an diese h. M. zum RKEG ist die eingangs aufgeworfene Frage zu beantworten: § 7 RKEG bürdet dem Vormundschaftsrichter eine Aufgabe auf, die im wesentlichen mit derjenigen, die hier zu bewältigen ist, übereinstimmt. Genau wie bei der Prüfung der individuellen und konkreten Reife bewirkt die Analogie lediglich eine quantitative Ausdehnung: qualitativ sind die Aufgaben identisch. Es gilt nunmehr nicht nur, die Selbstbestimmung in der Glaubenswahl vor Angriffen aus dem fremdbestimmten Ausübungsbereich zu schützen, sondern darüber hinaus in sämtlichen Gewissens- und zusätzlich in den lebensgestaltenden Entscheidungen.

d) Ergebnis

Ergebnis: Für Streitigkeiten zwischen den Eltern und dem Jugendlichen über das Selbstbestimmungsrecht des Jugendlichen in Gewissens- und lebensgestaltenden Entscheidungen ist analog § 7 Abs. 1 RKEG die Zuständigkeit des Vormundschaftsgerichts begründet[450].

C. Randprobleme

I. Mündigkeit nach einfachem Gesetz und fehlende individuelle Selbstbestimmungsfähigkeit

Wir haben die feste Altersgrenze als Ergebnis gesetzgeberischen Typisierungsstrebens kennengelernt. Die Sonderbehandlung der Gewissens- und lebensgestaltenden Entscheidungen baute auf dem dafür aus der Verfassung abgeleiteten Typisierungsverbot auf. Dabei gingen wir bislang ohne weiteres davon aus, daß diese Erkenntnis die Selbstbestimmung *vorverlege*. Wir können uns aber ebenso den Fall denken, daß ein Mensch die in der gesetzlichen Vorschrift typisiert zuerkannte Selbstbestimmungsfähigkeit in dem vom Gesetz vorgesehenen Zeitpunkt noch nicht erreicht hat. Soll dann etwa *über die Altersgrenze hinaus Bevormundung stattfinden?*

---

[449] *Dölle*, Familienrecht II, § 93 VIII 3.

[450] Im Einzelfall kann allerdings mit Rücksicht auf den spezifischen Sachzusammenhang eine andere Stelle zuständig sein. Vgl. — m. E. zutreffend — die ganz neue Entscheidung des BayObLG in NJW 1967, S. 206 ff. (S. 209), die für die Weigerungsmündigkeit nach § 383 ZPO die Zuständigkeit des vernehmenden Gerichts annimmt.

1. Die Fremdbestimmung des unreifen Menschen als Postulat der Menschenwürde

Unsere Prämissen sprechen eindeutig dafür, die Frage zu bejahen. Wir sahen, daß der Personwert des Menschen sich verschieden äußert je nachdem, ob der Betreffende einsichts- und urteilsfähig ist oder nicht. Im ersten Falle postuliert das Grundgesetz Selbstbestimmung, im zweiten Fürsorge. Wer also die Tragweite einer der Typisierung entzogenen Entschließung nicht zu überblicken vermag, wird in seiner Personwürde verletzt, wenn sie ihm gleichwohl zur Selbstbestimmung überlassen und zugerechnet wird. Er hat — wie wir im Anschluß an Müller-Freienfels erkannten — „nach dem Gesetz der persönlichen Gleichheit" einen Anspruch auf bevormundende Hilfe.

2. Die rechtspolitischen Bedenken

Der Gedanke, daß die Forderung nach einem Verzicht auf einen typisierten Mündigkeitszeitpunkt im Einzelfall die *Fremdbestimmung* auch über die gesetzlich bestimmte Grenze hinaus *ausdehnen* kann, ist nicht neu. Bosch möchte für das Zeugnis- und Untersuchungsverweigerungsrecht minderjähriger Angehöriger nach der StPO sogar ausschließlich in dieser Hinsicht die Frage nach der individuellen Reife stellen, während eine *Vorverlegung* der Mündigkeit im Einzelfall nicht zulässig sein soll[1]. Immerhin sieht so etwas gefährlich aus. Vor allem schreckt die Überlegung, daß u. U. bis ans Lebensende eines Menschen Psychiater und Richter über seine Reife für die Selbstbestimmung in persönlichsten Lebensfragen befinden und möglicherweise auf Grund von Fehldiagnosen unrichtig urteilen könnten. Hier stoßen wir auf die bisher nicht beachtete Kehrseite des Typisierungsverzichts, daß er sich nämlich wegen der Unzulänglichkeit menschlicher Erkenntnis zu Ungunsten der Selbstbestimmung auswirken kann. Sie nötigt uns nachzudenken, wie wir der Gefahr mit Erfolg begegnen können.

3. Abschwächung der rechtspolitischen Bedenken

Dabei läßt sich von vornherein feststellen, daß das Bedenken für Gewissensentscheidungen nur eine ziemlich untergeordnete Rolle spielt. Gewissensentscheidungen sind gerade dadurch gekennzeichnet, daß sie

---

[1] *Bosch*, Grundsatzfragen, S. 47: „Von diesem Alter an hat also die gerichtliche Belehrung (§ 383 Abs. 2 ZPO, § 52 Abs. 2 StPO) gegenüber dem minderjährigen Zeugen selbst zu erfolgen — es sei denn, er wäre ausnahmsweise trotzdem noch nicht genügend verständig, den Konflikt... zu begreifen."

weniger vom Intellekt als vielmehr von der persönlichen Anlage[2] her geprägt werden. Sie sind auf Konflikte bezogen, vor denen die Vernunft als Kriterium des Zweckmäßigen und Unzweckmäßigen versagt und das Empfinden von Gut und Böse, Gerecht und Ungerecht den Ausschlag geben muß. Gewiß gehört ein bestimmtes Maß an Situationseinsicht und rationaler Beurteilung hinzu, da der Betreffende ja die Merkmale, die die Konfliktslage zu einer Gewissensfrage stempeln, zu erkennen und entsprechend zu würdigen hat. Dieses ist aber relativ gering, so daß es im Falle eines Volljährigen eigentlich nur bei einem ohnehin unter Vormundschaft stehenden Geistesschwachen fehlt. Dagegen verlangen sinnvolle lebensgestaltende Entscheidungen sogar eine besonders große Übersicht und Urteilskraft. Auch spätere Entwicklungen sind ja nach dem Grad ihrer Wahrscheinlichkeit abzuschätzen und entsprechend bei der Entschließung zu berücksichtigen.

Insoweit hilft uns einmal ein Weg, der von Lenckner angedeutet wird. Danach verliert „das zunächst noch so umfassende Recht der Eltern, die Persönlichkeit des Kindes zu formen, Maßnahmen und Entscheidungen für dieses zu treffen, ... mit zunehmender Fähigkeit des Minderjährigen zu eigener Verantwortung immer mehr von dieser ursprünglichen Bedeutung, bis es schließlich mehr oder weniger ganz in den Hintergrund tritt und nur noch die Funktion hat, die eigene Persönlichkeitsentfaltung des Minderjährigen zu überwachen und in den richtigen Bahnen zu halten“[3]. Diese Grundsätze müssen sinngemäß für jede Fürsorge gelten. Selbst wenn der Betroffene die Tragweite seiner Entschließung nicht ganz überblickt, bedarf es noch keiner absoluten Fremdbestimmung. Vielmehr genügt eine Aufsicht, die nicht den vertretbaren Willen des Mündels durch den eigenen ebenso vertretbaren ersetzt, sondern lediglich gegen unvertretbar unvernünftiges Verhalten einschreitet. Mit der Vollendung des 21. Lebensjahres ist außerdem das elterliche Erziehungsmandat abgelaufen, die Fürsorge somit von vorausschauend gestaltenden Elementen befreit. Unter diesen Umständen sorgt die soziale Wirklichkeit bereits weitgehend in ausreichendem Maße für den Schutz des Unverständigen gegen eine Lebensgestaltung, die ihm schadet. Das Leben des einzelnen spielt sich heute in der Gesellschaft ab; eine Lebensgestaltung, die sich den gesellschaftlichen Anforderungen nicht einigermaßen anpaßt, ist deshalb gar nicht durchführbar. Ein geistig minderbemittelter Mensch kann nicht Arzt werden, mag er sich das noch so in den Kopf gesetzt haben. Der unsinnige Wunsch, wegen geringfügiger Beschwerden ein Bein amputieren zu lassen, wird nicht erfüllt werden, weil kein Arzt sich zu etwas Derartigem bereitfindet. Notfalls ist der Weg über § 1910

---

2 Vgl. dazu *Bucher*, Die Ausübung der Persönlichkeitsrechte, S. 137 ff.
3 *Lenckner*, ZStrW Bd. 72, S. 462.

Abs. 2 S. 2 BGB eröffnet, da das Beharren auf einem absolut unvernünftigen Standpunkt wohl immer als mangelnde Verständigungsmöglichkeit i. S. dieser Norm zu werten ist[4].

Ferner erweist sich ein Gedanke als fruchtbar, der in der Argumentation Boschs auftaucht. Er schaltet die von ihm gegen den Typisierungsverzicht vorgetragenen Bedenken, die an sich ja seine eigene Lösung treffen, mit Hilfe einer Regel-Ausnahme-Konzeption aus: *Regelmäßig* soll an eine feste Altersgrenze angeknüpft werden; *ausnahmsweise* bleibt das Alter unbeachtlich, dann nämlich, wenn das Verstandesvermögen trotzdem noch nicht den erforderlichen Grad erreicht hat. In der Anmerkung erläutert Bosch den Vorzug dieser Lösung dahin, daß „diese Ausnahmesituation nur zu beachten" sei, „wenn sich dazu ein besonderer Anlaß bietet"[5]. Praktisch hat also Boschs Mündigkeitsnorm Doppelcharakter. Sie setzt einmal verbindlich fest, daß vor einem bestimmten Alter keine Selbstbestimmung stattfinden darf. Für die Zeit danach wirkt sie dagegen lediglich als eine prozessuale Vermutung.

Vom hier vertretenen Standpunkt muß eine solche Differenzierung befremden. Entweder kann nur die verbindliche Anordnung die erforderliche Rechtsklarheit gewährleisten; dann gerät die von Bosch vorgeschlagene und begründete Lösung mit sich selbst in Widerspruch. Oder die Vermutung reicht aus; dann leuchtet nicht recht ein, weshalb sie allein für die ausnahmsweise noch vorliegende Fürsorgebedürftigkeit und nicht auch im Hinblick auf eine ausnahmsweise schon vorher bestehende Selbstbestimmungsfähigkeit gelten soll. Die von den Widersprüchen gereinigte Grundidee ist freilich positiv zu beurteilen. Sie drückt einen rechtspolitisch beinahe selbstverständlichen Vorgang aus: Jede Generalklausel führt im Laufe der Zeit zu Regeln, die den Normalfall betreffen und in dieser Eigenschaft um der erforderlichen Einheitlichkeit der Rechtsprechung willen den Charakter verbindlicher prozessualer Vermutungen annehmen, ohne daß der Weg zu der Rücksicht auf den atypischen Einzelfall, die mit der Generalklausel intendiert ist, versperrt würde. Erinnert sei nur an die Rechtsprechung des Bundesverwaltungsgerichts zur Rücknahme begünstigender Verwaltungsakte, die innerhalb der Leitformel, daß die Belange der Allgemeinheit und der Anspruch des Bürgers auf Vertrauensschutz gegeneinander abzuwägen seien, eine Fülle von flexibel zu handhabenden

---

[4] Vgl. *Siebert-Germer*, § 1910, Rdnr. 9, wonach u. a. bei Querulanten und wahnhaft Eifersüchtigen die Verständigungsmöglichkeit ausgeschlossen sein kann. Auch hier handelt es sich um Fälle, in denen der Pflegling vernünftigen Überlegungen unzugänglich ist.

[5] *Bosch*, Grundsatzfragen, S. 47 (Anm. 141).

Regeln und Richtlinien entwickelt hat[6]. Anhaltspunkte liefern zum Teil Hilfswissenschaften, zum Teil die Rechtsvergleichung[7], zum Teil sachlich verwandte Vorstellungen des Gesetzgebers. Verfassungsrechtlich ist ein entsprechendes Vorgehen hier durchaus legitim. Es knüpft lediglich an die Gefahr an, die dem Personwert als Folge der menschlichen Erkenntnisunzulänglichkeit droht. Anders als die Typisierung dient sie also nicht der Rechtssicherheit als einem außerpersonalen Gut, sondern allein der Person selbst. Normalerweise wird die Menschenwürde des einzelnen durch die Gleichbehandlung mit anderen, deren Verhältnisse im wesentlichen gleichliegen, gefördert; fallen die individuelle Reife oder die konkrete Entscheidungssituation ausnahmsweise klar aus dem Standard heraus, ist eine besondere Behandlung möglich. So wird man z. B. annehmen dürfen, daß ein normal entwickelter 16jähriger vernünftig genug ist, um sachgerecht zwischen einem kaufmännischen und einem technischen Beruf wählen zu können. Unterstellt, daß nach psychologischen Erkenntnissen die Berufsmündigkeit für Alternativen dieser Art generell bei 16 Jahren liegt, wird normalerweise die Altersgrenze von 16 Jahren zugrunde zu legen sein. Doch ist es zulässig und geboten, von dieser Grenze abzuweichen, wenn ein Jugendlicher erkennbar reifer oder unreifer als das Gros seiner Altersgenossen ist[8].

II. Die Verfassungsmäßigkeit mündigkeitsvorverlegender typisierender Normen

Weitere Schwierigkeiten bereitet die Beobachtung, daß der Gesetzgeber eine Reihe von Normen geschaffen hat, die eben als Ausfluß der höchstpersönlichen Natur der Gewissens- bzw. lebensgestaltenden Entscheidungen gedacht sind, aber trotzdem eine — wenn auch vorverlegte — Typisierung enthalten. Das gilt vor allem für § 5 RKEG, der dem Menschen vom 14. Lebensjahr an das religiöse Selbstbestimmungsrecht zuerkennt. Unser Bericht über den Diskussionsstand des Problems der sog. Grundrechtsmündigkeit hat uns gezeigt, daß man teilweise über die mehr oder weniger strenge Analogie zu diesen Vorschriften sogar die verfassungsgerechte Lösung sucht. Sollen sie etwa alle verfassungswidrig und damit nichtig sein?

1. Der rechtspolitische Wert der Umdeutung in prozessuale Vermutungen

Es fragt sich, ob wir sie nicht als gesetzliche Vermutungen aufrechterhalten dürfen. Daß sie insoweit Wertvolles zu leisten vermögen, ist

[6] Vgl. dazu *Hans J. Wolff*, Verwaltungsrecht I, § 53 III c 2 (Die „Beseitigung eines mangelhaften Verwaltungsakts liegt *in der Regel* ...")

[7] Diesen Weg geht insbesondere auch *Bosch*, aaO.

[8] Damit deckt sich die hier vertretene Auffassung im wesentlichen — von der einseitigen Richtung abgesehen — mit der von *Bosch*.

nicht schwer nachzuweisen. Der Gesetzgeber hat die betreffenden Mündigkeitszeitpunkte gewählt, weil er auf Grund tatsächlicher Erhebungen, Gutachten von Psychologen usw. glaubte, dann sei ein normaler Mensch in der als normal gedachten Entscheidungssituation genügend einsichts- und urteilsfähig[9]. Wenn auch die Reifeentwicklung wesentlich durch die Lebensbedingungen beeinflußt wird und deshalb die Vorstellungen eines älteren Gesetzgebers die gegenwärtige Situation nicht mehr ganz erfassen, so wird der Wert dieser Überlegungen dadurch doch nicht grundsätzlich in Frage gestellt. Der Bereich der Gewissens- und lebensgestaltenden Entscheidungen ist von den Änderungen der Sozialstruktur, insbesondere der frühzeitigen Selbständigkeit des Jugendlichen kaum berührt. Er wird vornehmlich von der geistigen und sittlichen Reife zur Erkenntnis ideeller Werte, nicht durch praktische Lebenserfahrung bestimmt.

2. Die Zulässigkeit der Umdeutung

Wir müssen uns allerdings fragen, ob dieser völlige Bedeutungswandel der Normen methodisch einwandfrei vollzogen werden kann. Selbst die großzügigste Auslegungsmethode duldet es nicht, z. B. § 5 RKEG als bloße Vermutung zu verstehen. Der Wortlaut der Vorschrift ist eindeutig und bildet deshalb eine gemeinhin unübersteigbare Grenze[10]. Der Eindruck wird noch verstärkt dadurch, daß der Wille des Gesetzgebers und der objektive Gesetzeszweck ganz ohne Zweifel mit dem Ergebnis der Wortinterpretation übereinstimmen. Helfen kann mithin allein eine verfassungskonforme *Gesetzesberichtigung.*

Insoweit entstehen nun erhebliche Zweifel. Zwar finden wir höchstrichterliche Urteile, die eine Auslegung contra legem, d. h. praktisch: eine Gesetzesberichtigung, enthalten. So hat das Bundesverfassungsgericht den § 18 Abs. 3 des VerwGG von Rheinland-Pfalz, der gegen die Entscheidungen des Kreisrechtsausschusses wahlweise die Verwaltungsbeschwerde oder die verwaltungsgerichtliche Klage zuließ und die weitere Bestimmung enthielt, „daß der eine Rechtsbehelf den anderen ausschließt", entgegen dem eindeutigen Sinn verfassungskonform dahin umgedeutet, lediglich die direkte Anrufung des Verwaltungsgerichts werde durch die Wahl der Beschwerde versperrt; dagegen bestehe sehr wohl die Möglichkeit, den Beschwerdebescheid verwaltungsgerichtlich anzufechten[11]. Der Bundesgerichtshof ist dem für den in der Pro-

---

[9] Vgl. die kurz nach Inkrafttreten des RKEG von *Kipp*, Festschrift für Kahl, S. 48, zu § 5 RKEG angestellten Überlegungen.

[10] Vgl. *Larenz*, Methodenlehre, S. 243, und zuletzt: *Westermann/Lepsien* in: NJW 1966, S. 431.

[11] BVerfGE 9/194 ff.

blematik gleichliegenden § 450 AO gefolgt[12]. Schließlich hat das Bundesverwaltungsgericht mit Rücksicht auf Art. 14 Abs. 1 S. 2 GG den § 35 Abs. 2 Bundesbaugesetz entgegen dem eindeutigen Wortlaut („*können* ... zugelassen werden") in einen an rechtlich nachprüfbare Voraussetzungen gebundenen Rechtsanspruch umgewandelt[13]. Andererseits hat sich aber gerade gegen diese Urteile starker Widerstand geregt. Schack bestreitet im Anschluß an Menger[14] dem Richter die Befugnis, gegen das Gesetz zu entscheiden. Er gleite sonst in die ihm versperrte „Funktion der Entscheidung über die Verfassungsmäßigkeit des Gesetzes" hinüber[15]. Michel fügt noch einen weiteren Einwand hinzu, indem er auf den Verstoß gegen das Gewaltenteilungsprinzip hinweist[16].

Beide Bedenken erweisen sich jedoch bei vorkonstitutionellen Gesetzen als gegenstandslos. Das *Entscheidungsmonopol des Bundesverfassungsgerichts* bezieht sich ausschließlich auf das nachkonstitutionelle Gesetz[17]. Der Grund für diese Beschränkung macht gleichzeitig die Reichweite des *Gewaltenteilungsprinzips* deutlich. Nur soweit der gegenwärtige Gesetzgeber gehandelt hat, muß die Rechtsprechung ihn respektieren in dem Sinne, daß ihr eine Korrektur schlechthin verwehrt ist. Dagegen braucht sie sich eine solche Zurückhaltung gegenüber dem unter einer anderen Verfassungslage erlassenen Gesetz nicht aufzuerlegen. Ihre Grenzen decken sich insofern mit den allgemein für die Rechtsanwendung geltenden. Dort aber ist die Anpassung eines Gesetzes an geänderte wirtschaftliche und soziale Verhältnisse als legitime richterliche Aufgabe anerkannt, falls die betreffende Vorschrift die von der Situation losgelösten Wertungen hinreichend deutlich erkennen läßt[18]. Mit Recht tritt daher auch Michel für die Zulässigkeit der verfassungskonformen Gesetzeskorrektur gegenüber vorkonstitutionellen Gesetzen ein: „Ein Verbot der Gesetzesberichtigung und -ergänzung bei einem Wandel der Verfassungsstruktur hätte zur Folge, daß dem Gesetzgeber die ... Last aufgebürdet würde, das gesamte vorkonstitutionelle Recht für alle denkbaren Anwendungsfälle auf seine Vereinbarkeit mit dem GG zu überprüfen ... Diese Aufgabe kann und muß Rechtsprechung und Wissenschaft überlassen bleiben, sofern ... die vorkonstitutionelle Regelung so hinreichend durchnormiert ist, daß die darin zutage tretenden Ordnungs- und Wertgesichts-

---

12 BGHSt 13/102 ff. (113 ff.).

13 Vgl. BVerwGE 18/247 ff. (vor allem S. 250).

14 *Menger*, Verwaltungsarchiv Bd. 50, S. 387 ff.

15 *Schack* in Jus 1961, S. 273/274.

16 *Michel* in Jus 1961, S. 278/279.

17 Vgl. *Bonner Kommentar*, Art. 100 II A 2 a; BVerfGE 2/124.

18 *Enneccerus-Nipperdey*, §§ 58, 59; *v. Staudinger-Brändl*, S. 37 ff.

punkte klare Ansatzpunkte für eine sinnentsprechende verfassungskonforme Anpassung bieten[19]."

Auf unsere Problematik, insbesondere auf den als Prototyp behandelten § 5 RKEG bezogen, heißt das: Das RKEG ist vorkonstitutionelles Recht. Die Norm liefert auch brauchbare Wertungsgrundlagen für unser Vorhaben. Der Gesetzgeber hat sich anhand anthropologischer Erkenntnisse dahin entschieden, daß ein normaler Jugendlicher mit 14 Jahren einen Glaubens- und Weltanschauungswechsel unter normalen Bedingungen geistig vollziehen kann. Eine solche Feststellung ist verfassungsrechtlich unbedenklich. Sie hat sogar den Vorzug, von Fachleuten in einem gründlichen Verfahren entwickelt worden zu sein, ist also der vom Richter auf Grund eigener Erfahrung gewonnenen Auffassung sicher überlegen. Verfassungsrechtlich unzulässig ist nur die *generelle* Typisierung der Mündigkeit. Gegen prozessuale Vermutungen, die die Rücksicht auf den atypischen Einzelfall offenlassen, ist von Verfassungs wegen nichts einzuwenden. Infolgedessen sind die Normen des einfachen Gesetzes, die für einzelne Gewissens- und lebensgestaltende Entscheidungen die Mündigkeit vorverlegen, zwar nicht als feste Altersgrenzen, wohl aber als prozessuale Vermutungen weiter anzuwenden.

---

[19] JuS 1961, S. 281.

§ 3: Lösung von Einzelproblemen

Nach diesem Einblick in die allgemeinen Grundlagen können wir uns der Lösung der eingangs geschilderten, durchweg heftig umstrittenen Einzelprobleme zuwenden. Die Kontrolle am Fall wird zugleich Aufschluß über die praktische Verwendbarkeit der in § 2 entwickelten Ergebnisse geben.

I. Die Einwilligung Minderjähriger in die Operation

1. Das Problem

Den Problemstandort haben wir bereits oben festgelegt. Es genügt deshalb an dieser Stelle, die Ergebnisse kurz zu wiederholen: Wir erkannten, daß unter rein zivilrechtlichen Gesichtspunkten allein die Forderung nach Volljährigkeit für eine wirksame Einwilligung gerechtfertigt ist. Entgegen der Ansicht des BGH handelt es sich angesichts der axiologischen Verknüpfung von rechtswirksamem Verhalten und Selbstbestimmung nicht darum, in freier richterlicher Rechtsfortbildung eine Gesetzeslücke auszufüllen. Vielmehr bindet der auf alle Verhaltensweisen bezogene § 1626 Abs. 1 BGB das Urteil jedenfalls so weit, als fürsorgebedürftige Entscheidungen betroffen sind. Daß die Einwilligung in die Operation dazu zählt, steht außer Zweifel. Als Fazit der Untersuchung hielten wir fest, daß ein mit der BGH-Rechtsprechung übereinstimmendes Ergebnis nur über die Rechtsfortbildung gegen das BGB oder über Wertungen der Verfassung zu erzielen ist.

2. Kritik der Ansicht Gernhubers und Boehmers

Als Vertreter der Rechtsfortbildungsthese begegneten uns namentlich Gernhuber und Boehmer[1]. Zwar nennt Boehmer eine Reihe von gesetzlichen Vorschriften, doch will er das Problem offenbar nicht über eine bloße Analogie zu diesen lösen. Die Normen drücken lediglich aus, daß der Gesetzgeber sich in einzelnen Fällen zu einer mehr oder weniger weitgehenden besonderen Rücksicht auf die Selbstbestimmung des einzelnen entschlossen hat; den Typisierungsverzicht decken sie nicht. Gernhuber bekennt sich denn auch ausdrücklich zu der Mei-

---

[1] *Gernhuber*, Lehrbuch des Familienrechts, § 49 VI 4 (S. 517, Fußnoten 1, 2); *Boehmer*, MDR 1959, S. 705—707.

nung, der BGH habe in legitimer Weise das Recht fortgebildet. Freilich verschärft der hier betonte Zusammenhang von Selbstbestimmung und Rechtswirksamkeit des Verhaltens das Problem in einer von Gernhuber nicht bedachten Weise. Da eine Beurteilung, die von der Volljährigkeitsgrenze abrückt, den Geltungsbereich des § 1626 Abs. 1 BGB verkürzt, geht es nicht bloß um eine gesetzes*ergänzende*, sondern sogar um eine gesetzes*ändernde* Rechtsfortbildung. Zwar ist anerkannt, daß auch die gesetzesändernde Rechtsfortbildung nicht schlechthin ausgeschlossen ist[2]. Immerhin leuchtet es ohne weiteres ein, daß sie an strenge Voraussetzungen geknüpft sein muß, soll sie nicht die verfassungsrechtlich unerläßliche Bindung des Richters an das Gesetz, insbesondere an den Gewaltenteilungsgrundsatz in Frage stellen. Larenz führt zwei Situationen an, in denen der Richter gegen das Gesetz judizieren dürfe, nämlich einmal angesichts eines als unabweisbar empfundenen und durch die Rechtsordnung nicht befriedigten Bedürfnisses des Verkehrs und zum anderen mit Rücksicht auf eine für das allgemeine Rechtsbewußtsein unerträgliche Vernachlässigung der Natur der Sache[3] oder eines rechtsethischen Prinzips[4]. Als Ansatzpunkt käme für uns allenfalls das rechtsethische Prinzip in Betracht. Doch wird man sicher nicht behaupten wollen, die Bevormundung des Jugendlichen im Hinblick auf Operationen, die ja sehr häufig durchaus harmlos sind, werde von dem allgemeinen Rechtsbewußtsein als unerträglich empfunden. Dagegen spricht schon die zumindest qualitativ starke Auffassung, die es im Gegenteil als unerträglich wertet, daß der Jugendliche bei einem noch so unbedeutenden Kreditgeschäft stärker geschützt sein soll als bei der Operationseinwilligung[5]; auch sahen wir, daß Flume die Mitwirkung der Eltern gerade in schwerwiegenderen Fällen für unverzichtbar hält[6]. Wäre die Rechtsprechung des Bundesgerichtshofs als Rechtsfortbildung zu verstehen, so müßten wir also erhebliche methodologische Einwände gegen sie anmelden. Jedenfalls nach dem gegenwärtigen Stand der Methodendiskussion wäre sie unzulässig.

3. Kritik der Ansicht Lenckners und Eissers

Lenckner und Eisser[7] versuchen, den Weg über das allgemeine Persönlichkeitsrecht zu bahnen, „das heute nach allen Richtungen zur

---

[2] Vgl. *Larenz*, Methodenlehre, S. 319, wonach jedoch die im Schrifttum h. M. anderer Ansicht sein soll.

[3] Zum *Larenzschen* Begriff der Natur der Sache vgl. *Dreier*, Zum Begriff der Natur der Sache, S. 76/77.

[4] *Larenz*, Methodenlehre, S. 320; gegen *Larenz* und noch strenger *Stein* in NJW 1964, S. 1749.

[5] *Enneccerus-Nipperdey*, § 151, Fußnote 11.

[6] *Flume*, Rechtsgeschäft, § 13, 11 ff.

[7] *Lenckner* in ZStrW Band 72, S. 457; *Eisser* in Eranion für Maridakis II, S. 214—216.

Anerkennung drängt und zu dessen integrierenden Bestandteilen gerade auch das Recht auf körperliche Unversehrtheit und Unverletzlichkeit von Ehre und Geheimsphäre zählt"[8].

Die Ableitung ist nach zwei Seiten hin bedenklich. Das allgemeine Persönlichkeitsrecht, wie es sich in der Rechtsprechung des Bundesgerichtshofs[9] darstellt, ist im Wege der Rechtsfortbildung entwickelt. Seine Grundlage findet sich nicht etwa in einer ohne weiteres judiziablen Verfassungsnorm, sondern in dem allgemeinen Hinweis auf die Aufwertung der Persönlichkeit durch das Grundgesetz, die sich insbesondere in den Artikeln 1 und 2 GG niedergeschlagen hat[10]. Ein so allgemeines Prinzip wie die Anerkennung der menschlichen Persönlichkeit als des höchsten Wertes vermag allenfalls — negativ — bestimmte absolut persönlichkeitsfeindliche Normen abzuwehren; was aber — positiv — als Inhalt einer ihm entsprechenden Rechtsordnung zu gelten hat, kann es nicht verbindlich festlegen. Insoweit versteht es sich allein als Auftrag an den Gesetzgeber. Der Rechtsanwender hat es im Rahmen der Gesetze als Auslegungsrichtlinie zur Geltung zu bringen sowie dort, wo das Gesetz schweigt, eine an ihm orientierte Lösung zu suchen. Weitere Befugnisse richten sich nach den gleichen strengen Voraussetzungen, wie wir sie allgemein für die gesetzesändernde Rechtsfortbildung kennengelernt haben: Nur wenn die Legislative ihre Aufgabe in *unerträglicher* Weise vernachlässigt, haben die Rechtsprechungsorgane, vor allem die oberen Bundesgerichte, eine Ersatzfunktion zu erfüllen[11]. Nun entspricht es gewiß dem allgemeinen Persönlichkeitsrecht, daß der individuell und konkret einsichts- und urteilsfähige Jugendliche eigenständig über Ja oder Nein von Eingriffen in seinen Körper entscheidet. Es läßt sich aber nicht behaupten, nach dem gegenwärtigen Rechtszustand sei die Verwirklichung der Kindespersönlichkeit ernstlich gefährdet. Der Entschluß der Eltern wird in relativ seltenen Fällen vom Willen des selbstbestimmungsreifen Kindes abweichen. Ausgesprochene Knebelungen der Persönlichkeit können durch eine verfassungskonforme, insbesondere vom Verschuldenserfordernis befreite Anwendung des § 1666 BGB abgewehrt werden. Es geht also gar nicht darum, ob die Kindespersönlichkeit überhaupt geachtet wird

---

[8] *Lenckner*, aaO.

[9] Vgl. BGHZ 13/335; 15/249; 20/345; 24/72.

[10] BGHZ, aaO.

[11] Vgl. auch *Nörr*, AcP Band 158, S. 3: „...die Zweckmäßigkeitserwägung allein, die Wirksamkeit des Schutzes des allgemeinen Persönlichkeitsrechtes sei bei Ausschluß des Geldersatzes erheblich eingeschränkt, begründet an sich nicht die Unwirksamkeit des § 253 BGB."

oder nicht[12], sondern einzig um die Frage, in welchem Umfange Selbstbestimmung herrschen soll. Insoweit ist das Prinzip überfordert. Zu Recht betont Esser, ein Prinzip sei zur rechtlichen Normbildung untauglich, solange die „weiterhin zu seiner Ausgestaltung erforderlichen Wertentscheidungen ... solche einer noch offenen politischen Zielsetzung" seien[13]. Gerade das aber trifft hier zu, da mit dem Ausdruck „allgemeines Persönlichkeitsrecht" eine konkrete positivrechtliche Institution keineswegs verbunden ist. Im Gegenteil streitet man heftig, ob die Achtung vor der Persönlichkeit nicht durch die Anerkennung eines Geldersatzanspruchs in unwürdiger Weise kommerzialisiert werde[14] und — im vorliegenden Zusammenhang — ob Fürsorge oder Selbstbestimmung das primäre Persönlichkeitsanliegen sei[15]. Helfen kann mithin nicht schon der Hinweis auf das Prinzip eines allgemeinen Persönlichkeitsrechts, sondern allein der judiziable Befehl der Verfassung.

Der weitere Einwand gegen die Konzeption Lenckners und Eissers[16] knüpft an den Ansatz beim „Recht auf körperliche Unversehrtheit" an. Er führt nämlich zu einem bloßen Abwehrrecht, nach dem der genügend reife Jugendliche wohl die Vornahme der Operation gegen den Willen seiner Eltern *verhindern,* nicht aber umgekehrt gegen die Eltern *durchsetzen* könnte. Diese Konsequenz hat z. B. Bucher[17] sogar ausdrücklich gezogen. Demgegenüber nützt die Beteuerung Lenckners, es gehöre „unzweifelhaft ... zum Wesen dieses Persönlichkeitsrechts, daß es sich nicht in der rein negativen Funktion eines Abwehrrechts erschöpfe, sondern darüber hinaus auch einen positiven Inhalt habe", nichts. Das Recht auf körperliche Unversehrtheit schützt lediglich das Interesse des Menschen an Freiheit von körperlichen Eingriffen; von Selbstbestimmung ist nicht die Rede. Es würde nicht verletzt, wenn es gegenüber Eingriffsversuchen anderer oder des Staates dauernd

---

12 Bei der Anerkennung eines Anspruchs auf Geldersatz mag man noch darüber streiten.

13 Grundsatz und Norm, S. 69 ff.

14 Vgl. *Larenz,* Methodenlehre, S. 321.

15 Vgl. etwa *Bosch,* Grundsatzfragen, S. 45.

16 *Eisser,* aaO., S. 216 empfiehlt de lege ferenda für eine Übergangszeit ein Zusammenwirken von Minderjährigem und gesetzlichem Vertreter. Im Ergebnis läuft dies ebenfalls auf eine höhere Einschätzung der Zustimmung als der Ablehnung hinaus, da der Aufschubgedanke des § 5 RKEG z. B. nicht paßt. Bei der Operation handelt es sich regelmäßig um eine aktuell zu bewältigende Entscheidungssituation; die Stellungnahme läßt sich nicht verschieben. Im Ergebnis setzt sich *Eisser* also für ein bloßes Abwehrrecht ein.

17 Die Ausübung der Persönlichkeitsrechte, S. 181: „Ein positives Recht des Unmündigen auf die Durchführung eines Eingriffs entgegen dem Willen der Eltern ist damit noch keineswegs statuiert, da die Persönlichkeitsrechte nur *negativ* wirken."

von einem ordnungsgemäß handelnden Vertreter wahrgenommen würde. Das Recht auf Selbstbestimmung berührt — wie wir im allgemeinen Teil der Untersuchung gesehen haben — eine andere Seite der Persönlichkeit als der Schutz von Leben, Körper, Wohnung oder Postgeheimnis. Es ist von den Interessen, auf die es sich bezieht, völlig unabhängig. Freilich ist sein Geltungsanspruch abgestuft. Die Ableitung aus der Persönlichkeit verbietet jedoch, seinen Rang nach dem Charakter des jeweils betroffenen Persönlichkeitsgutes festzulegen. Maßgebend ist vielmehr die Bedeutung für die Gesamtpersönlichkeit. Das Selbstbestimmungsrecht muß demnach um so stärker sein, je mehr es Entscheidungen betrifft, die ihrer Natur nach[18] Gewissensentscheidungen sind oder lebensgestaltende Bedeutung haben.

4. Die eigene Lösung

Der Gedanke öffnet das Problem der Lösung anhand der Kriterien, die wir oben als die maßgeblichen herausgearbeitet haben.

a) Einwilligung in die Operation und Gewissensentscheidung

Die Einwilligung in die Operation ist keine Gewissensentscheidung oder auch nur eine der Gewissensentscheidung verwandte Entschließung. Dies gilt es insbesondere gegenüber Bucher zu betonen, der meint, bei der Einwilligung in die Operation spreche weniger der Intellekt als die persönliche Anlage, weil der durchschnittliche Patient die Qualitäten des Operationsarztes gar nicht beurteilen könne[19]. Er leitet daraus die Legitimation ab, die Operationseinwilligung der Ausübung höchstpersönlicher Rechte nach Art. 19 Abs. 2 SchweizZGB zuzuordnen. Eine solche Situation ist jedoch keine Besonderheit höchstpersönlicher Entscheidungen, sondern taucht immer auf, wo sich eine Angelegenheit dem Verständnis des fachlich nicht genügend vorgebildeten Laien entzieht. Mit demselben Recht müßte man dann auch den Prozeßführungsauftrag an einen Rechtsanwalt, sogar — um das Paradoxon auf die Spitze zu treiben — die Wahl des Autoschlossers für die Reparatur des Kraftwagens höchstpersönlich nennen. Das Vertrauen in die Tüchtigkeit und Ehrlichkeit des Partners spielt bei rein wirtschaftlichen Angelegenheiten sicher oft keine geringere Rolle als

[18] Dazu, daß es nicht auf die konkrete Natur der Entscheidung als Gewissensentscheidung ankommen kann, vgl. oben § 2 B. II 2 h dd (2) (b) der Arbeit. Für die lebensgestaltende Entscheidung versteht sich das von selbst, da im Augenblick der Vornahme die konkreten Folgen noch ausstehen.

[19] Die Ausübung der Persönlichkeitsrechte, S. 139.

im Verhältnis des Patienten zu seinem Arzt. Trotzdem ist der Gedanke offenbar abwegig, solchen wirtschaftlichen Entscheidungen höchstpersönlichen Charakter zuzuerkennen. Zusammengefaßt: Die Operationseinwilligung betrifft durchaus eine Situation, die von der Kulturgemeinschaft unter dem Gesichtspunkt des Nützlichen gesehen wird. Für die Wahl zwischen Gut und Böse, Gerecht und Ungerecht ist grundsätzlich kein Raum.

b) Einwilligung in die Operation und lebensgestaltende Entscheidung

Diskutabel bleibt daher allein, ob die Einwilligung in die Operation nicht zur zweiten Gruppe gehört, die nach den Ergebnissen der allgemeinen Untersuchung eine besonders intensive Selbstbestimmung verlangt, nämlich zur Kategorie der lebensgestaltenden Entscheidungen. Auch hier ist jedoch leicht zu erkennen, daß nicht sämtliche Operationseinwilligungen darunter fallen können. Geringfügige Mandel- oder Blinddarmoperationen sind für das weitere Leben regelmäßig ohne Bedeutung. Anders sieht es erst aus, wenn der urteilsfähige Minderjährige vor die Wahl gestellt ist, sich entweder einer lebensgefährlichen Operation zu unterwerfen oder für den Rest seines Daseins lebensuntauglich krank zu sein. Hier steht er an einem Scheideweg; der Entschluß prägt seine Zukunft maßgeblich. Eine vergleichbare Situation entsteht, wenn jemand sich zwischen der Amputation eines wichtigen Gliedes und dem Risiko schwerer Leiden zu entscheiden hat. In solchen Fällen handelt es sich in der Tat um Entscheidungen, die ähnliche Marksteine im Leben eines Menschen kennzeichnen wie die Berufswahl. Die Bevormundung insoweit zu verhindern, ist das Ziel der in Art. 12 Abs. 1 S. 1 GG zum Ausdruck gekommenen Wertung des Verfassunggebers. Die Erkenntnis führt zu einer Reduktion der h. M.: *Lediglich soweit die Einwilligung in die Operation eine lebensgestaltende Entscheidung darstellt, ist sie dem individuell und konkret einsichts- und urteilsfähigen Minderjährigen zugeordnet.*

c) Der Unterschied zwischen zivilrechtlicher und strafrechtlicher Einwilligung

Wie weit reicht nun diese Aussage? Betrifft sie (zivilrechtliches) Delikts- und Strafrecht? Ist die Rechtsprechung des BGH vielleicht auf Gewohnheitsrecht gestützt, das von unserer verfassungsrechtlichen Argumentation unberührt bleibt? Wir sahen bereits, daß die Behauptung, die Rechtswidrigkeit müsse für Zivil- und Strafrecht einheitlich beurteilt werden, nicht zutrifft[20]. Der Rechtsordnung ist es durchaus erlaubt, die Voraussetzungen eines Schadensersatzanspruches gegenüber denen der Strafverfolgung unterschiedlich zu bestimmen. Rechtswidrig i. S. von strafwürdig ist etwas anderes als rechtswidrig i. S. von regreßwürdig[21]. Entsprechend erfüllt auch die Einwilligung im Straf- und Deliktsrecht völlig verschiedene Funktionen. Im ersten Fall geht es um den staatlichen Strafanspruch. Die Einwilligung schließt insoweit nicht primär die Preisgabe eines Rechtsgutes durch eigenständige Interessenwahrnehmung ein. Ob der Täter bestraft wird oder nicht, berührt das Opfer grundsätzlich nicht; weder nützt es noch schadet es ihm. Positivrechtlich ist dem Verletzten die Verfügungsbefugnis über den verwirkten Strafanspruch weitgehend entzogen. Ein Antragserfordernis ist bei weitem nicht in allen einwilligungsfähigen Straftatbeständen vorgesehen; noch seltener darf ein einmal gestellter Antrag zurückgenommen werden. Man geht deswegen wohl nicht zu weit, wenn man die rechtfertigende Wirkung der Einwilligung im Strafrecht nicht als Ausfluß des individuellen Selbstbestimmungsrechts erklärt, sondern als Umstand wertet, der die Strafwürdigkeit des Täterverhaltens aufhebt. Der zivilrechtliche Deliktsanspruch soll dagegen eine Interessenverletzung ausgleichen. Insoweit bedeutet die Einwilligung die freiwillige Aufgabe eines Rechtsgutes; sie schmälert mithin den Gesamtgüterbestand des Einwilligenden. Ohne sie besteht ein Ersatzanspruch, der wenigstens der Idee nach die Summe der Rechtsgüter vor und nach dem Eingriff auf dem gleichen Stand hält. Sie schließt gleichsam einen vorweggenommenen Verzicht auf den Schadensersatzanspruch ein, der auch nachher gemäß § 397 BGB ohne weiteres aufgegeben werden kann. Die Einwilligung ist also nur im Deliktsrecht Wahrnehmung privater Interessen. Im Strafrecht berührt sie die Strafwürdigkeit des Verhaltens; für die Interessensphäre des Verletzten ist es bedeutungslos, ob die Einwilligung strafrechtlich anerkannt wird oder nicht. Damit erzeugt die Rechtswirksamkeit der Einwilligung — wie wir oben schon festgestellt haben — im Strafrecht nicht den Widerspruch zu §§ 2, 1626 Abs. 1 BGB, der ihr im Zivilrecht grundsätzlich entgegensteht. Entsprechend kann die Einwilligung des Minderjährigen im Strafrecht durchaus rechtswirksam sein, obwohl seine *Interessen* ausschließlich von seinem gesetzlichen Vertreter wahrgenommen werden können.

---

20 Vgl. oben § 1 B. I F. N. 28.

21 Der Satz verkennt nicht etwa den Unterschied von Rechtswidrigkeit und Schuld. Es ist in der Tat so, daß das objektive Urteil die Grundlage der Folge bezeichnet, also alle an sich nicht straf- bzw. regreßwürdigen Zusammenhänge ausscheidet. Die Schuld begründet die täterbezogene Zurechenbarkeit des Verhaltens.

Außerdem ist die Typisierung im Strafrecht bei weitem nicht so wichtig wie im Deliktsrecht. Im Deliktsrecht enthält das Rechtswidrigkeitsurteil praktisch schon die Entscheidung darüber, ob der entstandene Schaden zu ersetzen ist oder nicht. Grundsätzlich genügt bereits leichteste Fahrlässigkeit, die einem Zurechnungsfähigen i.S. eines Abweichens von der von einem ordentlichen Vertreter des betreffenden Personen- oder Berufsstandes beobachteten Sorgfalt fast immer nachgewiesen werden kann. Es liegt auf der Hand, daß unter diesen Umständen ein auf die individuelle Person und die konkrete Konfliktslage des Einwilligenden bezogener Reifemaßstab allergrößte Unsicherheit verbreiten muß. Dagegen fällt im Strafrecht das Urteil wesentlich erst mit der positiven Antwort auf die Schuldfrage, wobei das Postulat nach einem angemessenen Verhältnis von Schuld und Strafe für eine am Verschuldensgrad ausgerichtete Abstufung der Folgen sorgt. Nachdem die Rechtswidrigkeit festgestellt ist, beginnt die selbständige Prüfung, ob dem Delinquenten ein strafwürdiges Verschulden zur Last fällt. Prozessuale Vorschriften wie die §§ 153 ff. StPO sowie Verfahrensmaximen wie der Grundsatz „in dubio pro reo" tun ein übriges, rechtspolitisch bedenkliche Folgen des Typisierungsverzichts bei der rechtfertigenden Einwilligung auszuschalten. Stellen somit weder § 1626 Abs. 1 BGB noch eine etwaige Situationsgleichheit mit der zivilrechtlichen Einwilligung die strafrechtliche unter das Typisierungsgebot, müssen wir die strafrechtliche Judikatur[22] und Lehrmeinung[23] mindestens als legitime Rechtsfortbildung anerkennen[24]. Die Volljährigkeitsgrenze gilt allein für die Selbstbestimmung und — mit Rücksicht auf den Wertungszusammenhang von Selbstbestimmung und zivilrechtlicher Rechtswirksamkeit — für die Wirksamkeit der Einwilligung im Deliktsrecht.

Übrig bleibt allerdings noch die ausdrückliche Antwort auf die Frage nach der gewohnheitsrechtlichen Geltung der in BGHZ 29, S. 33 ff. für das Deliktsrecht aufgestellten Grundsätze. Sie versteht sich jedoch nach den vorangegangenen Ausführungen, vor allem nach der Trennung von Straf- und Deliktsrecht, nahezu von selbst: Da der Bundesgerichtshof erst im 29. Band von der abweichenden ständigen Rechtsprechung des Reichsgerichts[25] und seiner eigenen Zivilsenate[26] abge-

---

[22] Vgl. RGSt 41/394; 71/349; BGHSt 4/90; 12/382.

[23] *Maurach*, Allgemeiner Teil, S. 267; *Welzel*, Strafrecht, S. 84.

[24] Daher erweist sich auch die Kritik *Lenckners* (ZStrW Band 72, S. 456) an der herrschenden strafrechtlichen Meinung zur Einwilligung in die Verletzung von Vermögensgütern als unbegründet. Das Abrücken von den §§ 104 ff. BGB wurzelt in den Besonderheiten des Strafrechts; die Frage der Höchstpersönlichkeit der Entscheidung ist gar nicht angesprochen.

[25] RG in JW 1907, S. 505; JW 1911, S. 748.

[26] BGHZ 2/159; 7/207; NJW 1958, S. 905.

rückt ist und sich auch heute noch in der Zivilrechtslehre starker Widerstand regt[27], ist die Bildung von Gewohnheitsrecht ausgeschlossen. Es fehlt an der erforderlichen allgemeinen Rechtsüberzeugung[28].

5. Ergebnis

Ergebnis: Die Wirksamkeit der Einwilligung in die Operation hängt für das Zivilrecht de lege lata von der Volljährigkeit des Erklärenden ab. Eine Ausnahme gilt, wenn und soweit die Entscheidung lebensgestaltenden Charakter trägt. Die Wirksamkeit der Einwilligung des urteilsfähigen Minderjährigen für strafrechtliche Tatbestände bleibt von dieser Feststellung unberührt. Sie wurzelt in spezifisch strafrechtlichen Wertungsgesichtspunkten, die die ständige Rechtsprechung der Strafgerichte und die h. M. in der Strafrechtsliteratur zu einer legitimen richterlichen Rechtsfortbildung stempeln.

II. Das Zeugnis- und Untersuchungsverweigerungsrecht minderjähriger Angehöriger nach der StPO

1. Das Problem

Wir haben oben gesehen, daß die Geltendmachung oder der Verzicht auf das Zeugnis- bzw. Untersuchungsverweigerungsrecht des Minderjährigen sein Interesse daran berührt, nicht zur Verurteilung eines Angehörigen beitragen zu müssen. Ferner haben wir festgestellt, daß die heute h. M. das Recht bei mangelnder Reife des Zeugen durch den gesetzlichen Vertreter ausüben läßt, es damit der gesetzlichen Wertung des § 1626 Abs. 1 BGB unterwirft und trotzdem für den Verzicht auf die Typisierung der Mündigkeit eintritt.

2. Die Zulässigkeit stellvertretender Ausübung der Weigerungsrechte

Das erste lösungsbedürftige Problem knüpft demnach an die Frage an, ob die Zeugnis- und Untersuchungsverweigerungsrechte Angehöriger überhaupt durch die Eltern ausgeübt werden können. Ist dem nicht so, kann ein Konflikt zwischen den §§ 2, 1626 Abs. 1 BGB und der sog. Weigerungsmündigkeit Minderjähriger nicht entstehen. §§ 2, 1626 Abs. 1 BGB sind ausschließlich auf Entscheidungen anwendbar, die an sich einer gesetzlichen Vertretung zugänglich sind. Dies ist

---

27 *Enneccerus-Nipperdey*, § 151 II 1 e; *v. Staudinger-Donau*, § 1626 Rdnr. 78; *Bosch*, Grundsatzfragen, S. 42 ff.

28 Vgl. *Enneccerus-Nipperdey*, § 38 I, und vor allem § 39 II 3 b.

im Hinblick auf die Weigerungsrechte keineswegs selbstverständlich. Man kann argumentieren, die Ausübung der Weigerungsrechte sei höchstpersönlich, und weiter läßt sich auch die Ansicht vertreten, daß die Ausübung höchstpersönlicher Rechte durch einen gesetzlichen Vertreter ausgeschlossen sei[1]. Entsprechend stoßen wir in der Literatur auf drei unterschiedliche Auffassungen: Eberhard Schmidt leugnet schon, daß die Zeugnis- und Untersuchungsverweigerungen höchstpersönlich sind; die Erklärung sei eine „reine Willensangelegenheit"[2]. Etterich lehnt die Zulässigkeit einer Zeugnis- bzw. Untersuchungsverweigerung durch einen gesetzlichen Vertreter ab, weil diese Entscheidungen Gewissensentscheidungen und demzufolge höchstpersönlich seien[3]. Bosch erkennt den höchstpersönlichen Charakter der Weigerung an[4], bejaht aber trotzdem die Möglichkeit der gesetzlichen Vertretung[5]. Wir haben also zwei Fragen zu beantworten, nämlich einmal die, ob die Ausübung des Zeugnis- und Untersuchungsverweigerungsrechtes höchstpersönlichen Charakter hat und welche Probleme sich damit verbinden, und zum anderen die, ob — im Falle einer positiven Antwort — diese höchstpersönliche Entscheidung in einer problemgerechten Weise durch den gesetzlichen Vertreter des unmündigen Zeugen getroffen werden kann.

a) Die Unzulässigkeit einer Beschränkung der Weigerungsrechte auf Einsichts- und Urteilsfähige

Wir erkannten bereits, daß die höchstpersönliche Natur eines Rechtes verschiedene Ursachen haben kann. Sie kann einmal in dem Zweck liegen, den das Gesetz mit der Gewährung des Rechtes verfolgt. So wäre es etwa sinnlos, das Anhörungsrecht des Kindes im Adoptionsverfahren durch den gesetzlichen Vertreter ausüben zu lassen. Denn der Gesetzgeber will gerade, daß der Vormundschaftsrichter die Meinung des Kindes erfährt und in seiner Entschließung, ob er den Adoptionsvertrag genehmigen soll oder nicht, mitberücksichtigt. Eine andere Lösung als die, daß das Kind sein Recht selbst ausübt, ist aus teleologischen Gründen versperrt. In diesem Sinne allein versteht

[1] Vgl. *Busch*, Festschrift f. Eberhard Schmidt, S. 569 ff.; *v. Weber*, MDR 1962, S. 169 ff.

[2] JR 1959, S. 371.

[3] Die körperliche Untersuchung nicht beschuldigter Personen im Strafverfahren, S. 82 ff.

[4] Ebenso v. Weber, MDR 1962, S. 170.

[5] Grundsatzfragen, S. 50.

Eberhard Schmidt die Höchstpersönlichkeit. Der Hinweis auf die „höchstpersönlichen“ *Leistungen* des Zeugen bzw. der Beweisperson[6] zeigt das deutlich. Daß ein Vertreter nicht aussagen bzw. sich untersuchen lassen kann, ist selbstverständlich. Mit einer solchen Aussage bzw. einem solchen Untersuchungsbefund kann das Gericht nichts anfangen. Allerdings setzt Eberhard Schmidt die Weigerungsrechte etwas vorschnell von dieser Kategorie ab. So meint z. B. v. Weber, solange man den Grund des Zeugnisverweigerungsrechtes in der „Rücksicht auf den Gewissenszwiespalt des Zeugen, indem er einerseits nicht zu einer Aussage gegen einen Angehörigen gezwungen, andererseits vor der Gefahr des Meineides bewahrt werden soll“[7], finde, sei es „folgerichtig, die Zeugnisverweigerung als ein höchstpersönliches Recht des Zeugen anzusehen und seine Vernehmung auch zuzulassen, wenn der kindliche Zeuge die Zwangslage gar nicht empfindet und daher auch die Belehrung über sein Recht nicht versteht“[8]. Danach rechnet also zu den notwendigen Tatbestandsvoraussetzungen eines am Schutz der Gewissensfreiheit orientierten Weigerungsrechtes die Fähigkeit des Berechtigten, einen Gewissenskonflikt geistig zu vollziehen.

Gegen die Interpretation v. Webers spricht zunächst, daß sie die Anwendung der Weigerungsrechte gegen ihren Wortlaut und gegen ihren Zweck einschränkt. Gewiß sollen sie der häufig schwierigen Situation des mit dem Angeklagten verwandten Zeugen, der zwischen dem Wahrheitsanspruch des Staates und dem Appell der Sippe steht, Rechnung tragen. Weil aber der Gewissenskonflikt im Einzelfall auch fehlen kann, ohne daß sich dies verläßlich nachprüfen ließe, hat das Gesetz ihn als unwiderlegliche Vermutung ausgestaltet. Freilich setzt auch dieser Gedanke grundsätzlich voraus, daß der relativ leicht erkennbare natürliche Befund einen Gewissenskonflikt überhaupt zuläßt. Insoweit bereitet die Forderung nach zweckgerechter Anwendung keine unüberwindlichen praktischen Schwierigkeiten. Der Einwand verliert jedoch seine Überzeugungskraft, wenn man sich folgendes vor Augen hält: Der Gewissenszwiespalt ist mit der Aussage nicht abgeschlossen; er wirkt nach. Es ist sogar durchaus denkbar, daß der Zeuge sich erst später der Gewissensfrage bewußt und seelischen Belastungen wegen seiner Entscheidung unterworfen wird. War er im Augenblick der Entschließung imstande, die Tragweite seines Verhaltens zu überblicken, ist diese Folge durch das der Selbstbestimmung

---

[6] Vgl. JR 1959, S. 371.

[7] BGHSt 2/351 ff. (354).

[8] MDR 1962, S. 169.

korrelative Prinzip der Selbstverantwortung[9] gedeckt. Andernfalls fehlt es an einem Zurechnungsgrund. Die Annahme, damit entfielen auch die Gewissensnöte, der Betreffende werde sich bei dem Gedanken beruhigen, daß er es ja nicht besser habe machen können, geht an den psychischen Tatsachen vorbei. Eine solche rationale Überlegung verfängt gegenüber den Reaktionen der persönlichen Anlage nicht. Der dreijährige Junge, der seinen Spielgefährten ins Wasser stößt und ihn dadurch tötet, wird später trotz seiner Unzurechnungsfähigkeit im Augenblick der Tat regelmäßig an der Erinnerung seelisch leiden. Entgegen v. Weber[10] kann der Gesetzgeber dies auch nicht einfach so vermeiden, daß er — ausdrücklich oder konkludent — die Weigerungsrechte verkürzt. Die Kulturgemeinschaft erwartet von dem angehörigen Zeugen, daß er sich bei der Ausübung des Zeugnis- und Untersuchungsverweigerungsrechtes von seinem *sittlichen Empfinden* für richtig und unrichtig leiten läßt. Der Unterschied zwischen aktiver Aussage und nur passiver Duldung körperlicher Eingriffe fällt insofern nicht maßgeblich ins Gewicht. Die Gewissensfrage, ob der Beitrag zur Verurteilung des Angehörigen gerecht oder ungerecht ist, ist jeweils gleich. Ob er in einem Tun oder in einem Tunlassen besteht, kann keine Rolle spielen. In beiden Fällen hat die Legislative durch die Zuerkennung von Weigerungsrechten den ihr durch die Wertung des Art. 4 Abs. 1, Abs. 2 GG erteilten Auftrag erfüllt[11]. Wollte der Staat eine Zeugnis- und Duldungspflicht des Angehörigen erzwingen, würde er in die Freiheit des Gewissens eingreifen, d. h. in einer Situation, in der die Kulturgemeinschaft eine aus dem sittlichen Bewußtsein gewachsene Entscheidung erwartet, über den Rahmen des ordre public hinaus vorschreiben, was diesem sittlichen Empfinden zu entsprechen hat. An dieser Stelle verzahnt sich die Erörterung mit dem Problem der „Stellvertretung im Gewissen". Es entsteht zu Recht die Frage, ob und wie die verbleibende Möglichkeit, die Ausübung der Weigerungsrechte des zur zweckgerechten Selbstbestimmung Unfähigen durch den gesetzlichen Vertreter, die Nachteile des gesetzlichen Zwanges vermeidet.

---

[9] Vgl. *Flume*, Juristentagsfestschrift I, S. 159.

[10] *v. Weber*, MDR 1962, S. 169.

[11] a. A. *v. Weber*, aaO.; wenn der BGH von „einem *allgemeinen* Interesse" daran spricht, daß „der an sich aussagepflichtige Zeuge ohne seine bewußte Zustimmung nicht zur Aussage gegen einen Angehörigen gezwungen wird", so bestätigt das v. Webers These nicht. Es entspricht der hier bereits gewonnenen Erkenntnis, daß der Charakter einer Gewissensentscheidung sich nach dem Kulturbewußtsein, nicht nach dem Empfinden des einzelnen richtet. Wenn v. Weber, aaO., daraus das Interesse des Angehörigen an Nichtgefährdung der Familie macht, so liefert er sich selbst die Grundlage für die Feststellung, die Konsequenz sprenge die Grenzen des Strafantragsrechts, wo im allgemeinen solche Gesichtspunkte behandelt sind.

b) Die Zulässigkeit gesetzlicher Vertretung durch die Eltern

Wir erkannten die Aufgabe des gesetzlichen Vertreters darin, daß er die objektiven Interessen des Kindes wahrzunehmen habe. Insbesondere bestimmten wir die elterliche Erziehungsbefugnis als das Recht, die *ideellen* Interessen des Kindes zu befriedigen und so das Persönlichkeitsbild des Kindes zu formen. Sicher handelt es sich bei der Ausübung von Zeugnis- und Untersuchungsverweigerungsrechten nach der StPO entgegen Bosch[12] nicht um eine Lage, die sich mit der Religionswahl der Eltern für das Kleinkind vergleichen läßt. Letztere stellt in einem so frühen Stadium noch keine stellvertretende Gewissensentscheidung dar. Sie bereitet lediglich auf eine Gewissensentscheidung nach dem Persönlichkeitsbild vor, das den Eltern vorschwebt, ist also Teil der Erziehung. Ebensowenig liefert das zweite von Bosch angeführte Beispiel, die Bestimmung der Eltern über eine lebensgefährliche Operation ihres unmündigen Kindes, einen Anhaltspunkt. Insofern geht es — wenn überhaupt — um eine *eigene* Gewissensentscheidung der Eltern, nicht um eine solche des Kindes, die stellvertretend auszuüben wäre. Dennoch ist Boschs positiver Einstellung zur stellvertretenden Gewissensentscheidung im Ergebnis beizupflichten. Gelingt nämlich den Eltern, die in der Regel gleichzeitig Erzieher und gesetzliche Vertreter sind, die Formung des Unmündigen nach *ihrem* Persönlichkeitsbild — dazu haben sie nach unserer Rechtsordnung das Recht —, dann wird dieser sich später als mündiger Mensch zu der stellvertretend getroffenen Entscheidung bekennen, weil sie einer sittlichen Haltung entstammt, der er sich auf Grund seiner Erziehung ebenfalls verpflichtet fühlt. Dem läßt sich zwar entgegenhalten, daß der Jugendliche heute keineswegs nur durch die Eltern, sondern in zunehmendem Maße von Schule, Arbeitsplatz u. ä. geprägt wird. Doch darf man nicht vergessen, daß Art. 6 Abs. 2 GG den Eltern einen wesentlichen Einfluß auf die Entwicklung ihres Kindes *garantiert*. Wenn die Schule diesen Einfluß zu verdrängen droht, hat der Staat dem durch die Gewähr eines verstärkten elterlichen Mitspracherechts in schulischen Angelegenheiten zu steuern. Außerdem: Selbst wenn man die Aussicht, daß das Persönlichkeitsbild des Kindes dem der Eltern in weitem Umfang entsprechen wird, für gering hält, kann man sie doch jedenfalls nicht ganz beiseiteschieben. Kob bezeichnet es sogar ausdrücklich als falsch zu vermuten, die Schule habe dem Elternhaus seine Erziehungsfunktion geraubt[13]. Solange aber eine Identität der sittlichen Einstellung der Eltern und

---

12 Grundsatzfragen, S. 51.

13 *J. Kob*, Erziehung in Elternhaus und Schule, S. 40 und passim.

derjenigen des später erwachsenen Kindes auch nur in geringem Maße erreicht wird, verdient die Anerkennung einer stellvertretenden Gewissensentscheidung wegen ihrer größeren Rücksichtnahme auf die individuelle Persönlichkeit des Zeugen immer noch den Vorzug vor dem Ausschluß des Weigerungsrechts nach dem Vorschlag Etterichs, der in *keiner* Weise die persönlichen Verhältnisse des unmündigen Zeugen berücksichtigt. Die gesetzliche Vertretung, vor allem durch die Eltern, entspricht somit gerade auch für die Gewissensentscheidung einem Interesse des Kindes und darüber hinaus der verfassungsgesetzlichen Wertung des Art. 6 Abs. 2 GG.

3. Die Ausübung der Weigerungsrechte als Gewissensentscheidung

Die Antwort auf die Frage, ob der Verzicht auf eine typisierte Altersgrenze für die Weigerungsmündigkeit zulässig und geboten ist, haben wir durch die vorstehenden Erörterungen so weit vorbereitet, daß wir sie unmittelbar anschließen können. Die Ausübung des strafprozessualen Weigerungsrechtes des Angehörigen stellt eine Gewissensentscheidung dar, die zwar grundsätzlich unter das in § 1626 Abs. 1 BGB statuierte elterliche Sorgerecht fällt. Da die Erklärung vor dem Gericht allein die Gewissensentscheidung selbst, nicht irgendwelche Hilfsgeschäfte betrifft, verbietet aber die Wertung des Art. 4 Abs. 1 GG, die Mündigkeit zu typisieren. Der Rechtsprechung des BGH ist demnach im Ergebnis zuzustimmen.

III. Der Gewerkschaftsbeitritt Minderjähriger

1. Das Problem

Die Beschäftigung mit dem gegenwärtigen Streitstand hat uns gezeigt, daß die h. M.[1] das Problem mit rein zivilrechtlichen Argumenten angeht und sich verfassungsrechtlichen Gesichtspunkten in der Regel mit dem Satz, Art. 9 Abs. 3 GG berühre die zivilrechtlichen Vorschriften über die Geschäftsfähigkeit nicht, verschließt. Als verfassungsrechtliche Lösung lernten wir die Auffassung Neumanns[2], der sich auf die fehlende Einschränkung der Koalitionsfreiheit durch Gesetzesvorbehalte beruft, sowie die von Schnorr v. Carolsfeld[3], der die Analogie zu § 5 RKEG vorschlägt, kennen. Ergänzt wird die Reihe durch die Darstellung Woltereck[4], die wir im

---

[1] Vgl. § 1 B. III F. N. 40.
[2] Koalitionsfreiheit und Reichsverfassung, S. 74—79.
[3] AR-Blattei vom 25. 1. 65, Stichwort Minderjährige.
[4] In AuR 1965, S. 193—197; vgl. auch oben § 1 A. I 3.

Rahmen der allgemeinen Diskussion der Grundrechtsmündigkeit ausführlich behandelt haben.

2. Die Unfruchtbarkeit der Argumentation aus § 113 BGB

Was die zivilrechtliche Argumentation betrifft, so ist der Ansicht Neumanns beizupflichten, daß die Anwendung des § 113 BGB die Problemlösung nur geringfügig fördert[5]. Die Vorschrift kann eingreifen, wenn der gesetzliche Vertreter den Minderjährigen zur Aufnahme einer Arbeit vorbehaltlos ermächtigt hat und die Absicht des Jugendlichen, sich einer Gewerkschaft anzuschließen, bis nach dem Beitritt unbekannt bleibt. Andernfalls, d. h. wenn der Vorbehalt beigefügt ist, oder der Plan vorzeitig bemerkt wird, versagt § 113 BGB. Er gestattet dem gesetzlichen Vertreter in Abs. 2 ohne weiteres, die Ermächtigung einzuschränken. In jedem Fall kann der gesetzliche Vertreter zum nächsten zulässigen Termin den Austritt des Mündels durchsetzen. Aber abgesehen von dieser Schwäche, befriedigt der Weg über § 113 BGB bereits deshalb nicht, weil er die Norm zu einem ihr fremden Zweck benutzt. Sie will den Rechtsverkehr erleichtern. Die Partner sollen nicht jedesmal prüfen müssen, ob die Einwilligung des gesetzlichen Vertreters vorliegt oder nicht. Der Schutz des Minderjährigen braucht nicht so groß geschrieben zu werden wie gewöhnlich, da der Kreis der betroffenen Geschäfte sachlich begrenzt sowie im großen und ganzen von vornherein überschaubar ist und deshalb vom gesetzlichen Vertreter in groben Zügen schon gewürdigt werden kann, bevor er die Ermächtigung zur Übernahme der Arbeit erteilt. Hier geht es um ein ganz anderes rechtspolitisches Anliegen, nämlich darum, ob die Eltern oder der Minderjährige selbst über den Gewerkschaftsbeitritt befinden[6]. Es wäre im höchsten Maße methodenunehrlich, wollte man eine Lösung im letzteren Sinne praktisch über § 113 BGB erzwingen[7].

---

[5] *Neumann*, aaO., S. 75.

[6] Man sollte über der rechtlichen Diskussion nicht vergessen, daß hier der Gerechtigkeitsidee, der Persönlichkeitsverwirklichung oder auch nur dem Anliegen der Rechtssicherheit durchaus fremde Gruppeninteressen auf dem Spiele stehen. Der Jugendliche ist aufgeschlossener für fortschrittliche Bewegungen, die auf eine Umgestaltung oder wenigstens eine Modifikation der Gesellschaftsordnung mit dem Ziel einer „gerechteren Verteilung des Sozialprodukts" abzielen; die Eltern stehen dem skeptischer gegenüber. Ferner sind die Jugendlichen an ihren Arbeitsplätzen von den Funktionären der Gewerkschaft besser zu erreichen als die Eltern. (Vgl. auch die aufschlußreiche Diskussion über die geplante Herabsetzung des Wahlalters, der die konservativere CDU erheblich größeren Widerstand entgegensetzt als etwa die SPD).

[7] Die wenigsten Eltern werden ihrer Ermächtigung einen ausdrücklichen Gewerkschaftsvorbehalt beifügen. Die Gewerkschaften würden sich darauf

3. Verfassungsrechtliche Stellungnahme

Es kommt also darauf an, ob und wie die verfassungsrechtliche Garantie der Koalitionsfreiheit nach Art. 9 Abs. 3 GG die Koalitionsmündigkeit beeinflußt.

Wir ordneten bei der Untersuchung der Einzelgrundrechte die Koalitionsfreiheit in die Kategorie der institutionell-funktionalen Grundrechte ein. Geschützt ist also nicht die Selbstbestimmung; vielmehr soll eine bestimmte Freiheit institutionalisiert werden, die sich in Anbetracht der herrschenden sozialen Verhältnisse als Vorbedingung sinnvoller Abstinenz des Gesetzgebers im Arbeitsleben darstellt. Die fehlende Funktionsbedingung materialer Selbstbestimmung, nämlich annähernd wirtschaftlich gleiche Macht der Kontrahenten, wird durch die verfassungsrechtlich verankerte Möglichkeit des Zusammenschlusses der Einzelpersonen zu Verbänden ausgeglichen. Ob der Jugendliche selbst über seinen Beitritt zur Koalition bestimmt oder ob seine Eltern dies für ihn tun, ist unter diesem Vorzeichen gleichgültig. Der *Zweck* des Art. 9 Abs. 3 GG, die wirtschaftliche Waffengleichheit der Kontrahenten im Arbeitsleben sicherzustellen, wird in beiden Fällen erreicht oder — wenn sich der Jugendliche bzw. seine Eltern gegen den Koalitionsbeitritt entscheiden — nicht erreicht. Um es pointiert auszudrücken: Die Koalitionsfreiheit gewährleistet den Bestand subsidiärer Fürsorge, indem sie dem Staat verbietet, ein Mittel des einzelnen anzutasten, mit dessen Hilfe er seine sozial bedingte Selbstbestimmungsunfähigkeit zu kompensieren vermag; die Wertung knüpft mithin gerade nicht an die Selbstbestimmungsfähigkeit, sondern an die Fürsorgebedürftigkeit des einzelnen an. Folgerichtig berührt Art. 9 Abs. 3 GG die Koalitions*mündigkeit* des einzelnen nicht. Ebensowenig fordert die allgemeine Selbstbestimmungsgarantie des Art. 2 Abs. 1 GG für den Koalitionsbeitritt eine Modifikation der zivilrechtlichen Mündigkeitsnormen. Wir haben gesehen, daß der Koalitionsbeitritt entgegen Schnorr v. Carolsfeld keineswegs den Charakter einer Gewissensentscheidung hat. Erst recht fehlt ihm die lebensgestaltende Funktion. Er begründet weder rechtlich noch faktisch dauerhafte Bindungen des einzelnen: Das Gewerkschaftsmitglied kann ohne weiteres aus der Gewerkschaft austreten und sein weiteres Leben so gestalten, als ob es niemals einer Gewerkschaft angehört hätte. Es ist also im Ergebnis der h. M. darin beizupflichten, daß *Art und Umfang der Koalitionsmündigkeit ausschließlich nach den Mündigkeitsnormen des einfachen Gesetzes, insbesondere des BGB zu beurteilen sind.*

---

einrichten und eine Kenntnisnahme der Eltern vor dem Beitritt möglichst zu verhindern versuchen. Ein ganz sicher wenig erfreuliches Ergebnis.

In diesem Rahmen kann man zwar mit guten Gründen dafür eintreten, daß § 113 BGB auf den Koalitionsbeitritt angewendet werden muß. Man kann argumentieren, daß der Jugendliche, der nach § 113 BGB im Einzelarbeitsvertrag seinen Lohn selbst zu vereinbaren vermag[8], auch in der Lage sein müsse, mittelbar über den Beitritt zu einer Koalition Einfluß auf die tarifvertragliche Lohnvereinbarung zu nehmen. Doch hindert die Anwendung des § 113 BGB den gesetzlichen Vertreter auf keinen Fall daran, die Befugnis des Mündels zum Koalitionsbeitritt von vornherein auszuschließen oder nach erfolgtem Beitritt den Wiederaustritt zu erzwingen[9]. § 113 BGB ist — wie dargelegt[10] — keine Mündigkeitsnorm; er nimmt den Eltern nicht das Recht, den Jugendlichen zu bevormunden. Die Frage, ob § 113 BGB den Koalitionsbeitritt umfaßt oder nicht, kann deshalb dahingestellt bleiben; sie ist für das Thema „Kindesgrundrechte und elterliche Gewalt" ohne Bedeutung[11].

IV. Die Meinungsfreiheit des Schülers

1. Der Meinungsstand

Zur Meinungsfreiheit des Schülers haben wir die Auffassungen von Hildegard Krüger[1] und Leuschner[2], die annehmen, das Kind werde durch den Eintritt in das Schulverhältnis von der elterlichen Bevormundung emanzipiert, die Ansicht Perschels[3], der im Einzelfall das Elternrecht und das Grundrecht des Schülers aus Art. 5 Abs. 1 GG gegeneinander abwägen will, sowie den Weg Löfflers[4] über die analoge Anwendung der §§ 112, 113 BGB kennengelernt.

2. Kritik der Ansichten Löfflers und Perschels

Unsere allgemeinen Untersuchungen erlauben uns, eine Reihe dieser Möglichkeiten von vornherein auszuscheiden. So haben wir gesehen, daß die §§ 112, 113 BGB die Ermächtigung des gesetzlichen Vertreters

---

[8] *Siebert-Seydel*, § 113, Rdnr. 1.

[9] Vgl. *Siebert-Seydel*, § 113, Rdnr. 4 (allgemein) und oben 2.

[10] Vgl. oben § 1 A. II 3.

[11] Vielfach wird die Frage nach der Anwendbarkeit des § 113 BGB mit der nach einer besonderen verfassungsrechtlichen Koalitionsmündigkeit verquickt, vgl. *Farthmann*, NJW 1963, S. 1982.

[1] FamRZ 1956, S. 332.

[2] Recht der Schülerzeitung, S. 78.

[3] Die Meinungsfreiheit des Schülers, S. 86—90.

[4] NJW 1964, S. 1105—1106.

voraussetzen. Dies zeigt, daß die normative Bedeutung der beiden Vorschriften auf einem ganz anderen Sektor liegt als dem der gegen den Widerstand der Eltern erzwingbaren Selbstbestimmung. Sie gestatten dem gesetzlichen Vertreter, zumal den Eltern, ausnahmsweise[5] aus Zweckmäßigkeitsgründen, die auch das wohlverstandene Interesse des Mündels im Auge haben, einen begrenzten Generalkonsens und entlassen sie aus der Verantwortung. Jedenfalls aber *brauchen* die Eltern die Ermächtigung *nicht* zu erteilen, solange ihre Beweggründe am Kindeswohl ausgerichtet sind. Der Unterschied zum Schulverhältnis ist deutlich: Hier würde den Eltern nach der Lösung Löfflers nicht der Verzicht auf die spezielle Fremdbestimmung *erlaubt*, sondern angesichts der Schulpflicht von Staats wegen *aufgezwungen*. Auf eine solche Normsituation beziehen sich die §§ 112, 113 BGB nicht, so daß die erforderliche Analogiebasis fehlt. Der Vorschlag Perschels scheitert, weil es das vorausgesetzte antithetische Verhältnis von Elternrecht und Kindesgrundrechten nicht gibt.

3. Kritik der Ansichten Hildegard Krügers und Leuschners

Wie sieht es aber mit der These Hildegard Krügers und Leuschners aus? Unsere bisherigen Bemühungen haben ausschließlich dem Verhältnis von Eltern und Kind gegolten. Mit der Frage, ob und wie die Rechte des Jugendlichen durch den Eintritt in ein besonderes Gewaltverhältnis verändert werden, haben wir uns ausdrücklich noch nicht beschäftigt.

Sicher ist freilich, daß der allgemeine Satz Hildegard Krügers, im Rahmen eines besonderen Pflichtenkreises seien die Jugendlichen der elterlichen Gewalt entzogen und grundrechtsmündig, in dieser Form nicht zutrifft. Insbesondere finden wir weder eine verfassungs- noch eine einfach-gesetzliche Wertung, die eine solche Ansicht unterstützt. Erneut ist zu betonen, daß § 113 BGB keine Selbstbestimmung zu begründen vermag, weil die Ermächtigung zur Arbeitsaufnahme nach wie

[5] Die weitgehende Anerkennung des Generalkonsenses heute (vgl. *v. Staudinger-Coing*, § 107, Rdnr. 3) zeigt in rechtssoziologisch interessanter Weise, daß man sich der Wandlungen der Sozialstruktur durchaus bewußt ist. Der Generalkonsens, die Fiktion von bestimmten Einwilligungen, dient als Eselsbrücke, entgegen dem Sinn des Gesetzes, aber unter Beachtung seines Buchstabens den geänderten Verhältnissen und Anschauungen i. S. einer praktischen Selbstbestimmung des Jugendlichen Rechnung zu tragen. Daß die Zuständigkeit des gesetzlichen Vertreters theoretisch bestehen bleibt, wirkt sich praktisch so gut wie gar nicht aus. Wie sollen die Eltern etwa für den auswärts lebenden minderjährigen Studenten Alltagsentscheidungen treffen? Infolgedessen ist auch der von *Coing*, aaO., betonte Unterschied des normalen Generalkonsenses zu den §§ 112, 113 BGB mehr formaler Natur; §§ 112, 113 BGB fordern Selbstbestimmung aus sachlogischen Erwägungen heraus, die sich bei ähnlicher Lage auch sonst praktisch nicht übergehen lassen.

vor der Disposition der Eltern unterliegt, die grundsätzlich ihre Grenze erst in § 1666 BGB findet. Unter dem Gesichtspunkt Mündigkeit i. S. von Selbstbestimmungsfähigkeit beschreibt die Norm somit lediglich den normalen Zustand im Eltern-Kind-Verhältnis. Ebensowenig hilft § 1707 Abs. 1 S. 2 BGB. Hildegard Krüger weist selbst darauf hin, daß das Pflege- und Erziehungsrecht der unehelichen Mutter höchstpersönlichen Charakter habe[6]. „Höchstpersönlich" bedeutet hier, daß der *Zweck* des Rechts die Fremdausübung nicht zuläßt. Es soll ausschließlich dem natürlichen Verhältnis der Mutter zu ihrem Kind gerecht werden. Deshalb kommt eine Ausübung des Rechts der minderjährigen Mutter aus § 1707 BGB durch ihre Eltern nicht in Frage. Wir begegnen also einem Sachverhalt, der von vornherein aus dem Problembereich des Eltern-Kind-Verhältnisses ausgeklammert ist. Wieder eine andere Normsituation betrifft § 19 Abs. 5 Wehrpflichtgesetz. Die Vorschrift fußt im wesentlichen auf Zweckmäßigkeitserwägungen. Da der Soldat mit Antritt des Wehrdienstes regelmäßig ganz aus dem Elternhaus ausscheidet, den Eltern mithin der Einblick in die näheren Zusammenhänge der Sachverhalte und die möglichen Folgen einer Entschließung versperrt ist, erscheint es sachgerechter, dem Minderjährigen selbst die Entscheidung in Fragen seines Dienstverhältnisses zu überlassen[7]. Die Konsequenz wird erleichtert dadurch, daß der Wehrpflichtige mindestens 18 Jahre alt ist und deshalb normalerweise die Reife besitzt, die Tragweite seiner Schritte einigermaßen vernünftig zu beurteilen. Keine dieser Wertungsgrundlagen finden wir im Schulverhältnis wieder: Die Eltern behalten durchaus den Kontakt zu ihrem Kind; regelmäßig kommt es ja jeden Tag nach Hause. Über die Elternpflegschaften lernen sie die inneren Schulbedingungen sowie die Lehrer kennen usw. Schließlich ist ein Schüler zwischen 6 und 19 Jahre alt; es fehlt daher die Gewißheit, es mit einem halbwegs einsichts- und urteilsfähigen Menschen zu tun zu haben, wie wir sie als ausschlaggebenden Faktor für § 19 Abs. 5 Wehrpflichtgesetz entdeckten. Erst recht können wir nicht jede Grundrechtsausübung im Schulbereich in die Kategorie der von ihrem Sinn her höchstpersönlichen Verhaltensentscheidungen einreihen[8].

Durchaus sachlich begründet erscheint dagegen auf den ersten Blick die spezifisch auf die Schule bezogene Rechtfertigung Leuschners für die Emanzipationsthese. „Im Schulbereich" sei „die Erziehungsaufgabe auf die staatliche Gemeinschaft übergegangen". In diesem Teilbereich der Gesamterziehung seien „die Eltern ausgeschaltet". In ihrer Sphäre

---

6 FamRZ 1956, S. 332.

7 Vgl. die verwandte Diskussion zu der Frage, ob die minderjährige Ehefrau — wie etwa in der Schweiz — mündig sein soll.

8 In dem Aufsatzbeispiel *Hildegard Krügers* ginge dies allerdings.

sei „die Schule für die Erziehung allein verantwortlich". Daraus folge, „daß die Eltern die Meinungsfreiheit ihrer Kinder im Schulbereich nicht beschneiden dürften"[9]. Die aus dieser Überlegung abgeleitete These, im Schulverhältnis seien „die Jugendlichen hinsichtlich der Meinungsfreiheit grundrechtsmündig", stimmt allerdings bedenklich. Denn der Gedanke besagt doch nur, daß die zur Fremdbestimmung berufene Instanz in gewissem Umfang gewechselt hat. Daß die Fremd- durch Selbstbestimmung abgelöst sein soll, läßt sich ihm nicht entnehmen. In diesem Sinne schreibt Stree zutreffend, der Staat müsse, soweit er „anstelle der Eltern Erziehungsmaßnahmen treffen kann... infolgedessen gleichfalls berechtigt sein zu bestimmen, wie der Minderjährige seine Grundrechte auszuüben hat"[10].

4. Der eigene Standpunkt

Die eigene Stellungnahme knüpft an die im allgemeinen Teil der Untersuchung gewonnenen Erkenntnisse an.

a) Die fehlende Meinungsmündigkeit des Jugendlichen

Die Interpretation des Art. 5 Abs. 1 GG kann danach entweder individuell-personal oder institutionell-funktional ausfallen. Betrachten wir das Grundrecht als Selbstbestimmungsgarantie, so steht es dem Kind noch nicht zu, weil die als Funktionsbedingung erforderliche intellektuelle und sittliche Reife fehlt. Dies ergibt die systematisch-teleologische Auslegung; Art. 1 Abs. 1 GG als oberster Verfassungsrechtssatz postuliert insoweit das Gegenteil von Selbstbestimmung, nämlich erziehende und fürsorgende Fremdbestimmung. Auch § 1626 Abs. 1 BGB, der die Selbstbestimmungsfähigkeit auf das 21. Lebensjahr festlegt, wird, von den de lege ferenda angemeldeten Einwänden abgesehen, durch den Gesetzesvorbehalt des Art. 5 Abs. 2 GG ausreichend legitimiert. Die Ausnahme bei Gewissens- und lebensgestaltenden Entscheidungen greift hier nicht ein. Zwar kann eine Meinungsäußerung im Einzelfall zu einer Gewissens- oder zu einer lebensgestaltenden Entscheidung werden. Die alltäglichen Meinungsäußerungen, insbesondere diejenigen des Schülers in der Schule und in Schülerzeitungen sind jedoch keine solchen Fälle. Sehen wir Art. 5 Abs. 1 GG institutionell, dann folgt die Beschränkung auf den Einsichts- und Urteilsfähigen zwar nicht schon aus allgemeinen Erwägungen. Es sind durchaus Freiheiten denkbar, die in der Zuordnung an Unmündige ihre

---

[9] Recht der Schülerzeitung, S. 78.

[10] Deliktsfolgen und Grundgesetz, S. 199.

Funktion zu erfüllen vermögen. So muß z. B. die Koalitionsfreiheit als Mittel, die mangelnde Fähigkeit materialer Selbstbestimmung auszugleichen, auch dem geistig zurückgebliebenen 14jährigen Hilfsarbeiter zur Verfügung stehen. Denn er ist genauso wie die anderen *wirtschaftlich* zu schwach, um sich — selbst mit Hilfe seines gesetzlichen Vertreters — gegen einen Arbeitgeber, der seine Überlegenheit ausnutzt, durchzusetzen, und braucht daher den Schutz des Verbandes[11]. Meinungsäußerungs- und Informationsfreiheit sollen hingegen, von ihrer sozialen Funktion her betrachtet, eine *intellektuelle* Unterlegenheit bei Selbst- und Mitbestimmung verhindern. Weil ich ohne die Möglichkeit des Meinungsaustauschs und der freien Information meine Verhältnisse sowie Qualität und Ziele der Parlamentskandidaten nicht richtig beurteilen und demzufolge auch nicht sinnvoll entscheiden bzw. wählen kann, muß mir insoweit Freiheit gewährleistet werden. Solange ich jedoch noch gar nicht selbst- und mitbestimmen darf, benötige ich derartig institutionalisierte Freiheiten nicht. Sie erfüllen ihre Aufgabe allein beim Selbst- und Mitbestimmungsfähigen und sind daher wie die Selbstbestimmungsgarantie ausschließlich diesen zugeordnet.

b) Die praktischen Schwierigkeiten der Gegenansicht

Gegenüber der entgegengesetzten Ansicht Leuschners[12] haben wir bereits eingewandt[13], daß sie den Selbstbestimmungs- und den Erziehungsanspruch in unzulässiger Weise vermengt. Wir sahen, daß eine material an der Erziehung gerechtfertigte Meinungsfreiheit[14] nicht eine Schranke für diese errichten kann. Ausdrücke wie „Güterabwägung", „Verhältnismäßigkeit", „Schranke" knüpfen an die *Kollision* zweier Werte an, die unabhängig voneinander ihren Platz in der Wertrangordnung behaupten. Wer den Wert der Meinungsfreiheit erst aus der Erziehung ableitet, um ihn dann als Gegenpol zum Erziehungswert zu benutzen, vollzieht einen unzulässigen Zirkelschluß. Er übersieht, daß in Wirklichkeit ausschließlich der Erziehungsanspruch zur Debatte steht. Gewiß beeinflußt die Entscheidung des Grundgesetzes für die Anerkennung der sittlich autonomen Persönlichkeit und für die Demo-

[11] Daß der Arbeitnehmer im allgemeinen ohne Rücksicht auf seine Gewerkschaftszugehörigkeit an den Früchten der gewerkschaftlichen Tätigkeit, insbesondere an den Mindestarbeitsbedingungen des Tarifvertrages, teilhat, ändert daran nichts. Es bleiben vielfache Vergünstigungen, wie etwa der Rechtsbeistand vor dem Arbeitsgericht u. ä.

[12] Vgl. Recht der Schülerzeitung, S. 77.

[13] Vgl. oben § 2 A. I 2 b.

[14] *Leuschner*, aaO.: „Für die Erziehung zur Verantwortung ist die Meinungsfreiheit entscheidend wichtig."

kratie den Inhalt des Erziehungszieles: Der Jugendliche soll kein gehorsamer Untertan, sondern ein verantwortungsbewußter Mitgestalter der Gemeinschaft werden. Entsprechend sind die staatlichen Erziehungsstellen, für die — anders als für die Eltern[15] — die verfassungsrechtliche Autonomieanordnung des Art. 6 Abs. 1, Abs. 2 GG nicht streitet, mittelbar verfassungsrechtlich gebunden. Der staatliche Erzieher, der sich darüber hinwegsetzt, verletzt aber nicht das Freiheitsrecht des Jugendlichen, sondern dessen Anspruch auf „Erziehung zur leiblichen, seelischen und gesellschaftlichen Tüchtigkeit" nach § 1 Abs. 1 JWG.

Aber davon abgesehen, befriedigen auch die praktischen Ergebnisse Leuschners nicht. Er meint, der Schüler dürfe sich im Wege der Anfechtungsklage vor dem Verwaltungsgericht gegen alle Maßnahmen wehren, die in seine Grundrechte eingreifen, gleichgültig, ob — gemäß der Differenzierung der h. M.[16] — das Grund- oder das Betriebsverhältnis berührt sei. In diesen Fällen handele es sich „nicht mehr ausschließlich um Weisungen des internen Schulbetriebs, sondern damit" sei „gleichzeitig das persönliche Rechtsverhältnis des Schülers zur Schule betroffen"[17]. Eine solche Konsequenz ist folgerichtig, wenn man dem Schüler überhaupt Meinungsfreiheit und andere Verhaltensfreiheiten im Schulbereich zuerkennt. Denn ohne prozessualen Schutz bleibt die materielle Rechtsinhaberschaft ohne praktischen Wert. Von dieser Konzeption her läßt sich aber kaum eine Maßnahme aus dem Rechtsschutz ausklammern. Jede Anordnung, gleich welcher Art, greift ja zumindest in die allgemeine Handlungsfreiheit des Schülers ein, wenn wir diese — wie Leuschner es tut — jedermann zugestehen. Die Anordnung, zur Tafel zu gehen, eine Arbeit zu schreiben, einen Handstand vorzuführen, wären Grundrechtseingriffe. Es ist unrichtig, wenn Perschel behauptet, bei weitem nicht alle Vorgänge im Betriebsverhältnis bezögen sich auf die dem Jugendlichen zugeordneten[18] Grundrechte[19]. Nach der hier vertretenen Ansicht tauchen die Schwierigkeiten

---

[15] Diesen Unterschied zwischen elterlichen und staatlichen Erziehern verkennt *Kuhn*, Grundrechte, S. 89, völlig. Die Eltern sind nach Art. 6 Abs. 1, Abs. 2 GG, nicht an fremdgesetzte Erziehungsbilder gebunden. Die Grenze bilden allein der ordre public sowie die Menschenwürde des Kindes, wozu auch die Vermittlung der Fähigkeit zu menschenwürdigem Verhalten im sozialen Leben zählt.

[16] Nach dem Vorbild *Ules* (VVDStRL H. 15, S. 151) unterscheidet die h. M. zwischen die Persönlichkeit als solche betreffenden Maßnahmen (Grundverhältnis) und betriebsinternen (Betriebsverhältnis). Erstere sind verwaltungsgerichtlich anfechtbar, letztere nicht.

[17] Recht der Schülerzeitung, S. 109/110.

[18] Meinungsfreiheit des Schülers, S. 80 ff.

[19] aaO., S. 92; das von *Perschel* und *Leuschner* herangezogene Zitat von *Forsthoff*, Verwaltungsrecht I, S. 373, Fußnote 2, betrifft die ganz andere

nicht auf. Die Grundrechte beschränken sich auf das Recht auf Gleichbehandlung (Art. 3 Abs. 1 GG), das durch den Schulzweck auf die Abwehr gravierender Willkür beschränkt wird und deshalb im wesentlichen die bisher von der Rechtsprechung als anfechtbare Verwaltungsakte anerkannten Vorgänge erfaßt[20]. Hinzu kommen die Rechte der Eltern, sich gegen Übergriffe der Schulerziehung in ihre eigene Erziehungsdomäne zu wehren[21].

5. Zusammenfassung

Zusammenfassend können wir demnach feststellen: Der erziehungsbedürftige Schüler hat kein Grundrecht auf Meinungsfreiheit. Wohl gibt ihm sein Erziehungsanspruch ein Recht auf beaufsichtigte „übende" freie Meinungsäußerung, das sich der Schule gegenüber aus dem Gedanken der Erziehung zum verantwortungsbewußten Glied der Gemeinschaft und zum Demokraten materiell zu erheblicher Tragweite verstärkt. Die prozessualrechtliche Durchsetzung bestimmt sich nach den allgemeinen Grundsätzen des Rechtsschutzes im besonderen Gewaltverhältnis.

V. Das Aufenthaltsbestimmungsrecht in der DDR lebender Eltern gegenüber ihren Kindern in der BRD

1. Die Argumentation von Säcker-Reuter

In einem Beitrag zu diesem Thema haben Säcker und der Verfasser dieser Arbeit[1] im wesentlichen zwei Thesen vertreten: Einmal sollen die §§ 5, 6 RKEG die Selbstbestimmungsfähigkeit im religiös-weltanschaulichen Bereich verbindlich festlegen, und zwar einschließlich sämtlicher insofern auftauchender Nebenfragen. Falls ein 14jähriges und älteres Kind sich „aus weltanschaulichen Gründen weigern sollte, in die DDR zu seinen Eltern zu gehen", so sei dieser Wille, „wenn er ehrlich und ernsthaft ist, zu respektieren, sofern in der DDR die Freiheit der weltanschaulichen Betätigung entgegen Art. 41 Abs. 1 der

---

Frage, wie weit die Erziehungsbefugnis der Schule reicht. Die Konkurrenz entsteht insoweit zu den Eltern, nicht zu den Schülern.

[20] Der Schüler wendet sich ja niemals gegen die Nichtversetzung, sondern gegen die (angebliche) Willkür, die in der Nichtversetzung liegt.

[21] Im übrigen braucht der Schüler m. E. auch keinen Rechtsschutz. Ein unrichtiger Klassenbucheintrag tut ihm nicht weh. Erst wenn dieser in eine Belastung des Status umschlägt (z. B. Verweisung von der Schule), wird er relevant und fordert im Rahmen dessen eine gerichtliche Nachprüfung. a. A. *Perschel*, aaO., S. 92, Anm. 6.

[1] NJW 1965, S. 2037—2041.

Verfassung in der Verfassungswirklichkeit beseitigt oder nur unter Inkaufnahme großer gesellschaftlicher und wirtschaftlicher Nachteile" möglich sei[2]. Zum anderen soll Art. 2 Abs. 1 GG grundsätzlich eine Sperre gegen solche Maßnahmen des gesetzlichen Vertreters errichten, die Dauerfolgen nach sich ziehen und deshalb das Kind auch dann noch binden, wenn es selbstbestimmungsfähig und volljährig geworden ist. Das gelte vor allem dann, wenn es sich — wie bei der Wahl des Aufenthaltes in der BRD oder in der DDR — um eine Entscheidung aus dem „Kernbereich des Grundrechts auf freie Entfaltung der Persönlichkeit" handele. Führe allerdings, wie dies für in der DDR wohnende Eltern im Verhältnis zu ihren Kindern in der BRD der Fall sei, die strikte Beachtung des Grundsatzes zum Ausschluß der elterlichen Gewalt und zur Substitution mittels dritter Erzieher, so werde „der Schutzbereich des Art. 6 Abs. 2 GG tangiert"[3]. Infolgedessen müsse eine am Einzelfall orientierte Güterabwägung stattfinden, bei der das Alter des Kindes sowie die Dauer seiner Abwesenheit von den Eltern eine ausschlaggebende Rolle spielten[4].

2. Die Bedeutung der weltanschaulichen Motivation

Im ersten Teil ist dem Hinweis auf die §§ 5, 6 RKEG nach den Ergebnissen unserer allgemeinen Untersuchung zunächst deshalb zu widersprechen, weil die §§ 5, 6 RKEG in verfassungskonformer Sicht nurmehr als Vermutung wirken; materiellrechtlich kommt es allein auf die individuelle und konkrete Urteils- und Einsichtsfähigkeit an. Den Haupteinwand ruft jedoch ein anderer Punkt auf den Plan, nämlich der Versuch, § 5 RKEG über die *ihrer Natur nach* weltanschauliche Entschließung hinaus auf die weltanschaulich *motivierte* Entscheidung zu beziehen.

a) nach der herkömmlichen Interpretation des § 5 RKEG

In der bisherigen Interpretation der Vorschrift findet der Gedanke keine Stütze. Zwar besteht Streit über die Reichweite der Selbstbestimmungsgarantie. Während der BGH[5] sowohl die Bekenntniswahl als auch die Religionsausübung vom 14. Lebensjahr an dem Jugendlichen zuordnet, beschränkt das Bundesverwaltungsgericht[6] die Selbst-

[2] aaO., S. 2039.
[3] aaO., S. 2040.
[4] aaO., S. 2041.
[5] BGHZ 21/351—353.
[6] BVerwGE 15/134 ff.

bestimmung auf die Grundfrage des eigentlichen Bekenntniswechsels und unterwirft die Religionsausübung weiterhin der elterlichen Bevormundung. Doch bezieht sich selbst die Ansicht des BGH nicht auf irgendwelche Verhaltensweisen, die den religiösen Bezug aus der *Motivation* des Jugendlichen empfangen; vielmehr geht es in den Urteilen um die Teilnahme am Religionsunterricht, also um eine Entscheidung, die wiederum *ihrer Natur nach*, d. h. unabhängig von den Motiven, als eine Art und Weise des Bekenntnisses anzusprechen ist.

b) nach der objektiv-teleologischen Interpretation des § 5 RKEG

Aber auch die objektiv-teleologische Auslegung[7], die von den Vorstellungen des historischen Gesetzgebers losgelöste Beurteilung aus dem objektiven Sinnzusammenhang des Gesetzes und darüber hinaus der Gesamtrechtsordnung[8], hilft nicht weiter. Wir haben schon erkannt, daß es nach Art. 4 GG, von dem Ausnahmefall des Art. 4 Abs. 3 GG abgesehen, genausowenig wie in § 5 RKEG auf die subjektive Gewissensentscheidung ankommt, sondern daß das Urteil der Kulturgemeinschaft darüber entscheidet, ob eine Gewissensentscheidung vorliegt oder nicht[9]. Demgemäß müßte also die Aufenthaltswahl in der BRD oder in der DDR, um unter Art. 4 Abs. 1 GG fallen zu können, bereits ohne Rücksicht auf das wirkliche Vorliegen eines Gewissenskonfliktes Gewissensentscheidung sein. Dagegen spricht aber eindeutig der soziologische Befund. Nach dem allgemeinen Empfinden ist der Wohnsitzwechsel von der BRD in die DDR weit eher ein politischer als ein weltanschaulicher Entschluß. Wer freiwillig in die DDR geht, braucht kein überzeugter Kommunist oder auch nur ein gleichgültiger Christ zu sein. Schon eine geringe Vermutung in dieser Hinsicht dürfte mit den Realitäten in Widerspruch geraten.

3. Der Wechsel von der BRD in die DDR als lebensgestaltende Entscheidung

Es fragt sich jedoch, ob uns nicht der zweite Weg, nämlich der über den Kernbereich des Art. 2 Abs. 1 GG, weiterführt. Wir haben oben aus den verfassungsrechtlichen Selbstbestimmungsgarantien nach Art. 2 Abs. 1, 4 Abs. 1 und Abs. 2, 12 Abs. 1 GG Kriterien herausgearbeitet,

---

[7] *Säcker-Reuter*, NJW 1965, S. 2039.

[8] Vgl. zuletzt *Westermann-Lepsien* in NJW 1966, S. 433.

[9] Die von *Säcker-Reuter* (NJW 1965, S. 2039, FN 18) vorgeschlagene Analogie zu Art. 4 Abs. 3 GG erscheint nicht gangbar. Das Abstellen auf die Motive enthält ein derartiges Element der Unsicherheit, daß wir dem Verfassunggeber insoweit den Willen zu einer *Sonderregelung* unterstellen müssen, die als solche nicht analogiefähig ist.

die uns erlaubten, den Kernbereich des allgemeinen Selbstbestimmungsrechts präziser als den Bereich der Gewissens- und lebensgestaltenden Entscheidungen zu kennzeichnen. Auch wenn man — wie in dieser Arbeit geschehen — Gewissensentscheidungen nichtweltanschaulicher Art anerkennt, kommt zwar eine Gewissensentscheidung hier kaum in Betracht. Der Wechsel von der BRD in die DDR oder umgekehrt ist keine Frage, bei der die Kulturgemeinschaft den maßgeblichen Einfluß von wirtschaftlich und allgemein materiell orientierten Überlegungen mißbilligt. Es dürfte sogar so sein, daß der größere Teil der Sowjetzonenflüchtlinge sich von der Aussicht auf größeren materiellen Wohlstand und nicht von einem sittlich geprägten Werturteil z. B. über den rechtsstaatlichen Charakter der DDR hat leiten lassen. Gewiß mag es einige Leute geben, die es nicht mit ihrem Gewissen vereinbaren konnten, weiter Angehörige eines Gemeinwesens zu sein, das vielfach weltanschaulichen Druck ausübt, seinen Bürgern die Ausreise in andere Länder verbietet, keine freie Presse duldet usf. Für das Gros der Flüchtlinge waren solche Beweggründe ganz sicher nicht ausschlaggebend. Wohl ist m. E. in dem Wechsel von der DDR in die BRD eine lebensgestaltende Entscheidung zu sehen.

Diese These gründet sich einmal darauf, daß sich auch das Leben eines Normalbürgers in der DDR nicht unerheblich von dem eines Normalbürgers der BRD unterscheidet. Ohne daß dazu ein Werturteil in der einen oder anderen Hinsicht gefällt zu werden braucht, läßt sich der Unterschied unschwer beschreiben:

In der BRD ist das politische Leben nur einer von vielen Faktoren, die das Dasein des einzelnen bestimmen. Das Gemeinwesen begnügt sich mit dem freiwilligen Entschluß politisch Interessierter, sich für die Aufgaben der Gemeinschaft, insbesondere auch für die rein politischen Aufgaben zur Verfügung zu stellen. Es beläßt und sichert dem einzelnen sogar einen weiten Bereich, in dem er ausschließlich als Privatperson leben kann, und gestaltet die gesellschaftlichen Institutionen in einer Weise aus, die ein weitreichendes Maß an Heterogenität der Meinungen und Verhaltensweisen zuläßt. Praktisch besagt dies, daß etwa die Familie frei von staatlichem Einfluß bleibt, das Verfügungsrecht des einzelnen über seine sog. Freizeit anerkannt wird, es dem individuellen Arbeitnehmer überlassen ist, welche Leistungen er erbringt und welchen Lohn er infolgedessen erhält, und der junge Mann selbst entscheidet, ob er sich in seinem Beruf weiterbildet oder nicht. Die staatliche und allgemein-politische Propaganda ist auf den Bereich der Politik im engeren Sinne beschränkt; es bestehen nur wenige Normen sozialer Art, die für bestimmte Situationen im voraus festgelegte Verhaltensmuster vorschreiben.

In der DDR dagegen ist der Anspruch der Gemeinschaft, insbesondere des Politischen, nahezu total: Der Sportler darf nicht zu seinem Vergnügen oder um des persönlichen Ansehens willen laufen, sondern muß dies für den Sieg des Sozialismus tun. Die Eltern haben ihre Kinder nicht nach ihrem eigenen Persönlichkeitsbild, sondern zu „aktiven Erbauern des Sozialismus“[10] zu erziehen. Nicht der persönliche Ehrgeiz und das persönliche Bedürfnis nach besserer Entlohnung beeinflußt und reguliert die Leistung des Berufstätigen, sondern ein vorgegebenes Plansoll, das es zu erfüllen gilt. Dem entspricht, daß der Staat — sei es unmittelbar, sei es mittelbar durch die Staatspartei (SED) — in starkem Maße auf den einzelnen einwirkt. Eine Vielzahl von Verbänden, in die der einzelne mehr oder weniger zwangsintegriert ist, füllt die „Freizeit“ mit Veranstaltungen aus, die zumindest auch politischer Natur sind. So gibt es Häusergemeinschaften, die regelmäßige politische Diskussions- und Schulungsabende abhalten. Das private Verhalten des Menschen wird überwacht und durch soziale Sanktionen geahndet, falls es für ein Mitglied der „sozialistischen Gesellschaft“ zu wenig „verantwortungsbewußt“ ist[11]. Der berufliche Aufstieg hängt, gleichgültig, ob der Betreffende im Staatsdienst oder in wirtschaftlichen Betrieben tätig ist, nicht nur von der fachlichen Leistung, sondern maßgeblich von der politischen Linientreue ab. Selbstverständlich läßt sich de facto in manchen Beziehungen des bundesdeutschen Gesellschaftslebens der Einfluß weltanschaulicher und politischer Einstellung ebenfalls nicht leugnen. Doch ist diese Tendenz nicht Programm, sondern wird als Fehler empfunden und bekämpft. Es soll, wie gesagt, an dieser Stelle nicht entschieden werden, ob die Gesellschafts- und Staatsverfassung der BRD oder die der DDR den Vorzug verdient. Für unsere Zwecke genügt es festzustellen, daß sie verschieden sind, und zwar in einem Maße, das ein grundlegend unterschiedliches Klima der Lebensbedingungen des einzelnen Menschen erzeugt.

Dieser Unterschied macht den Wechsel von der BRD in die DDR deshalb zu einer lebensgestaltenden Entscheidung, weil angesichts der gegenwärtigen politischen Verhältnisse, deren Änderung nicht abzusehen ist, eine Rückkehr so gut wie ganz ausgeschlossen ist: Die Republikflucht ist rechtlich mit Strafe bedroht. Umfangreiche Sicherungsmaßnahmen verleihen dem den nötigen tatsächlichen Nachdruck. Mit dem Wechsel in die DDR ändert der Betreffende also nicht lediglich

---

[10] § 3 Abs. 1 des Familiengesetzes der DDR vom 3. Januar 1966 (Gesetzblatt Teil I Nr. 1, S. 2); vgl. auch Art. 30 Abs. 1 der Verfassung der DDR und *Mampel*, Verfassung der SBZ, S. 27.

[11] Vgl. § 1 Abs. 2 des Familiengesetzes der DDR. Die Bedeutung der gelenkten Diskussion mit Zwangsbeteiligung in der DDR hat vor allem *Dahrendorf*, Gesellschaft und Demokratie in Deutschland, S. 455, eindrucksvoll dargestellt.

seinen Wohnsitz. Er trifft vielmehr eine Entscheidung, die sein weiteres Leben maßgeblich beeinflußt. Dieser Einfluß ist gewiß anders als derjenige, den die Wahl eines bestimmten Berufes nach sich zieht; er ist jedoch, was hier entscheidend ist, im allgemeinen nicht geringer. Der Selbstbestimmungsanspruch des einsichts- und urteilsfähigen Jugendlichen verlangt daher, ihm selbst die Entscheidung darüber zuzugestehen, ob er in der BRD bleibt oder in die DDR geht.

Soweit die Eltern in der DDR leben und ihr Kind zu sich zurückholen wollen, bleibt freilich das Bedenken, daß durch eine Entscheidung des einsichtsfähigen Kindes für das Leben in der BRD die elterliche Gewalt generell beeinträchtigt wird. Wenn der Minderjährige in der BRD wohnt, können die Eltern in der DDR seine Entwicklung bereits aus tatsächlichen Gründen nicht mehr in vollem Umfang beeinflussen. Gewiß ist das Elternrecht nach unserer Ansicht grundsätzlich durch kollidierende legitime Bestrebungen der Kindespersönlichkeit begrenzt; ein *Recht* besteht nur gegenüber dem Staat und Dritten. Doch wirkt sich dieses Recht auch gegenüber dem Kind aus, sobald das der Fremdbestimmung durch die Eltern entgegenstehende Kindesinteresse die Fremdbestimmung durch Dritte erforderlich macht. Sonst wäre es z. B. möglich, reichen Leuten die Kinder armer Eltern mit der Begründung zuzuweisen, das Kindesinteresse hinsichtlich Nahrung, Kleidung und Berufsausbildung sei so besser zu verwirklichen. Gerade dem will Art. 6 Abs. 2 GG vorbeugen[12]. Der Einwand liefert indes praktisch nur scheinbar ein tragfähiges Gegenargument. Die Eltern können heute vielfach wegen zu großer räumlicher Entfernungen nicht mehr unmittelbar auf ihren Sohn oder ihre Tochter einwirken. Einem Studenten von 19 Jahren, der in einer 600 km entfernten Großstadt studiert, können die Eltern lediglich Ermahnungen schreiben, die Höhe des Monatswechsels an erzieherischen Gesichtspunkten ausrichten usf. An solchen Maßnahmen sind auch die Eltern in der DDR nicht gehindert. Allerdings kommt hinzu, daß u. U. ein Dritter bis zur Volljährigkeit von Zeit zu Zeit als Ergänzungspfleger fungieren muß. Wirklichen Einfluß übt dieser jedoch, sachgerechte Wahrnehmung des Amtes unterstellt, nicht mehr aus. Die Persönlichkeitsbildung des Jugendlichen ist ganz oder wenigstens zum allergrößten Teil abgeschlossen; jeder Versuch des Pflegers, eigene Persönlichkeitsvorstellungen gegen den Widerstand des Mündels durchzudrücken, stellt sich als Angriff auf dessen Personwert und demzufolge als „pflichtwidrig“ i. S. des § 1837 Abs. 1 BGB dar. Die noch denkbare Bevormundung in außerpersönlichen Fragen, etwa in bezug auf die Vermögensverwaltung, hält der Überprüfung nach Art. 6 Abs. 2 GG stand: Insofern geben nicht sub-

---

[12] *Peters*, BNS IV 1, S. 388.

jektiv-persönliche, sondern objektive Kriterien den Ausschlag. Das Recht der Eltern nach Art. 6 Abs. 2 GG wird nicht verletzt, weil es gar nicht mehr um die Einflußnahme auf das jugendliche Persönlichkeitsbild geht[13].

4. § 1666 BGB als Maßstab für die Rechtmäßigkeit der Aufenthaltsbestimmung gegenüber (noch) Selbstbestimmungsunfähigen

Läßt sich aber auf Grund der Überlegung, daß der Wechsel von der BRD in die DDR eine lebensgestaltende Entscheidung ist, auch die *spätere* Selbstbestimmung des aktuell noch unmündigen Kindes schützen, wie Säcker-Reuter es vorschlagen?

a) Der Ansatz bei Müller-Freienfels

Dafür spricht an sich die Auffassung von Müller-Freienfels, der „auf dem Boden des geltenden Rechts" meint, „daß die Eltern nur so weit über die Mündigkeit hinaus Bindungen des Kindes zu begründen ermächtigt sind, als sachlich die langfristige Bindung vom Mündelinteresse her gerechtfertigt ist"[14]. Zwar erscheint dieser Gedanke für Rechtsgeschäfte etwas bedenklich, weil das Gesetz hier eine typisierte Regelung vorsieht, der Art. 2 Abs. 1 GG grundsätzlich nicht entgegensteht. Immerhin könnte man daran denken, hier diese *sachliche* Typisierung[15] mit Hilfe des für die lebensgestaltenden Entscheidungen geltenden verfassungsrechtlichen Typisierungsverbotes zu durchbrechen. Wir könnten dann die Formel von Müller-Freienfels sinngemäß auf das Aufenthaltsbestimmungsrecht in der DDR wohnender Eltern gegenüber ihren in der BRD lebenden Kindern anwenden. Da dem Kind durch den Wechsel in die DDR praktisch auch die Möglichkeit einer Rückkehr in die BRD nach Eintritt der Mündigkeit versperrt wird, wäre das elterliche Aufenthaltsbestimmungsrecht in dieser Hinsicht grundsätzlich eingeschränkt. Nur wenn das aktuelle Kindeswohl es *unbedingt* verlangte, hätten die Eltern das Recht, ihr Kind zu sich in die DDR zu holen.

b) Die Wertung des Art. 6 Abs. 1, Abs. 2 GG als Hindernis einer güterabwägenden Einzelfallbetrachtung

Eine solche Argumentation übersieht jedoch, daß die *sachliche* Typisierung im Gegensatz zur *zeitlichen* nicht allein dem Interesse des

---

13 Vgl. auch *Peters*, aaO., S. 391.
14 Vertretung, S. 370/371.
15 Im Gegensatz zu der vorherigen zeitlichen.

Rechtsverkehrs an Offenkundigkeit entspricht, sondern darüber hinaus durch das auch im Interesse des Kindes begründete Anliegen einer staatsfreien Familie gefordert ist. Art. 6 Abs. 1 und Abs. 2 GG verbieten es, den *Inhalt* der elterlichen Gewalt *rechtlich* zu regeln. Erst wenn eine Gefahr für das Gesamtwohl des Kindes droht, ist der Eingriff der staatlichen Gemeinschaft, auf Rechtsnormen gestützt, erlaubt und — wegen des Anspruchs des Kindes auf Schutz seiner Personwürde gemäß Art. 1 Abs. 1 GG — geboten. Damit entfällt die Möglichkeit, die Eltern an eine Interessenabwägung mit richterlicher Richtigkeitskontrolle zu binden. Gangbar ist lediglich der Weg über § 1666 BGB: Nur wenn die Aufenthaltsbestimmung durch die Eltern die Entwicklung des Kindes ernstlich zu stören geeignet ist, greift § 1666 BGB als immanente Schranke des Elternrechts ein. Andernfalls ist der Wille der Eltern zu respektieren.

5. Zusammenfassung

Zusammenfassend läßt sich sagen: Die Entscheidung darüber, ob er in der BRD bleibt oder in der DDR seinen Wohnsitz wählt, muß dem einsichts- und urteilsfähigen Jugendlichen selbst überlassen werden, weil sie eine lebensgestaltende Entscheidung ist. Vor diesem Zeitpunkt ist nach § 1666 BGB zu verfahren, d. h. auf das Vorliegen einer ernstlichen Gefahr für das Kindeswohl abzustellen.

VI. Die richterliche Kontrolle der Heimunterbringung Minderjähriger durch die Eltern

1. Das Problem

Der Rückblick auf den eingangs der Arbeit geschilderten Streitstand zu diesem Problem zeigt uns zwei Gesichtspunkte, von denen die Lösung abhängt: Einmal streitet man über das tatbestandsmäßige Vorliegen einer Freiheitsentziehung. Soweit man es bejaht, rückt als weiterer Gegenstand von Kontroversen die Geltung des Art. 104 Abs. 2 GG in den Vordergrund[1].

2. Die Tatbestandsmäßigkeit der „Freiheitsentziehung" durch den gesetzlichen Vertreter

a) Die Argumentation des BVerfG

Den ersten Einwand hat das Bundesverfassungsgericht sozusagen im Vorübergehen beiseitegeschoben, obwohl es mit der bis dahin durch-

---

[1] Vgl. die Nachweise oben § 1 B. V FN 53—67.

aus h. M.[2] brach. Im straf- und zivilrechtlichen Freiheitsschutz sei es „von jeher unbestritten" gewesen, „daß es bei Freiheitsverletzungen gegenüber nicht voll geschäftsfähigen Personen lediglich auf den tatsächlichen, natürlichen Willen des Verletzten, nicht auf den Willen seines gesetzlichen Vertreters" ankomme. Ebenso dürften auch „die Begriffe Beschränkung und Entziehung der Freiheit i. S. des Grundgesetzes nicht dahin gedeutet werden, daß der rechtlich erhebliche Wille des Gewalthabers gegenüber dem natürlichen oder dem fehlenden Willen des Gewaltunterworfenen schlechthin maßgebend" sei, „so daß eine Freiheitsentziehung schon begrifflich nicht" vorliege, wenn der Gewalthaber ihr zustimme[3].

b) Die Fragwürdigkeit der Parallele zu § 239 StGB

Das Bundesverfassungsgericht verlagert die Diskussion damit in den Problemkreis, den im Strafrecht die Unterscheidung von tatbestandsausschließender und rechtfertigender Einwilligung umschreibt. Die unterschiedlichen, im vorliegenden Zusammenhang interessierenden Voraussetzungen werden dort in der Tat dahin gekennzeichnet, daß für die *tatbestandsausschließende* Einwilligung der Wille unabhängig von der Reife des Erklärenden genüge, während die *rechtfertigende* allein der einsichts- und urteilsfähige Mensch erteilen könne[4]. Indes hätte bereits die wissenschaftliche Begründung in der strafrechtlichen Literatur das Bundesverfassungsgericht bedenklich stimmen müssen. Gemeinhin erklärt man nämlich die tatbestandsausschließende Kraft des Willens damit, daß das Verhalten erst wegen der gewaltsamen Ausschaltung des fremden Willens strafwürdig werde[5]. Darin klingt ein spezifisch strafrechtliches Argument an: Es soll die besondere Verwerflichkeit des Handelns getroffen werden. Für die Strafwürdigkeit macht es eben einen Unterschied, ob der Täter sein Opfer durch List zur Übergabe einer Sache veranlaßt oder ob er sie ihm mit Gewalt wegnimmt. Das hier zu lösende verfassungsrechtliche Problem wird durch die Unterscheidung nicht gefördert. Art. 104 Abs. 2 GG will nicht den Grad der Verwerflichkeit einer Freiheitsentziehung angeben, sondern das Rechtsgut körperliche Bewegungsfreiheit schützen. Zutreffend weist Erdsiek darauf hin, daß die einfache Parallele zur Strafrecht-

---

[2] Vgl. *Maunz-Dürig*, Art. 104, Rdnr. 11 mit weiteren Nachweisen.

[3] BVerfGE 10/302—331 (309—318).

[4] *Schönke-Schröder*, Vorbem. 35 zu § 51 StGB.

[5] Vgl. *Schönke-Schröder*, Vorbem. 34 zu § 51 StGB; auch *Maurach* Allg. Teil, § 28 I 1 c, wonach die Einzelheiten der tatbestandsausschließenden Einwilligung noch weitgehend ungeklärt und umstritten sind.

sprechung im Rahmen des § 239 StGB rechtspolitisch für Art. 104 Abs. 2 GG nicht befriedigt. Es werde dem gesetzlichen Vertreter in der Regel nicht schwer fallen, das Einverständnis des nicht voll Willensfähigen zu erwirken. Effektive Hilfe sei nur von der Einschaltung richterlicher Kontrolle ohne Rücksicht auf das Einverständnis des Unterzubringenden zu erwarten[6].

c) Der eigene Standpunkt

Wie können wir dieses Ziel aber in rechtsdogmatisch einwandfreier Weise erreichen?

Art. 2 Abs. 2 S. 2 GG, auf den Art. 104 Abs. 2 GG Bezug nimmt, betrifft das Interesse des Menschen an körperlicher Bewegungsfreiheit. Schon das vordergründige Empfinden legt nahe, darunter etwas anderes als den Schutz der Selbstbestimmung des einzelnen zu verstehen. Die Materialien zum Grundgesetz bestätigen diesen Eindruck. Thoma hat die Bewegungsfreiheit während der Beratungen des Parlamentarischen Rates sogar ausdrücklich von der Handlungsfreiheit abgesetzt: Art. 2 Abs. 2 S. 2 GG soll nicht den *„Status der Freiheit* im Gegensatz zur Hörigkeit, Leibeigenschaft oder Sklaverei" sichern, sondern die Freiheit von „Festnahmen und Gefangenschaft"[7]. Geschützt ist also das *Interesse des einzelnen an Bewegung* überhaupt, das als solches ebenso wie etwa das Interesse an körperlicher Unversehrtheit, Gesundheit und Nahrung einem physischen Bedürfnis des Menschen entspricht. Die Bewegung ist eine „artbestimmte Verhaltensweise", die bereits dem neugeborenen Menschen mit auf den Lebensweg gegeben wird[8].

Freilich ist dieses körperliche Bedürfnis relativ anspruchslos. Es verlangt nicht die Freiheit des einzelnen, überall hingehen zu dürfen, wohin er will. Vielmehr richtet es sich lediglich gegen das für Lebewesen, z. B. auch für das Tier, „naturwidrige" Eingesperrtsein. Wenn jemand einem Menschen vorschreibt, in welche Richtung dieser gehen muß, ihm eine bestimmte Reise verbietet u. ä., so verletzt er nicht das physische Bedürfnis nach Freiheit, sondern das Interesse an Selbstbestimmung. Und umgekehrt macht der einzelne von seinem Selbstbestimmungsrecht Gebrauch, wenn er auf das Interesse an Freiheit von Festnahme und Gefangenschaft verzichtet, sich also freiwillig einsperren läßt.

---

[6] *Erdsiek* in NJW 1960, S. 1387.

[7] JöR n.F. 1, S. 64.

[8] *Remplein,* Psychologie der Persönlichkeit, S. 138; *Fabricius,* Relativität der Rechtsfähigkeit, S. 73.

Wenn das Kind in seine Anstaltsunterbringung einwilligt, so versucht es demnach, über sein Interesse an körperlicher Bewegung zu verfügen. Denn die Unterbringung in einer geschlossenen Anstalt verletzt dieses elementare physische Interesse. Da es noch kein Selbstbestimmungsrecht hat, ist dieser Versuch zum Scheitern verurteilt; die Einwilligung ist unwirksam. Dies rechtfertigt die Kritik Maurers[9] an der Rechtsprechung des Bundesverfassungsgerichts[10]: Der Fürsorgeanspruch des Unmündigen verbietet es, Beeinträchtigungen seiner Interessen mit der Begründung rechtlich zu billigen, er habe sie selbst gewollt. Da er die Folgen seines Verhaltens noch nicht hinreichend überblicken und beurteilen kann, ist er noch nicht selbstverantwortungsfähig und damit auch nicht selbstbestimmungsfähig. Entsprechend darf sein „natürlicher Wille" entgegen der Ansicht des Bundesverfassungsgerichts rechtlich nicht beachtet werden[11]. Es kommt in der Tat — wie Maurer richtig dargelegt hat — nicht auf den Willen des Kindes, sondern auf den des gesetzlichen Vertreters an.

Allerdings erlaubt diese Feststellung nicht — wie Maurer meint —, Art. 2 Abs. 2 S. 2 GG und Art. 104 GG a priori gegenüber dem gesetzlichen Vertreter für unanwendbar zu halten. Wenn der gesetzliche Vertreter das Kind *einsperrt,* so *verletzt* er dessen Interesse an naturgemäßer körperlicher Bewegungsfreiheit, das Art. 2 Abs. 2 S. 2, 104 GG unabhängig von der geistigen und sittlichen Reife des einzelnen schützt. Unterstellt, daß die Grundrechte gegenüber dem jeweiligen gesetzlichen Vertreter wirken[12], darf er dies nur tun, wenn es erforderlich ist, um ein nach verfassungsrechtlichen Maßstäben höherwertiges Interesse des Mündels befriedigen zu können. Gemäß Art. 104 GG sorgt eine präventive richterliche Kontrolle dafür, daß der gesetzliche Vertreter das Interesse nicht ohne eine solche Rechtfertigung beeinträchtigt. Wie oben schon angedeutet, kann dem nicht entgegengehalten werden, Freiheitsentziehung setze „begrifflich" ein Einsperren *gegen* den Willen des Betroffenen voraus[13]. Dabei mag dahingestellt bleiben, ob der Sprachgebrauch wirklich so eng ist[14]. Auf jeden Fall untersagt der

---

9 FamRZ 1960, S. 468—474.

10 Ähnlich wie das BVerfG schon früher: *Hans J. Wolff,* DÖV 1951, S. 313 bis 317 (S. 316).

11 Der gleiche Einwand trifft auch das Abstellen auf den „natürlichen Willen" im Rahmen des Schadensersatzanspruchs wegen Freiheitsentziehung nach § 823 Abs. 1 BGB. Auch dort handelt es sich um Interessenschutz, so daß der einverständliche natürliche Wille des Unmündigen nicht berücksichtigt werden darf.

12 So für den Vormund: BVerfGE 10, S. 302—331.

13 So *Maurer,* FamRZ 1960, S. 471.

14 M. E. kann man auch ein Einsperren mit Willen des Opfers eine Freiheitsentziehung nennen, ohne daß man den Wortsinn überdehnt.

Zweck der Art. 2 Abs. 2 S. 2, 104 GG, der über dem Wortlaut steht, eine solche Argumentation. Entscheidend ist das Anliegen, das *Rechtsgut* „körperliche Bewegungsfreiheit" zu schützen. *Wie* der Angriff auf das Rechtsgut geführt wird, ist gleichgültig[15].

3. Die Geltung des Art. 104 GG gegenüber den Eltern

Die Erörterung mündet somit in die Frage nach der Geltung der Art. 2 Abs. 2 S. 2; 104 Abs. 2 GG gegenüber den Eltern.

a) Die Problematik

An sich schließen die Ergebnisse des Allgemeinen Teils der Untersuchung eine positive Antwort von vornherein aus, weil die Freiheit der Familie von rechtlicher Bindung auch für die Entwicklung des Kindes unerläßlich ist. Andererseits dürfen wir aber nicht die Grenze dieses Geltungsverzichtes aus den Augen verlieren. Da die familiäre Intimsphäre wegen ihres Wertes für die Persönlichkeit des Kindes Staats- und Rechtsfreiheit fordert, wird das Postulat gegenstandslos, wenn die Freiheit der Familie sich zum Schaden für die jugendliche Gesamtpersönlichkeit auswirkt oder auszuwirken droht. Den zivilrechtlichen Ausdruck dieses Gedankens entdeckten wir in § 1666 BGB. Würde also die ungerechtfertigte Freiheitsentziehung den Tatbestand des § 1666 BGB erfüllen und deshalb materiell-rechtlich richterliches Eingreifen legitimieren, müßte Art. 104 Abs. 2 GG prozessual zumindest mittelbar über die Analogie zu § 1800 Abs. 2 BGB ebenfalls anwendbar sein. Die Vorschrift ist Ausdruck der Einsicht des Verfassunggebers, ohne präventive Einschaltung des Richters keinen wirksamen Rechtsschutz gegenüber Freiheitsentziehungen gewähren zu können. Ist aber die richterliche Kontrolle überhaupt geboten, muß sie auch wirksam gestaltet werden. Die Überzeugung vom Ungenügen des bloß repressiven und der Notwendigkeit des präventiven Rechtsschutzes muß dann — ceteris paribus — über das Verhältnis des einzelnen zur öffentlichen Gewalt hinaus Geltung beanspruchen. Eine Präventivkontrolle ist dem Kindschaftsrecht überdies durchaus nicht fremd, wie die unstreitig verfassungsmäßigen §§ 1641—1645 BGB beweisen.

---

15 Damit ist auch den rechtspolitischen Bedenken, die *Hampel* (FamRZ 1963, S. 540, Anm. 38) und *Erdsiek* (NJW 1960, S. 1387) gegen die Relevanz des natürlichen Willens Unmündiger anmelden, Rechnung getragen. Nach der hier entwickelten Ansicht hat es der gesetzliche Vertreter keineswegs in der Hand, den nicht voll Willensfähigen zur Erklärung eines (im Rahmen der Art. 2 Abs. 2 S. 2, 104 GG beachtlichen) Einverständnisses zu bringen.

b) Die ungerechtfertigte Freiheitsentziehung als — präventiv zu bekämpfende — ernstliche Gefahr für das Kindeswohl

Freiheitsentziehung i. S. des Art. 104 GG bedeutet Einsperren, also eine Verletzung des Interesses an körperlicher Bewegungsfreiheit, das auch für den Unmündigen wertvoll und infolgedessen auch für ihn von Verfassungs wegen geschützt ist. Die h. M. bestimmt die Freiheitsentziehung zwar etwas weiter, indem sie darauf abstellt, ob der Betreffende an einem eng umgrenzten Ort festgehalten wird[16]. Doch weicht sie gerade im Hinblick auf die Anstaltsunterbringung der Sache nach nicht von unserer Definition ab. So verlangen Gernhuber[17] und Hampel[18] vor allem eine nicht unbedeutende Dauer der Freiheitsentziehung und daß der Ort, an dem das Opfer festgehalten wird, nach außen hin abgesichert ist. Im ganzen sollen die Voraussetzungen des Art. 104 Abs. 2 GG „nur dann vorliegen, wenn die Unterbringung in einem sog. geschlossenen Heim erfolgt, wenn die Heiminsassen auf einem bestimmten beschränkten Raum festgehalten werden, ihr Aufenthalt ständig überwacht und die Aufnahme eines Kontaktes durch Sicherungsmaßnahmen verhindert wird"[19]. Diese Definition wird einmal dem Wortlaut des Art. 104 Abs. 2 GG gerecht, der das Merkmal der Dauer als Schranke des polizeilichen Sistierungsrechtes selbst einführt. Außerdem entspricht sie den Vorstellungen des Verfassunggebers, dem bei der Redaktion des Artikels in erster Linie der polizeiliche Gewahrsam vor Augen stand[20]. Die Beschreibung Hampels gibt dessen Charakteristika, insbesondere das Moment der Aufsicht und der Verhinderung der Kontaktaufnahme nach außen genau wieder.

Stellt nun eine so verstandene Freiheitsentziehung für den Fall ihrer Rechtswidrigkeit eine ernstliche Gefahr für das Kindeswohl dar?

Sicher versagt das von Erdsiek bemühte argumentum a minore ad maius zu den §§ 1641 ff. BGB. Dort geht es um die Vermögensverwaltung, hier um eine persönliche Angelegenheit. Zwar begegnet eine Beschränkung des Art. 6 Abs. 2 GG auf das Erziehungsrecht nach dem Vorschlag Schüler-Springorums[21] durchschlagenden Einwänden. Erzie-

---

[16] Vgl. *BK*, Art. 104, Anm. II C 1; *Maunz-Dürig*, Art. 104 Rdnr. 6; *Hamann*, Art. 104, Anm. 1; BVerfGE 10, S. 323/328.

[17] Lehrbuch des Familienrechts § 7 II 6.

[18] *Hampel* in: FamRZ 1963, S. 542.

[19] *Hampel* aaO., S. 543.

[20] Vgl. JöR NF Band 1, S. 747, 748.

[21] FamRZ 1961, S. 298; ähnlich meint *Klein* (*v. Mangoldt-Klein* Art. 6, Anm. IV 4), Art. 6 Abs. 2 GG schütze „die durch die Pflege ergänzte Erziehung des Kindes". Anders *Peters* (BNS IV 1, S. 481), der Erziehung, Personensorge und Vermögenssorge gemeinsam in Art. 6 Abs. 2 GG einbezieht.

hung bedeutet die Befriedigung der ideellen Interessen des Kindes. Als solche gerät sie laufend in Widerstreit mit den materiellen Interessen des Kindes. Die Kindesinteresen sind so eng miteinander verflochten, daß ein Elternrecht, dem das Recht der „Sorge für die körperliche Existenz“ entzogen ist, funktionsunfähig wird. Ebenso ist um der Erziehung willen ein — wenn auch geringerer — Einfluß auf das Vermögen unerläßlich[22]. Andererseits fließt Art. 6 Abs. 2 GG aber aus dem Recht der Eltern auf freie Entfaltung der Persönlichkeit[23], wurzelt der Wert der staatsfreien Intimsphäre für das Kind vornehmlich in den ideellen Beziehungen der Familienmitglieder untereinander. Daher wirkt der Freiheitsanspruch der Familie um so stärker, je mehr die beabsichtigte Maßnahme die Persönlichkeit des Kindes formen will, also erzieherischen Charakter hat. Entsprechend reicht die von Erdsiek betonte Schutzbedürftigkeit des Kindes als Argumentationsgrundlage nicht aus. Man kann sehr wohl zugestehen, daß das Kind in seinen persönlichen zumindest ebenso wie in seinen wirtschaftlichen Belangen schutzbedürftig ist. Es bleibt dann immer noch der Einwand bestehen, daß eine rechtliche Kontrolle der Familie in erzieherischen Fragen wesentlich stärker mit Art. 6 Abs. 1 und Abs. 2 GG in Konflikt gerät als die staatliche Aufsicht über die Verwaltung des Kindesvermögens. Dem entspricht auch, daß das BGB bei der Vermögenssorge in §§ 1667, 1641—1645 BGB eine intensivere Überwachung durch das Vormundschaftsgericht vorsieht als in § 1666 BGB für die Personensorge[24].

Es kommt also darauf an, ob § 1666 BGB Maßnahmen des Vormundschaftsgerichts gegen eine ungerechtfertigte Heimunterbringung von Kindern durch ihre Eltern zuläßt. Das setzt voraus, daß die ungerechtfertigte Heimunterbringung jedenfalls in der Regel das Gesamtwohl des Kindes beeinträchtigt. Diese Voraussetzung ist wohl zu bejahen. Heime für schwer erziehbare Kinder sind dazu gedacht, asoziale Ausfallerscheinungen der betreffenden Jugendlichen zu bekämpfen und sie zu einem Leben zurückzuführen, das sich mit den Forderungen der Gemeinschaft verträgt. Dabei mag man streiten, ob die heute in solchen Heimen üblichen Erziehungsmethoden zu diesem Zweck geeignet sind oder nicht. Jedenfalls dürfte feststehen, daß ihre Anwendung gegenüber einem normal veranlagten und erziehbaren Kind auf die Dauer nur Schaden anrichten kann. Hinzu kommt, daß der Einfluß wirklich

---

22 Das Kind soll z. B. nach dem Willen des Erziehers zur Nächstenliebe erzogen werden. Er veranlaßt es deshalb, seine Puppe dem Nachbarkind zu schenken.

23 Das Recht auf Entfaltung der eigenen Persönlichkeit wird auf die Heranbildung einer geistigen Nachkommenschaft ausgedehnt. Vgl. *Westermann*, Person und Persönlichkeit, S. 25; *Peters* in: BNS IV/1, S. 391.

24 Das verkennt auch die Argumentation *Kuhns* (Grundrechte, S. 81).

schwer erziehbarer Jugendlicher, dem das Kind ausgesetzt wird, ganz sicher nicht günstig auf seine Entwicklung einwirkt. Mit Recht bemerkt Erdsiek, niemand könne sagen, ob sich nicht hinter den Mauern unserer festen Anstalten Kindertragödien abspielten, die durch eine wirksame richterliche Kontrolle hätten vermieden werden können[25].

Art. 104 GG stellt unter diesen Umständen nicht lediglich eine formelle *Schranke* staatlicher Eingriffe dar; er bestimmt vielmehr eine Modalität des dem Staat durch Art. 1 Abs. 1 GG gebotenen aktiven Persönlichkeitsschutzes[26]. Da die Aufgabe durch Art. 6 Abs. 2 GG nicht berührt wird, sondern gegenüber der elterlichen und der vormundschaftlichen Gewalt in gleicher Weise zu erfüllen ist, können wir analog auf § 1800 Abs. 2 BGB als die zivilrechtliche Konkretisierung des Art. 104 GG[27] zurückgreifen[28].

4. Ergebnis

Ergebnis: Eine Freiheitsentziehung durch den gesetzlichen Vertreter ist begrifflich möglich, da Art. 2 Abs. 2 S. 2, 104 GG den Schutz der körperlichen Bewegungsfreiheit bezwecken. Diese entspricht einem *physischen* Bedürfnis, ist also unabhängig von der Frage, ob der Jugendliche reif genug ist, seine Interessen wirksam eigenständig zu verfolgen.

Eine sachlich nicht gerechtfertigte Heimunterbringung gefährdet das Kindeswohl, so daß der Staat gemäß Art. 1 Abs. 1 GG zum Einschreiten verpflichtet ist, und zwar zu *wirksamem* Einschreiten. Art. 104 GG, der für entsprechende Fälle die richterliche Präventivaufsicht vorschreibt, ist deshalb nicht nur dem Freiheitsrecht des Art. 2 Abs. 2 S. 2 GG, sondern darüber hinaus dem in Art. 1 Abs. 1 GG verankerten Schutzauftrag des Staates teleologisch verbunden. Der Gedanke löst Art. 104 GG aus der ausschließlichen Staatsrichtung und macht ihn so für das Eltern-Kind-Verhältnis fruchtbar: Analog § 1800 Abs. 2 BGB, der wegen Art. 104 GG geschaffen worden ist, muß die Heimunterbringung Minderjähriger im Rahmen der freiwilligen Erziehungshilfe zuvor vormundschaftsgerichtlich genehmigt werden.

---

25 Vgl. *Erdsiek*, NJW 1960, S. 1387.

26 Art. 1 Abs. 1 GG verpflichtet den Staat zur Achtung und zum Schutz der Menschenwürde.

27 § 1800 Abs. 2 BGB überantwortet die Kontrolle dem Vormundschaftsgericht.

28 Im Ergebnis ebenso: *Kuhn*, Grundrechte, S. 82.

Literaturverzeichnis

Abel, Gunter, Die Bedeutung der Lehre von den Einrichtungsgarantien für die Auslegung des Bonner Grundgesetzes. Berlin 1964.

Anders, J., Freiheitsentziehung durch den Inhaber der elterlichen Gewalt. In: Familienrechtszeitschrift 1960, S. 475.

Arndt, Adolf, Umwelt und Recht. 2. Kunst im Recht. In: Neue Juristische Wochenschrift 1966, S. 26—28.

— Umwelt und Recht. Zur Güterabwägung bei Grundrechten. In: Neue Juristische Wochenschrift 1966, S. 871—872.

Bachof, Otto, Freiheit des Berufs. In: Bettermann-Nipperdey-Scheuner, Die Grundrechte Band III, 1, S. 155—266. Berlin 1958 (zit.: Bachof in BNS III, 1).

Ballerstedt, Kurt, Staatsverfassung und Wirtschaftsfreiheit. In: Die öffentliche Verwaltung 1951, S. 160 ff.

Baur, Fritz, Lehrbuch des Sachenrechts, 3. Aufl., München - Berlin 1966.

Betti, Emilio, Zur Grundlegung einer allgemeinen Auslegungslehre. In: Festschrift für Ernst Rabel Band 2, S. 79—168. Tübingen 1954 (zit.: Betti, Rabel-Festschrift).

BGB-RGRK, Das Bürgerliche Gesetzbuch unter besonderer Berücksichtigung der Rechtsprechung des Reichsgerichts und des Bundesgerichtshofs. Kommentar, herausgegeben von Reichsgerichtsräten und Bundesrichtern. 11. Aufl., Berlin 1959.

Blomeyer, Arwed, Gewissensprivilegien im Vertragsrecht? In: Juristenzeitung 1954, S. 300—312.

Bogs, Stichwort „Koalitionsfreiheit". Bl. 1, 3. In: Arbeitsrechts-Blattei. Handbuch für die Praxis. Stuttgart.

Boehmer, Gustav, Zum Problem der Teilmündigkeit Minderjähriger. Bemerkung zu dem Urteil des IV. ZS des BGH v. 5. 12. 1958. In: Monatsschrift für Deutsches Recht 1959, S. 705—707.

Böckenförde, Christoph, Die sog. Nichtigkeit verfassungswidriger Gesetze. Berlin 1966.

Bonner Kommentar, Kommentar zum Bonner Grundgesetz (Bonner Kommentar), herausgg. von Bodo Dennewitz u. a. Hamburg 1950 ff.

Bosch, Friedrich Wilhelm, Grundsatzfragen des Beweisrechts. Bielefeld 1963.

Bosch, Friedrich — *Habscheid,* Walther, Vertragspflicht und Gewissenskonflikt. In: Juristenzeitung 1954, S. 213—217.

Brinkmann, Karl, Grundrecht und Gewissen im Grundgesetz. Eine rechtsphilosophisch-staatsrechtliche Untersuchung. Bonn 1965.

Brox, Hans, Die Einschränkung der Irrtumsanfechtung. Ein Beitrag zur Lehre von den Willenserklärungen. Karlsruhe 1960.

— Plakatwerbung der Gewerkschaften im Betrieb. In: Betriebsberater 1965, S. 1321—1327.

Buber, Martin, Reden über Erziehung. Heidelberg 1949.

Bucher, Eugen, Das subjektive Recht als Normsetzungsbefugnis. Tübingen 1965 (zit.: Bucher, Das subjektive Recht).

— Die Ausübung der Persönlichkeitsrechte, insbesondere die Persönlichkeitsrechte des Patienten als Schranken der ärztlichen Tätigkeit. Zürich 1956.

Canaris, Claus-Wilhelm, Die Feststellung von Lücken im Gesetz. Berlin 1964.

Coing, Helmut, Grundsätzliches zur Rückwirkung von Gesetzen. In: Betriebsberater 1954, S. 137—141.

Dahrendorf, Ralf, Gesellschaft und Demokratie in Deutschland. München 1965.

Diederichsen, Uwe, Topisches und systematisches Denken in der Jurisprudenz. In: Neue Juristische Wochenschrift 1966, S. 697—705.

Dietz, Rolf, Die Koalitionsfreiheit. In: Bettermann-Nipperdey-Scheuner, Grundrechte Band III, 1 S. 417—474. Berlin 1958.

Dölle, Hans, Familienrecht. Darstellung des deutschen Familienrechts. Mit rechtsvergleichenden Hinweisen. Band 2. Karlsruhe 1965.

Dreier, Ralf, Zum Begriff der Natur der Sache. Berlin 1965.

Dürig, Günter, Grundrechte und Zivilrechtsprechung. In: Festschrift für Nawiasky, S. 157 ff. München 1956 (zit.: Dürig, Nawiasky-Festschrift).

— Der Grundrechtssatz von der Menschenwürde. In: Archiv für öffentliches Recht Band 81, S. 117 (zit.: Dürig AöR Band 81 ...).

— Freizügigkeit. In: Neumann-Nipperdey-Scheuner, Die Grundrechte Band II, S. 507. Berlin 1954 (zit.: Dürig in NNS. II).

— Art. 2 des Grundgesetzes und die Generalermächtigung zu allgemein polizeilichen Maßnahmen. In: Archiv für öffentliches Recht Band 79, S. 57—136 (zit.: Dürig AöR Band 79...).

Egger, August, Das Familienrecht, Kommentar zum Schweiz. Zivilgesetzbuch 1943—1952. Zürich.

Ehmke, Horst, Prinzipien der Verfassungsinterpretation. In: Veröffentlichungen der Vereinigung der Deutschen Staatsrechtslehrer, Heft 20, S. 53—98. Berlin.

— Wirtschaft und Verfassung. Karlsruhe 1961.

Eisler, Rudolf, Kant-Lexikon. Nachschlagewerk zu Kants sämtlichen Schriften, Briefen und handschriftlichem Nachlaß. Hildesheim 1964.

Eisser, Georg, Zur Rechtsstellung heranwachsender Minderjähriger nach dem deutschen Zivilrecht unter rechtsvergleichender Heranziehung des griechischen Zivilgesetzbuches. Eranion für Maridakis II, S. 193—223. Athen 1963.

Engisch, Karl, Die Einheit der Rechtsordnung. Heidelberg 1935.

Enneccerus-Kipp-Wolff, Lehrbuch des Bürgerlichen Rechts, Band 1, 1. Teil Allgemeiner Teil, bearb. von Hans Carl Nipperdey. 15. neubearb. Aufl. Tübingen 1959.

Erdsiek, Gerhard, Freiheitsentziehung und richterliche Kontrolle. In: Neue Juristische Wochenschrift 1960, S. 1385—1387.

Erman (Hrsg.), Handkommentar zum Bürgerlichen Gesetzbuch in zwei Bänden, herausgg. von Walter Erman. 3. Aufl. Münster 1962.

Esser, Josef, Grundsatz und Norm in der richterlichen Fortbildung des Privatrechts. 2. Aufl. Tübingen 1960 (zit.: Esser, Grundsatz und Norm).

— Zur Methodenlehre des Zivilrechts. In: Studium Generale Band 12, S. 97 bis 107 (zit.: Esser, Studium Generale Bd. 12 . . .).

Etterich, Gerhard, Die körperliche Untersuchung nicht-beschuldigter Personen im Strafverfahren. Dissertation Bonn 1952.

Fabricius, Fritz, Relativität der Rechtsfähigkeit. Ein Beitrag zur Theorie und Praxis des Personenrechts. München - Berlin 1963.

Farthmann, Friedhelm, Anm. zum Urteil des LG Frankfurt a. M. NJW 1963, S. 1361. In: Neue Juristische Wochenschrift 1963, S. 1983/1984.

Fechner, Erich, Die soziologische Grenze der Grundrechte. Tübingen 1954.

Feuchte, Paul, Wer entscheidet über die Teilnahme des Kindes am Religionsunterricht? In: Die öffentliche Verwaltung 1965, S. 661—666.

Flume, Werner, Das Rechtsgeschäft. Allgemeiner Teil des Bürgerlichen Rechts. Band 2. Berlin - Heidelberg - New York 1965.

— Rechtsgeschäft und Privatautonomie. In: Hundert Jahre Deutsches Rechtsleben. Festschrift zum hundertjährigen Bestehen des Deutschen Juristentages 1860—1960. Band 1, S. 135 ff. Karlsruhe 1960 (zit.: Flume, Juristentagsfestschrift).

Forsthoff, Ernst, Lehrbuch des Verwaltungsrechts Band 1, Allgemeiner Teil. 8. Aufl. München - Berlin 1961.

— Die Umbildung des Verfassungsgesetzes. In: Festschrift für Carl Schmitt, S. 35—62. Berlin 1959.

— Neue Aspekte der Pressefreiheit. In: Der Staat 1966, S. 1—16.

— Zur verfassungsrechtlichen Problematik der Investitionshilfe. In: Betriebsberater 1953, S. 421—423.

— Zur Problematik der Verfassungsauslegung. Stuttgart 1961.

Füßlein, Werner, Vereins- und Versammlungsfreiheit. In: Neumann-Nipperdey-Scheuner, Die Grundrechte Band II, S. 425—455. Berlin 1954 (zit.: Füßlein in NNS II).

Gehlen, Arnold, Der Mensch. 6. Aufl. Frankfurt - Bonn 1958.

Geilen, Gerd, Einwilligung und ärztliche Aufklärungspflicht. Bielefeld 1963.

Gernhuber, Joachim, Lehrbuch des Familienrechts. München - Berlin 1964.

— Elterliche Gewalt heute. In: Familienrechtszeitschrift 1962, S. 89 ff.

Giacometti, Zaccaria, Die Freiheitsrechtskataloge als Kodifikation der Freiheit. In: Zeitschrift für Schweizerisches Recht 1955, S. 149 ff.

Gmür, Rudolf, Das ZGB verglichen mit dem BGB. Bern 1965.

Gontersweiler-Lüchinger, Ursula, Die Wahrung höchstpersönlicher Rechte handlungsunfähiger und beschränkt handlungsfähiger Personen. Winterthur 1955.

Göppinger, Horst, Anmerkung zum Urteil des OLG Karlsruhe in FamRZ 1963, S. 452. In: Familienrechtszeitschrift 1963, S. 453.

Grotewohl, Otto, Die Rolle der Arbeiter- und Bauernmacht in der DDR. Ostberlin 1956.

Guggumos, Michael, Über die Grenzen des elterlichen Aufenthaltsbestimmungsrechts. In: Familienrechtszeitschrift 1960, S. 478 f.

Haas, Diether, Freie Entfaltung der Persönlichkeit, Art. 2 Abs. 1 des Grundgesetzes. In: Die öffentliche Verwaltung 1954, S. 70—72.

Häberle, Peter, Die Wesensgehaltsgarantie des Art. 19 Abs. 2 GG. Zugleich ein Beitrag zum institutionellen Verständnis der Grundrechte und zur Lehre vom Gesetzesvorbehalt. Karlsruhe 1962 (zit.: Häberle, Wesensgehaltsgarantie).

Hamann, Andreas, Das Grundgesetz. Kommentar. Berlin - Neuwied 1956.

Hamel, Walter, Die Bedeutung der Grundrechte im sozialen Rechtsstaat. Berlin 1957 (zit.: Hamel, Grundrechte).

— Glaubens- und Gewissensfreiheit. In: Bettermann-Nipperdey-Scheuner, Die Grundrechte Band IV, 1, S. 37—100. Berlin 1960 (zit.: Hamel in BNS IV, 1).

— Von den Grenzen profaner Gesetzgebung in Ehesachen. In: Archiv für die civilistische Praxis Band 153, S. 481—492.

Hampel, Herbert, Rechtliche Probleme der Heim- und Anstaltsunterbringung Minderjähriger in der Freiwilligen Gerichtsbarkeit. In: Familienrechtszeitschrift 1963, S. 537—551.

Hartmann, Nicolai, Ethik. 2. Aufl. Berlin - Leipzig 1935.

Hatschek, Julius, Deutsches und Preußisches Staatsrecht. Band 1. 1. Aufl. Berlin 1922.

Hauriou, Maurice, Die Theorie der Institution. Berlin 1965.

Heck, Philipp, Das Problem der Rechtsgewinnung. 2. Aufl. Tübingen 1932.

Hehlmann, Wilhelm, Wörterbuch der Pädagogik. 7. Aufl. Stuttgart 1964.

Hill, Werner, Gleichheit und Artgleichheit. Berlin 1966.

Hinderling, Hans, Persönlichkeit und subjektives Recht. Basel 1963.

v. Hippel, Eike, Grenzen und Wesensgehalt der Grundrechte. Berlin 1965 (zit.: v. Hippel, Grenzen und Wesensgehalt).

Hofmann, Werner, Die religiöse Kindererziehung in verfassungsrechtlicher Sicht. In: Familienrechtszeitschrift 1965, S. 61—67.

Hoffmann, Diether H., Der Beitritt minderjähriger Arbeitnehmer zu einer Gewerkschaft: In: Betriebsberater 1965, S. 126—128.

Hohn, Hannsjosef, Werbung für Gewerkschaften auf dem Betriebsgelände. In: Betriebsberater 1965, S. 545—550.

Hollerbach, Alexander, Auflösung der rechtsstaatlichen Verfassung? In: Archiv für öffentliches Recht Band 85, S. 241 ff.

Hubmann, Heinrich, Grundsätze der Interessenabwägung. In: Archiv für die civilistische Praxis Band 155, S. 85 ff.

— Das Persönlichkeitsrecht. Münster - Köln 1953.

Hueck, Alfred — *Nipperdey*, Hans Carl, Lehrbuch des Arbeitsrechts Band II: Kollektives Arbeitsrecht. 6. Aufl. Berlin 1955—1957.

v. Ihering, Rudolf, Der Geist des römischen Rechts auf den verschiedenen Stufen seiner Entwicklung, Bd. III, 4. Aufl. Leipzig 1888.

Jäggi, Peter, Fragen des privatrechtlichen Schutzes der Persönlichkeit. In: Zeitschrift für Schweizerisches Recht Band 79 II, S. 133 a—261 a.

Jans, Karl-Wilhelm — *Happe*, Günter, Jugendwohlfahrtsgesetz. Köln 1963.

Jellinek, Georg, Allgemeine Staatslehre, 3. Aufl. 7. Neudruck. Darmstadt 1960.

Kant, Immanuel, Schriften zur Ethik und Religionsphilosophie. Darmstadt 1963.

Kaser, Max, Das römische Privatrecht I, München 1955.

Kaskel, Walter, Arbeitsrecht. Begr. von Walter Kaskel. Neubearbeitet seit der 4. Aufl. von Hermann Dersch. 5. Aufl. Berlin - Göttingen - Heidelberg 1955.

Kaufmann, Horst, Allgemeines Persönlichkeitsrecht und Schmerzensgeld. In: Juristische Schulung 1963, S. 373—384.

Kelsen, Hans, Reine Rechtslehre. 2. vollst. neubearb. u. erw. Aufl. Wien 1960.

Kern, Eduard, Schutz der Freiheit, des Lebens und des Heims. In: Neumann - Nipperdey - Scheuner, Grundrechte II, S. 51—110, Berlin 1954 (zit. Kern, in NNS II).

Kipp, Theodor, Die religiöse Kindererziehung nach Reichsrecht. In: Festgabe für Wilhelm Kahl, S. 1—50. Tübingen 1923.

Klein, Friedrich, Institutionelle Garantien und Rechtsinstitutsgarantien. Breslau 1934 (zit. Klein, Institutionelle Garantien).

Köttgen, Arnold, Die Freiheit der Wissenschaft und die Selbstverwaltung der Universität. In: Neumann - Nipperdey - Scheuner, Die Grundrechte II, S. 291 ff. Berlin 1954 (zit.: Köttgen in NNS II).

Krämer, Franz, Die Grundrechte des Minderjährigen in Fürsorgeerziehungsanstalten. Dissertation Köln 1965 (zit.: Krämer, Grundrechte).

Krüger, Herbert, Allgemeine Staatslehre. Stuttgart 1964.

— Neues zur Freiheit der Persönlichkeitsentfaltung und deren Grenzen. In: Neue Juristische Wochenschrift 1955, S. 201 ff.

Krüger, Hildegard, Grundrechtsausübung durch Jugendliche (Grundrechtsmündigkeit) und elterliche Gewalt. In: Familienrechtszeitschrift 1956, S. 329 ff.

— In: Krüger - Breetzke - Nowack, Gleichberechtigungsgesetz. München - Berlin 1958 (zit.: Hildegard Krüger, Gleichberechtigungsgesetz).

Kuhn, Gustav, Grundrechte und Minderjährigkeit. Berlin 1965 (zit.: Kuhn, Grundrechte).

Larenz, Karl, Methodenlehre der Rechtswissenschaft. Berlin - Göttingen - Heidelberg 1960.

— Lehrbuch des Schuldrechts. Band II, Besonderer Teil. 3. Aufl. München - Berlin 1959.

Lehmann, Heinrich, Allgemeiner Teil des Bürgerlichen Gesetzbuches. 14. Aufl. Berlin 1963.

Leisner, Walter, Grundrechte und Privatrecht. München - Berlin 1960.

— Die verfassungsrechtliche Berufsfreiheit — BVerfGE 7/377 (Apothekenurteil). In: Juristische Schulung 1962, S. 463—471.

Lenckner, Theodor, Die Einwilligung Minderjähriger und deren gesetzliche Vertreter. In: Zeitschrift für die gesamte Strafrechtswissenschaft Band 72, S. 446—463.

Lerche, Peter, Übermaß und Verfassungsrecht. Zur Bindung des Gesetzgebers an die Grundsätze der Verhältnismäßigkeit und Erforderlichkeit. Köln - Berlin - München - Bonn 1961 (zit.: Lerche, Übermaß).

Leuschner, Albrecht, Das Recht der Schülerzeitung. Berlin 1966 (zit.: Leuschner, Recht der Schülerzeitung).

Löffler, Martin, Die Meinungs- und Pressefreiheit im Abhängigkeitsverhältnis. In: Neue Juristische Wochenschrift 1964, S. 1100—1108.

Luhmann, Niklas, Grundrechte als Institution. Ein Beitrag zur politischen Soziologie. Berlin 1965 (zit.: Luhmann, Grundrechte).

Luther, Gerhard, Ehemündigkeit, Volljährigkeit, Strafmündigkeit. Berlin 1961.

v. Mangoldt - Klein, Das Bonner Grundgesetz, erläutert von Hermann v. Mangoldt. 2. neubearb. und vermehrte Aufl. von Friedrich Klein. Berlin - Frankfurt 1957.

Mampel, Siegfried, Die Verfassung der sowjetischen Besatzungszone Deutschlands. Text und Kommentar. Frankfurt a. M. - Berlin 1962.

Marti, Hans, Naturrecht und Verfassungsrecht. In: Berner Festgabe für den Schweizer Juristenverein, S. 74—94 Bern 1955.

Mattern, Karl Heinz, Petitionsrecht. In: Neumann - Nipperdey - Scheuner, Die Grundrechte II, S. 623 ff. Berlin 1954 (zit.: Mattern in NNS II).

Maunz, Theodor, Deutsches Staatsrecht. Allgemeiner Teil. Ein Studienbuch. 14. Aufl. München - Berlin 1965.

Maunz, Theodor — *Dürig*, Günther, Grundgesetz. Kommentar. München - Berlin 1958 ff.

Maurach, Reinhart, Deutsches Strafrecht. Allgemeiner Teil. Ein Lehrbuch. 3. Aufl. Karlsruhe 1965 (zit.: Maurach, Allg. Teil).

Maurer, Hartmut, Das privatrechtliche Unterbringungsrecht und Art. 104 GG. In: Familienrechtszeitschrift 1960, S. 468 ff.

Menger, Christian Friedrich, Anmerkung zum Urteil des BGH in JZ 1960, S. 164 ff. In: Juristenzeitung 1960, S. 168—170.

Messner, Johannes, Das Naturrecht. Handbuch der Gesellschaftsethik, Staatsethik und Wirtschaftsethik. 3. Aufl. Innsbruck - Wien - München 1958 (zit.: Messner, Naturrecht).

Mestmäcker, Ernst Joachim, Über das Verhältnis von Rechts- und Wirtschaftswissenschaft im Aktienrecht. In: Juristische Schulung 1963, S. 417 bis 423.

— Über die normative Kraft privatrechtlicher Verträge. In: Juristenzeitung 1964, S. 441—446.

Michel, Helmut, Die verfassungskonforme Auslegung. In: Juristische Schulung 1961, S. 274—281.

Müller, Gerhard, Schutz der negativen Koalitionsfreiheit. In: Der Betriebsberater 1952, S. 549—551.

Müller, Paul, Die Grundrechte der Verfassung und der Persönlichkeitsschutz des Privatrechts. Bern 1964 (zit.: Müller, Grundrechte).

Müller-Freienfels, Wolfram, Die Vertretung beim Rechtsgeschäft. Tübingen 1955 (zit.: Müller-Freienfels, Vertretung).

— Ehe und Recht. Tübingen 1962.

Nawiasky, Hans, Die Grundgedanken des Grundgesetzes für die Bundesrepublik Deutschland. Stuttgart - Köln 1950 (zit.: Nawiasky, Grundgedanken).

Neumann, Franz, Koalitionsfreiheit und Reichsverfassung. Berlin 1932.

Neumann-Duesberg, Horst, Anm. zum Urteil des BGH in NJW 1957, S. 1146. In: Neue Juristische Wochenschrift 1957, S. 1276 f.

— Betriebsverfassungsrechtlicher Anspruch der Gewerkschaften auf Duldung der Mitgliederwerbung im Betrieb? In: Betriebsberater 1966, S. 902—905.

— Sozialadäquanz und Mitgliederwerbung der Gewerkschaften im Betrieb. In: Betriebsberater 1966, S. 947—950.

Nikisch, Arthur, Arbeitsrecht. Band 2: Koalitionsrecht, Arbeitskampfrecht und Tarifvertragsrecht. 2. Aufl. Tübingen 1959.

Nipperdey, Hans Carl, Die Würde des Menschen. In: Neumann-Nipperdey-Scheuner, Die Grundrechte II, S. 1—50 Berlin 1954 (zit.: Nipperdey in NNS II).

— Freie Entfaltung der Persönlichkeit. In: Bettermann-Nipperdey, Die Grundrechte IV, 2, S. 742—909. Berlin 1962 (zit.: Nipperdey in BN IV, 2).

— Buchbesprechung: Schambeck, Herbert, Der Begriff der Natur der Sache. In: Recht der Arbeit 1966, S. 35.

Nörr, Dieter, Zum Ersatz des immateriellen Schadens nach geltendem Recht. In: Archiv für die civilistische Praxis Band 158, S. 1—16.

Ossenbühl, Fritz, Probleme und Wege der Verfassungsauslegung. In: Die öffentliche Verwaltung 1965, S. 649—661.

Palandt (Hrsg.), Bürgerliches Gesetzbuch. 25. Aufl. München - Berlin 1966.

Perschel, Wolfgang, Die Meinungsfreiheit des Schülers. Berlin - Neuwied 1962 (zit.: Perschel, Meinungsfreiheit).

— Grundrechtsmündigkeit und Elternrecht. In: Recht der Jugend 1963, S. 33 bis 37.

Peters, Hans, Elternrecht, Erziehung, Bildung und Schule. In: Bettermann-Nipperdey-Scheuner, Grundrechte Band IV, 1, S. 369 ff. Berlin 1960 (zit.: Peters in BNS IV, 1).

— Die freie Entfaltung der Persönlichkeit als Verfassungsziel. In: Festschrift für Rudolf Laun, S. 669—680 Hamburg 1953 (zit.: Peters, Festschrift für Laun).

— Das Recht auf freie Entfaltung der Persönlichkeit in der höchstrichterlichen Rechtsprechung. Köln - Opladen 1963 (zit.: Peters, Das Recht auf freie Entfaltung der Persönlichkeit).

— Die freie Entfaltung der Persönlichkeit in der höchstrichterlichen Rechtsprechung. In: Bayerisches Verwaltungsblatt 1965, S. 37—40.

Radbruch, Gustav, Einführung in die Rechtswissenschaft. 11. durchges. Aufl. Nach dem Tode des Verfassers besorgt von Konrad Zweigert. Stuttgart 1964.

Raiser, Ludwig, Der Stand der Lehre vom subjektiven Recht im Deutschen Zivilrecht. In: Juristenzeitung 1961, S. 465—473.

Rauschert, Armin, Freiheitsentziehung und Erziehungsrecht. In: Recht der Jugend 1960, S. 369—373.

Reimers, Walter, Die Bedeutung der Grundrechte für das Privatrecht. Tübingen 1958.

Reinicke, Dietrich, Ausfüllung von Gesetzeslücken durch den Bundesgerichtshof. In: Juristische Schulung 1964, S. 421—429.

Remplein, Heinz, Psychologie der Persönlichkeit. München - Basel 1954.

Ridder, Helmut K. J., Meinungsfreiheit. In: Neumann-Nipperdey-Scheuner, Die Grundrechte II, S. 243 ff. Berlin 1954 (zit.: Ridder in NNS II).

— Freiheit der Kunst nach dem Grundgesetz. Berlin - Frankfurt 1963.

Rupp, Hans-Heinrich, Die Nichtigkeit eines verfassungswidrigen Gesetzes und die Entscheidungsfunktion des Bundesverfassungsgerichts — Bundesverfassungsgericht NJW 1963, S. 947, S. 1243 u. S. 1600. In: Juristische Schulung 1963, S. 469—473.

— Das Urteil des Bundesverfassungsgerichts zum Sammlungsgesetz — eine Wende in der Grundrechtsinterpretation zu Art. 2 Abs. 1 GG? In: Neue Juristische Wochenschrift 1966, S. 2037—2040.

— Das Grundrecht der Berufsfreiheit. Kritik an der Rechtsprechung des Bundesverfassungsgerichts. In: Neue Juristische Wochenschrift 1965, S. 993 bis 996.

Säcker, Franz Jürgen, Buchbesprechungen von Dreier, Ralf, Zum Begriff der Natur der Sache, und Schambeck, Herbert, Der Begriff der Natur der Sache. In: Juristische Rundschau 1966, S. 39.

— Direktions- und Hausrecht als Abwehrrechte gegen gewerkschaftliche Betätigung im Betrieb. In: Betriebsberater 1966, S. 700—706.

Säcker, Franz-Jürgen — *Reuter*, Dieter, Die Herausgabe von Kindern an die Sowjetzone. Zum Problem des Verhältnisses von Grundrechtsmündigkeit und Elternrecht. In: Neue Juristische Wochenschrift 1965, S. 2037—2041.

Schack, Friedrich, Die verfassungskonforme Auslegung. In: Juristische Schulung 1961, S. 269—274.

Schambeck, Herbert, Der Begriff der Natur der Sache. Ein Beitrag zur rechtsphilosophischen Grundlagenforschung. Wien 1964.

Scheffler, Erna, Ehe und Familie, in: Bettermann-Nipperdey-Scheuner, Die Grundrechte Band IV, 1, S. 245—322 Berlin 1960 (zit.: Scheffler in BNS IV, 1).

Schelsky, Helmut, Wandlungen der deutschen Familie in der Gegenwart. Darstellung und Deutung einer empirisch-soziologischen Tatbestandsaufnahme. 4. unveränd. Aufl. Stuttgart 1960.

Scheuner, Ulrich, Die neuere Entwicklung des Rechtsstaates in Deutschland. In: Hundert Jahre deutsches Rechtsleben II, S. 229—262. Karlsruhe 1960 (zit.: Scheuner, Juristentagsfestschrift II).

Scheuner, Ulrich, Die staatliche Intervention im Bereich der Wirtschaft. In: Veröffentlichungen der Vereinigung der Deutschen Staatsrechtslehrer Heft 11, S. 1—66.

— Pressefreiheit. In: Veröffentlichungen der Vereinigung der Deutschen Staatsrechtslehrer Heft 22, S. 1—100.

Schmidt, Eberhard, Kritische Bemerkungen zu dem Beschluß des Großen Senats für Strafsachen vom 8. 12. 1958, betr. das Untersuchungsverweigerungsrecht nach StPO § 81 c. In: Juristische Rundschau 1959, S. 369—373.

Schnorr v. Carolsfeld, Ludwig, Stichwort: Minderjährige. In: Arbeitsrechts-Blattei vom 25. 1. 1965.

Schönke-Schröder, Strafgesetzbuch, Kommentar. Begründet von Adolf Schönke, fortgeführt von Horst Schröder. 12. Aufl. München - Berlin 1965.

Schuler, Karl Heinz, Freiheitsentzug zur Erziehung. In: Recht der Jugend 1961, S. 23.

Schüler-Springorum, Horst, Die Bedeutung des Art. 104 GG für die freiwillige Erziehungshilfe. In: Familienrechtszeitschrift 1961, S. 296 ff.

Smend, Rudolf, Staatsrechtliche Abhandlungen und andere Aufsätze. Berlin 1955 (zit.: Smend, Staatsrechtliche Abhandlungen).

Soergel-Siebert (Hrsg.), Bürgerliches Gesetzbuch mit Einführungsgesetz und Nebengesetzen. 1. und 4. Band 9. Aufl. Stuttgart 1959 ff. (zit.: Siebert-Bearbeiter).

v. Staudinger (Hrsg.), J. v. Staudingers Kommentar zum Bürgerlichen Gesetzbuch mit Einführungsgesetz und Nebengesetzen. Band 1 u. Band 4 11. Aufl. Berlin 1957 ff. (zit.: v. Staudinger-Bearbeiter).

Stein, Erwin, Die verfassungsrechtlichen Grenzen der Rechtsfortbildung durch die Rechtsprechung. In: Neue Juristische Wochenschrift 1964, S. 1745—1752.

— Untertanenstaat oder freiheitliche Demokratie? Eine Auseinandersetzung mit Herbert Krügers Staatslehre. In: Neue Juristische Wochenschrift 1965, S. 2384—2388.

Stein, Erwin — *Joest*, Wilfried — *Dombois*, Hans, Elternrecht. Studien zu seiner rechtsphilosophischen und evangelisch-theologischen Grundlegung. Heidelberg 1958.

Stree, Walter, Deliktsfolgen und Grundgesetz. Tübingen 1960.

Thiele, Wolfgang, Die Zustimmungen in der Lehre vom Rechtsgeschäft. Köln - Berlin - Bonn - München 1966.

Tuor, Peter, Das Schweizerische Zivilgesetzbuch. 7. Aufl. Zürich 1965.

Ule, Carl Hermann, Das besondere Gewaltverhältnis. In: Veröffentlichungen der Vereinigung der Deutschen Staatsrechtslehrer, Heft 15, S. 133 ff.

Viehweg, Theodor, Topik und Jurisprudenz. Ein Beitrag zur rechtswissenschaftlichen Grundlagenforschung. 3. durchges. Aufl. München - Berlin 1965.

Weber, Werner, Eigentum und Enteignung. In: Neumann-Nipperdey-Scheuner, Die Grundrechte II, S. 331—399 Berlin 1954 (zit.: Weber in NNS II).

v. Weber, Hellmuth, Die Ausübung des Zeugnisverweigerungsrechtes im Strafprozeß durch einen Stellvertreter. In: Monatsschrift für Deutsches Recht 1962, S. 169—171.

Wehrhahn, Herbert, Systematische Vorfragen einer Auslegung des Art. 2 Abs. 1 des Grundgesetzes. In: Archiv für öffentliches Recht Bd. 82, S. 250 bis 274.

Welzel, Hans, Das Deutsche Strafrecht. Eine systematische Darstellung. 9. Aufl. Berlin 1965.

Wertenbruch, Wilhelm, Der Schadensersatzanspruch des Beamten bei Verletzung der Fürsorgepflicht — Bundesverwaltungsgerichtsentscheidungen Bd. 13, S. 17 ff. In: Juristische Schulung 1963, S. 180—185.

— Der Grundrechtsbegriff und Art. 2 I GG. In: Deutsches Verwaltungsblatt 1958, S. 481 ff.

Westermann, Harry, Person und Persönlichkeit als Wert im Zivilrecht. Köln - Opladen 1957 (zit.: Westermann, Person und Persönlichkeit).

Westermann, Harry — *Lepsien*, Wolfgang, Die sogenannten Auslaufmandate nach dem Aktiengesetz 1965. Zugleich einige Bemerkungen zur Auslegungsmethode. In: Neue Juristische Wochenschrift 1966, S. 430—434.

Wieacker, Franz, Vertragsbruch aus Gewissensnot. In: Juristenzeitung 1954, S. 466—468.

Windscheid, Bernhard — *Kipp*, Theodor, Lehrbuch des Pandektenrechts, Bd. 1, 9. Aufl. Frankfurt a. M. 1906.

Wintrich, Josef M., Zur Problematik der Grundrechte. Köln - Opladen 1957.

Wolff, Hans Julius, Verwaltungsrecht I, Ein Studienbuch. 6. neubearb. Aufl. München - Berlin 1965.

— Organschaft und Juristische Person. Untersuchungen zur Rechtstheorie und zum öffentlichen Recht. Band I: Juristische Person und Staatsperson. Berlin 1933 (zit.: Wolff, Hans J., Organschaft und Juristische Person).

— Der Unterschied zwischen öffentlichem und privatem Recht. In: Archiv für öffentliches Recht Band 76, S. 205—217.

— Das Verfahren bei Freiheitsentziehungen. In: Die öffentliche Verwaltung 1951, S. 313—317.

Woltereck, Frank, Der Gewerschaftsbeitritt Minderjähriger (1. Teil). In: Arbeit und Recht 1965, S. 193—197.

Zippelius, Reinhold, Demokratie und Meinungslenkung. In: Juristische Schulung 1965, S. 379—384.

— Das Verbot übermäßiger gesetzlicher Beschränkung von Grundrechten. In: Deutsches Verwaltungsblatt 1956, S. 353—355.

Zweigert, Konrad, Juristische Interpretation. In: Studium Generale Band 7, S. 380—385.

FSC
www.fsc.org
MIX
Papier | Fördert gute Waldnutzung
FSC® C083411

Kolibri 360 GmbH
Ferdinand-Jühlke-Straße 7
99095 Erfurt, Deutschland
produktsicherheit@kolibri360.de

Druck:
CPI Druckdienstleistungen GmbH
im Auftrag der
Kolibri 360 GmbH
Ferdinand-Jühlke-Str. 7
99095 Erfurt